Management-Reihe Corporate Social Responsibility

Herausgegeben von
René Schmidpeter
Dr. Jürgen Meyer Stiftungsprofessur für
Internationale Wirtschaftsethik und CSR
Cologne Business School (CBS)
Köln, Deutschland

Das Thema der gesellschaftlichen Verantwortung gewinnt in der Wirtschaft und Wissenschaft gleichermaßen an Bedeutung. Die Management-Reihe Corporate Social Responsibility geht davon aus, dass die Wettbewerbsfähigkeit eines jeden Unternehmens davon abhängen wird, wie es den gegenwärtigen ökonomischen, sozialen und ökologischen Herausforderungen in allen Geschäftsfeldern begegnet. Unternehmer und Manager sind im eigenen Interesse dazu aufgerufen, ihre Produkte und Märkte weiter zu entwickeln, die Wertschöpfung ihres Unternehmens den neuen Herausforderungen anzupassen sowie ihr Unternehmen strategisch in den neuen Themenfeldern CSR und Nachhaltigkeit zu positionieren. Dazu ist es notwendig, generelles Managementwissen zum Thema CSR mit einzelnen betriebswirtschaftlichen Spezialdisziplinen (z.B. Finanz, HR, PR, Marketing etc.) zu verknüpfen. Die CSR-Reihe möchte genau hier ansetzen und Unternehmenslenker, Manager der verschiedenen Bereiche sowie zukünftige Fach- und Führungskräfte dabei unterstützen, ihr Wissen und ihre Kompetenz im immer wichtiger werdenden Themenfeld CSR zu erweitern. Denn nur, wenn Unternehmen in ihrem gesamten Handeln und allen Bereichen gesellschaftlichen Mehrwert generieren, können sie auch in Zukunft erfolgreich Geschäfte machen. Die Verknüpfung dieser aktuellen Managementdiskussion mit dem breiten Managementwissen der Betriebswirtschaftslehre ist Ziel dieser Reihe. Die Reihe hat somit den Anspruch, die bestehenden Managementansätze durch neue Ideen und Konzepte zu ergänzen, um so durch das Paradigma eines nachhaltigen Managements einen neuen Standard in der Managementliteratur zu setzen.

Weitere Bände dieser Reihe finden Sie unter
http://www.springer.com/series/11764

Reinhard Altenburger · René Schmidpeter
(Hrsg.)

CSR und Familienunternehmen

Gesellschaftliche Verantwortung im Spannungsfeld von Tradition und Innovation

Herausgeber
Reinhard Altenburger
IMC Fachhochschule Krems
Krems an der Donau, Österreich

René Schmidpeter
Cologne Business School
Köln, Deutschland

ISSN 2197-4322 ISSN 2197-4330 (electronic)
Management-Reihe Corporate Social Responsibility
ISBN 978-3-662-55617-7 ISBN 978-3-662-55618-4 (eBook)
https://doi.org/10.1007/978-3-662-55618-4

Die Deutsche Nationalbibliothek verzeichnet diese Publikation in der Deutschen Nationalbibliografie; detaillierte bibliografische Daten sind im Internet über http://dnb.d-nb.de abrufbar.

Springer Gabler
© Springer-Verlag GmbH Deutschland 2018
Das Werk einschließlich aller seiner Teile ist urheberrechtlich geschützt. Jede Verwertung, die nicht ausdrücklich vom Urheberrechtsgesetz zugelassen ist, bedarf der vorherigen Zustimmung des Verlags. Das gilt insbesondere für Vervielfältigungen, Bearbeitungen, Übersetzungen, Mikroverfilmungen und die Einspeicherung und Verarbeitung in elektronischen Systemen.
Die Wiedergabe von Gebrauchsnamen, Handelsnamen, Warenbezeichnungen usw. in diesem Werk berechtigt auch ohne besondere Kennzeichnung nicht zu der Annahme, dass solche Namen im Sinne der Warenzeichen- und Markenschutz-Gesetzgebung als frei zu betrachten wären und daher von jedermann benutzt werden dürften.
Der Verlag, die Autoren und die Herausgeber gehen davon aus, dass die Angaben und Informationen in diesem Werk zum Zeitpunkt der Veröffentlichung vollständig und korrekt sind. Weder der Verlag noch die Autoren oder die Herausgeber übernehmen, ausdrücklich oder implizit, Gewähr für den Inhalt des Werkes, etwaige Fehler oder Äußerungen. Der Verlag bleibt im Hinblick auf geografische Zuordnungen und Gebietsbezeichnungen in veröffentlichten Karten und Institutionsadressen neutral.

Einbandabbildung: Michael Bursik

Gedruckt auf säurefreiem und chlorfrei gebleichtem Papier

Springer Gabler ist Teil von Springer Nature
Die eingetragene Gesellschaft ist Springer-Verlag GmbH Deutschland
Die Anschrift der Gesellschaft ist: Heidelberger Platz 3, 14197 Berlin, Germany

Vorwort der Herausgeber
Familienunternehmen – Ein nachhaltiges Wirtschaftsmodell mit Zukunftspotenzial?!

Unsere Wirtschaftsräume befinden sich in einer großen Transformation. Globalisierung, Digitalisierung und Ressourcenknappheit stellen weltweit die bestehenden Wirtschaftsräume, Branchen und Geschäftsmodelle vor ganz neue Herausforderungen. Insbesondere der deutschsprachige Wirtschaftsraum zeichnet sich durch eine mittelständisch geprägte Wirtschaft und starke Familienunternehmen aus. Dieses Rückgrat der heimischen Wirtschaft hat immer für sich in Anspruch genommen, langfristig – über Generationen hinweg – und damit ökologisch und sozial verantwortlich – nachhaltig – ihre Geschäfte zu betreiben.

Anders als Großunternehmen sind diese Unternehmen oft nicht in der überregionalen Presse zu finden und ihr tagtäglicher Wirtschaftserfolg findet nur selten Eingang in die Lehrmaterialien an Hochschulen. Dabei sind es oft diese mittelständischen Familienunternehmen, die innerhalb globaler Wertschöpfungsketten agieren und konsequent an neuen Lösungen und Innovationen für globale Herausforderungen arbeiten. Aufgrund der langfristigen Ausrichtung und der unmittelbaren Risikoübernahme der Eigentümerfamilien besteht ein hoher Grad an Zukunftsorientierung, Identifikation der Mitarbeiter mit dem Unternehmen sowie Entscheidungsfähigkeit der Führung. Diese Kriterien helfen, die Resilienz und Agilität zu erhöhen, wenn es darum geht, den technologischen Wandel und die beschleunigte Transformation unserer Wirtschaft erfolgreich zu meistern.

Somit ist es nicht verwunderlich, dass familiengeführte Unternehmen Nachhaltigkeit für sich als unternehmerisches Thema definieren. Es geht nicht darum, unternehmerische Freiräume zu begrenzen. Ganz im Gegenteil, es geht darum, die eigene unternehmerische Freiheit konsequent zu nutzen, um neue Lösungen und Innovationen für gesellschaftliche Herausforderungen und damit für das eigene Geschäft und die Zukunftsfähigkeit des Unternehmens zu generieren. Familiengeführte Unternehmen profitieren im Innovationsprozess oft vom hohen Vertrauen, dass sie bei Mitarbeitern, im regionalen Umfeld und bei Geschäftspartnern genießen. Dieses soziale Kapital hilft dabei, neue Wertschöpfungsketten aufzubauen, neue regionale Märkte zu erschließen sowie global vertrauensvolle Geschäftsbeziehungen zu pflegen.

Der hohe gesellschaftliche Impact der Familienunternehmen in Deutschland, Österreich und der Schweiz macht sie daher zu entscheidenden Partnern in der Nachhaltigkeitstransformation unserer Wirtschaft. Eine nachhaltige Entwicklung ohne das kontinuierliche

Engagement der familiengeführten Unternehmen ist nicht vorstellbar. Der Austausch im Bereich des Nachhaltigen Managements/Corporate Social Responsibility (CSR) profitiert immens von den Erfahrungen familiengeführter Unternehmen. Der über Jahrzehnte gesammelte Schatz an nachhaltiger Wirtschafts- und Führungskompetenz in den Familienunternehmen ist sowohl für Studierende, angehende Führungskräfte, Mitarbeiter in familiengeführten Unternehmen, aber auch für Manager und Entscheider in börsennotierten Unternehmen hilfreich, um die eigenen Kompetenzen in Sachen Nachhaltige Führung weiterzuentwickeln.

In der Managementreihe *Corporate Social Responsibility* fokussiert die nun vorliegende Publikation mit dem Titel *CSR und Familienunternehmen* auf familiengeführte Unternehmen, und überwindet damit die oft einseitig auf börsennotierte Unternehmen ausgerichtete Managementdiskussion.

Es werden konkrete Nachhaltigkeitskonzepte in Familienunternehmen dargestellt und konkrete Praxisbeispiele diskutiert. Das Buch stellt damit eine Brücke zwischen der akademisch geführten CSR-Diskussion und der gelebten Verantwortungsübernahme in vielen Familienunternehmen in Deutschland, Österreich und der Schweiz da.

Aus Gründen der besseren Lesbarkeit verwenden wir in diesem Buch überwiegend das generische Maskulinum. Dies impliziert immer beide Formen, schließt also die weibliche Form mit ein.

Alle Leser und insbesondere die Familienunternehmer selbst sind nunmehr herzlich eingeladen, die in der Publikation dargelegten Gedanken aufzugreifen und für die nachhaltige Entwicklung ihres eigenen Unternehmens zu nutzen. Wir möchten uns last but not least sehr herzlich bei allen Autoren für ihr großes Engagement, bei Juliane Wagner, Janina Tschech und Eva Maria Kretschmer vom Springer Gabler Verlag für die gute Zusammenarbeit sowie bei allen Unterstützern der Reihe aufrichtig bedanken und wünsche Ihnen, werte Leserinnen und werter Leser, nun eine interessante Lektüre.

Köln, Juli 2017 Prof. Dr. René Schmidpeter
Krems, Juli 2017 Prof. Dr. Reinhard Altenburger

Die Herausgeber

Prof. Dr. Reinhard Altenburger ist Professor für Strategisches Management, Nachhaltiges Management/Corporate Social Responsibility (CSR) und Innovation im Department Business der IMC Fachhochschule Krems. Der Fokus seiner Forschung liegt in den Themenfeldern CSR und Innovation sowie Innovationen in Familienunternehmen und der Verbindung von gesellschaftlicher Verantwortung und Unternehmensstrategie. Studium der Betriebswirtschaft und Wirtschaftspädagogik sowie Doktoratsstudium der Sozial- und Wirtschaftswissenschaften an der Wirtschaftsuniversität Wien; Dissertation über die Funktionen des Topmanagements in Strategieprozessen; langjährige Tätigkeit als Projektleiter und Fachexperte in den Bereichen Vertriebsstrategie, Unternehmensplanung, Controlling und Innovationsmanagement im Sparkassen- und Bankensektor und als Unternehmensberater; Fachbuchautor; zahlreiche Vorträge bei internationalen Konferenzen. Er ist im Scientific Panel internationaler Konferenzen und Reviewer zahlreicher internationaler Journale. Bei Springer Gabler erschienen von ihm bisher *CSR und Innovationsmanagement* und *CSR und Stakeholdermanagement*.

Prof. Dr. René Schmidpeter hat den Dr. Jürgen Meyer Stiftungslehrstuhl Internationale Wirtschaftsethik und CSR an der Cologne Business School (CBS) inne. Er leitet das dortige Center for Advanced Sustainable Management (CASM) und forscht insbesondere zu den Themen CSR als innovativer Managementansatz, CSR in der Betriebswirtschaftslehre und internationale Perspektiven auf CSR.

Neben seinem internationalen Engagement mit Großunternehmen stand die mittelständische Wirtschaft kontinuierlich im Fokus seiner Aktivitäten. Als verantwortlicher Projektmanager der Initiative Unternehmen für die Region der Bertelsmann Stiftung hat er regionale Netzwerke in sieben Regionen mit aufgebaut und regionale Mittelständler auf ihren Weg in eine nachhaltige Zukunft begleitet. Zudem hat er als Experte bundesweite CSR-Weiterbildungsprogramme für den Mittelstand mitentwickelt, internationale Forschungsprojekte im Mittelstand durchgeführt sowie den Aufbau institutioneller Unternehmensnetzwerke in Deutschland und Österreich fachlich begleitet. In seinen umfangreichen Vortrags- und Seminartätigkeiten bei mittelständischen Unternehmen, Industrie-

und Handelskammern (IHK) und Wirtschaftskammern zu den Themen Nachhaltigkeit, Digitalisierung und Innovation steht er im ständigen Austausch mit familiengeführten Unternehmen und arbeitet gemeinsam mit ihnen an der kontinuierlichen Weiterentwicklung des Themas nachhaltige Führung aus einer mittelständischen Perspektive.

Er ist Herausgeber der etablierten Managementreihe Corporate Social Responsibility im Springer Gabler Verlag sowie der international viel beachteten Publikationsserie CSR, Sustainability, Ethics and Governance bei Springer. Kontakt: rene.schmidpeter@gmx.de

Inhaltsverzeichnis

Die gesellschaftliche Verantwortung von Familienunternehmen 1
Reinhard Altenburger und René Schmidpeter

**Qualitativ-empirische Fallstudien zu Corporate Social Responsibility
in Familienunternehmen** 17
Michael Kuttner und Birgit Feldbauer-Durstmüller

CSR in Familienunternehmen: Nutzen und Risiken 41
Christopher Stehr und Stephan Hartmann

**Family Business Governance – Wie Familienunternehmen langfristig
verantwortungsvolles Handeln sicherstellen** 59
Birgit Felden und Laura Marwede

**Egomanie, Gier und Moral: das (dys)funktionale Spannungsverhältnis
von Familien-, Unternehmer- und Unternehmenswerten** 69
Friedrich Glauner

**Wider dem Opportunismus – Corporate-Social-Responsibility-Partnerschaften
von Familienunternehmen** 103
Frank Maaß

Familienunternehmen als regionale Treiber von CSR 119
Madeleine Früh und Arved Lüth

**Sustainable Entrepreneurship: Familienunternehmen
als Nachhaltigkeitspioniere** 129
Sylvie Scherrer und Claudia Binz-Astrachan

**Das lebendige Erbe – Gründerideen und kontinuierliche Weiterentwicklung
von Corporate Social Responsibility bei Bosch** 143
Kathrin Fastnacht, Bettina Simon und Bernhard Schwager

Aus Tradition engagiert – wie das Familienunternehmen Haniel seit Generationen seine Rolle als Unternehmensbürger wahrnimmt 155
Jutta Stolle

Miele – Werte als Fundament eines ganzheitlichen Nachhaltigkeitsverständnisses 161
Markus Miele

STIHL – Management mit Mut und Menschenverstand 171
Nikolas Stihl

Nachhaltigkeit ist gesellschaftliche Pflicht. Sie braucht eine innere Haltung und die notwendigen Strukturen und Prozesse. Die Otto Group hat beides ... 189
Andras Streubig

Corporate Social Responsibility und Familienunternehmen – Kapsch Group . . 195
Georg Kapsch

Rhomberg Gruppe – In Lebensläufen denken 215
Hubert Rhomberg

Gelebte Verantwortung: Spannungsfeld Industrie und Nachhaltigkeit bei der KNAPP AG 231
Tanja Knapp und Katrin Pucher

VAUDE: Unternehmertum neu definiert – global, fair, grün und innovativ ... 251
Antje von Dewitz und Lisa Fiedler

Biogena – ein Familienunternehmen mit Begeisterung für Werte- und Kultur-Management 265
Albert Schmidbauer und Julia Ganglbauer

Das Hotel Hochschober – Mit und für Menschen 281
Karin Leeb

Von der Ökologie zur Nachhaltigkeit – Gesellschaftliche Verantwortung bei den Möbelmachern 293
herwig Danzer

Anregungen zur selbständigen CSR-Entwicklung in Kleinstunternehmen und Ein-Personen-Unternehmen 323
Wolfgang Keck

Autorenverzeichnis

Reinhard Altenburger IMC Fachhochschule Krems, Krems an der Donau, Österreich

Claudia Binz-Astrachan Hochschule Luzern – Wirtschaft. Institut für Betriebs- und Regionalökonomie, Lucern, Schweiz

herwig Danzer Die Möbelmacher, Kirchensittenbach, Deutschland

Kathrin Fastnacht Robert Bosch GmbH, Stuttgart, Deutschland

Birgit Feldbauer-Durstmüller JKU Linz (Johannes Keppler Universität Linz), Linz, Österreich

Birgit Felden HWR Berlin, Berlin, Deutschland

Lisa Fiedler VAUDE Sport, Tettnang, Deutschland

Madeleine Früh Leiterin der Geschäftsstelle des gemeinnützigen Vereins „Unternehmen für die Region e.V.", Frankfurt a. M., Deutschland

Julia Ganglbauer Biogena-Gruppe, Salzburg, Österreich

Friedrich Glauner Weltethos-Institut, Universität Tübingen, Tübingen, Deutschland, CULTURAL IMAGES – Wertemanagement, Grafenaschau, Deutschland

Stephan Hartmann Osram, Regensburg, Deutschland

Georg Kapsch CEO, Kapsch AG, Wien, Österreich

Wolfgang Keck keck kommuniziert! was etwas bewegt, Berlin, Deutschland

Tanja Knapp KNAPP AG, Hart bei Graz, Österreich

Michael Kuttner JKU Linz (Johannes Keppler Universität Linz), Linz, Österreich

Karin Leeb Hotel Hochschober, Turracher Höhe, Österreich

Arved Lüth geschäftsführender Inhaber vom Frankfurter Beratungsunternehmen :response, Frankfurt a. M., Deutschland

Frank Maaß IfM Bonn, Bonn, Deutschland

Laura Marwede HWR Berlin, Berlin, Deutschland

Markus Miele Miele & Cie. KG, Gütersloh, Deutschland

Katrin Pucher KNAPP AG, Head of Integrated Management System, Corporate Responsibility & Communications, Hart bei Graz, Österreich

Hubert Rhomberg Rhomberg Gruppe / Rhomberg Bau GmbH, Bregenz, Österreich

Sylvie Scherrer Hochschule Luzern – Wirtschaft. Institut für Betriebs- und Regionalökonomie, Jönköping University, Centre for Family Enterprise and Ownership, Luzern, Schweiz

Albert Schmidbauer Biogena-Gruppe, Salzburg, Österreich

René Schmidpeter Cologne Business School, Köln, Deutschland

Bernhard Schwager Robert Bosch GmbH, Stuttgart, Deutschland

Bettina Simon Robert Bosch GmbH, Stuttgart, Deutschland

Christopher Stehr German Graduate School of Management and Law gGmbH, Heilbronn, Deutschland

Nikolas Stihl Vorsitzender des STIHL Beirates und Aufsichtsrates, Waiblingen, Deutschland

Jutta Stolle Direktorin der Franz Haniel & Cie. GmbH, Duisburg, Deutschland

Andras Streubig Norderstedt, Deutschland

Antje von Dewitz VAUDE Sport, Tettnang, Deutschland

Die gesellschaftliche Verantwortung von Familienunternehmen

Strategische Herausforderungen im Spannungsfeld von Tradition und Innovation

Reinhard Altenburger und René Schmidpeter

1 Herausforderungen für Familienunternehmen

Familienunternehmen sind in vielen Ländern eine tragende Säule für Wachstum und Beschäftigung. Der Strukturwandel in vielen Branchen und die technologischen Entwicklungen (Stichwort Industrie 4.0) stellen aktuell große Herausforderungen für sie dar. Dazu kommen Herausforderungen durch die Diskussion in den Themenfeldern Klimawandel, Ressourcenverknappung sowie soziale Spannungsfelder wie beispielsweise Migration, in denen insbesondere mittelständische Unternehmen besonders gefordert sind. Steigende Anforderungen kommen auch durch neue Kommunikationsformen und die damit verbundene hohe Transparenz auf Familienunternehmen zu. Durch global vernetzte Wertschöpfungsketten, die zunehmend für die Wettbewerbsfähigkeit mittelständischer Unternehmen entscheidend sind, können zusätzlich erhebliche neue Risiken entstehen, die neue Formen der Governance erfordern.

Zugleich hat die gesellschaftliche Verantwortung bei vielen Familienunternehmen eine lange Tradition – oftmals sind Familienunternehmen Pioniere des nachhaltigen Wirtschaftens in ihrer Region. So werden beispielsweise in der Innovation, Bildungsförderung, im sozialen Engagement, aber auch im Bereich Ökologie von Familienunternehmen wesentliche Beiträge für die dynamische Entwicklung ihrer jeweiligen Regionen gesetzt. Dennoch sind Familienunternehmen damit konfrontiert, dass Nichtfamilienunternehmen oft Nachhaltigkeitsthemen professioneller kommunizieren und damit stärker als verantwortlich wahrgenommen werden.

R. Altenburger (✉)
IMC Fachhochschule Krems
Krems an der Donau, Österreich

R. Schmidpeter
Cologne Business School
Hardefusstr. 1, 50677 Köln, Deutschland

© Springer-Verlag GmbH Deutschland 2018
R. Altenburger und R. Schmidpeter (Hrsg.), *CSR und Familienunternehmen*, Management-Reihe Corporate Social Responsibility,
https://doi.org/10.1007/978-3-662-55618-4_1

Herausforderungen zukünftiger Corporate-Social-Responsibility(CSR)-Aktivitäten von Familienunternehmen (vgl. u. a. Sharma et al. 2012; Campopiano und de Massis 2017; von Schlippe et al. 2017), die sich in den nächsten Jahren verstärkt stellen werden, sind u. a.:

- Die Auseinandersetzung mit unterschiedlichen kulturellen Hintergründen, unterschiedlichen Wertesystemen durch die zunehmende internationale Ausrichtung sowie Studien aus verschiedenen Ländern und Kulturen mit unterschiedlichem Familienverständnis zur Bereicherung der Diskussion.
- Der Wandel der Verantwortung in der Generationenfolge: Welche Werte werden beibehalten – gibt es eine Verschiebung bei den Prioritäten? Werden die Werte in regelmäßigen Abständen kritisch reflektiert?
- Welche Rolle soll lokales Engagement trotz zunehmender globaler Aktivitäten spielen? Welche Bedeutung hat der Gründungsstandort zukünftig für das Familienunternehmen?
- Stellt gesellschaftliche Verantwortung auch zukünftig einen Wettbewerbsvorteil dar? Welche Form der Verantwortung wird von den Stakeholdern als wertvoll wahrgenommen (gerade angesichts Industrie 4.0 und den globalen Herausforderungen)?
- Gibt es zukünftig Spannungsfelder zwischen Tradition und Innovationsanforderungen oder können aufbauend auf der Tradition spannende Verbindungen zu innovativen Lösungen gefunden werden? Inwieweit können traditionelle Werte, Technologien oder Kompetenzen eine Grundlage für Innovationen darstellen?
- Neue Familienmuster als Herausforderung. Zunehmend sind Familienunternehmen mit Familienmustern konfrontiert, die oft nicht dem klassischen Verständnis entsprechen, wie Patchworkfamilien, unverheiratete Paare, gleichgeschlechtliche Partnerschaften usw. Gibt es ausreichend Zeit und auch passende Formen der Auseinandersetzung mit diesen neuen Familienformen und werden Lösungen gefunden, die sowohl für die Familie(n) als auch das Unternehmen das Überleben sichern?
- Der Wertetransfer in die nächste Generation: Trägt die nächste Generation die Familienwerte weiter, sollen die Werte nochmals reflektiert werden, stellen Werte vielleicht sogar ein Hindernis und mangelnde Flexibilität und Anpassungsfähigkeit dar?
- Wie erfolgt die Kommunikation der Unternehmenswerte? Welche Rolle spielen soziale Medien für Familienunternehmen?
- Wie gehen die Eigentümerfamilien mit Spannungsfeldern wie z. B. finanzielle Verluste, radikale Marktveränderungen und dergleichen um? Sind die Familienwerte hier stabilisierend oder ein Hindernis?

2 Was unterscheidet Familienunternehmen von Nichtfamilienunternehmen?

Familienunternehmen sind sowohl für die gesamteuropäische als auch für die deutsche und österreichische Wirtschaft von großer Bedeutung. Unternehmen, die sich mehrheitlich im Eigentum von einer überschaubaren Anzahl von natürlichen Personen befinden, also familienkontrolliert sind, haben einen Anteil von 91 % an allen privatwirtschaftlichen Unternehmen in Deutschland. Der Anteil von familienkontrollierten Unternehmen, die von einem der Eigentümer geführt werden, beträgt 87 %. In familienkontrollierten Unternehmen arbeiten 57 % der Beschäftigten der Privatwirtschaft, in eigentümergeführten Familienunternehmen sind es 50 %. Familienkontrollierte Unternehmen erwirtschaften rund 55 % des Umsatzes der Privatunternehmen (Stiftung Familienunternehmen 2017). In Österreich handelt es sich laut EU-Definition (Familienunternehmen im weiteren Sinn) bei 90 % aller Unternehmen um Familienunternehmen. Diese beschäftigen 71 % aller Erwerbstätigen und sind für 61 % der Umsätze der heimischen Wirtschaft verantwortlich (KMU Forschung Austria 2013).

In den letzten Jahren ist es zu einem deutlichen Anstieg des Interesses an den Besonderheiten von Familienunternehmen in Wissenschaft und Unternehmenspraxis gekommen. Im Vordergrund stehen dabei meist Fragen zu Governance, zu Nachfolge oder Unternehmensperformance und Innovationsverhalten und -prozessen. In einem geringeren Ausmaß wird das Thema der gesellschaftlichen Verantwortung von Familienunternehmen dabei analysiert und diskutiert. Dabei beschäftigt sich die empirische Forschung zunehmend mit der Untersuchung erfolgsrelevanter Unterschiede von Familienunternehmen zu Nichtfamilienunternehmen. Die Besonderheiten von Familienunternehmen hinsichtlich der Eigentumsstruktur, des Managements, der verfolgten Strategien, der Governance und auch der Nachfolgethematik sind wesentliche Gründe für die intensive Auseinandersetzung mit dieser Unternehmensform (Kammerlander et al. 2015) in den letzten Jahren. Dazu kommt die Heterogenität dieser Unternehmensform, die von kleinen lokal verankerten Unternehmen über mittelständische Handwerksbetriebe bis zu global agierenden Hightechunternehmen reicht.

Wissenschaftliche Konferenzen und Zeitschriften, wie z. B. *Family Business Review*, *Journal of Family Business Strategy*, *Journal of Business Venturing* oder auch *Small Business Management*, oder spezielle Ausgaben, z. B. der *California Management Review*, setzen sich intensiv mit den Besonderheiten und Herausforderungen von Familienunternehmen auseinander. Für ein intensiveres Verständnis einer breiteren Öffentlichkeit tragen auch Fernsehserien wie *Norddeutsche Familiendynastien* oder *Deutschlands große Clans* bei, die einer Öffentlichkeit die Leistungen und auch die Wandlungsfähigkeit von Familienunternehmen wie Haribo, Dr. Oetker oder Bahlsen aufzeigen. Viele dieser Unternehmen haben auch in Krisenzeiten umfassende Verantwortung in den Regionen und ihren jeweiligen Standorten bewiesen und nehmen auch heute auch eine Vorbildfunktion in ihren Branchen ein.

Charakteristisch für Familienunternehmen ist das Spannungsfeld von Unternehmen, Eigentum und Familie und die mit ihnen verbundenen teilweise unterschiedlichen Interessen und Erwartungshaltungen, wie Tagiuri und Davis (1996) in dem Drei-Kreise-Modell dargestellt haben. Diese Unterschiede können eine Gefahr, aber auch die größte Kraftquelle eines Familienunternehmens darstellen. Als vierte Dimension kann Führung hinzugefügt werden (Klein 2010). Das in Abb. 1 dargestellte Modell unterstützt beim Verständnis und der Diskussion der verschiedenen Rollen und Verantwortlichkeiten der Familienmitglieder (Halder 2016). Beispielsweise können die aus der jeweiligen Überlappung resultierenden Anforderungen und möglichen Interessenskonflikte oder die aus der Aufnahme von Nichtfamilienmitgliedern in das Management einhergehenden neuen Machtverhältnisse näher analysiert werden.

Der Umgang mit den in Abb. 1 dargestellten Spannungsfeldern, z. B. in der Unternehmensnachfolge oder bei komplexen Familien-/Eigentümerkonstellationen und den damit verbundenen häufigen Konflikten, die eine radikale Veränderung der Unternehmensstruktur erfordern, führt häufig auch zum Untergang des Familienunternehmens. Weniger als 10 % der Familienunternehmen erreichen die vierte oder eine höhere Generation (Wimmer et al. 2005). Dem gegenüber stehen zahlreiche Familienunternehmen, die sehr erfolgreich den Übergang in die zweite oder dritte Generation geschafft haben, und sehr erfolgreiche Familienunternehmen, die bereits in der zehnten oder noch höheren Generation sehr erfolgreich agieren (z. B. Welser Profile, Haniel etc.)

Was unterscheidet Familienunternehmen von anderen Unternehmen? Für Habbershon und Williams (1999) ist dies die besondere Ressourcenausstattung von Familienunternehmen. Das von ihnen entwickelte Familiness-Konzept beschreibt dieses einzigartige Zusammenspiel von Familie, den einzelnen Familienmitgliedern und Unternehmen, das zu einem Wettbewerbsvorteil gegenüber anderen Unternehmensformen führt. Familienunternehmen können auf spezifische Eigenschaften und Ressourcen zurückgreifen – beispielsweise auf die rasche Entscheidungs- und Handlungsfähigkeit, die finanzielle Unabhängigkeit, die Reputation, das fundierte Marktwissen sowie einen langfristigen Zeithorizont (Miller et al. 2016).

Familie und Unternehmen beeinflussen sich wechselseitig und sind füreinander identitätsstiftend. Die Identität eines Familienunternehmens ist in einer systemtheoretischen

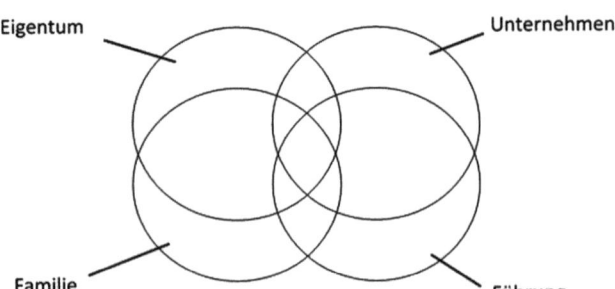

Abb. 1 Überlappung von Familie, Eigentum, Unternehmen und Führung. (Aus Halder 2016)

Perspektive immer Ergebnis einer spezifischen Geschichte der strukturellen Kopplung beider Systeme (Frank et al. 2010). Die Eigentümerfamilie kann aber auch ein Risiko oder eine Belastung für das Unternehmen darstellen (Wimmer et. al. 2005; Eddleston und Kellermanns 2007). Eine intensive Interaktion mit den Stakeholdern geprägt durch Vertrauen führt zu langfristigen Beziehungen und Partnerschaften und stellt damit oft einen unterschätzten Wettbewerbsvorteil dar. Die langfristige Orientierung und die Verbindung von Ethik und Unternehmenserfolg bedeuten häufig einen erlebbaren Unterschied in einem zunehmend volatilen Umfeld. Die Balance der beiden Systeme Familie und Unternehmen und die Bewahrung grundlegender Werte bei der Unternehmensnachfolge stellen häufig Spannungsfelder in der Zukunftsbewältigung von Familienunternehmen dar. Nach Wimmer et al. (2005, S. 6) „… verfügen Familienunternehmen über die Möglichkeit, unter ganz bestimmten Bedingungen Strukturmerkmale auszuprägen, denen gerade angesichts der turbulenten Veränderungsdynamik unserer Wirtschaft besondere Vorteile eingeräumt werden." Die Kernwerte Verantwortungsbewusstsein und Nachhaltigkeit haben in Familienunternehmen eine bessere institutionelle Verankerung und eine wirksamere soziale Kontrolle durch die Unternehmerfamilie als in Nichtfamilienunternehmen (Haussmann 2012).

3 Corporate Social Responsibility von Familienunternehmen

Die Handlungen des Familienunternehmens werden stark durch das Wertesystem der Eigentümerfamilie beeinflusst (Felden und Hack 2014). Dies erfordert eine Auseinandersetzung mit der Unternehmerfamilie und deren Rolle in Hinblick auf die Unternehmensziele, die soziale Verantwortung, die Bedeutung von ökologischen Handlungsfeldern, Governance-Strukturen oder das Innovationsverhalten des Unternehmens. In Zielen wie gesellschaftliche Verantwortung, Begeisterung, Bildung, Umweltschutz, Kultur und Langfristigkeit spiegelt sich eine Werteorientierung von Familienunternehmen, auf die diese meist sehr stolz sind und die vielfach in der Familienverfassung niedergeschrieben sind (von Schlippe et al. 2017).

3.1 Impulse für die aktuelle Diskussion

In den letzten Jahren ist es wiederum zu einer verstärkt geführten Diskussion um die Rolle und Verantwortung von Unternehmen angesichts der globalen Herausforderungen in der Gesellschaft gekommen („business in society"; siehe exemplarisch Schaltegger und Hansen 2013). In den wenigsten Familienunternehmen findet man eine ausformulierte CSR- oder Nachhaltigkeitsstrategie. Anstelle einer formalen Strategie orientiert man sich an Familienwerten, die schon seit Generationen in Familie und Unternehme gelebt werden. Die Kommunikation nach außen wird dabei oftmals vernachlässigt. Werte wie Fairness, Anstand, Transparenz, Ehrlichkeit, Vertrauenswürdigkeit, Handschlagqualität und Zuverlässigkeit werden gelebt und auch von den Stakeholdern vorausgesetzt.

Nachfolgend werden vier treibende Kräfte kurz skizziert, die die internationale Diskussion in dieser Thematik aktuell wesentlich vorantreiben. Als Treiber der aktuellen Diskussion um die gesellschaftliche Verantwortung von Unternehmen können die EU-Strategie (2011–14) für die soziale Verantwortung der Unternehmen (CSR), die ISO 26000, die Auseinandersetzung mit Shared-Value als auch die Sustainable-Development-Goals betrachtet werden.

- Gemäß der EU-Strategie (2011–14) für die soziale Verantwortung der Unternehmen (CSR) ist CSR „die Verantwortung von Unternehmen für ihre Auswirkungen auf die Gesellschaft". „Damit die Unternehmen ihrer sozialen Verantwortung in vollem Umfang gerecht werden, sollten sie auf ein Verfahren zurückgreifen können, mit dem soziale, ökologische, ethische, Menschenrechts- und Verbraucherbelange in enger Zusammenarbeit mit den Stakeholdern in die Betriebsführung und in ihre Kernstrategie integriert werden. Auf diese Weise
    - soll die Schaffung gemeinsamer Werte für die Eigentümer bzw. Aktionäre der Unternehmen sowie die übrigen Stakeholder und die gesamte Gesellschaft optimiert werden;
    - sollen etwaige negative Auswirkungen aufgezeigt, verhindert und abgefedert werden." (Europäische Kommission 2011)
- Die ISO 26000 (2010) ist für alle Arten von Organisationen anwendbar und kann auch in Familienunternehmen zur Reflexion bzw. Weiterentwicklung der Übernahme von Verantwortung gegenüber der Gesellschaft genutzt werden. Die ISO 26000 stellt einen Orientierungsrahmen für die Wahrnehmung und Gestaltung gesellschaftlicher Verantwortung von Organisationen dar. Social Responsibility wird dabei definiert als „Verantwortung einer Organisation für die Auswirkungen ihrer Entscheidungen und Tätigkeiten auf die Gesellschaft und Umwelt durch transparentes und ethisches Verhalten, das
    - zur nachhaltigen Entwicklung, Gesundheit und Gemeinwohl eingeschlossen, beiträgt;
    - die Erwartungen der Anspruchsgruppen berücksichtigt;
    - einschlägiges Recht einhält und mit internationalen Verhaltensstandards übereinstimmt; und
    - in der gesamten Organisation integriert ist und in ihren Beziehungen gelebt wird." (ISO 26000, 2010)
  Organisationen sollen Verantwortung für die Auswirkungen ihrer Tätigkeiten auf die Gesellschaft und Umwelt wahrnehmen, die innerhalb ihres Einflussbereichs entstehen. Entscheidend dabei ist u. a. die Berücksichtigung der Erwartungen ihrer Interessengruppen sowie die Einhaltung von anwendbarem Recht sowie die Übereinstimmung mit internationalen Verhaltensstandards.
- Die Sustainable Development Goals (SDG) sind der weltweite Zielrahmen für nachhaltige Entwicklung (siehe auch http://www.un.org/sustainabledevelopment/). Die 17 konkreten Ziele (und 169 Unterziele) adressieren die größten Herausforderungen, vor de-

nen die Gesellschaft, Wirtschaft und Politik stehen. Die 193 Staaten der Vereinten Nationen bekennen sich zur Umsetzung dieser Ziele bis 2030. Die gesellschaftlichen Akteure aus Wirtschaft, Politik, Zivilgesellschaft und Medien sind aufgerufen, ihren Teil zur Erreichung der Ziele beizutragen. Der Beitrag der Unternehmen spielt dabei eine wesentliche Rolle.

Diese SDG bieten auch für Familienunternehmen einen wertvollen Beitrag zur Ausrichtung ihrer zukünftigen Schwerpunkte der Nachhaltigkeit bzw. Unternehmensverantwortung. Die Chance liegen hier im Anschluss an die globale Nachhaltigkeitsdiskussion in der Identifikation von Innovationschancen aber auch möglicher Schwächen in der Wertschöpfungskette und in der gezielten Kommunikation der CSR-Aktivitäten mit Bezug auf globale Ziele. Für die langfristige Orientierung und den positiven Beitrag für eine gesellschaftliche Entwicklung, die von vielen Familienunternehmen bereits seit Generationen gelebt wird, bieten die SDG nun einen Andockpunkt an die globale Diskussion für eine globale nachhaltige Entwicklung.

- Die Shared-Value-Diskussion – besonders getrieben durch die Arbeiten von Michael Porter und Mark Cramer (2006, 2011) – bringt ein Managementverständnis, das von Familienunternehmen oftmals schon seit Generationen gelebt wird, wieder in die aktuelle Diskussion. Im Zentrum des Shared-Value-Ansatzes steht die Annahme, dass die Wettbewerbsfähigkeit eines Unternehmens und der Wohlstand der Gesellschaft, in dem das Unternehmen tätig ist, miteinander in Wechselwirkung stehen und unternehmerische und zugleich gesellschaftliche Wertschöpfung in allen Unternehmensprozessen verfolgt werden soll (Porter und Cramer 2011). Obwohl an dem Shared-Value-Ansatz von Porter und Cramer oftmals Kritik geäußert wurde (z. B. Beschorner und Hajduk 2015; Crane et al. 2014), kommt diesem in der aktuellen Diskussion um zukunftsfähige Geschäftsstrategien ein hoher Stellenwert zu, weil er den Fokus auf die Schnittmenge zwischen gesellschaftlichen Chancen und unternehmerischem Handeln legt.
- In Deutschland kommt die in den letzten Jahren wiederum verstärkt geführte Diskussion um den ehrbarer Kaufmann dazu, die wichtige Impulse für die aktuelle CSR-Diskussion und auch die Verantwortung von Familienunternehmen liefert (z. B. Klink 2008).

3.2 Corporate-Social-Responsibility-Aktivitäten von Familienunternehmen

In der Literatur gibt es keinen klaren Konsens, ob Familienunternehmen mehr oder weniger Verantwortung gegenüber der Gesellschaft wahrnehmen (vergleiche hier auch den Beitrag von Kuttner und Feldbauer-Durstmüller in diesem Band). Während zahlreiche Studien die höhere Verantwortung und intensiven philanthropischen Aktivitäten von Familienunternehmen betonen, zeigen andere Forschungsergebnisse, dass in bestimmten Familienunternehmen das vorherrschende Familieninteresse vor der Wahrnehmung von gesellschaftlicher Verantwortung liegt (Cruz et al. 2014) oder rein finanzielle Erfolge als einzig relevantes Unternehmensziel betrachtet werden.

Familienunternehmen verfolgen neben wirtschaftlichen Zielen wie Unternehmenswachstum und Zunahme des Unternehmenswerts auch Familienziele. Die Übergabe des Unternehmens an die nächste Generation ist oftmals solch ein bedeutendes Familienziel (Achleitner et al. 2010). Die Ziele von Unternehmerfamilien – sowohl finanzieller als auch nichtfinanzieller Art – erstrecken sich oftmals über mehrere Generationen. Reputation, Image, Marke sind meist dann besonders wichtig, wenn diese mit dem Familiennamen verbunden sind. Familienmitglieder, die das Unternehmen als sehr eng mit ihrer eigenen Identität verbunden betrachten (Dyer 2006), sind meist sehr engagiert, wenn es um den Erfolg, aber auch das Wohlbefinden des Unternehmens und der Familie geht. Oft spielen individuelle Motive der Unternehmer sowie auch eine bestimmte Werte- und Lebenseinstellung eine Rolle (vgl. die Arbeiten von Chua et al. 1999; Spence und Schmidpeter 2003a, 2003b; Spence et al. 2003).

Umweltschädigende Aktivitäten oder Handlungen mit negativen sozialen Auswirkungen verursachen häufig einen Verlust der Reputation nicht nur des Unternehmens, sondern auch der Unternehmenseigentümer (Cruz et al. 2014). Die Herausforderung besteht für Familienunternehmen im Finden des Fokus zwischen den Zielen der Systeme Familie und Unternehmen, indem innovative Produkte und Dienstleistungen für die Gesellschaft erbracht werden können. Ebenfalls geht es dabei um das Wechselspiel zwischen finanziellen und nichtfinanziellen Zielen, die langfristig verfolgt werden (Dyer und Whetten 2006). Besonders den Werten der Familie kommt im Unternehmen eine tragende Funktion zu, denn diese verleihen dem unternehmerischen Handeln Kontinuität, dem Unternehmen seinen Charakter und dienen als Entscheidungsorientierung (Baus 2013). Dazu kommt die meist hohe regionale Verbundenheit, die zu langfristigen Vernetzungen mit Stakeholdern (Lieferanten, Kunden, regionalen Meinungsführern, Bildungseinrichtungen etc.) führt.

Beispiele: Familienwerte und gesellschaftliche Verantwortung
TRUMPF GmbH + Co. KG (etwa 11.000 Mitarbeiter)

„TRUMPF ist ein Familienunternehmen. Wir denken langfristig und handeln verantwortlich – aus Überzeugung. Und wir leben es vor: durch einen wertschätzenden Umgang mit unseren Mitarbeitern, Investitionen in die wichtige Ressource Bildung, die aktive Teilhabe an gesellschaftlichen und politischen Dialogen sowie die gezielte Förderung von kulturellen und sozialen Projekten, die einen Mehrwert für uns alle schaffen." (Quelle: Trumpf 2017)

RIESS KELOmat GmbH (etwa 120 Mitarbeiter)

„Als traditioneller Betrieb an der niederösterreichischen Eisenstraße leben wir hier seit Generationen mit und in dieser Region. Unsere Mitarbeiter kamen immer aus den Orten der Umgebung. Wir sind ein großer Familienbetrieb im doppelten Sinn: Unser Betrieb wird seit Generationen in der Familie weitergegeben und auch heute noch in der neunten Generation geführt. Darüber hinaus sehen wir uns mit den Mitarbeitern als große Familie. Wir leben von unserem guten Ruf als Arbeitgeber. Deshalb sind uns auch die Zufriedenheit und Gesundheit der Beschäftigten wichtig." (Quelle: RIESS Kelomat 2015)

Familienunternehmen agieren häufig unternehmerischer, langfristiger und nachhaltiger als Konzerne. Sie sind schnell und flexibel in der Entscheidungsfindung und verfügen über eine auf die Mitarbeiter ausgerichtete Kultur und Wertschätzung. Darüber hinaus grenzen sie sich durch ihr gesellschaftliches und persönliches Engagement sowie ihre regionale Verankerung von international tätigen Konzernen ab. Vor allem in Deutschland heben Familienunternehmen ihre höhere Innovationskraft und Einstellung zum Risiko als weiteres Differenzierungsmerkmal hervor.

Dazu kommt, dass Verantwortung auch über die Unternehmensgrenzen hinaus für die gesamte Branche, in der diese Unternehmen tätig sind, übernommen wird (PWC 2012; Abb. 2). Die Verantwortung gegenüber den Mitarbeitern kommt auch im Statement des Chief Executive Officers (CEO) eines großen, österreichischen Familienunternehmens zum Ausdruck: „In der Wirtschaftskrise 2008/2009 war unsere entscheidende Frage nicht wie viele Mitarbeiter wir abbauen müssen um unseren Ertrag zu sichern, sondern was wir tun müssen, um möglichst viele Mitarbeiter zu halten!".

Bei einer Untersuchung österreichischer Familienunternehmen (Abb. 3) mit dem Fokus auf CSR-Aktivitäten dieser Unternehmen wurde festgestellt, dass knapp die Hälfte der Familienunternehmen Maßnahmen bzw. Aktivitäten im Bereich der sozialen Verantwortung setzen. In erster Linie setzen sie Aktivitäten für Mitarbeiter und Mitarbeiterinnen (etwa

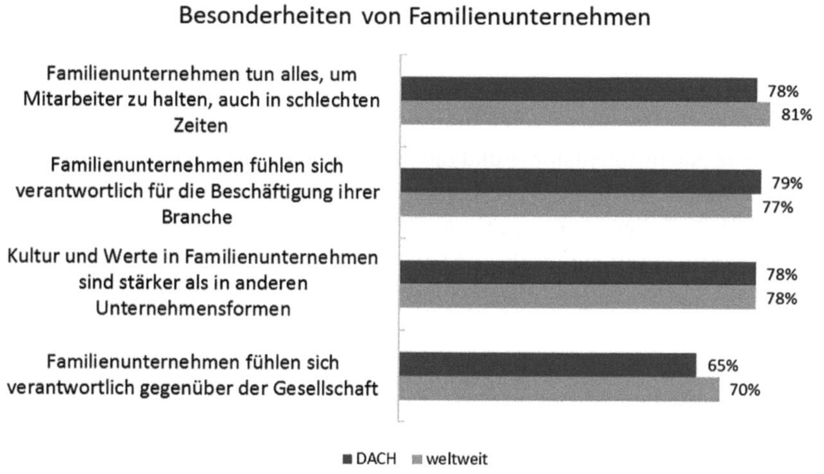

Besonderheiten von Familienunternehmen

	DACH	weltweit
Familienunternehmen tun alles, um Mitarbeiter zu halten, auch in schlechten Zeiten	78%	81%
Familienunternehmen fühlen sich verantwortlich für die Beschäftigung ihrer Branche	79%	77%
Kultur und Werte in Familienunternehmen sind stärker als in anderen Unternehmensformen	78%	78%
Familienunternehmen fühlen sich verantwortlich gegenüber der Gesellschaft	65%	70%

Abb. 2 Gesellschaftliche Verantwortung – Schwerpunkte von Familienunternehmen. (Aus PWC 2012)

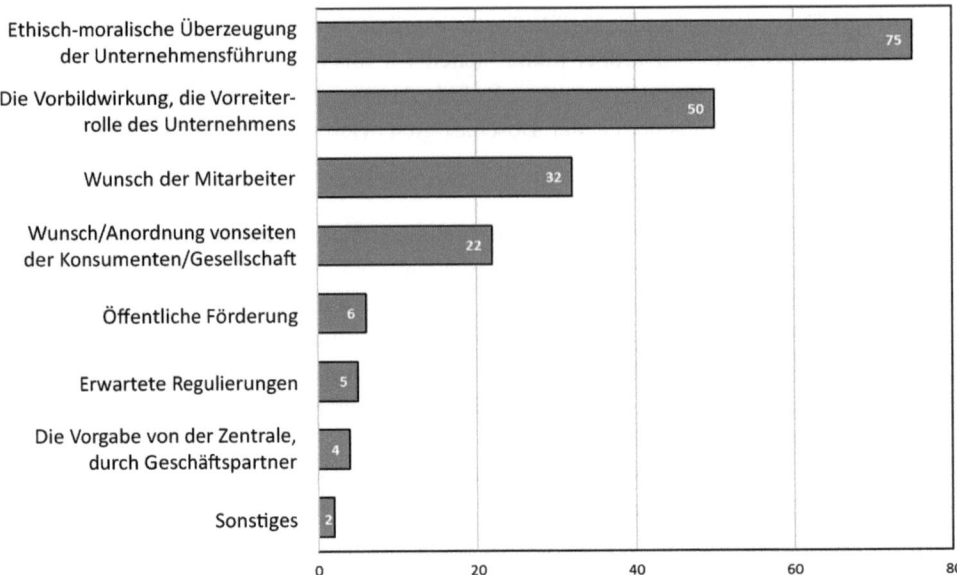

Abb. 3 Gründe für CSR-Aktivitäten österreichischer Familienunternehmen. (Nach KMU Forschung Austria 2013)

76 % der CSR-aktiven Unternehmen); 48 % der CSR-aktiven Familienunternehmen setzen auf marktorientierte Aktivitäten. Weitere 46 % der CSR-aktiven Familienunternehmen setzen CSR-Maßnahmen mit Ausrichtung auf die Gesellschaft. Bei 38 % der CSR-aktiven Familienunternehmen hat umweltbezogenes Engagement einen Stellenwert (KMU Forschung Austria 2013)

Eine umfassende Auseinandersetzung mit Familienunternehmen bedingt auch die kritische Betrachtung der Schattenseiten von Familienunternehmen, z. B. Nepotismus, unfaire/einseitige Entlohnungs- und Beurteilungssysteme, Suche von Sündenböcken außerhalb der Familie, die Dominanz von Familienzielen über das Unternehmenswohl, zu späte oder mangelnde Nachfolgeplanung und das Nicht-Loslassen-Können der älteren Generation, das notwendige Änderungen verhindert oder verzögert (vgl. hierzu die Übersicht in Cruz et. al. 2014). Kellermanns et al. (2012) sprechen hier von der „dunklen Seite" des sogenannten „socioemotional wealth" (SEW), bei der die individuellen Interessen der Familienmitglieder im Vordergrund stehen und die Unternehmensaktivitäten sogar oftmals existenziell bedroht sind.

Ein weiteres mögliches Spannungsfeld in Hinblick auf die gesellschaftliche Verantwortung von Familienunternehmen besteht in den unterschiedlichen Interessen mehrerer Familienstämme. Dieses kann dann noch verstärkt werden, wenn diese Familienstämme über unterschiedliche Anteile am Unternehmen verfügen und ein Familienstamm aktiv im Management involviert ist und andere Familienstämme ausschließlich die Eigentümerfunktion wahrnehmen. Familienunternehmen, die auch an einer Börse notiert sind, sind

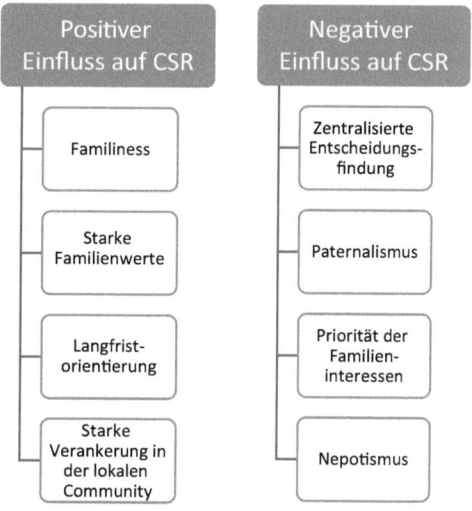

Abb. 4 Spezifische Charakteristika von Familienunternehmen und deren Einfluss auf Corporate Social Responsibility. (CSR; nach López-Cózar et al. 2014)

mit unterschiedlichen Logiken, wie langfristigem, d. h. generationenübergreifendem Denken der Unternehmerfamilie(n), sowie Anforderungen einer kurzfristig orientierten Logik des Kapitalmarkts konfrontiert. Diese Spannungsfelder erfordern intensive Reflexion und Diskussion, um die Stabilität und Ausrichtung des Unternehmens und auch den Bestand der Familie nicht zu gefährden.

Die Abb. 4 stellt die Charakteristika von Familienunternehmen, die einen positiven Einfluss auf CSR haben, denen, die einen möglichen negativen Einfluss auf CSR haben, gegenüber.

3.3 Fazit: Nachhaltiges Management in Familienunternehmen

Zur Auflösung der beschriebenen Spannungsfelder bedarf es eines neuen unternehmerischen Nachhaltigkeitsverständnisses. Es geht dabei nicht darum, ausschließlich Schaden zu reduzieren, sondern vielmehr den, in der Eigentümerfamilie vorhandenen unternehmerischen Impuls und das damit verbundene Nutzenversprechen gegenüber der Gesellschaft positiv zu skalieren. Insbesondere erfolgreiche Familienunternehmen haben dabei intuitiv ein Nachhaltigkeitsverständnis, das Unternehmertum und Generationenverantwortung positiv miteinander verbindet.

Anders als börsennotierte Unternehmen managen sie nicht die Nachhaltigkeit mit einem sogenannten Sustainability-Management, sondern fokussieren in all ihren Managemententscheidungen und der Unternehmensausrichtung auf nachhaltiges, d. h. generationenverantwortliches, langfristig orientiertes, an ihren jeweiligen Kontexten ausgerichtetes Management. Dabei geht es weniger um die Public-Relations(PR)-wirksame Kommunikation, sondern um das systematische an Werten und Grundsätzen ausgerichtete unternehmerische Handeln.

In all diesen Fragen herrscht auch ein gewisser Pragmatismus vor, der nicht in Sonntagsreden das idealistische Sollen verklärt, sondern versucht, die eigenen Möglichkeiten – sozusagen das Können – realistisch einzuschätzen und im eigenen Nutzenversprechen gegenüber den verschiedenen Stakeholdern bestmöglich abzubilden. Dabei spielt der grundsätzliche positive Impact, den man mit seiner unternehmerischen Handlung erreichen möchte, eine wesentliche Rolle. Es geht nicht darum, das eigene Handeln durch zusätzliche bürokratische Prozesse einzuschränken, sondern durch ein an Nachhaltigkeit und Dauerhaftigkeit ausgerichtetes Denken und Handeln proaktiv zu leben.

Unternehmerfamilien wollen der nächsten Generation nicht nur die gleichen Möglichkeiten hinterlassen, sondern ihren Kindern und Enkelkindern erweiterte Möglichkeiten und neue Potenziale für deren eigenes unternehmerisches Handeln hinterlassen. Diese Enkeltauglichkeit hat zum Ziel, das Potenzial zu erweitern und so die eigene unternehmerische Zielsetzung an die nächste Generation unter verbesserten Voraussetzungen weiterzugeben. Nur so ist die Weiterentwicklung des ursprünglichen unternehmerischen Impulses möglich und die Wettbewerbsfähigkeit des eigenen Unternehmens über Generationen hinweg zu erhalten.

Dabei spielt auch die konsequente Entwicklung eines je eigenen Nachhaltigkeitsverständnisses – aus den jeweiligen Werten und Potenzialen der Familie sowie des Unternehmens mit seinen Mitarbeitern heraus – eine zentrale Rolle. Familienunternehmen haben eine starke innere Orientierung, die es auch im Bereich der Nachhaltigkeit zu berücksichtigen und positiv zu nutzen gilt.

Aus diesen Überlegungen scheint es sehr zielführend, die Erfolgsfaktoren der oft einzigartigen und exzellenten Familienunternehmen genau zu analysieren, um so auch das Nachhaltigkeitsmanagement von Großunternehmen weiterzuentwickeln und den Paradigmenwechsel von Sustainability-Management hin zu einem nachhaltigen Management zu fördern.

Literatur

Achleitner AK, Bock C, Braun R, Schraml S, Welter J (2010) Zielstrukturen in Familienunternehmen: Empirische Hinweise auf die Beziehung zwischen Unternehmens- und Familienzielen. Z KMU Entrepreneursh 58(3):227–258

Baus K (2013) Die Familienstrategie. Wie Familien ihr Unternehmen über Generationen sichern, 4. Aufl. Gabler, Wiesbaden

Beschorner T, Hajduk T (2015) Creating shared value: Eine Grundsatzkritik/creating shared value: a fundamental critique. Z Wirtschafts Unternehmensethik 16(2):219–230

Campopiano G, De Massis A (2017) Family involvement and corporate social responsibility in small- and medium-sized family firms. In: Kellermanns FW, Hoy F (Hrsg) The Routledge companion to family business. Taylor & Francis, London New York, S 331–348

Chua JH, Chrisman JJ, Sharma P (1999) Defining the family business by behaviour. Entrepreneursh Theory Pract 23:19–39

Crane A, Palazzo G, Spence LJ, Matten D (2014) Contesting the value of creating shared value. Calif Manage Rev 56(2):130–153

Cruz C, Larraza-Kintana M, Garcés-Galdeano L, Berrone P (2014) Are family firms really more socially responsible? Entrepreneursh Theory Pract 38:1295–1316

Dyer WG (2006) Examining the family effect on firm performance. Fam Bus Rev 19(4):253–273

Dyer WG, Whetten DA (2006) Family Firms and Social Responsibility: Preliminary Evidence from the S&P 500. Entrepreneurship: Theory and Practice 30(6):785–802

Eddleston KA, Kellermanns FW (2007) Destructive and productive family relationships: a stewardship theory perspective. J Bus Ventur 22:545–565

Europäische Kommission (2011) Communication from the Commission to the Council and the European Parliament – A renewed EU strategy 2011–14 for Corporate Social Responsibility. Brüssel

Felden B, Hack A (2014) Management von Familienunternehmen: Besonderheiten – Handlungsfelder – Instrumente. Springer Gabler, Wiesbaden

Frank H, Lueger M, Nosé L, Suchy D (2010) The concept of "Familiness": literature review and systems theory-based reflections. J Fam Bus Strategy 1(3):119–130

Habbershon TG, Williams ML (1999) A resource-based framework for assessing the strategic advantages of family firms. Fam Bus Rev 12(1):1–25

Halder A (2016) Innovationsfähigkeit und Entrepreneurial Orientation in Familienunternehmen. Der Familieneinfluss und die Rolle des Familienunternehmers. Springer Gabler, Wiesbaden

Haussmann H (2012) Verantwortungsbewusstsein und Nachhaltigkeit – Das Familienunternehmen als Vorbild. GEMINI Report. Gemini Executive Search, Bad Homburg

ISO 26000 (2010) International Standard ISO 26000 (First edition 2010-11-01). Guidance on social responsibility, Lignes directrices à la responsabilité sociétale. ISO 26000:2010 (E)

Kammerlander N, Sieger P, Voordeckers W, Zellweger T (2015) Value creation in family firms: a model of fit. J Fam Bus Strategy 6(2):63–72

Kellermanns FW, Eddleston KA, Sarathy R, Murphy F (2012) Innovativeness in family firms: a family influence perspective. Small Bus Econ 38(1):85–101

Klein SB (2010) Familienunternehmen: theoretische und empirische Grundlagen (BoD – Books on Demand)

Klink D (2008) Der Ehrbare Kaufmann – Das ursprüngliche Leitbild der Betriebswirtschaftslehre und individuelle Grundlage für die CSR-Forschung. ZfB-Special 3:57–79

KMU Forschung Austria (Hrsg) (2013) Familienunternehmen in Österreich. Status quo 2013

López-Cózar C, Priede T, Hilliard I (2014) Family and non-family business differences in corporate responsibility approaches. Asean J Manag Innov 2014:74–85. https://doi.org/10.14456/ajmi.2014.9

Miller D, Steier L, Le Breton-Miller I (2016) What can scholars of entrepreneurship learn from sound family businesses? Entrepreneurship: Theory Pract 40(3):445–455. https://doi.org/10.1111/etap.12231

Porter M, Kramer M (2006) Strategy and society: the link between competitive advantage and corporate social responsibility. Harvard Business Review, Boston

Porter M, Kramer M (2011) Creating shared value. Harvard Business Review, Boston

PWC (2012) Fels in der Brandung? Studie über Familienunternehmen 2010/11. http://www.pwc.de/de/mittelstand-alt/studie-familienunternehmen-2010.html. Zugegriffen: 12. Mai 2017

Riess Kelomat (2015) Nachhaltigkeitsbericht 2014. http://www.riesskelomat.at/media/files/Folder/Riess_Kelomat_Nachhaltigkeitsbericht.pdf. Zugegriffen: 29. Mai 2017

Schaltegger S, Hansen E (2013) Unternehmerische Nachhaltigkeitsinnovationen durch nachhaltiges Unternehmertum. In: Altenburger R (Hrsg) CSR und Innovationsmanagment. Springer Gabler, Berlin Heidelberg, S 19–30

von Schlippe A, Groth T, Rüsen TA (2017) Die beiden Seiten der Unternehmerfamilie: Familienstrategie über Generationen: Auf dem Weg zu einer Theorie der Unternehmerfamilie. Vandenhoeck & Ruprecht, Göttingen

Sharma P, Chrisman JJ, Gersick KE (2012) Twenty-five years of family business review: reflections on the past and perspectives for the future. Fam Bus Rev 25(1):5–15

Spence L, Schmidpeter R (2003a) SMes, social capital and civic engagement in Bavaria and West London in responsibility and social capital – the world of SMEs. Palgrave, Hampshire

Spence L, Schmidpeter R (2003b) SMEs, social capital and the common good. J Bus Ethics 45:93–108

Spence L, Schmidpeter R, Habisch A (2003) Assessing social capital: small and medium sized enterprises in Germany and the UK. J Bus Ethics 47(1):17–29

Stiftung Familienunternehmen (2017) Die volkswirtschaftliche Bedeutung der Familienunternehmen. http://www.familienunternehmen.de/media/public/pdf/publikationen-studien/studien/Volkswirtschaftliche-Bedeutung_Studie_Stiftung_Familienunternehmen.pdf. Zugegriffen: 2. Juni 2017

Tagiuri R, Davis J (1996) Bivalent attributes of the family firm. Fam Bus Rev 9(2):199–208

Trumpf (2017) Wir übernehmen Verantwortung. https://www.trumpf.com/de_INT/unternehmen/verantwortung/. Zugegriffen: 3. Juni 2017

Wimmer R, Domayer E, Oswald M, Vater G (2005) Familienunternehmen – Auslaufmodell oder Erfolgstyp, 2. Aufl. Springer, Wiesbaden

Prof. Dr. Reinhard Altenburger ist Professor für Strategisches Management, Nachhaltiges Management/Corporate Social Responsibility (CSR) und Innovation im Department Business der IMC Fachhochschule Krems. Der Fokus seiner Forschung liegt in den Themenfeldern CSR und Innovation sowie Innovationen in Familienunternehmen und der Verbindung von gesellschaftlicher Verantwortung und Unternehmensstrategie. Studium der Betriebswirtschaft und Wirtschaftspädagogik sowie Doktoratsstudium der Sozial- und Wirtschaftswissenschaften an der Wirtschaftsuniversität Wien; Dissertation über die Funktionen des Topmanagements in Strategieprozessen; langjährige Tätigkeit als Projektleiter und Fachexperte in den Bereichen Vertriebsstrategie, Unternehmensplanung, Controlling und Innovationsmanagement im Sparkassen- und Bankensektor und als Unternehmensberater; Fachbuchautor; zahlreiche Vorträge bei internationalen Konferenzen. Er ist im Scientific Panel internationaler Konferenzen und Reviewer zahlreicher internationaler Journale. Bei Springer Gabler erschienen von ihm bisher *CSR und Innovationsmanagement* und *CSR und Stakeholdermanagement*.

Prof. Dr. René Schmidpeter hat den Dr. Jürgen Meyer Stiftungslehrstuhl Internationale Wirtschaftsethik und CSR an der Cologne Business School (CBS) inne. Er leitet das dortige Center for Advanced Sustainable Management (CASM) und forscht insbesondere zu den Themen CSR als innovativer Managementansatz, CSR in der Betriebswirtschaftslehre und internationale Perspektiven auf CSR.

Neben seinem internationalen Engagement mit Großunternehmen stand die mittelständische Wirtschaft kontinuierlich im Fokus seiner Aktivitäten. Als verantwortlicher Projektmanager der Initiative Unternehmen für die Region der Bertelsmann Stiftung hat er regionale Netzwerke in sieben Regionen mit aufgebaut und regionale Mittelständler auf ihren Weg in eine nachhaltige Zukunft begleitet. Zudem hat er als Experte bundesweite CSR-Weiterbildungsprogramme für den Mittelstand mitentwickelt, internationale Forschungsprojekte im Mittelstand durchgeführt sowie den Aufbau institutioneller Unternehmensnetzwerke in Deutschland und Österreich fachlich begleitet. In seinen umfangreichen Vortrags- und Seminartätigkeiten bei mittelständischen Unternehmen, Industrie- und Handelskammern (IHK) und Wirtschaftskammern zu den Themen Nachhaltigkeit, Digitalisierung und Innovation steht er im ständigen Austausch mit familiengeführten Unternehmen und arbeitet gemeinsam mit ihnen an der kontinuierlichen Weiterentwicklung des Themas nachhaltige Führung aus einer mittelständischen Perspektive.

Er ist Herausgeber der etablierten Managementreihe Corporate Social Responsibility im Springer Gabler Verlag sowie der international viel beachteten Publikationsserie CSR, Sustainability, Ethics and Governance bei Springer.

Qualitativ-empirische Fallstudien zu Corporate Social Responsibility in Familienunternehmen

Zusammenfassung und Ausblick

Michael Kuttner und Birgit Feldbauer-Durstmüller

1 Einleitung

Unternehmen sind heutzutage vermehrt mit unterschiedlichen sozialen, ökologischen und politischen Problemen konfrontiert, z. B. Fachkräftemangel trotz hoher Arbeitslosenraten, Umweltverschmutzung, Migration aus Krisengebieten, gestiegene Anforderungen an die Arbeitsplatzqualität, Urbanisierung. Während in der Vergangenheit vorwiegend Regierungen und öffentliche Institutionen für die Lösung derartiger Probleme Verantwortung übernommen haben, rückt das soziale, ökologische und ökonomische Engagement von Unternehmen unter dem Begriff Corporate Social Responsibility (CSR) zunehmend in den öffentlichen Fokus (Carroll 1999; Smith 2003; Perrini und Minoja 2008). Neben der gestiegenen praktischen Relevanz wird dieses Thema auch vermehrt in der wissenschaftlichen Literatur behandelt (Perrini und Minoja 2008; Wagner et al. 2009; Aguinis und Glavas 2012), wobei die unterschiedlichsten Aspekte von CSR, wie beispielsweise die Einflüsse von CSR auf die Unternehmensperformance (z. B. Islam et al. 2012; Tang et al. 2012; Saeidi et al. 2015), das CSR-Reporting (z. B. Momin und Parker 2013; Amran et al. 2014) oder auch CSR in Familienunternehmen (z. B. Déniz-Déniz und Cabrera-Suárez 2005; Blodgett et al. 2011; Amann et al. 2012; Laguir et al. 2015), untersucht werden.

FU wird weltweit eine große wirtschaftliche Relevanz zugeschrieben und sie dominieren die Unternehmenslandschaft (IFERA 2003). Die Vorrangstellung von FU in den verschiedenen Ländern, Regionen, Branchen usw. wurde in zahlreichen, wissenschaftlichen Publikationen angeführt (z. B. La Porta et al. 1999; Aldrich und Cliff 2003; Astrachan und Shanker 2003; Gedajlovic et al. 2012; Sharma et al. 2012). Dennoch wurde die FU-Forschung erst in den letzten zwei Dekaden intensiviert (Gedajlovic et al. 2012) und Autoren wie beispielsweise Sharma (2004), Astrachan und Zellweger (2008) und Sharma

M. Kuttner (✉) · B. Feldbauer-Durstmüller
JKU Linz (Johannes Keppler Universität Linz)
Linz, Österreich

et al. (2012) erwähnen dezidiert weiteren Forschungsbedarf rund um FU. Im Gegensatz zu Nichtfamilienunternehmen (NFU) sind FU durch eine starke emotionale Bindung zwischen Familie und Unternehmen gekennzeichnet (Zellweger und Astrachan 2008). Ferner sind FU und die Unternehmerfamilie oftmals eng mit dem direkten Unternehmensumfeld verknüpft und dementsprechend von der Unterstützung der lokalen Gemeinschaft abhängig (Berrone et al. 2010; He et al. 2012). Zur Erreichung der sozialen, ökologischen und wirtschaftlichen Ziele des FU und zur Befriedigung der emotionalen Bedürfnisse der Unternehmerfamilie werden vermehrt CSR-Maßnahmen ergriffen (Dyer und Whetten 2006; Berrone et al. 2010; Uhlaner et al. 2012; Zellweger et al. 2013). Beispielsweise kann sich eine durch CSR-Maßnahmen erhöhte Familien- bzw. Unternehmensreputation in Krisenzeiten positiv auf den Erhalt des Familien- bzw. Unternehmensvermögens auswirken (Godfrey 2005; Dyer und Whetten 2006). Obwohl die praktische und wissenschaftliche Relevanz von CSR in FU zunimmt, sind die Erkenntnisse innerhalb dieses Forschungsfelds sehr heterogen und die Verknüpfung zwischen CSR und FU in der Literatur sehr fragmentiert und unstrukturiert (Van Gils et al. 2014). Während Autoren wie Gallo (2004), Dyer und Whetten (2006), Bingham et al. (2011) und Zellweger et al. (2013) eine positive Zusammenhang zwischen CSR und FU konstatieren, argumentieren andere Autoren, dass FU im Gegensatz zu NFU weniger an CSR interessiert seien (Delmas und Gergaud 2014; Muttakin et al. 2015; Sundarasen et al. 2016).

Mit dem Ziel, das Verständnis zu fördern und zur weiteren Strukturierung des Forschungsfelds CSR in FU beizutragen, werden innerhalb dieses Beitrags qualitativ-empirische Fallstudien über CSR in FU, die im Rahmen einer systematischen Literatursuche identifiziert wurden, untersucht. Der Fokus dieses Beitrags liegt auf qualitativ-empirischen Fallstudien innerhalb des Themenfelds CSR in FU, da qualitative Forschung (z. B. Fallstudien) v. a. in Bereichen mit geringem Kenntnisstand eingesetzt wird, um ein Tiefenverständnis komplexer Phänomene (z. B. CSR in FU) zu gewinnen (Riesenhuber 2009). Des Weiteren ermöglichen Fallstudien eine umfassende Abbildung von Entwicklungen, Abläufen und Ursache-Wirkung-Beziehungen (Lamnek 2010). Im Rahmen dieser Analyse sollen folgende zwei Forschungsfragen beantwortet werden:

1. Welche Erkenntnisse über CSR in FU liefern aktuell qualitativ-empirische Fallstudien?
2. Welche Implikationen für die Forschung können anhand dieser systematischen Literaturanalyse hinsichtlich des Forschungsfelds CSR in FU abgeleitet werden?

Im Anschluss an diese Einleitung werden die beiden relevanten Begriffe CSR und FU erläutert sowie eine Abgrenzung gegenüber früheren Meta- und Literaturanalysen durchgeführt. Der dritte Abschnitt beschreibt die angewendete Methodik, gefolgt von einem Überblick der analysierten Beiträge (bibliographische Charakteristika, methodische Ansätze, theoretische Bezugsrahmen, Branchen und eine inhaltlichen Analyse) im vierten Abschnitt. Abschließend werden relevante Ergebnisse zusammengefasst und diskutiert, Implikationen für die zukünftige Forschung abgeleitet und die Restriktionen dieser Untersuchung angeführt.

2 Corporate Social Responsibility in Familienunternehmen

Der angloamerikanische Begriff CSR wurde erstmals von Bowen (1953) in seinem Buch *Social Responsibilities of the Businessman* erwähnt. Der Autor postuliert, dass unternehmerische Verantwortung eine Orientierung an den Erwartungen, Zielen und Werten der Gesellschaft beinhaltet. Die Ursprünge von CSR reichen jedoch wesentlich weiter als in die Mitte des 20. Jahrhunderts zurück. Bereits im antiken Griechenland wurde aus Nächstenliebe Geld und Nahrung an bedürftige Mitmenschen verteilt (Bassen et al. 2005). Als weitere Beispiele sozialen Engagements sind Dynastien wie die Medici in Italien (Blütezeit 15.–16. Jahrhundert) sowie die Fugger in Deutschland (Blütezeit 14.–17. Jahrhundert) anzuführen (Baumgarth und Binckebanck 2015). Die Fugger, die erfolgreichste deutsche Kaufmannsdynastie, die auch in den höchsten politischen Kreisen aktiv war, finanzierte aufgrund zunehmenden Drucks von Klerus, Politik und intellektueller Elite (Zeibig 2008) die erste historisch bekannte Sozialsiedlung, die Fuggerei in Augsburg. Inwieweit die zugrundeliegenden Beweggründe philanthropisch oder ökonomisch waren, ist der heutigen CSR-Diskussion sehr ähnlich (Feldbauer-Durstmüller 2010), denn bereits damals diente soziales Engagement u. a. der Pflege der Reputation (Geffcken 2004). Jüngere Ursprünge verweisen auf Unternehmer wie Andrew Carnegie (1835–1919), George Cadbury (1839–1922) und Henry Ford (1863–1947), die alle soziale Verantwortung im Unternehmensumfeld übernommen haben, z. B. durch Bereitstellung von Wohnungen und Einführung von Gesundheitsprogrammen für Mitarbeiter (Smith 2003). Während bei diesen historischen Betrachtungen überwiegend soziale Aspekte beachtet wurden, umfassen aktuelle CSR-Definitionen ein wesentlich breiteres Spektrum an unternehmerischer Verantwortung, z. B. Berücksichtigung von Stakeholder-Ansprüchen, ökologische Aspekte (Welford 2004). Dementsprechend existieren sowohl in der Wissenschaft als auch in der Unternehmenspraxis eine Vielzahl von unterschiedlichen CSR-Definitionen (Carroll 1999; Dahlsrud 2008; Rahman 2011; Altenburger 2013). Innerhalb dieses Beitrags wird auf das umfangreiche CSR-Verständnis der Europäischen Union (2011) verwiesen, die „CSR als ein Konzept, das den Unternehmen als Grundlage dient, auf freiwilliger Basis soziale Belange und Umweltbelange in ihre Unternehmenstätigkeit und in die Wechselbeziehung mit den Stakeholdern zu integrieren" definiert.

Auch für den zweiten, in diesem Beitrag maßgeblichen Begriff FU existiert aktuell keine einheitliche Definition (Sharma 2004; Gedajlovic et al. 2012; Sharma et al. 2012; Xi et al. 2015). Autoren, wie beispielsweise Villalonga und Amit (2006), Allouche et al. (2008) und Amann et al. (2012) argumentieren, dass die überwiegende Anzahl von FU-Definitionen aus drei Dimensionen bestehen:

- Eigentum – ein signifikanter Kapitalanteil des Unternehmens wird von zumindest einer Familie gehalten;
- Management – Familienmitglieder sind in der Lage, Entscheidungsrechte gegenüber anderen Anteilseignern des Unternehmens, die keine Familienmitglieder sind, auszuüben;

- Kontrolle – Familienmitglieder sind an der Leitung und der Kontrolle des Unternehmens beteiligt.

Diese oftmals verwendete, mehrdimensionale Betrachtungsweise von FU wird auch in diesem Beitrag für die Abgrenzung von FU und NFU herangezogen.

Im Rahmen der Literaturrecherche wurden etliche Literatur- bzw. Metaanalysen identifiziert, die Aspekte von CSR (z. B. Dahlsrud 2008; Peloza 2009; Aguinis und Glavas 2012) oder FU (z. B. Sharma 2004; Astrachan und Zellweger 2008; Sharma et al. 2012) beinhalten. Einzig der Leitartikel von Van Gils et al. (2014) „Social Issues in the Family Enterprise" in einer Sonderausgabe der Zeitschrift *Family Business Review* und die systematische Literaturanalyse von Feliu und Botero (2016) „Philanthropy in Family Enterprises: A Review of Literature" behandeln explizit das Forschungsfeld CSR in FU. Van Gils et al. (2014) analysieren 35 Publikationen sowie die in der Sonderausgabe beinhalteten Beiträge rund um das Themenfeld CSR in FU und führen zahlreiche Implikationen für zukünftige Forschungsvorhaben an (z. B. Mangel an Ländervergleichsstudien, Einfluss des Familienmanagements auf das soziale Engagement von FU). Van Gils et al. (2014) erwähnen innerhalb des Beitrags jedoch keine zugrunde liegende Methodik. Der Auswahlprozess der analysierten Publikationen ist intransparent, nicht objektiv und dementsprechend nicht nachvollziehbar. Des Weiteren verzichten die Autoren auf eine detaillierte Inhaltsanalyse inklusive Kategorisierung bzw. Generalisierung der Ergebnisse. Im Gegensatz dazu führen Feliu und Botero (2016) die zugrundeliegende Methodik detailliert an. Die Autoren analysieren 55 Beiträge der letzten 26 Jahre, wobei diese Literaturanalyse nicht das gesamte Spektrum von CSR in FU umfasst, sondern ausschließlich Philanthropie von FU, das nur einen Teilbereich des Themenfelds CSR in FU neben z. B. ökologischen Aspekten, beinhaltet.

Obwohl einige Literaturanalysen teilweise CSR in FU thematisieren, wurde keine systematische Literaturanalyse identifiziert, die exklusiv qualitativ-empirische Fallstudien zu diesem Thema untersucht. Diese Forschungslücke soll innerhalb dieser Literaturanalyse durch die Beantwortung der in der Einleitung angeführten Forschungsfragen geschlossen werden.

3 Methodische Vorgehensweise

Für die Identifikation und Synthese von in wissenschaftlichen Journalen publizierten qualitativ-empirischen Fallstudien zum Thema CSR in FU folgt dieser Beitrag der Methodik von Tranfield et al. (2003) zur Erstellung von systematischen Literaturanalysen. Im Vergleich zu einer traditionellen Literaturanalyse ist eine systematische Literaturanalyse von einem vermehrt objektiven und transparenten Prozess gekennzeichnet. Der Leser ist somit in der Lage, jede Phase nachzuvollziehen und die Literatursuche zu reproduzieren (Jesson et al. 2011). Laut Tranfield et al. (2003) kann die Erstellung einer systematischen Literaturanalyse in drei Phasen unterteilt werden: Planung der Literaturanalyse, Durchführung der Literaturanalyse sowie Berichterstattung und Verbreitung der Ergebnisse.

Die erste Phase, Planung der Literaturanalyse, beinhaltet v. a. die Darlegung der Motivation (siehe Einleitung) und die Erstellung des Protokolls für die systematische Literaturanalyse. In der zweiten Phase, Durchführung der Literaturanalyse, werden zuerst relevante, qualitativ-empirische Fallstudien innerhalb des Forschungsfelds CSR in FU mithilfe einer Schlagwortsuche in sieben Datenbanken (EBSCOhost, Elsevier Science Direct, Emerald, ISI Web of Science, Proquest, Scopus und Wiley) identifiziert. Beiträge, die innerhalb dieser systematischen Literaturanalyse analysiert werden, mussten zwei Gruppen von Schlagwörtern (UND Konjunktion) im Titel, in den Schlüsselwörtern oder im Abstrakt enthalten.

Die erste Gruppe von Schlagwörtern bezieht sich auf CSR und wurde durch folgende Suchphrase implementiert: „CSR" ODER „social responsib*" ODER „corporate citizen*" ODER „corporate citizen*" ODER „sustainab*". Die zweite Schlagwortgruppe adressiert FU: „family firm*" ODER „family company*" ODER „family business*" ODER „family enterprise*" ODER „family owned firm*" ODER „family owned enterprise*" ODER „family controlled firm*" ODER „family controlled company*" ODER „family controlled business*" ODER „family controlled enterprise*". Die Nutzung von Sternchen innerhalb der Suchabfrage erlaubt die Integration unterschiedlicher Suffixe, wie beispielsweise „social responsibility" und „social responsible". Hinsichtlich des Zeitraums der Veröffentlichung wurden keine Einschränkungen getroffen. Dementsprechend wurden alle Beiträge berücksichtigt, die vor der Durchführung der Schlagwortsuche im Februar 2016 publiziert oder online verfügbar waren.

Die Tab. 1 zeigt einen Überblick der Datenbanksuche und des Auswahlprozesses. Die Schlagwortsuche resultierte in 482 Journalartikeln. Der Methodik von Tranfield et al. (2003) folgend, wurde zuerst geprüft, inwieweit die identifizierten Journalbeiträge für diese systematische Literaturanalyse relevant sind. In diesem Schritt wurden 270 Beiträge exkludiert. Für Journalartikel, deren inhaltlicher Fokus nicht aus dem Abstract bestimmt werden konnte, wurde der Volltext für die Ex- bzw. Inklusion herangezogen. Dementsprechend wurden weitere 53 Beiträge sowie 84 Duplikate, die in mehr als einer Datenbank gefunden wurden, nicht in die Auswahl der zu analysierenden Journalbeiträge aufgenommen.

Als weitere Restriktionen wurden ausschließlich englischsprachige Artikel aus wissenschaftlichen Journalen aufgenommen. Bücher, Buchbeiträge, Konferenzbeiträge, Dissertationen usw. wurden nicht berücksichtigt. Ähnlich zu anderen systematischen Literaturanalysen im Bereich der betriebswirtschaftlichen Forschung (z. B. Bouncken et al. 2015; Kuttner und Feldbauer-Durstmüller 2016) wurden aus Gründen der Qualitätssicherung der inkludierten Journalartikel ausschließlich jene Beiträge berücksichtigt, die in einem Journal publiziert wurden, das im Ranking der Chartered Association of Business Schools (CABS) – Chartered Academic Journal Guide (Version 5; in weiterer Folge CABS-Ranking genannt) – angeführt ist (Chartered Association of Business Schools 2015). Nach Exklusion der Beiträge aufgrund des Abstracts, des fehlenden CABS-Rankings, der Voll-

Tab. 1 Dokumentation der Datenbanksuche und des Auswahlprozesses

Datenbank	# Treffer der Schlagwortsuche	# Exklusion aufgrund				# Artikel in der Literaturanalyse
		Abstrakt/Schlüsselwörter/ fehlendes Chartered-Association-of-Business-Schools(CABS)-Ranking	Volltext	Duplikate	Keine Fallstudien	
EBSCOhost	+50	−26	−4	0	−17	3
Elsevier Science Direct	+28	−12	−5	0	−10	1
Emerald	+84	−59	−8	−1	−11	5
ISI Web of Science	+100	−45	−14	−24	−17	0
ProQuest	+26	−8	−2	−15	−1	0
Scopus	+120	−67	−12	−33	−8	0
Wiley	+74	−53	−8	−11	−1	1
Summe	**+482**	**−270**	**−53**	**−84**	**−65**	**10**

texte und der Duplikate wurden alle empirisch-quantitativen und konzeptionell-theoretischen Beiträge (in Summe 65 Beiträge) eruiert und ausgeschlossen. Die verbleibende Anzahl von zehn qualitativ-empirischen Fallstudien wird innerhalb dieser systematischen Literaturanalyse untersucht.

Anschließend wurde eine Microsoft-Excel®-Datenbank erstellt, in der relevante Informationen, z. B. Titel, Autor(en), Dauer der Untersuchung, Anzahl der Unternehmen, aus den einzelnen qualitativ-empirischen Fallstudien extrahiert wurden. Im Rahmen der dritten bzw. letzten Phase der systematischen Literaturanalyse, Berichterstattung und Verbreitung der Ergebnisse, werden die Analyseergebnisse im nachfolgenden Abschnitt dieses Beitrags dargestellt.

4 Ergebnisse

4.1 Bibliographische Charakteristika

Wie aus Abb. 1 ersichtlich, wurden sämtliche in dieser systematischen Literaturanalyse enthaltenen Fallstudien ab dem Jahr 2006 publiziert. Die publikationsstärksten Jahre waren 2012 mit drei und 2013 mit zwei Beiträgen. In den Jahren 2006, 2008, 2011, 2014 und 2015 wurde jeweils nur eine Fallstudie veröffentlicht. Im Vergleich mit der Gesamtanzahl der innerhalb der systematischen Literaturanalyse eruierten Beiträge zu CSR in FU (zehn

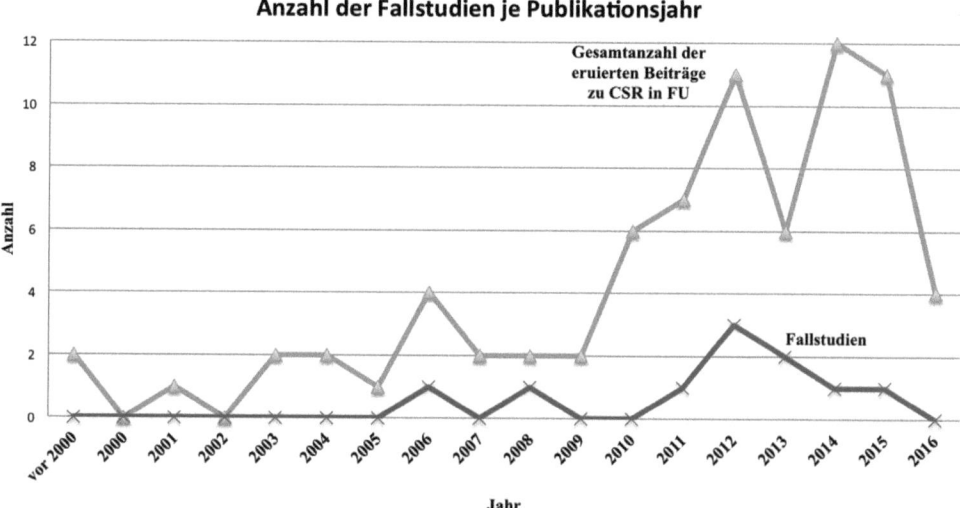

Abb. 1 Anzahl der Fallstudien je Publikationsjahr. *CSR* Corporate Social Responsibility; *FU* Familienunternehmen

Fallstudien sowie 65 Beiträge, die keine Fallstudie darstellen, z. B. empirisch-quantitative und konzeptionell-theoretische Publikationen, vgl. Tab. 1) zeigt sich deutlich, dass nahezu nur jeder achte Beitrag eine Fallstudie ist. Ferner kann konstatiert werden, dass die Bedeutung des Forschungsfelds CSR in FU im Allgemeinen ab der Jahrtausendwende zugenommen hat, mit Ausnahme der qualitativ-empirischen Beiträge, deren erste Journalpublikation im Jahr 2006 identifiziert wurde.

Die zehn Fallstudien wurden in neun unterschiedlichen, wissenschaftlichen Journalen publiziert (vgl. Tab. 2), wobei lediglich im *Journal of Management Development* zwei Beiträge enthalten sind (Small 2006; Roome und Louche 2011). Hinsichtlich der Qualität der identifizierten Journale ist auffallend, dass keines in den beiden höchsten Kategorien des CABS-Rankings (4* und 4) gereiht ist. Die Journale *Business History*, *European Journal of Marketing* und *Family Business Review* sind innerhalb des CABS-Rankings mit der Kategorie 3 bewertet, *Business Ethics: A European Review*, *European Management Journal* sowie *International Journal of Retail and Distribution Management* mit 2 und die drei verbleibenden *Journale British Food Journal*, *Corporate Social Responsibility and Environmental Management*, *Journal of Management Development* sind in der Kategorie 1 gelistet. Ferner wurden die Fallstudien zur Thematik CSR in FU in sehr heterogenen Journalkategorien (z. B. Marketing, Management) publiziert. Ausschließlich drei Journale sind einem der zwei Teilbereiche des untersuchten Forschungsfelds CSR in FU zuzuordnen. Die *Family Business Review* fokussiert sich hauptsächlich auf das Forschungsfeld FU; die Journale *Business Ethics: A European Review* sowie *Corporate Social Responsibility and Environmental Management* konzentrieren sich u. a. auf CSR.

Tab. 2 Bibliographische Informationen

Journaltitel	Chartered-Association-of-Business-Schools(CABS)-Ranking	Journal Impact Factor (JIF)	Anzahl	Fallstudien
British Food Journal	1	0,973	1	Setthasakko (2012)
Business Ethics: A European Review	2	1,386	1	Perrini und Minoja (2008)
Business History	3	0,709	1	Antheaume et al. (2013)
Corporate Social Responsibility and Environmental Management	1	2,647	1	Laguir et al. (2015)
European Journal of Marketing	3	1,088	1	Lindgreen et al. (2012)
European Management Journal	2	1,437	1	Fernando und Almeida (2012)
Family Business Review	3	4,147	1	Marquès et al. (2014)
International Journal of Retail and Distribution Management	2	Kein JIF	1	Towers et al. (2013)
Journal of Management Development	1	Kein JIF	2	Small (2006); Roome und Louche (2011)
Summe (wenn verfügbar)			10	

Als weiteres Qualitätsmerkmal enthält die Tab. 2 den „journal impact factor" (JIF) aus der Thomson Reuters Datenbank ISI Web of Science (Thomson Reuters o.J.). Mit 4,147 weist die Zeitschrift *Family Business Review* den höchsten JIF auf. Nur zwei Journale, *International Journal of Retail and Distribution Management* und *Journal of Management Development*, in denen Fallstudien zum Thema CSR in FU publiziert wurden, haben keinen JIF.

4.2 Methodische Ansätze, Unternehmensdaten und theoretische Bezugsrahmen

Die Tab. 3 zeigt die deskriptiven Informationen der Beiträge, die in dieser systematischen Literaturanalyse untersucht werden. Innerhalb der zu analysierenden Publikationen wurde viermal das Untersuchungsdesign einer Fallstudie (z. B. Fernando und Almeida 2012; Towers et al. 2013) und sechsmal das einer multiplen Fallstudie (z. B. Marquès et al. 2014; Laguir et al. 2015) gewählt. In allen zehn untersuchten Publikationen erfolgte die Datenerhebung mithilfe von Interviews. Zusätzlich wurden in sechs Fällen die Daten durch Beobachtungen und in sieben Fällen durch andere Methoden, z. B. Abschlussberichte und Internetquellen, erhoben. Während im Großteil der Fallstudien (sechs) keine Angaben zum Untersuchungszeitraum getroffen wurden, ist in vier Fällen (Roome und Louche 2011; Setthasakko 2012; Fernando und Almeida 2012; Marquès et al. 2014) der genaue Zeitraum bekannt. Dieser variiert von einem Jahr (Setthasakko 2012) bis zu einem Zeitraum von 1993 bis 2005 (Roome und Louche 2011). Die Anzahl der in den Studien enthaltenen Unternehmen reicht von einem (z. B. Perrini und Minoja 2008) bis zu 20 (Laguir et al. 2015). Während die multiplen Fallstudien 3–20 Unternehmen untersuchen, behandeln die Fallstudien jeweils ein Unternehmen. Die Ausnahme bildet dabei der Beitrag von Fernando und Almeida (2012), die als Untersuchungsdesign eine Fallstudie angeben, jedoch in der Summe zehn Unternehmen analysieren. Die Autoren argumentieren dahingehend, dass sich die empirischen Ergebnisse ausschließlich auf einen Fall konzentrieren, der erst in der Diskussion mit den übrigen Unternehmensfällen verglichen wird (Fernando und Almeida 2012).

Die Bandbreite der dargestellten Unternehmen reicht von Großunternehmen (fünf Beiträge: Roome und Louche 2011; Lindgreen et al. 2012; Antheaume et al. 2013; Setthasakko 2012; Towers et al. 2013) bis zu kleinen und mittleren Unternehmen (Laguir et al. 2015). Innerhalb des Beitrags von Perrini und Minoja (2008) wird das gesamte Spektrum an Unternehmensgrößen thematisiert, während in zwei Publikationen derartige Angaben gänzlich fehlen (Small 2006; Fernando und Almeida 2012).

Ferner ist auffallend, dass keine der analysierten Fallstudien ein oder mehrere Unternehmen in unterschiedlichen Ländern beinhaltet. Der Großteil der Unternehmen (sechs) ist in Europa angesiedelt, wie beispielsweise Italien (Perrini und Minoja 2008; Roome und Louche 2011) und Großbritannien (Lindgreen et al. 2012; Towers et al. 2013). Zwei weitere Beiträge skizzieren Unternehmen in Asien (Setthasakko 2012: Thailand; Fernando und Almeida 2012: Sri Lanka), einer Australien (Small 2006) und ein weiterer Afrika (Laguir et al. 2015: Marokko). Sechs Fallstudien fokussieren sich ausschließlich auf FU und vier auf FU sowie NFU (Small 2006; Fernando und Almeida 2012; Lindgreen et al. 2012; Laguir et al. 2015). Innerhalb des Großteils der Beiträge (sieben) werden keine Angaben hinsichtlich des Notierungsstatus getroffen. Konkrete Angaben dazu wurden nur in drei Beiträgen gefunden: Fernando und Almeida (2012) untersuchen mehrere Unternehmen, die entweder börsennotiert sind bzw. sich im Privatbesitz befinden, und die beiden Beiträge von Perrini und Minoja (2008) und Roome und Louche (2011) analysieren ausschließlich ein börsennotiertes Unternehmen.

Die 63 Unternehmen (43 FU und 20 NFU) innerhalb der zehn Fallstudien beinhalten ein großes Spektrum an unterschiedlichen Branchen, z. B. Bau-, Textil-, Kommunikationsbranche (Tab. 4). Während innerhalb der FU Herstellung (12), Handel (5) und die Lebens- bzw. Genussmittelbranche (5) dominieren, überwiegt im Bereich der NFU die Landwirtschaft (5) sowie herstellende Unternehmen (4). Abgesehen vom Fokus auf die Herstellungsbranche (16) ist kein weiterer Branchenschwerpunkt innerhalb der Studien erkennbar.

Tab. 3 Deskriptive Informationen

Autor(en), Jahr	Untersuchungsdesign	Datenerhebung			Erhebungszeitraum	Unternehmensdaten						Theoretische(r) Bezugsrahmen***
		Interviews	Beobachtungen	Andere*		Anzahl	Größe**	Land/Länder	FU und NFU	Börsennotiert	Privateigentum	Keine Spezifizierung	
Antheaume et al. (2013)	Multiple Fallstudie	✓		✓	K. A.	6	G	Frankreich	FU			✓	K. A.
Fernando und Almeida (2012)	Fallstudie	✓			2005–2007	10	K. A.	Sri Lanka	FU und NFU	✓	✓		OR
Laguir et al. (2015)	Multiple Fallstudie	✓			K. A.	20	KM	Marokko	FU und NFU			✓	ST
Lindgreen et al. (2012)	Multiple Fallstudie	✓	✓	✓	K. A.	5	G	Großbritannien	FU und NFU			✓	K. A.
Marquès et al. (2014)	Multiple Fallstudie	✓	✓	✓	2011–2012	12	KMG	Spanien	FU			✓	ST, SEW
Perrini und Minoja (2008)	Fallstudie	✓	✓	✓	K. A.	1	M	Italien	FU	✓			K. A.
Roome und Louche (2011)	Fallstudie	✓	✓	✓	1993–2005	1	G	Italien	FU	✓			K. A.
Setthasakko (2012)	Multiple Fallstudie	✓	✓	✓	2010	4	G	Thailand	FU			✓	K. A.
Small (2006)	Multiple Fallstudie	✓		✓	K. A.	3	K. A.	Australien	FU und NFU			✓	ET, OT
Towers et al. (2013)	Fallstudie	✓		✓	K. A.	1	G	Großbritannien	FU			✓	K. A.
Summe (wenn verfügbar)		**10**	**6**	**7**		**63**				**3**	**1**	**7**	

K. A. keine Angaben
* Andere Methoden der Datenerfassung sind beispielsweise Unternehmensdaten aus Abschlussberichten und Internetquellen
** G groß, M mittel, K klein [gemäß der Definition der Europäischen Kommission (2003), wenn nicht anders vom Autor bzw. den Autoren definiert]
*** ET ethische Theorie(n); OR organisatorische Tugendhaftigkeit (Bright et al. 2006); OT Organisationstheorie(n); SEW „socioemotional wealth"; ST Stewardship-Theorie

Tab. 4 Brancheninformationen

Autor(en), Jahr	Anzahl der Unternehmen			Branche (Anzahl)	
	Summe	FU	NFU	FU	NFU
Antheaume et al. (2013)	6	6	0	Baubranche (3), Dienstleistungsbranche (1), Herstellung (1), Landwirtschaft (1)	
Fernando und Almeida (2012)	10	4	6	Dienstleistungsbranche (1), Lebens- bzw. Genussmittelbranche (1), Textilbranche (2)	Finanzbranche (2), Lebens- bzw. Genussmittelbranche (2), Dienstleistungsbranche (1), Kommunikationsbranche (1)
Laguir et al. (2015)	20	10	10	Dienstleistungsbranche (1), Handel (2), Herstellung (4), Landwirtschaft (3)	Dienstleistungsbranche (1), Handel (1), Herstellung (3), Landwirtschaft (5)
Lindgreen et al. (2012)	5	3	2	Textilbranche (1), Gesundheitsbranche (1), Gastgewerbe (1)	Gesundheitsbranche (1), Herstellung (1)
Marquès et al. (2014)	12	12	0	Dienstleistungsbranche (1), Gastgewerbe (1), Gesundheitsbranche (1), Handel (3), Herstellung (5), Transportbranche (1)	
Perrini und Minoja (2008)	1	1	0	Herstellung (1)	
Roome und Louche (2011)	1	1	0	Herstellung (1)	
Setthasakko (2012)	4	4	0	Lebens- bzw. Genussmittelbranche (4)	
Small (2006)	3	1	2	Baubranche (1)	Marinestützpunkt (1), Polizeiakademie (1)
Towers et al. (2013)	1	1	0	Textilbranche (1)	
Summe (wenn verfügbar)	**63**	**43**	**20**		

FU Familienunternehmen; *NFU* Nichtfamilienunternehmen

Wohingegen in sechs Beiträgen kein explizit verwendeter theoretischer Bezugsrahmen identifiziert wurde, wird in den verbleibenden Fallstudien mindestens eine zugrundeliegende Theorie angeführt (vgl. Tab. 3). Small (2006) bezieht sich in seinem Beitrag auf unterschiedliche ethische Theorien (z. B. Rawls 1971) und Organisationstheorien (z. B. Litterer 1967; Hodgkinson 1978) und stützt damit seine Argumentation, dass beide Theorien bei der Entwicklung einer ethischen Unternehmenskultur voneinander abhängig sind bzw. sich ergänzen. Marquès et al. (2014) berufen sich auf die Stewardship-Theorie und auf die Theorie des „socioemotional wealth"; Fernando und Almeida (2012) verwenden die Theorie der organisatorischen Tugendhaftigkeit nach Bright et al. (2006) und Laguir et al. (2015) die Stewardship-Theorie.

4.3 Inhaltliche Analyse

Die identifizierten Beiträge behandeln unterschiedlichste Themen innerhalb des Forschungsfelds CSR in FU (z. B. Antheaume et al. 2013: nachhaltige Entwicklungsstrategien, Marquès et al. 2014: CSR-Engagement). Auffallend ist, dass innerhalb der Fallstudien strategische Themen im Zusammenhang mit CSR dominieren (z. B. Fernando und Almeida 2012: strategisches CSR, Lindgreen et al. 2012: Integration von CSR und Markenführerschaftstrategien, Perrini und Minoja 2008: CSR und Unternehmensstrategien). Abgesehen von diesem Fokus sind die Untersuchungsgegenstände der Fallstudien von einer großen Heterogenität gekennzeichnet, die auch bereits von Van Gils et al. (2014) für das gesamte Forschungsfeld CSR in FU attestiert wurde. Diese große Heterogenität der Fallstudien ist u. a. ein Grund für die Wahl einer aufzählenden Zusammenfassung der zu analysierenden Beiträge. Weitere Gründe für diese Darstellung sind die unterschiedlichen Kontextfaktoren (z. B. Unternehmensgröße) innerhalb der Fallstudien, die eine Generalisierbarkeit bzw. Kategorisierung der Ergebnisse in Cluster erschweren. Die Tab. 5 zeigt einen Überblick über den Untersuchungsgegenstand sowie die wesentlichen Erkenntnisse der untersuchten Fallstudien. In weiterer Folge wird der Inhalt der einzelnen Publikationen in diesem Abschnitt zusammengefasst.

Innerhalb der multiplen Fallstudie von Antheaume et al. (2013) werden sechs langjährig existierende, französische FU mithilfe von 17 Interviews mit FU-Eigentümern und Familienmitgliedern untersucht. Der Fokus der Studie liegt auf nachhaltigen Entwicklungsstrategien, wobei v. a. die Langlebigkeit von FU thematisiert wird und CSR eine untergeordnete Bedeutung aufweist. Die Autoren postulieren, dass FU-Eigentümer, deren Unternehmen seit mehr als zwei Generationen besteht, eine Verknüpfung der Familien- und Unternehmensinteressen, der Stakeholder und des sozialökonomischen Umfelds bevorzugen. Innerhalb dieser langjährig existierenden FU dominiert jedoch der Gedanke, dass das Unternehmensumfeld v. a. als Quelle für Ressourcen, z. B. Humanressourcen im Sinn von Mitarbeiterakquise, bzw. als Grundlage wirtschaftlichen Wachstums, z. B. Absatzmarkt in unmittelbarer Nähe, dient. Generell versuchen diese FU eine gemeinsame Basis zwischen Unternehmen, Familie und Umfeld zu finden, was mitunter mit einem

Qualitativ-empirische Fallstudien

Tab. 5 Überblick über die Themen sowie wesentlichen Erkenntnisse der Fallstudien

Autor(en), Jahr	Untersuchungsgegenstand
	Wesentliche Erkenntnisse zu CSR in FU
Antheaume et al. (2013)	*Nachhaltige Entwicklungsstrategien* Schlüsselkonzepte für die Langlebigkeit von FU sind die Interdependenz und die Verknüpfung unterschiedlicher Sphären, wie die Einbettung der Familie in das Unternehmen, des Unternehmens in die Gesellschaft, die Weitergabe von Vermögen an die nächste Generation Das Umfeld von langjährig bestehenden FU dient v. a. als Ressourcenquelle, z. B. Humanressourcen im Sinn von Mitarbeiterakquise, und als Grundlage des wirtschaftlichen Wachstums, z. B. Absatzmarkt in unmittelbarer Nähe
Fernando und Almeida (2012)	*Untersuchung der Tugendhaftigkeit der CSR-Strategie eines FU* CSR-Strategien sind ein gerechtfertigter Grund, Ressourcen an interne und externe Stakeholder zu verteilen Die Teilnahme bzw. Umsetzung von CSR-Strategien fördert das persönliche Wohlbefinden von Managern Das Ergebnis von CSR-Strategien, selbst wenn die Motive vordergründig aus Eigeninteresse bestehen, kann tugendhaft sein
Laguir et al. (2015)	*Unterschiede bezüglich CSR in marokkanischen FU und NFU* Kleine und mittlere FU übernehmen vermehrter soziale Verantwortung als NFU gleicher Größe und präferieren soziale CSR-Maßnahmen, z. B. Verbesserung der Work-Life-Balance der Mitarbeiter CSR-Maßnahmen sind vom Engagement, den Werten und der Kultur des Geschäftsführers abhängig
Lindgreen et al. (2012)	*Integration von CSR und Markenführerschaftstrategien* Dynamische Faktoren, z. B. Eigentümerschaft, Kultur und Geschäftsführung, beeinflussen die Entwicklung und Ausgestaltung einer CSR-Marke Unternehmen im Privateigentum tendieren zu einer eher langfristigen Ausrichtung der CSR-Maßnahmen, während öffentlich gehaltene Unternehmen ihre CSR-Maßnahmen vermehrt kurzfristig einsetzen
Marquès et al. (2014)	*CSR Engagement in FU* Ein erhöhter Familieneinfluss ist mit einer stärkeren Identifikation bzw. einer zunehmenden Beteiligung an CSR-Maßnahmen verbunden FU besitzen eine Präferenz für soziale CSR-Aktivitäten
Perrini und Minoja (2008)	*Integration von CSR in die Unternehmensstrategie* Die Trennung von Eigentümerschaft und Management fördert die Entwicklung von CSR-Maßnahmen in einem FU mittlerer Größe Durch die Integration von CSR in die Unternehmensstrategie in FU kann sowohl eine hohe finanzielle als auch soziale Performance erreicht werden
Roome und Louche (2011)	*Integration von CSR in die Unternehmensstrategie* Beschreibung des Transformationsprozesses innerhalb eines italienischen FU und die damit verbundene Integration von CSR in die Unternehmensstrategie Der Lern- und Veränderungsprozess ist maßgeblich für den heutigen Erfolg des FU verantwortlich Die detaillierte Beschreibung des Transformationsprozesses kann als Anhalt für andere Unternehmen dienen, die CSR in die Unternehmensstrategie integrieren wollen

Tab. 5 (Fortsetzung)

Autor(en), Jahr	Untersuchungsgegenstand
	Wesentliche Erkenntnisse zu CSR in FU
Setthasakko (2012)	*Implementierung einer Ökobudgetierung in FU* Die Implementierung einer Ökobudgetierung in FU wird maßgeblich von drei Faktoren beeinflusst: Wertschöpfung durch wirtschaftliches Wachstum, Managementvision und sozialer Druck
Small (2006)	*Entwicklung einer ethischen Unternehmenskultur* In FU dominieren indirekte Maßnahmen bezüglich der Entwicklung einer ethischen Unternehmenskultur Generell sind für die Entwicklung einer derartigen Unternehmenskultur drei Punkte maßgeblich: die Vorbildfunktion der Geschäftsführung und der langjährigen Mitarbeiter, das Zurverfügungstellen von Ausbildungsmaßnahmen und Verhaltensregeln sowie die Installation einer formalen Anlaufstelle für die Meldung von unmoralischem Verhalten
Towers et al. (2013)	*CSR und Wertschöpfungsketten* Der verstärkte Einsatz von CSR-Maßnahmen führt zu einer Adaptierung der vorhanden operativen Abläufe bzw. des Managementprozesses

CSR Corporate Social Responsibility; *FU* Familienunternehmen; *NFU* Nichtfamilienunternehmen

Verzicht auf kurzfristigen Gewinn verbunden ist, sofern die nächste Generation daraus profitiert, z. B. werden beim Auftreten einer Krise, die den Fortbestand des Unternehmens gefährdet, kurzfristige Einbußen hingenommen. Die Autoren erwähnen des Weiteren, dass die Interdependenz und die Verknüpfung unterschiedlicher Sphären, wie die Einbettung der Familie in das Unternehmen, des Unternehmens in die Gesellschaft, die Weitergabe von Vermögen an die nächste Generation, Schlüsselkonzepte für die Langlebigkeit von FU sind.

Basierend auf dem Konzept der organisatorischen Tugendhaftigkeit, das Bright et al. (2006) als höchste Bestrebung menschlichen Daseins, charakterisiert durch menschlichen Einfluss, moralischer Güte und bedingungsloser gesellschaftlicher Verbesserung, beschreiben, analysieren Fernando und Almeida (2012) die CSR-Strategie in einem FU in Sri Lanka mit etwa 45.000 Mitarbeitern an 28 Standorten, mit dem Ziel aufzuzeigen, dass CSR-Strategien sowohl tugendhaft, z. B. durch positive Auswirkungen auf die lokale Gemeinschaft, als auch ökonomisch vorteilhaft, z. B. durch Maximierung des Gewinns, sein können. Die CSR-Maßnahmen im skizzierten FU orientieren sich stark an den Mitarbeitern (Frauenanteil von etwa 92 %), denen beispielsweise Transportmöglichkeiten zum Arbeitsplatz, freie Verpflegung und eine Gesundheitsvorsorge angeboten werden. Das Unternehmen investiert nicht nur aus moralischen Gründen in CSR-Maßnahmen, sondern auch deswegen, weil die Unternehmensleitung die Meinung vertritt, dass dies im finanziellen Interesse des Unternehmens liege. Die CSR-Maßnahmen des FU tragen maßgeblich zur Verbesserung der Lebensumstände, des Wohlbefindens und der Gesundheit der vorwiegend weiblichen Mitarbeiter bei. Die Autoren führen als weiteres Beispiel für die Tugendhaftigkeit der CSR-Strategie die Kommunikationspolitik des Unternehmens an, die auf eine Veröffentlichung der durchgeführten CSR-Maßnahmen weitgehend verzichtet. Die Studie zeigt, dass CSR-Strategien aus einer Stakeholder-Perspektive ein gerechtfertigter Grund sind, Ressourcen an interne und externe Stakeholder zu verteilen. Ferner sind auch die kulturellen Unterschiede in Asien zu berücksichtigen. Manager, die in Asien CSR-Strategien umsetzen, unterliegen der Kritik, gutes Handeln zu instrumentalisieren. Die Teilnahme bzw. die Umsetzung derartiger CSR-Strategien fördere das persönliche Wohlbefinden der Manager. Dennoch resümieren die Autoren, dass auch das Ergebnis von CSR-Maßnahmen, deren Umsetzung vordergründig aus eigenem bzw. Unternehmensinteresse entstanden ist, tugendhaft sein kann bzw. eine vordergründig finanzielle Orientierung bei der Ausgestaltung von CSR-Maßnahmen eine moralische nicht zwingend ausschließe (Fernando und Almeida 2012).

Anhand einer multiplen Fallstudie über 20 kleine und mittlere Unternehmen in Marokko untersuchen Laguir et al. (2015), inwieweit FU im Gegensatz zu NFU vermehrt soziale Verantwortung tragen. Die Autoren kommen zu dem Schluss, dass kleine und mittlere FU mehr soziale Verantwortung übernehmen als NFU gleicher Größe. Vor allem für FU ist Unterstützung sowie die Kommunikation mit der lokalen Gemeinschaft von großer Bedeutung. Des Weiteren zeigen die Ergebnisse der Fallstudie, dass die Kundenerwartungen betreffende soziale und ökologische Themen nicht in dem Ausmaß relevant sind, wie die Verbesserung der Work-Life-Balance oder die Stärkung der Innovationskraft. Dieser Fokus führt wiederum zu einem gesteigerten Engagement der Mitarbeiter und erhöht gleichzeitig deren Motivation. Abschließend erwähnen Laguir et al. (2015) explizit, dass die CSR-Maßnahmen von kleinen und mittleren FU in einem signifikanten Ausmaß vom Engagement des Geschäftsführers des FU, seinen Wertvorstellungen und seiner Kultur abhängen.

Die Fallstudie von Lindgreen et al. (2012) behandelt die Integration von CSR und Markenführerschaftstrategien. Basierend auf Interviews und Sekundärdaten von jeweils fünf FU und NFU in Großbritannien analysieren die Autoren den Einfluss von dynamischen Faktoren (z. B. Eigentümerschaft, Kultur, Geschäftsführung), den spezifischen Produktkontext und der Unternehmensmarke auf die Entwicklung und Implementierung einer CSR-Marke. Die Frage der Eigentümerschaft determiniert beispielsweise, inwieweit das Unternehmen seine CSR-Maßnahmen lang- oder kurzfristig ausgestaltet. Unternehmen im Privateigentum tendieren zu einer eher langfristigen Ausrichtung der CSR-Maßnahmen, während öffentlich gehaltene Unternehmen ihre CSR-Maßnahmen vermehrt kurzfristig, basierend auf klaren CSR-Zielen sowie einer Integration mit der Markenpolitik einsetzen. Die Ergebnisse zeigen ferner, dass spezifische Branchen einzigartige Dynamiken besitzen, die die strategische Positionierung einer CSR-Markenführerschaft beeinflussen bzw. bestimmen können. Jedoch resultieren nicht alle CSR-Anstrengungen in einer Steigerung des Markenwerts für die Allgemeinheit, sondern adressieren beispielsweise ausschließlich die lokale Gemeinschaft bzw. Mitarbeiter. Die Autoren identifizierten noch weitere Faktoren wie z. B. branchenspezifische Aspekte und Unternehmensgröße, die Auswirkungen auf die CSR-Markenführerschaft haben. Abschließend erwähnen Lindgreen et al. (2012)

noch explizit den Einfluss des Eigentümers bzw. Geschäftsführers auf die Ausgestaltung der CSR-Kultur bzw. die Adaptierung des CSR-Umfelds.

Anhand von zwölf Fällen von spanischen FU untersuchen Marquès et al. (2014) den Zusammenhang von FU und CSR-Engagement. Die Autoren kommen zu dem Schluss, dass ein höherer Familieneinfluss mit einer stärkeren Identifikation sowie einer zunehmenden Beteiligung an CSR-Maßnahmen verbunden ist. Daraus resultieren einerseits positive Auswirkungen auf das CSR-Engagement und andererseits wird die hohe Relevanz der Rolle der Familienmitglieder bezüglich Eigentümerschaft, Governance, Geschäftsführung und Belegschaft unterstrichen. Als weiteres Beispiel werden die positiven Auswirkungen auf interne Stakeholder (z. B. Erhöhung der Zufriedenheit und der intrinsischen Motivation der Mitarbeiter) genannt, die sich aus CSR-Maßnahmen (z. B. Unterstützung der lokalen Community) ergeben. Ferner argumentieren die Autoren, dass FU eine Präferenz für soziale CSR-Aktivitäten, sowohl interne als auch externe, besitzen (Marquès et al. 2014).

Perrini und Minoja (2008) zeigen anhand eines italienischen, mittelgroßen FU auf, unter welchen Umständen bzw. welcher Vorgeschichte CSR in die Unternehmensstrategie integriert werden kann und postulieren, dass die Einstellungen, Werte und Erfahrungen des Unternehmers dabei von fundamentaler Bedeutung sind. Des Weiteren erwähnen die Autoren, dass die Trennung von Eigentümerschaft und Management in einem FU einen wesentlichen Schritt für die Entwicklung von CSR-Maßnahmen darstellt. Dadurch wird die Fähigkeit und die Bereitschaft des FU erhöht, auf die Erwartungen der Stakeholder, die nicht der Unternehmensfamilie angehören, einzugehen. Dennoch ist diese Trennung von Eigentümerschaft und Management stark vom Willen des Eigentümers bzw. in weiterer Folge von seiner Einstellung, den damit verbundenen Werten, seiner Kultur und Erfahrung abhängig. Die Fallstudie liefert ferner Erkenntnisse über die soziale und finanzielle Performance. Das untersuchte Unternehmen zielt mit seinen Produkten v. a. auf Kunden ab, die Sicherheit, Verlässlichkeit und einen nachhaltigen Umgang mit der Umwelt bevorzugen und dementsprechend höhere Preise für die Produkte bezahlen. Somit ist das Unternehmen in der Lage, die höheren Kosten, die durch diverse CSR-Maßnahmen entstehen, zu kompensieren. Die Autoren präsentieren innerhalb dieser Fallstudie detailliert, wie ein FU durch die Integration von CSR in die Unternehmensstrategie gleichermaßen eine hohe ökonomische als auch soziale Performance erreichen kann und fördern das Verständnis, wie in einem mittelgroßen FU CSR-Maßnahmen erfolgreich entwickelt werden können (Perrini und Minoja 2008).

Die Fallstudie von Roome und Louche (2011) behandelt die Transformation eines italienischen FU (zwischen 1993 und 2005), die ausschlaggebend für den heutigen Erfolg des Unternehmens ist. Der Transformationsprozess ermöglichte die Entwicklung bzw. Integration einer Unternehmensstrategie, die CSR beinhaltet. Die Autoren beschreiben den Lern- und Veränderungsprozess, der innerhalb dieses FU stattgefunden hat, als die Grundlage für den heutigen Erfolg. Betreffend CSR wurde eine vermehrt explizite Strategie bzw. ein eher humanistischer Anspruch des Managements im FU umgesetzt. Dementsprechend werden die Menschen und das Umfeld als wesentlicher Bestandteil des Unternehmenserfolgs betrachtet. Abschließend erwähnen die Autoren die große praktische Relevanz dieser

Fallstudie als Beispiel einer erfolgreichen Integration von CSR in eine Unternehmensstrategie (Roome und Louche 2011).

Basierend auf einer Untersuchung von vier thailändischen FU thematisiert die Fallstudie von Setthasakko (2012) die Implementierung einer Ökobudgetierung. Im Besonderen untersucht der Autor die Faktoren, die die Implementierung einer Ökobudgetierung beeinflussen, sowie die Auswirkungen auf die ökologische Unternehmensperformance. Innerhalb der multiplen Fallstudie können die drei Faktoren Wertschöpfung durch wirtschaftliches Wachstum, Managementvision und sozialer Druck, die Einfluss auf die Einführung einer Ökobudgetierung haben, identifiziert werden. Aus Gründen der Kosteneinsparung und um den Umsatz der nachhaltig hergestellten Produkte zu erhöhen, wurden innerhalb der untersuchten FU ökologische Ausgaben budgetiert. Eine Aufnahme derartiger Kosten in das Budget offeriert diesen FU die Möglichkeit, nachhaltige Produkte ohne einen Preisaufschlag herzustellen und zu verkaufen. Ferner besitzen die FU eine verstärkte Macht, Entscheidungen zu treffen, die aus dem Zusammenschluss von Eigentümerschaft, Management und Familie sowie in weiterer Folge aus einer engen Verknüpfung zwischen Macht und Status resultiert. Dadurch sind die FU in der Lage, neben einem wirtschaftlichen Wachstum auch die Lebensqualität der Gemeinschaft zu erhöhen bzw. den Schutz der Umwelt zu fördern. Der dritte Faktor, der soziale Druck, führt zu einer Reduktion der negativen Einflüsse der operativen Geschäftstätigkeit auf die lokale Gemeinschaft, seitdem Umweltbelange budgetiert wurden. Abschließend postulieren die Autoren, dass die drei genannten Faktoren wesentlichen Einfluss auf die Implementierung einer Ökobudgetierung ausüben und in weiterer Folge der Ressourceneinsatz als auch die Umweltverschmutzung innerhalb der untersuchten FU maßgeblich reduziert werden konnten (Setthasakko 2012).

Small (2006) analysiert in seiner Studie die Entwicklung einer ethischen Unternehmenskultur innerhalb von drei australischen Organisationen. Gegenstand der Untersuchung sind ein Flottenstützpunkt, eine Polizeiakademie und ein kleines FU. Während in der Marineeinrichtung und der Polizeiakademie vorwiegend auf eine institutionalisierte Entwicklung, z. B. durch Ausbildungsmaßnahmen, gesetzt wird, dominiert innerhalb des FU eine indirekte Entwicklung einer ethischen Unternehmenskultur. Zusammenfassend werden drei wesentliche Punkte für die Entwicklung einer derartigen Unternehmenskultur aufgezeigt: die Vorbildfunktion der Geschäftsführung bzw. der langjährigen Mitarbeiter, das Zurverfügungstellen von Ausbildungsmaßnahmen bezüglich moralischen Verhaltens bzw. die Vorgabe von Verhaltensregeln und die Installation einer formalen Anlaufstelle, in der dementsprechendes Fehlverhalten innerhalb und außerhalb der Organisation gemeldet werden kann (Small 2006).

Mithilfe einer Fallstudie eines schottischen FU der Textilindustrie, das Produkte aus Kaschmir für das Luxussegment produziert, untersuchen Towers et al. (2013), inwieweit derartige Textilunternehmen CSR-Maßnahmen im Rahmen der gesamten innerbetrieblichen Wertschöpfungskette umsetzen. Die Autoren konstatieren, dass derartige Maßnahmen eine zunehmende Relevanz innerhalb der Textilindustrie des Luxussegments aufweisen: einerseits, um die Einhaltung von CSR-Standards im Rahmen der unterschiedlichen Schritte der Wertschöpfungskette zu demonstrieren, sowie andererseits, um den

Kundenansprüchen gerecht zu werden, die eine vermehrte Transparenz der CSR-Aktivitäten innerhalb des gesamten Produktionsprozesses fordern. Der verstärkte Einsatz von CSR-Maßnahmen führt zu einer Adaptierung der vorhandenen operativen Abläufe bzw. der Managementprozesse. Jedoch erscheint die Transparenz und die Überprüfbarkeit im Vergleich zu vielen anderen Herstellern und Händlern von Textilien weniger weit fortgeschritten und die CSR-Maßnahmen werden eher implizit als explizit ergriffen (Towers et al. 2013).

5   Diskussion und Ausblick

Die vorliegende systematische Literaturanalyse nach Tranfield et al. (2003) beinhaltet zehn qualitativ-empirische Fallstudien zum Thema CSR in FU, die im Rahmen einer Schlagwortsuche in sieben Datenbanken eruiert wurden. Obwohl Fallstudien in Forschungsfeldern mit einem geringen Kenntnisstand das Tiefenverständnis einer komplexen Thematik fördern (Riesenhuber 2009) und eine umfassende Abbildung von z. B. Entwicklungen, Abläufen und Ursache-Wirkung-Beziehungen ermöglichen (Lamnek 2010), wurden innerhalb des Forschungsfelds CSR in FU ausschließlich zehn Fallstudien gefunden. Verglichen mit der Ausgangsbasis der gesamten identifizierten Journalliteratur zu CSR in FU (75 Beiträge) ist nahezu nur jeder achte Beitrag eine Fallstudie. Obwohl die Literatur zum Forschungsfeld CSR in FU bereits ab der Jahrtausendwende zugenommen hat (z. B. La Porta et al. 1999; Carlsen et al. 2001; Gallo 2004; Déniz-Déniz und Cabrera-Suárez 2005), wurde die erste Fallstudie sechs Jahre später publiziert (Small 2006). Zukünftige Forschung innerhalb des Forschungsfelds CSR in FU sollte sich dementsprechend vermehrt auf das Untersuchungsdesign der Fallstudie zur Förderung des Tiefenverständnisses konzentrieren.

Ferner zeigt die Analyse der qualitativen Fallstudien sehr heterogene Forschungs- bzw. Untersuchungsdesigns, die eine Generalisierung der Erkenntnisse erschweren. Beispielsweise werden Begriffe wie CSR und FU in den unterschiedlichen Beiträgen sehr heterogen definiert sowie verschiedene Kontextfaktoren (z. B. Unternehmensgröße) in den diversen Fallstudien herangezogen. Einheitliche Definitionen bzw. Kontextfaktoren in zukünftigen Forschungsvorhaben wären für die Vergleichbarkeit bzw. Generalisierung der Ergebnisse förderlich. Während sich bisherige Fallstudien auf ausschließlich ein Land beziehen und die unterschiedlichsten Länder innerhalb der analysierten Beiträge behandelt werden, sollte zukünftige Forschung u. a. eine Betrachtung von mehreren Unternehmen in unterschiedlichen Ländern beinhalten bzw. bisherige Fallstudien analysieren, um dementsprechende Studien in gleichen Ländern mit ähnlichen Kontextfaktoren durchzuführen, mit dem Ziel, allgemeingültige Erkenntnisse zu generieren. Bezüglich der verwendeten theoretischen Bezugsrahmen wurde festgestellt, dass der Großteil der untersuchten Fallstudien nicht explizit auf eine theoretische Fundierung zurückgreift. Zukünftige Forschung im Bereich CSR in FU im Allgemeinen bzw. die qualitative Forschung in Form von Fallstudien im Besonderen sollte verstärkt theoriegestützt ausfallen.

Die Ergebnisse der systematischen Literaturanalyse zeigen des Weiteren, dass die Unternehmen einer großen Bandbreite an unterschiedlichen Branchen angehören. Obwohl sämtliche Publikationen Branchenangaben beinhalten, sind diese teilweise sehr unpräzise. In die dominierende Kategorie Herstellung können beispielsweise sowohl Unternehmen der Automotivindustrie als auch Textilhersteller eingeordnet werden. Detaillierte Angaben zu den Branchen, wie z. B. in den Studien von Lindgreen et al. (2012) und Towers et al. (2013), können unter Berücksichtigung zusätzlicher Faktoren (z. B. Länder, Unternehmensgröße) die Vergleichbarkeit bzw. Generalisierbarkeit der Fälle fördern bzw. zu neuen Forschungserkenntnissen über CSR in FU führen.

Ähnlich wie die Branchen zeigen auch die in den Fallstudien untersuchten Themen eine große Heterogenität, mit Ausnahme eines erkennbaren Fokus auf CSR in Verbindung mit strategischen Themen (z. B. Fernando und Almeida 2012; Lindgreen et al. 2012; Antheaume et al. 2013). Die große Heterogenität und die fehlende Struktur des Forschungsfelds CSR in FU wurde auch bereits von Van Gils et al. (2014) bestätigt. Durch die große thematische Vielfalt der wenigen vorhandenen Fallstudien fällt eine Implikation zu einem spezifischen Themengebiet innerhalb des Forschungsgebiets CSR in FU eher schwer und kann ausschließlich mit einem allgemeinen Aufruf nach vermehrter qualitativ-empirischer Forschung in Form von Fallstudien beantwortet werden.

Die unterschiedlichen Forschungsergebnisse innerhalb der Beiträge zu CSR in FU erschweren eindeutige Empfehlungen für die Unternehmenspraxis. Obwohl alle Studien Implikationen für die unternehmerische Praxis enthalten (z. B. Lindgreen et al. 2012: die Fallstudie kann als Anhalt für die Entwicklung und Implementierung einer CSR-Marke in einem FU herangezogen werden; Towers et al. 2013: Verbesserung des CSR-Verständnisses) sind diese aufgrund der verschiedenen Kontextfaktoren wie z. B. Unternehmensgröße, Branche, Kultur kaum generalisierbar bzw. in allgemeingültige Empfehlungen für die unternehmerische Praxis bezüglich CSR in FU abzuleiten. Daraus resultieren jedoch zahlreiche Möglichkeiten für zukünftige Forschungsvorhaben, besonders Unterschiede zwischen FU und NFU sowie der Einfluss der Unternehmensfamilie auf CSR könnten hierbei von besonderem Interesse sein. Dementsprechend könnten präzisere Definitionen von FU durch engere Begriffsabgrenzungen zu größeren CSR-Differenzen zwischen FU und NFU führen. Eine detailliertere Untersuchung der unterschiedlichen Arten von Familieneinfluss, z. B. Eigenkapitalanteile und Mitwirkung an der Geschäftsleitung, würde zur Gewinnung weiterer Forschungserkenntnisse beitragen. Eine künftig intensivere Berücksichtigung von unternehmensspezifischen Charakteristika, z. B. Unternehmensalter, wäre für die Entwicklung eines umfangreicheren Verständnisses bezüglich CSR in FU zusätzlich förderlich. Ferner bieten auch länderspezifische Besonderheiten, z. B. Legislatur und Entwicklungsstand, Forschungspotenzial z. B. in künftigen Studien über CSR in FU in Entwicklungsländern. Auch die Transformation eines FU in ein NFU und die damit verbundenen Auswirkungen auf die Ausgestaltung der CSR-Maßnahmen liefert eine große Anzahl zukünftiger Forschungsmöglichkeiten.

Der vorliegende Beitrag unterliegt jedoch auch einigen Restriktionen. Die vorliegende Analyse ist auf Fallstudien begrenzt, die in englischsprachigen Journalen mit CABS-Ranking publiziert wurden. Andere Sprachen sowie Bücher, Buchkapitel, Dissertation usw. wurden nicht berücksichtigt, obwohl diese vielleicht auch dementsprechende Fallstudien über CSR in FU enthalten. Des Weiteren war die Suche auf sieben Datenbanken (EBSCOhost, Elsevier Science Direct, Emerald, ISI Web of Science, Proquest und Scopus, Wiley) begrenzt. Eine Literatursuche in anderen Datenbanken könnte unter Umständen zu einem anderen Ergebnis führen. Zuletzt ist mit einer Schlagwortsuche immer das Risiko verbunden, dass möglicherweise nicht alle relevanten Beiträge gefunden wurden.

Literatur

Aguinis H, Glavas A (2012) What we know and don't know about corporate social responsibility: a review and research agenda. J Manage 38(4):932–968

Aldrich HE, Cliff JE (2003) The pervasive effects of family on entrepreneurship: toward a family embeddedness perspective. J Bus Ventur 18(5):573–596

Allouche J, Amann B, Jaussaud J, Kurashina T (2008) The impact of family control on the performance and financial characteristics of family versus nonfamily businesses in Japan: a matched-pair investigation. Fam Bus Rev 21(4):315–329

Altenburger R (2013) Gesellschaftliche Verantwortung als Innovationsquelle. In: Altenburger R (Hrsg) CSR und Innovationsmanagement: Gesellschaftliche Verantwortung als Innovationstreiber und Wettbewerbsvorteil. Springer, Berlin Heidelberg, S 1–18

Amann B, Jaussaud J, Martinez I (2012) Corporate social responsibility in Japan: family and nonfamily business differences and determinants. Asian Bus Manag 11(3):329–345

Amran A, Lee SP, Devi SS (2014) The influence of governance structure and strategic corporate social responsibility toward sustainability reporting quality. Bus Strategy Environ 23(4):217–235

Antheaume N, Robic P, Barbelivien D (2013) French family business and longevity: have they been conducting sustainable development policies before it became a fashion? Bus Hist 55(6):942–962

Astrachan JH, Shanker MC (2003) Family businesses' contribution to the US economy: a closer look. Fam Bus Rev 16(3):211–219

Astrachan JH, Zellweger T (2008) Performance of family firms: a literature review and guidance for future research. Zeitschrift Für KMU Entrepreneursh 56(1,2):83–108

Bassen A, Jastram S, Meyer K (2005) Corporate social responsibility. Zeitschrift Für Wirtschafts- Unternehmensethik 6(2):231–236

Baumgarth C, Binckebanck L (2015) Building and managing CSR brands – theory and applications. Proceedings, Corporate Social Responsibility & Sustainable Business Development, Ho-Chi-Minh-City, S 35–51

Berrone P, Cruz C, Gomez-Mejia LR, Larraza-Kintana M (2010) Socioemotional wealth and corporate responses to institutional pressures: do family-controlled firms pollute less? Adm Sci Q 55(1):82–113

Bingham JB, Dyer WG Jr, Smith I, Adams GL (2011) A stakeholder identity orientation approach to corporate social performance in family firms. J Bus Ethics 99(4):565–585

Blodgett MS, Dumas C, Zanzi A (2011) Emerging trends in global ethics: a comparative study of US and international family business values. J Bus Ethics 99(1):29–38

Bouncken RB, Gast J, Kraus S, Bogers M (2015) Coopetition: a systematic review, synthesis, and future research directions. Rev Manag Sci 9(3):577–601

Bowen HR (1953) Social responsibilities of the businessman. Harper & Row, New York

Bright DS, Cameron KS, Caza A (2006) The amplifying and buffering effects of virtuousness in downsized organizations. J Bus Ethics 64(3):249–269

Carlsen J, Getz D, Ali-Knight J (2001) The environmental attitudes and practices of family businesses in the rural tourism and hospitality sectors. J Sustain Tour 9(4):281–297

Carroll AB (1999) Corporate social responsibility evolution of a definitional construct. Bus Soc 38(3):268–295

Chartered Association of Business Schools (2015) Chartered academic journal guide (version 5). https://charteredabs.org/academic-journal-guide-2015/. Zugegriffen: 14. Febr. 2016

Dahlsrud A (2008) How corporate social responsibility is defined: an analysis of 37 definitions. Corp Soc Responsib Environ Manag 15(1):1–13

Delmas MA, Gergaud O (2014) Sustainable certification for future generations: the case of family business. Fam Bus Rev 27(3):228–243

Déniz-Déniz MDLC, Cabrera-Suárez MK (2005) Corporate social responsibility and family business in Spain. J Bus Ethics 56(1):27–41

Dyer WG Jr, Whetten DA (2006) Family firms and social responsibility: preliminary evidence from the S&P 500. Entrepreneursh Theory Pract 30(6):785–802

Europäische Kommission (2003) Empfehlung der Kommission vom 6. Mai 2003 betreffend die Definition der Kleinstunternehmen sowie der kleinen und mittleren Unternehmen. http://eur-lex.europa.eu/legal-content/DE/TXT/?uri=CELEX%3A32003H0361. Zugegriffen: 10. Dez. 2017

Europäische Kommission (2011) Mitteilung der Kommission an das Europäische Parlament, den Rat den Europäischen Wirtschafts- und Sozialausschuss und den Ausschuss der Regionen – Eine neue EU-Strategie (2011–14) für die soziale Verantwortung der Unternehmen (CSR). Europäische Kommission, Brüssel

Feldbauer-Durstmüller B (2010) Corporate Social Responsibility (CSR) – Theoretische Grundlagen, Hintergründe, Kritik. In: Feldbauer-Durstmüller B, Koller E (Hrsg) Wirtschaft und Ethik. Linde, Wien, S 29–53

Feliu N, Botero IC (2016) Philanthropy in family enterprises a review of literature. Fam Bus Rev 29(1):121–141

Fernando M, Almeida S (2012) The organizational virtuousness of strategic corporate social responsibility: a case study of the sri Lankan family-owned enterprise MAS holdings. Eur Manag J 30(6):564–576

Gallo MA (2004) The family business and its social responsibilities. Fam Bus Rev 17(2):135–149

Gedajlovic E, Carney M, Chrisman JJ, Kellermanns FW (2012) The adolescence of family firm research taking stock and planning for the future. J Manage 38(4):1010–1037

Geffcken P (2004) Jakob Fugger der Reiche (1459–1525), „Königsmacher", Stratege und Organisator. Damals 2004(7):15–23

Godfrey PC (2005) The relationship between corporate philanthropy and shareholder wealth: a risk management perspective. Acad Manag Rev 30(4):777–798

He TT, Li WX, Tang GY (2012) Dividends behavior in state- versus family-controlled firms: evidence from Hong Kong. J Bus Ethics 110(1):97–112

Hodgkinson C (1978) Towards a philosophy of administration. Basil Blackwell, Oxford

International Family Enterprise Research Academy (IFERA) (2003) Family firms dominate. Fam Bus Rev 16(4):235–240

Islam ZM, Ahmed SU, Hasan I (2012) Corporate social responsibility and financial performance linkage: evidence from the banking sector of Bangladesh. J Organ Manag 1(1):14–21

Jesson J, Matheson L, Lacey FM (2011) Doing your literature review: traditional and systematic techniques. SAGE, London

Kuttner M, Feldbauer-Durstmüller B (2016) Comparative management accounting in developing countries – state-of-the-art and future perspectives. Int J Bus Res 16(3):81–104

La Porta R, Lopez-de-Silanes F, Shleifer A (1999) Corporate ownership around the world. J Finance 54(2):471–517

Laguir I, Laguir L, Elbaz J (2015) Are family small- and medium-sized enterprises more socially responsible than nonfamily small- and medium-sized enterprises? Corp Soc Responsib Environ Manag. https://doi.org/10.1002/csr.1384

Lamnek S (2010) Qualitative Sozialforschung. Beltz, Weinheim

Lindgreen A, Xu Y, Maon F, Wilcock J (2012) Corporate social responsibility brand leadership: a multiple case study. Eur J Mark 46(7):965–993

Litterer JA (1967) Analysis of organisations. Wiley, New York

Marquès P, Presas P, Simon A (2014) The heterogeneity of family firms in CSR engagement: the role of values. Fam Bus Rev 27(3):206–227

Momin MA, Parker LD (2013) Motivations for corporate social responsibility reporting by MNC subsidiaries in an emerging country: the case of Bangladesh. Br Account Rev 45(3):215–228

Muttakin MB, Khan A, Subramaniam N (2015) Firm characteristics, board diversity and corporate social responsibility: evidence from Bangladesh. Pac Account Rev 27(3):353–372

Peloza J (2009) The challenge of measuring financial impacts from investments in corporate social performance. J Manage 35(6):1518–1541

Perrini F, Minoja M (2008) Strategizing corporate social responsibility: evidence from an Italian medium-sized, family-owned company. Bus Ethics: A Eur Rev 17(1):47–63

Rahman S (2011) Evaluation of definitions: ten dimensions of corporate social responsibility. World Rev Bus Res 1(1):166–176

Rawls J (1971) A theory of justice. Belknap Press, Cambridge

Riesenhuber F (2009) Großzahlige empirische Forschung. In: Albers S, Klapper D, Konradt U, Walter A, Wolf J (Hrsg) Methodik der empirischen Forschung. Gabler, Wiesbaden, S 1–16

Roome N, Louche C (2011) Sabaf: moving to a learning environment. J Manag Dev 30(10):1049–1066

Saeidi SP, Sofian S, Saeidi P, Saeidi SP, Saaeidi SA (2015) How does corporate social responsibility contribute to firm financial performance? The mediating role of competitive advantage, reputation, and customer satisfaction. J Bus Res 68(2):341–350

Setthasakko W (2012) The implementation of eco-budgeting in food processors: a case of Thailand. Br Food J 114(9):1265–1278

Sharma P (2004) An overview of the field of family business studies: current status and directions for the future. Fam Bus Rev 17(1):1–36

Sharma P, Chrisman JJ, Gersick KE (2012) Twenty-five years of family business review: reflections on the past and perspectives for the future. Fam Bus Rev 25(1):5–15

Small MW (2006) Management development: developing ethical corporate culture in three organisations. J Manag Dev 25(6):588–600

Smith NC (2003) Corporate social responsibility: whether or how? Calif Manage Rev 45(4):52–76

Sundarasen SDD, Je-Yen T, Rajangam N (2016) Board composition and corporate social responsibility in an emerging market. Corp Governance: Int J Bus Soc 16(1):35–53

Tang Z, Hull CE, Rothenberg S (2012) How corporate social responsibility engagement strategy moderates the CSR–financial performance relationship. J Manag Stud 49(7):1274–1303

Thomson Reuters (Hrsg.) (o.J.) ISI Web of Science. http://ipscience.thomsonreuters.com/pro-duct/web-of-science/. Zugegriffen: 26. August 2016

Towers N, Perry P, Chen R (2013) Corporate social responsibility in luxury manufacturer supply chains: An exploratory investigation of a Scottish cashmere garment manufacturer. Int J Retail Distribution Manag 41(11,12):961–972

Tranfield D, Denyer D, Smart P (2003) Towards a methodology for developing evidence-informed management knowledge by means of systematic review. Br J Manag 14(3):207–222

Uhlaner LM, Berent-Braun MM, Jeurissen RJ, de Wit G (2012) Beyond size: Predicting engagement in environmental management practices of Dutch SMEs. J Bus Ethics 109(4):411–429

Van Gils A, Dibrell C, Neubaum DO, Craig JB (2014) Social issues in the family enterprise. Fam Bus Rev 27(3):193–205

Villalonga B, Amit R (2006) How do family ownership, control and management affect firm value? J Financ Econ 80(2):385–417

Wagner T, Lutz RJ, Weitz BA (2009) Corporate hypocrisy: overcoming the threat of inconsistent corporate social responsibility perceptions. J Mark 73(6):77–91

Welford R (2004) Corporate social responsibility in Europe and Asia: critical elements and best practice. J Corp Citizsh 2004(13):31–47

Xi JM, Kraus S, Filser M, Kellermanns FW (2015) Mapping the field of family business research: past trends and future directions. Int Entrepreneursh Manag J 11(1):113–132

Zeibig S (2008) Corporate social responsibility (CSR) und controlling. Controlling 20(1):45–48

Zellweger TM, Astrachan JH (2008) On the emotional value of owning a firm. Fam Bus Rev 21(4):347–363

Zellweger TM, Nason RS, Nordqvist M, Brush CG (2013) Why do family firms strive for nonfinancial goals? An organizational identity perspective. Entrepreneursh Theory Pract 37(2):229–248

Mag. Michael Kuttner ist Mitarbeiter am Institut für Controlling und Consulting. Sein Dissertationsprojekt behandelt CSR in Familienunternehmen.

Univ.-Prof. Dr. Birgit Feldbauer-Durstmüller ist seit 2005 Inhaberin des Lehrstuhls für Controlling und Vorstand des Instituts für Controlling und Consulting der Johannes Kepler Universität Linz, Österreich. Ihre Forschungsschwerpunkte liegen im Bereich Controlling, Krisenmanagement – Sanierung – Insolvenz, Familienunternehmen, sowie in der interdisziplinären Forschung zur Unternehmensethik.

CSR in Familienunternehmen: Nutzen und Risiken

Christopher Stehr und Stephan Hartmann

1 Einleitung

Familienunternehmen stellen in vielen Ländern ein Garant für Wohlstand und Beschäftigung dar (Stehr 2015). Durch ihre Rolle in der Gesellschaft sind sie eine tragende Säule der gesamten Volkswirtschaft und nehmen zusätzlich verschiedene Positionen ein, so z. B. als Corporate Citizen, als lokaler Arbeitgeber oder auch als Investor für weitere Industrieansiedelungen und richtungsweisende Innovationen. Dabei sind etwa 91 % der Unternehmen in Deutschland in familiärer Hand (Stiftung Familienunternehmen 2016). Die Familienunternehmen erbringen den Hauptteil der Wirtschaftsleistung, nicht nur in Deutschland, sondern auch in anderen Regionen Europas (Simon 2009, 2012; Langenscheidt und Venohr 2010; Schildbach und Grottke 2011). Familienunternehmen sind – aufgrund ihrer gelebten gesellschaftlichen Verantwortung – die entscheidenden Treiber für die Umsetzung und Weiterentwicklung von CSR.

Aktuell sehen sich diese Familienunternehmen enormen Herausforderungen gegenüber: Globalisierung, internationale Konkurrenz, demographischer und gesellschaftlicher Wandel, Digitalisierung, Industrie 4.0, um nur einige davon zu nennen. Auch die Familienunternehmen sind Teil der sogenannten Volatility-Uncertainty-Complexity-Ambiguity(VUCA)-Welt (Stiehm und Townsend 2002), die sich durch erhöhte Unsicherheit und zunehmende Komplexität auszeichnet (Loew und Rohde 2013). Gleichzeitig wiederum fühlen sich die meisten Familienunternehmen dem Gedanken von Corporate Social Responsibility (CSR), der sogenannten gesellschaftlichen Verantwortung von Unternehmen

---

C. Stehr (✉)
German Graduate School of Management and Law gGmbH
Bildungscampus 2, 74076 Heilbronn, Deutschland

S. Hartmann
Osram
Regensburg, Deutschland

verpflichtet. Können im Unternehmen durchgeführte CSR-Maßnahmen gegebenenfalls sogar dabei helfen, sich als Familienunternehmen auf die VUCA-Welt vorzubereiten? Das ist eine der zentralen Fragen, die in diesem Beitrag beantwortet wird. Darauf aufbauend lassen sich weitere Fragestellungen ableiten:

- Wie kann ein Familienunternehmen seine Fitness in Bezug auf die zukünftigen Herausforderungen feststellen?
- Wie kann eine generelle Risikoanalyse durchgeführt werden?
- Welche CSR-Kriterien können für eine Risikoanalyse herangezogen werden?
- Welche Handlungsanleitungen können auf Basis der Risikoanalyse abgeleitet werden?
- Welche CSR-Maßnahmen sollten im jeweiligen Familienunternehmen getroffen werden, um die Fähigkeiten des Unternehmens zu verbessern, mit den Herausforderungen umzugehen?
- Welche Good Practices erfolgreicher CSR-Umsetzungen können von Familienunternehmen auf das jeweilige andere Unternehmen übertragen werden?

2 Methodisches Vorgehen

Der vorliegende Beitrag stützt sich auf aktuelle Forschungsergebnisse im Bereich Familienunternehmen und dem Themenfeld CSR im Allgemeinen. Im Speziellen werden zum einen vier Familienunternehmen – drei deutsche Unternehmen und ein chinesisches – in Form von Fallstudien beschrieben. Zum anderen erfolgte die Datenerhebung für die Entwicklung der CSR-Kriterienrisikoliste für Familienunternehmen und für die Identifizierung der firmenübergreifenden Eigenschaften (Abb. 1) mithilfe einer empirischen Untersuchung von chinesischen Unternehmen unter Anwendung strukturierter Experteninterviews (Hartmann 2016), sowie der Nutzung von Sekundärdatenanalysen (Swart und Ihle 2005). Im Rahmen der Befragung wurden insbesondere die CSR-Kriterien Motivation, Loyalität, Ausbildung und Sicherheit zu ihrem Einfluss auf die Wettbewerbsfähigkeit der Produkte und Firmen hin untersucht (Hartmann 2016). Zur Ergänzung der bereits erwähnten CSR-Kriterienrisikoliste wurden zusätzlich bereits im Rahmen des Projekts der sogenannten Heilbronner Erklärung gewonnene Forschungsergebnisse mit Fokus Familienunternehmen herangezogen (Stehr 2012).

Im weiteren Verlauf des vorliegenden Beitrags werden zunächst die zentralen Begrifflichkeiten CSR und Familienunternehmen dargestellt und diskutiert. Darauf aufbauend gibt es eine kurze Einführung in die Herausforderungen der VUCA-Welt gefolgt von der Beschreibung, wie Familienunternehmen aktuell mit CSR umgehen. Diese beiden Aspekte zusammengebracht münden in einer extra für diesen Beitrag entwickelte CSR-Kriterienrisikoliste und in einer CSR-Strengths-Weaknesses-Opportunities-Threats(SWOT)-Analyse.

3 Definitionen Corporate Social Responsibility und Familienunternehmen

3.1 Der Begriff Corporate Social Responsibility

Die Internationale Normungsorganisation (ISO) hat im Jahr 2010 ihre ISO 26000:2010-Norm herausgegeben, die im Jahr 2014 überprüft und bestätigt wurde (Internationale Organisation für Normung 2010). Sie definiert CSR als „Verantwortung einer Organisation für die Auswirkungen ihrer Entscheidungen und Aktivitäten [umfassen Produkte, Dienstleistungen und Prozesse] auf die Gesellschaft und die Umwelt durch ein transparentes und ethisches Verhalten,

- das zur nachhaltigen Entwicklung beiträgt, einschließlich Gesundheit und das Wohl der Gesellschaft,
- die Erwartungen der Stakeholder berücksichtigt,
- den geltenden Gesetzen entspricht und im Einklang mit den internationalen Verhaltensnormen steht und
- in die gesamte Organisation integriert ist und in ihren Beziehungen praktiziert wird [Bezug auf die Aktivitäten einer Organisation in ihrem Wirkungsbereich]".

Loew und Rhode veröffentlichen im Jahr 2013 eine erweiterte Definition: „CSR ist

- eine Unternehmensverantwortung, für die Auswirkungen seiner Aktivitäten auf die Gesellschaft und die Umwelt, und
- das CSR-Management verantwortlich für geeignete Verfahren und die Durchführung von Projekten, die es dem Unternehmen und seinen Aktivitäten ermöglichen,
- die negativen Auswirkungen auf Einzelpersonen, die Gesellschaft und die Umwelt zu vermeiden oder zu minimieren,
  - das anwendbare Recht einhalten,
  - die Interessen der Interessengruppen angemessen berücksichtigen und
  - zu einer nachhaltigen Entwicklung beizutragen."

Beiden CSR-Definitionen liegt die UN-Resolution von 1992 zugrunde mit den drei Säulen von CSR – Soziologie, Ökologie und Ökonomie (Vereinte Nationen 1992).

3.2 Der Begriff Familienunternehmen

Die Stiftung Familienunternehmen definiert Familienunternehmen auf Basis der Besitz- und Einflussverhältnisse (Kirchdörfer 2011). Demnach ist ein Unternehmen beliebiger Größe ein Familienunternehmen, wenn

1. sich die Mehrheit der Entscheidungsrechte im Besitz der natürlichen Person(en), die das Unternehmen gegründet hat/haben, der natürlichen Person(en), die das Gesellschaftskapital des Unternehmens erworben hat/haben oder im Besitz ihrer Ehepartner, Eltern, ihres Kindes oder der direkten Erben ihres Kindes befindet und
2. die Mehrheit der Entscheidungsrechte direkt oder indirekt besteht und/oder
3. mindestens ein Vertreter der Familie oder der Angehörigen offiziell an der Leitung bzw. Kontrolle des Unternehmens beteiligt ist.

Ergänzend entsprechen auch börsennotierte Unternehmen der Definition eines Familienunternehmens, solange die Person, die das Unternehmen gegründet oder das Gesellschaftskapital erworben hat oder deren Familien oder Nachfahren aufgrund ihres Anteils am Gesellschaftskapital 25 % der Entscheidungsrechte halten. Diese Definition umfasst auch Familienunternehmen, die die erste Generationsübertragung noch nicht vollzogen haben. Sie umfasst weiterhin Einzelunternehmer und Selbstständige (sofern eine rechtliche Einheit besteht, die übertragen werden kann). Das Institut für Mittelstandsforschung (IfM) in Bonn erläutert dazu ergänzend, dass Familienunternehmen und kleinere und mittlere Unternehmen (KMU) sich beinahe vollständig überschneiden im Hinblick auf ihre Ausprägung (Haunschild und Wolter 2010).

Beiden hier verwendeten Begrifflichkeiten CSR und Familienunternehmen gemeinsam ist die Nachhaltigkeit in mehreren Dimensionen:

- Die soziale Nachhaltigkeit, die sich aus der Verantwortung der Familienunternehmen für die Auswirkungen ihres Handelns auf die Gesellschaft ableitet.
- Die ökologische Nachhaltigkeit, die sich aus der Verpflichtung zur Minimierung der negativen Auswirkungen auf die Umwelt ergibt.
- Die ökonomische Nachhaltigkeit, die insbesondere bei Familienunternehmen zutrifft, da die Eigentümerfamilien nicht in Zeithorizonten von drei Monaten oder fünf Jahren, sondern in Generationen denken und handeln.

4 Aktuelle Herausforderungen für Familienunternehmen

VUCA als Akronym für „vulnerability", „uncertainty", „complexity" und „ambiguity" besitzt einen militärhistorischen Hintergrund (Stiehm und Townsend 2002). Es handelte sich ursprünglich um eine Beschreibung der neuen Situation nach dem Zusammenbruch des sozialistischen Ostblocks. Die Beschreibung passt heute jedoch besser denn je in den politischen und wirtschaftlichen Kontext. Unsicherheit entsteht z. B. auch durch ein neues Phänomen, das Trumpismus (Carey 2016) genannt wird. Dabei wird die Vergangenheit neu erfunden, sich nicht entschuldigt, Kritiker werden verspottet und es wird zu Gewalt aufgerufen, sagt William Doherty (Carey 2016). Neben den internationalen politischen und weltwirtschaftlichen Herausforderungen sehen sich Familienunternehmen besonders auch nationalen Herausforderungen, wie z. B. in Bezug auf Mitarbeitermotivation und -qualifikation, gegenüber. So hat sich z. B. gemäß der letzten Pisa-Erhebungen das Bildungsniveau der Schülerinnen und Schüler in Deutschland signifikant verschlechtert. Die rund 10.000 geprüften 15-jährigen Schüler aus Deutschland erzielten in Naturwissenschaften und Mathematik schlechtere Ergebnisse als drei bzw. sechs Jahre zuvor (Schleicher 2016).

Über den Bildungsbereich hinaus sind auch Veränderungen bei den potenziellen und tatsächlichen Mitarbeitern der Familienunternehmen selbst festzustellen. Die Vertreter der Generation Y verfolgen eine andere Form der Motivation: Der Anteil derer, die dazu beitragen wollen, die Welt ein wenig besser zu machen (64 %), ist höher als der jener, für die der Umstand, sich viel leisten zu können, als erstrebenswert gilt (58 %), worauf die konventionellen Strategien zur Mitarbeitermotivation abzielen (Huber und Rauch 2013). Dabei hatte die Generation Y schon immer viele Wahlmöglichkeiten und nur sehr wenige Widerstände im Leben und ist schneller frustriert, wenn es mal nicht so läuft wie gewünscht. Die Jüngeren sehen sich deswegen auch nicht unbedingt gegenüber einem Arbeitgeber verpflichtet und scheuen sie auch nicht, auf Hindernisse – etwa, wenn sie das Gefühl haben, an einem älteren Konkurrenten nicht vorbeizukommen – mit einem raschen Wechsel zu reagieren (Rettig und Freitag 2013).

Vor allem für kleinere Unternehmen muss befürchtet werden, dass sie ihre talentierten und flexiblen Mitarbeiter nicht halten werden können. Manche Unternehmen wünschen sich bereits eine Art Kündigungsschutz für Arbeitgeber (Rettig und Freitag 2013). Teilweise wird dabei bereits von einer Ökonomisierung von Loyalität gesprochen, wobei Arbeitgeber und Arbeitnehmer einen psychologischen Vertrag schließen. Das heißt, der Arbeitgeber bindet im Hinblick auf seine eigenen Ziele die passenden Mitarbeiter für einen definierten Zeitraum an sich. Der Arbeitnehmer wiederum geht nur mit demjenigen Unternehmen einen Vertrag ein, das seine Kompetenzen aktuell nachfragt und v. a. wertschätzt (Rettig und Freitag 2013). Familienunternehmen geraten hierdurch in ein immer komplexeres Umfeld, wobei das Management sich manchmal über die Konsequenzen nicht bewusst ist. Neben der Komplexität der Eigentümerfamilie steigt auch die Komplexität des Unternehmens gleichermaßen an und somit das Risiko, dass das parallele Management von Eigentümerfamilie und Familienunternehmen nicht mehr gelingt (Gimeno 2009).

Die bisherigen Handlungs- und Lösungsmuster von Familienunternehmen sind hierfür bei Weitem nicht mehr ausreichend. Sie sind z. T. selbstreferenziert, nicht standardisiert und geben unzureichende Antworten auf die aktuellen Herausforderungen.

5 Nutzen von Corporate Social Responsibility für Familienunternehmen

Familienunternehmen sprachen bislang eher selten über CSR, was sich allerdings aufgrund der politischen und medialen Initiativen verändert hat (Bundesministerium für Arbeit und Soziales 2017). Dennoch gibt es noch wenige Ausnahmen, die eine proaktive

CSR-Kommunikation betreiben, um z. B. einen Dialog mit ihren Stakeholdern zum Interessens- wie auch Verständnisabgleich zu führen (Stehr 2015). Die Unternehmen vergeben sich besonders die Möglichkeit, ihr CSR-Engagement als einen ökonomischen Wettbewerbsvorteil zu nutzen (Hartmann 2016). Gerade in den Familienunternehmen gibt es aber eine ausgeprägte und über Jahrzehnte gewachsene CSR-Kultur im Sinne der oben gewählten Definition, auch wenn die Unternehmen ihr Engagement für Mitarbeiter, Kunden und Umwelt nicht explizit so benennen. CSR ganzheitlich als Managementinstrument zu nutzen und besser über die Initiativen zu kommunizieren, wird zukünftig von immer größerer Bedeutung sein (Wagner 2014). Denn was sich Konzerne oft mühsam als CSR antrainieren, das steckt familiengeführten Firmen sozusagen in den Genen. „Sie sind Pioniere des unternehmensethischen Handelns", sagt Tom Rüsen, Direktor des Wittener Instituts für Familienunternehmen. „Sie halten alte Werte hoch, sie sind konservativ im besten betriebswirtschaftlichen Sinn" (Schröder 2013). Das verantwortungsvolle Handeln von Familienunternehmen ist dabei keine Reaktion auf externe Anforderungen von außen z. B. durch Wettbewerber, Kunden oder Gesellschaft. Stattdessen gründet es oft auf der persönlichen Überzeugung und Werthaltung der Unternehmerfamilie und auf den persönlichen Werten der Gründer. „Sie nehmen ihre gesellschaftliche Verantwortung aus innerem Antrieb und Gestaltungswillen wahr", lautet auch das Fazit der Studie der Bertelsmann-Stiftung und der Stiftung Familienunternehmen (Schröder 2013). So wurden z. B. am 11. Januar 2017 die Firmen VAUDE Sport GmbH & Co. KG, Knauf Gips KG und FUCHS PETROLUB SE vom Handelsblatt als herausragende Familienunternehmen für ihre Weitsicht, Pioniergeist und Nachhaltigkeit ausgezeichnet (Müller 2017).

6 Kommunikation des gesellschaftlichen Engagements von Familienunternehmen

Sehr verkürzt formuliert könnte man zu der CSR-Verwendung und -Kommunikation von Familienunternehmen auch sagen: „Tue Gutes und sprich' nicht darüber". Die Mehrheit der Familien legt weitaus mehr Wert auf die Realisierung ihrer Vorhaben, als auf deren Kommunikation (Moutchnik 2011). Dabei wird von den Unternehmen ihr gesellschaftliches Engagement weder PR-wirksam vermarktet, um z. B. einen Reputationsgewinn zu erreichen, noch dazu genutzt, um einen Wettbewerbsvorteil für z. B. die angebotenen Produkte zu erzielen. Studien belegen hingegen, dass das Engagement für CSR die Firmen auch in Bezug auf die aktuellen, hier bereits beschriebenen externen und internen Herausforderungen unterstützt. Dennoch existieren zwischen den einzelnen Unternehmen deutliche Unterschiede hinsichtlich ihrer Kommunikation in der Praxis. Auch wird das gesellschaftliche Engagement am häufigsten in Form von Berichten dargestellt, weniger z. B. in Veranstaltungen präsentiert oder über das Internet kommuniziert, womit man auf eine weitreichende Verbreitung der eigenen Resultate und Projekte verzichtet.

Vielmehr werden die Unternehmen von sechs charakteristischen Merkmalen geleitet: echte Nachhaltigkeit, Effizienz, Entscheidungsorientierung, Leistungsorientierung, regionale Orientierung sowie Prävention (Stehr und Jakob 2014). Dies führt dazu, dass Familienunternehmen sich ausgiebig für CSR einsetzen – auch meist forciert und selektiert durch die Eigentümer – aber nur wenig öffentlich berichten oder auch strukturiert dokumentieren. Dabei zeichnet sich ihr holistisches Engagement nicht nur durch eine sehr enge Verbindung mit den lokalen Gemeinden (Preuss und Perschke 2010), sondern auch durch Altruismus, Diskretionarität, mäßige Integration, fokussiert auf die Eigentümerwerte und einen nichtsystematischen Charakter aus (Jamali et al. 2009).

Doch welche generellen Handlungsoptionen und strategische Ansätze besitzen Familienunternehmen, um sich auf die zukünftigen Herausforderungen vorzubereiten? Und welche Good Practices erfolgreicher CSR-Maßnahmen bei Unternehmen können von Familienunternehmen auf das jeweilige Unternehmen übertragen werden?

Aktuelle Forschungsergebnisse haben ergeben, dass ein standardisierter und messbarer Kriterienkatalog es den Familienunternehmen ermöglicht, eine Risikoanalyse durchzuführen und Maßnahmen abzuleiten. Darüber hinaus können auf dieser Basis auch Vorbilder anhand von Best- und Worst-Case-Analysen bewertet werden.

7 Corporate-Social-Responsibility-Vergleichskriterien zur Risikoanalyse

Auf Basis der in der aktuellen Forschung diskutierten CSR-Faktoren (Stehr 2015; Hartmann 2016) lassen sich unter Zuhilfenahme einer Risikoanalyse Kriterien entwickeln, mithilfe derer der aktuelle Gefährdungsgrad von Unternehmen in Bezug auf die zukünftigen Herausforderungen festgestellt werden kann (Abb. 1).

Die dargestellten CSR-Faktoren in den drei verschiedenen Kategorien im Anhang 1 entsprechen den drei Säulen von CSR und stellen im Grunde eine indirekte Frageliste dar, die damit den genaueren CSR- und Risiko-Status-quo des Unternehmens unter die Lupe nimmt. Die Fragen, die sich innerhalb dieser drei Kriterien erstellen lassen sind u. a.:

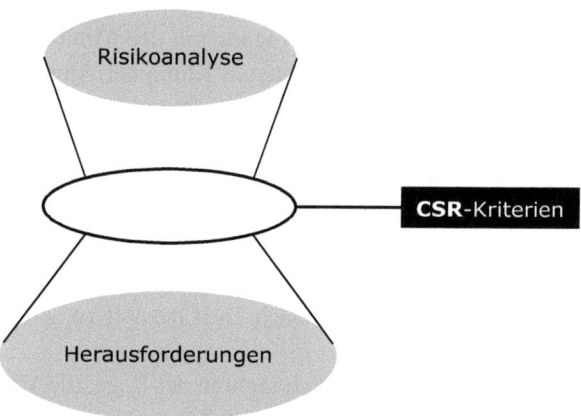

Abb. 1 Corporate-Social-Responsibility(*CSR*)-Kriterien bündeln Risiko und unternehmerische Herausforderungen

- Wie hoch sind die Motivation und Loyalität der Mitarbeiter, wie steht es um die Aus- und Weiterbildung der Mitarbeiter und wie sehen die Arbeits- und Lebensbedingungen der Mitarbeiter aus?
- Wie hoch ist der Einsatz nachhaltiger Rohstoffe und wie werden gefährliche Substanzen vermieden, wie kann der Energieverbrauch und das Abfallaufkommen reduziert werden und wie kann der ökologische Fußabdruck der Produkte und des Unternehmens auf das Mindestmaß optimiert werden?
- Wie hoch sind das Betriebsergebnis, der Marktanteil und der Qualitätsbarometer des Unternehmens, welche Form der Mitarbeiterbeteiligung kann umgesetzt werden und wie hoch ist die Wettbewerbsfähigkeit der Produkte und des Unternehmens?

Die Kriterien sind entsprechend der CSR-Einteilung in soziale, ökologische und ökonomische Kriteriengruppen zusammengefasst und orientieren sich am Stand der CSR-Forschung (Stehr 2012). Darüber hinaus wurden alle Kriterien mit messbaren Einheiten versehen, um dadurch den Stand sowie den Fortschritt noch greifbarer und kontrollierbarer zu machen.

Die zuvor beschriebenen zentralen Bereiche haben eine besondere Auswirkung auf Familienunternehmen und sind empirisch belegt (Hartmann 2016). Hervorzuheben ist dabei, dass die vier im Nachfolgenden beschriebenen Familienunternehmen sehr unterschiedlich abschneiden. Bemerkenswert ist allerdings, dass ein deutsches sowie ein chinesisches Familienunternehmen viele Gemeinsamkeiten in Bezug auf ihre Good-CSR-Practices aufweisen und darüber hinaus auch in ihrem Wettbewerbsumfeld besonders erfolgreich sind.

8 Fallstudien von Familienunternehmen

8.1 Schlecker

Die Insolvenz von Schlecker wurde mannigfaltig in der Presse diskutiert und der Niedergang des Unternehmens auf vielfältige Ursachen zurückgeführt (Lux 2017). Ein wesentlicher Grund war v. a. der Umgang mit den Mitarbeitern.

Im Unternehmen herrschte ein Klima der Angst (Alter 2012). Verborgene Drohungen wurden ausgesprochen, sowie Gewalt und Einschüchterung auf die Mitarbeiter ausgeübt; z. B. gab eine Bereichsleiterin bei Schlecker von sich: „Ich mache dich tot und bringe euch um" (Landesarbeitsgericht Baden-Württemberg, Beschluss of 4/16/2010). Dabei hatte der Eigentümer selbst auch kein gutes Bild von seinen Mitarbeitern: „Wenn die Filialen Fernsprechanschlüsse haben, telefonieren die Angestellten doch nur, statt zu arbeiten" (Mennen 2012). Darüber hinaus wurden die Mitarbeiter von den Firmeninhabern z. B. bewusst darüber getäuscht, nach Tarif bezahlt zu sein, was letztendlich nicht der Fall war (Huhn 2001).

Schlecker war zusätzlich nicht in der Lage, die Verbesserungsvorschläge der Mitarbeiter anzunehmen und umzusetzen. Die konsequenterweise schlechte betriebswirtschaftliche Leistung des Unternehmens versuchte Schlecker 2010 im Rahmen der Eröffnung der XL-Drogeriemärkte durch Ersatz der Stammbelegschaft mithilfe billiger Leiharbeiter aufzufangen. Das Management musste jedoch auf Druck der Gewerkschaft Handel, Banken und Versicherungen (HBV) von seinen Plänen ablassen (Alter 2012).

Letztendlich ist Schlecker v. a. an seiner eigenen Unternehmenskultur gescheitert. Es war eine Kultur des Geizes in materieller Form, wie auch in Vertrauen und Respekt den Mitarbeitern gegenüber, geprägt durch Anton Schlecker persönlich (Alter 2012).

Das Verhalten von Schlecker stellt das Gegenteil von CSR dar und entspricht auch nicht der Vorgehensweise, um den aktuellen Herausforderungen zu begegnen.

8.2 Ritter Sport

In seinem Leitbild strebt Ritter Sport „ein partnerschaftliches und langfristiges Verhältnis zu unseren Geschäftspartnern an, das von Fairness, Vertrauen und Verlässlichkeit geprägt ist" (Alfred Ritter GmbH & Co. KG 2017a). Weiter führt Ritter Sport in seinem Leitbild aus: „Qualifizierte und engagierte Mitarbeiterinnen und Mitarbeiter haben den Erfolg des Unternehmens ermöglicht. Die Erhaltung der Gesundheit der Mitarbeiterinnen und Mitarbeiter ist uns ein Anliegen. Wir schaffen Angebote zur Aufrechterhaltung des lebenslangen Leistungsvermögens für alle, insbesondere für ältere Mitarbeiterinnen und Mitarbeiter" (Alfred Ritter GmbH & Co. KG 2017b). Im Gegensatz zu den beschriebenen Leitbildern, hat das Bundeskartellamt am 19. Dezember 2014 wegen verbotener vertikaler Preisabsprachen bezüglich Schokoladentafeln der Marke Ritter Sport Geldbußen in einer Höhe von insgesamt rund 34,3 Mio. € gegen den Hersteller und zwei führende Lebensmitteleinzelhandelskonzerne verhängt (Bundeskartellamt 2015).

Kurz davor, im Jahr 2013, fand die Stiftung Warentest in der Schokolade Ritter Sport Voll-Nuss den Aromastoff Piperonal (Stiftung Warentest 2014). Kritisch hierbei ist, ob der Aromastoff natürlichen Ursprungs oder einen chemischen Ursprung hat. Die sich in den darauffolgenden Monaten hinziehende juristische Auseinandersetzung zwischen Stiftung Warentest und Ritter Sport hatte einen deutlichen Umsatzeinbruch für den Schokoladenhersteller zur Folge (Spiegel Online 2014). Auch wenn Ritter Sport sich vor dem Oberlandesgericht München aufgrund von Schwächen im Verfahren bei Stiftung Warentest durchsetzte, ist bis heute die eigentliche Frage, ob das Piperonal nun natürlichen oder chemischen Ursprungs war, nach wie vor ungeklärt (Stiftung Warentest 2014).

Auch wenn Ritter Sport sehr großen Wert auf die Kommunikation seiner CSR-Aktivitäten legt, zeigen die beiden Beispiele von Schlecker und Ritter Sport, dass trotz ihres Engagements Familienunternehmen stets achtsam sein müssen, um Complianceverstöße oder auch Inkonsistenzen in ihrem unternehmerischen Handeln zu entdecken. Der hieraus entstehende wirtschaftliche Schaden kann dazu führen, dass die Unternehmen in ihrer Existenz ernsthaft gefährdet werden können.

8.3 Sedus Stoll

Für Sedus Stoll, einem Hersteller für Büromöbel mit über 150 Mio. € Umsatz, 850 Mitarbeitern aus Waldshut-Tiengen, spielt CSR eine zentrale Rolle im Unternehmen (Sedus Stoll Aktiengesellschaft 2017d). Sedus Stoll versteht darunter die Verantwortung eines Unternehmens für die Gesellschaft, nicht nur an den Umsatz von heute, sondern auch an die Lebensgrundlage der nächsten Generation und die Einhaltung von Menschenrechten zu denken, auf Gesundheit von Mitarbeitern und Umwelt zu achten und einen kulturellen Ausgleich für monetären Profit zu schaffen (Sedus Stoll Aktiengesellschaft 2017c). Ein glaubwürdiges Engagement im Bereich CSR macht Sedus Stoll nicht zuletzt auch als Arbeitgeber attraktiv. Sedus Stoll setzt Schwerpunkte für CSR v. a. im Bereich der Konzeption und Produktion nachhaltiger Produkte, bei Herstellungsprozessen, bei Verpackung, Transport sowie Logistik (Sedus Stoll Aktiengesellschaft 2017a). Wesentliche Elemente sind die Teilnahme an Global Compact, betriebliches Gesundheitsmanagement, eine eigene Betriebskantine mit Vollwertküche, betriebliche Vorsorgemaßnahmen, finanzielle Erfolgsbeteiligungsmodelle für Mitarbeiter sowie die Durchführung oder Unterstützung unterschiedlicher kultureller Veranstaltungen (Sedus Stoll Aktiengesellschaft 2017b).

Sedus Stoll hat das Thema Nachhaltigkeit in seine Unternehmens-DNA verankert, dass sich Mitarbeiter grundsätzlich stark damit identifizieren und somit einen Automatismus etabliert, dass alles Handeln unter diesen Gesichtspunkten durchleuchtet wird. Verbesserungsvorschläge werden durch einen kontinuierlichen Verbesserungsprozess (KVP) angeregt und zeitnah umgesetzt, sofern sie sinnvoll sind (Sedus Stoll Aktiengesellschaft 2017a). Hierdurch ist es Sedus Stoll möglich, nicht nur erfolgreich im Wettbewerb zu agieren, sondern gleichzeitig möglichst gut für die aktuellen Herausforderungen gerüstet zu sein.

8.4 Zhejiang Mustang Battery

Im Fall von Zhejiang Mustang Battery handelt es sich um ein Familienunternehmen in der Region Ningbo mit über 1000 Mitarbeitern und einem Jahresumsatz im Jahr 2015 von über 150 Mio. US-Dollar (Hartmann 2016). Das Unternehmen hat sich auf die Entwicklung und Produktion von Primärbatterien spezialisiert und engagiert sich u. a. im Verband der chinesischen Batteriehersteller. Das Interview wurde mit dem Mitbegründer und Vize-CEO geführt, der auch stellvertretender Direktor des Verbands ist. Das Unternehmen kann auf eine internationale Kundenbasis in Europa, Australien sowie den USA zurückblicken. Im Rahmen der Befragung nannte der Interviewpartner besonders Ausbildungsniveau, Unternehmensverantwortung, Mitarbeiterentwicklung sowie aktiven Umweltschutz als Faktoren, die die Herstellkosten beeinflussen (Hartmann 2016). Daneben wirken sich die Faktoren Unternehmensidentifikation, Motivation, Arbeitsbedingungen, Automatisierung sowie Unternehmenszugehörigkeit positiv auf die Produktqualität aus (Hartmann 2016). Anerkennung der Mitarbeiter, ihre Loyalität und Motivation sowie die Reputation des Unternehmens nannte der Interviewpartner als Gründe für die Steigerung der Produktinnovation. Zhejiang Mustang Battery ist mit seinen CSR-Aktivitäten in China ein zu Sedus Stoll vergleichbares Vorzeigeunternehmen und somit nicht nur wirtschaftlich sehr erfolgreich, sondern auch für die aktuellen Herausforderungen sehr gut gerüstet.

Die vier vorgestellten Unternehmen, drei deutsche und ein chinesisches Unternehmen, haben sich ganz unterschiedlich auf die Herausforderungen der Zukunft und die drei Teilbereiche von CSR eingestellt. Auffallend ähnlich sind die Unternehmen Sedus Stoll und Zhejiang Mustang Battery in Bezug auf ihre CSR-Aktivitäten. Laut der vorliegenden Forschung ist es nur wenig verwunderlich, dass Schlecker unter Missachtung aller CSR-Regeln in die wirtschaftliche Insolvenz geraten ist. Generell kann man sich diesbezüglich fragen, ob eine auf CSR ausgerichtete Vorgehensweise das Familienunternehmen vor der Insolvenz hätte bewahren können.

9 Kriterien für eine erfolgreiche CSR Strategie

Sind Familienunternehmen, zumindest wenn man sich an den oben beschriebenen Good-Practice-Beispielen orientiert, nicht der idealtypische Prototyp für ein CSR-konformes Unternehmen? Bei der Beantwortung dieser Frage kommt es auf die jeweilige Perspektive an. Es gibt Unternehmen, die einzelne Aspekte daraus umsetzen. Die SWOT-Analyse in Tab. 1, erarbeitet aus den bisherigen wissenschaftlichen Erkenntnissen, ermöglicht eine Bestandsaufnahme zum Stand des Unternehmens in Bezug auf die Umsetzung von CSR. Besonders im Fall von Familienunternehmen kann dieser Ansatz auf Managementebene für eine erfolgsorientiertere Ausrichtung der Kräfte im Unternehmen hilfreich sein.

Der regelmäßige Abgleich zwischen Soll- und Ist-Zustand erlaubt es jedem Unternehmen, die Umsetzung von CSR im Unternehmen zu verbessern und das Unternehmen fit für die zukünftigen Herausforderungen zu machen. Die Abb. 2 veranschaulicht den

Tab. 1 CSR-SWOT-Analyse

Stärken	Chancen
Mitarbeiterzufriedenheit	CSR-Entwicklung, Mentoring und Erziehung der Lieferanten
Mitarbeitermotivation	
Wohnbedingungen der Mitarbeiter	Überwachung der CSR-Umsetzung
Mitarbeitertraining	Key-Performance-Indikatoren für die CSR-Überwachung
Gewinnbeteiligung der Mitarbeiter	
Arbeitsbedingungen	Verbesserungsvorschläge der Mitarbeiter
Schwächen	**Risiken**
Risikomanagement	Lieferantenumsetzung CSR
Compliancemanagement	CSR-Management Lieferkette
Anreicherung der Arbeitsinhalte	Authentische CSR-Kommunikation
Anteil (manueller) Arbeitsaufwand	

Abb. 2 CSR-Regelkreis

Regelkreis, der für eine kontinuierliche Verbesserung der Unternehmensperformance erforderlich ist.

10 Zusammenfassung

CSR muss als wesentliche Voraussetzung für das Überleben von Unternehmen und nicht als reine Luxustätigkeit in wirtschaftlich guten Zeiten verstanden werden (Müller 2008). Ethische Kultur, guter Ruf, die Förderung der Integrität sind Schlüsselbestandteile der moralischen Führung und sind mit Moral-, Integritäts- und Compliancekonzepten verknüpft, die jedes Unternehmen berücksichtigen sollte. Um die Werte, Prinzipien und Überzeugungen des Unternehmens in die Praxis umzusetzen, sollte jedes Unternehmen vom Konformismus zur Kultur der Integrität übergehen. Und das Risikomanagement eines Unternehmens muss Teil der organisatorischen Prozesse sowie Teil der Entscheidungsprozesse sein. Es sollte insbesondere die Unsicherheiten und Vermutungen hervorheben sowie systematisch und strukturiert sein. Das Risikomanagement umfasst mögliche ökologische und soziale Auswirkungen und Risiken entlang der Lieferkette (Vaduva et al. 2016). Die Abb. 3 beschreibt das im Beitrag beschriebene Vorgehen zur Beantwortung der eingangs gestellten Fragen.

Die im Beitrag beschriebenen Fragen und die Übersichtsliste mit den CSR-Vergleichskriterien zur Risikoanalyse sowie Messkategorien und Indikatoren im Anhang können anderen Familienunternehmen bei einer möglichen Analyse hilfreich sein. Die hier aufgeführten Instrumente und Hilfsmittel bieten sich insbesondere für andere Familienunternehmen an, weil sie bereits in anderen Familienunternehmen erfolgreich im Einsatz sind.

Die vorliegende Untersuchung zeigt anhand von vier ausgewählten Familienunternehmen, wie in einer Art Worst-/Best-Case-Szenario mit den nationalen und internationalen Herausforderungen umgegangen werden kann. Die drei positiven Beispiele der Familienunternehmen zeigen klar auf, dass getätigte und durchgeführte CSR-Maßnahmen sich direkt positiv auf den Unternehmenserfolg im Allgemeinen und auf die vier Teilbereiche Motivation, Loyalität, Aus- und Weiterbildung und Sicherheit auswirken. Die vier Fälle belegen einen sich selbst verstärkenden Kreislauf, sehr vereinfacht ausgedrückt: je höher

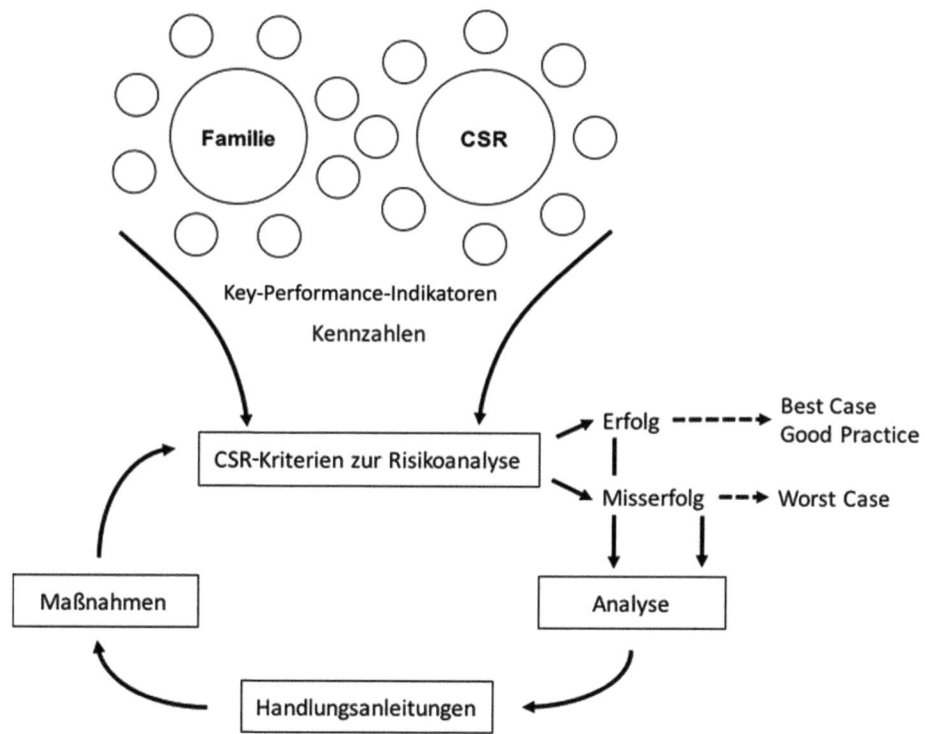

Abb. 3 Familienunternehmen und CSR: Von der Ist-Analyse zu Handlungsanleitungen

der Anteil von CSR-Maßnahmen an den gesamten Operationen eines Unternehmens, umso besser die Vorbereitung auf die Herausforderungen der VUCA-World. Eine provokante These, die in weiteren Untersuchungen belegt oder widerlegt werden kann.

Auf alle Fälle können die Best Cases der hier aufgeführten Familienunternehmen in einem Prozess der Adaption auf die Gegebenheiten anderer Familienunternehmen als Good Practice übertragen werden. Überraschend für die deutsche Wahrnehmung ist dabei das ökonomisch und ökologisch erfolgreiche Beispielunternehmen in China.

Wenn Unternehmen sich nicht im Bereich CSR engagieren, verlieren sie in doppelter Hinsicht. Einerseits sind sie nicht vorbereitet für die zukünftigen Herausforderungen und andererseits können sie nicht das Potenzial des Wettbewerbsvorteils („competitive advantage") heben, das sie mit CSR erreichen könnten.

A Anhang

Zusammenstellung der Kriterien zur Risikoanalyse auf Basis der drei Säulen von CSR – sozial, ökologisch und ökonomisch – sowie Empfehlungen für die zu verwendenden Kennzahlen.

Soziale Kriterien

Kriterien	Messbare Einheiten
Motivation der Mitarbeiter	Prozent Mitarbeiterzufriedenheit
Loyalität der Mitarbeiter	Kündigungsrate
Aus- und Weiterbildung der Mitarbeiter	Bildungsdurchschnitt der Mitarbeiter
Arbeitssicherheit, Arbeitsunfälle	Anzahl der Unfälle
Krankenstand der Mitarbeiter	Prozent Krankenstand
Mitarbeiterentwicklung	Beförderungen pro Jahr
Beteiligung in Entscheidungsprozessen	Prozent Mitarbeitervertretung
Lebensbedingungen der Mitarbeiter	Prozent Gehaltsniveau
Diversität und Familienfreundlichkeit	Frauenanteil, Teilzeitanteil
Freiwillige Sozialleistungen	Anzahl der Angebote
Sponsoring Bildung und Soziales[a]	Prozent vom Umsatz

[a]Die Einordnung von Sponsoringaktivitäten für Bildung und Soziales als CSR-Maßnahme ist in Fachkreisen nicht unumstritten

Ökologische Kriterien

Kriterien	Messbare Einheiten
Anteil nachhaltiger Rohstoffe	Prozent Rohstoffe
Anteil Abweichungen CSR-Audits	Prozent Abweichungen
Anteil gefährlicher Rohstoffe	Prozent Rohstoffe
CO_2-Emissionen Produkte	Gewicht
CO_2-Emissionen Transport	Gewicht
CO_2-Emissionen Organisation	Gewicht
Energieverbrauch	Kilowattstunden
Projekte zur Energieeinsparung	Anzahl/Potenzial
Projekte zur Müllvermeidung	Anzahl/Potenzial
Projekte zur Kreislaufwirtschaft	Prozent Projekte

Ökonomische Kriterien

Kriterien	Messbare Einheiten
Unternehmensergebnis	Euro
Marktanteil	Prozent Marktanteil
Qualitätsbarometer	Prozent Beanstandungen
Complianceverstöße	Anzahl
Mitarbeiterbeteiligung	Prozent Verbesserungsvorschläge
Grad der Automatisierung	Prozent Automatisierung
Innovationsrate	Prozent neue Produkte
Kosteneinsparungen	Prozent Einsparungen
Verbrauchsreduzierungen	Prozent Reduzierungen
Wettbewerbsfähigkeit der Produkte	Preis-/Leistungsverhältnis
Kundenzufriedenheit	Prozent Kundenumfrage
Anteil Single-Source-Lieferanten	Prozent Lieferanten

Literatur

Alfred Ritter GmbH & Co. KG (2017a) Familienunternehmen & Werte. Was uns antreibt. Waldenbuch. https://www.ritter-sport.de/de/familienunternehmen/nachhaltigkeit.html. Zugegriffen: 14. Febr. 2017

Alfred Ritter GmbH & Co. KG (2017b) Fortschritts- und Nachhaltigkeitsbericht 2016. Waldenbuch. https://www.ritter-sport.de/export/sites/default/de/.galleries/downloads/RITTER_SPORT_NHB-2016_DE.pdf. Zugegriffen: 14. Febr. 2017

Alter R (2012) Schlecker oder: Geiz ist dumm. Aufstieg und Absturz eines Milliardärs, 1. Aufl. Rotbuch, Berlin

Bundeskartellamt (2015) Fallbericht: Bußgelder wegen vertikaler Preisbindungen bei Ritter-Produkten. Bonn. http://www.bundeskartellamt.de/SharedDocs/Meldung/DE/AktuelleMeldungen/2015/18_06_2015_Fallbericht_Ritter-vertikal.html. Zugegriffen: 15. Febr. 2017 (updated on 6/18/2015)

Bundesministerium für Arbeit und Soziales (2017) CSR-Preis der Bundesregierung 2017. Berlin. http://www.csr-in-deutschland.de/DE/CSR-Preis/csr-preis.html. Zugegriffen: 16. Febr. 2017

Carey B (2016) Ist es fair, Donald Trump aus der Ferne zu analysieren? Psychologen und Psychiater in den USA sind uneins über die ethischen Grenzen ihrer Disziplin. Die Zeit. Hamburg (36). http://www.zeit.de/2016/36/psychologie-donald-trump-ferndiagnose/komplettansicht. Zugegriffen: 13. Febr. 2017 (updated on 9/13/2016)

Gimeno A (2009) Management von Komplexität. Das strukturelle Risiko von Familienunternehmen. Universität Witten/Herdecke. Witten/Herdecke. http://www.uni-wh.de/universitaet/presse/presse-details/artikel/management-von-komplexitaet-das-strukturelle-risiko-von-familienunternehmen/. Zugegriffen: 14. Febr. 2017

Hartmann S (2016) The impact of CSR on product competitiveness in retail business. Master's dissertation. German Graduate School of Management and Law, Heilbronn

Haunschild L, Wolter H-J (2010) Volkswirtschaftliche Bedeutung von Familien- und Frauenunternehmen. Institut für Mittelstandsforschung. Bonn (IfM-Materialien). http://www.ifm-bonn.org//uploads/tx_ifmstudies/IfM-Materialien-199_2010.pdf. Zugegriffen: 10. Febr. 2017

Huber T, Rauch C (2013) Generation Y. Das Selbstverständnis der Manager von morgen. Zukunftsinstitut. Frankfurt. https://www.zukunftsinstitut.de/fileadmin/user_upload/Publikationen/Auftragsstudien/studie_generation_y_signium.pdf. Zugegriffen: 13. Febr. 2017

Huhn J (2001) Die Schlecker-Kampagne 1994–1995: Gewerkschaft als soziale Bewegung. Mannheim-Heidelberger HBV-Hefte 1. https://portal.dnb.de/opac.htm?method=simpleSearch&cqlMode=true&query=idn%3D969460414. Zugegriffen: 14. Febr. 2017

Internationale Organisation für Normung (2010) ISO 26000:2010: guidance on social responsibility. http://www.iso.org/iso/home/store/catalogue_tc/catalogue_detail.htm?csnumber=42546. Zugegriffen: 15. Febr. 2017

Jamali D, Zanhour M, Keshishian T (2009) Peculiar strengths and relational attributes of SMes in the context of CSR. J Bus Ethics 87(3):355–377 (http://link.springer.com/article/10.1007/s10551-008-9925-7. Zugegriffen: 13. Februar 2017)

Kirchdörfer R (2011) Definition Familienunternehmen. Stiftung Familienunternehmen. München. http://www.familienunternehmen.de/de/definition-familienunternehmen. Zugegriffen: 14. Febr. 2017

Landesarbeitsgericht Baden-Württemberg, Beschluss of 4/16/2010

Langenscheidt F, Venohr B (2010) Deutsche Standards. Lexikon der deutschen Weltmarktführer. Die Königsklasse deutscher Unternehmen in Wort und Bild. Gabal, Offenbach

Loew T, Rohde F (2013) CSR und Nachhaltigkeitsmanagement. Definitionen, Ansätze und organisatorische Umsetzung im Unternehmen. Institute for Sustainability. Berlin. www.4susS.tainability.de/corporateresponsibility/publikationen.html. Zugegriffen: 14. Febr. 2017

Lux W (2017) CSR-Kommunikation im Handel. In: CSR und Kommunikation. S 133–146. http://www.springer.com/de/book/9783642401091. Zugegriffen: 14. Febr. 2017

Mennen A-K (2012) Absturz einer ungeliebten Legende. Vom Metzger zum Milliardär zum Pleitier. Mit dem Ermittlungsverfahren, das jetzt gegen Anton Schlecker läuft, ist aus dem ungeliebten Drogeriekönig endgültig eine tragische Figur geworden. Spiegel Online. Hamburg. http://www.spiegel.de/wirtschaft/unternehmen/anton-schlecker-portraet-eines-verhassten-unternehmers-a-845173.html. Zugegriffen: 13. Febr. 2017

Moutchnik A (2011) Verästelungen der Umwelt-, Nachhaltigkeits- und CSR-Kommunikation von Unternehmen. UmweltWirtschaftsForum 19(3):123–134 (http://link.springer.com/article/10.1007/s00550-012-0232-5. Zugegriffen: 14. Februar 2017)

Müller A (2017) Weitsichtig, radikal, nachhaltig. Hall of Fame der Familienunternehmen. Handelsblatt. München. http://www.handelsblatt.com/unternehmen/beruf-und-buero/hall-of-fame-2017/hall-of-fame-der-familienunternehmen-weitsichtig-radikal-nachhaltig/19243032.html. Zugegriffen: 16. Febr. 2017

Müller M (2008) Corporate Social Responsibility: Trend oder Modeerscheinung? ein Sammelband mit ausgewählten Beiträgen von Mitgliedern des Doktorandennetzwerkes Nachhaltiges Wirtschaften (DNW). DNW, München

Preuss L, Perschke J (2010) Slipstreaming the larger boats: social responsibility in medium-sized businesses. J Bus Ethics 92(4):531–551. https://doi.org/10.1007/s10551-009-0171-4

Rettig D, Freitag L (2013) Generation Y Wie die Chefs von morgen ticken. „Eine Ökonomisierung von Loyalität". WirtschaftsWoche. Düsseldorf. http://www.wiwo.de/erfolg/beruf/generation-y-wie-die-chefs-von-morgen-ticken/8055426-all.html. Zugegriffen: 13. Febr. 2017

Schildbach T, Grottke M (2011) IFRS for SMEs. unvereinbar mit den Anforderungen der EU und eine Gefahr für den Mittelstand. Betrieb 64(17):945–953

Schleicher A (2016) PISA 2015. Ergebnisse im Fokus. OECD. Berlin. http://www.oecd.org/berlin/themen/pisa-studie/. Zugegriffen: 14. Febr. 2017

Schröder D (2013) Familienunternehmen setzen auf Verantwortung. Corporate Social Responsibility. Goethe-Institut e. V. München. https://www.goethe.de/de/kul/ges/20368728.html. Zugegriffen: 15. Febr. 2017

Sedus Stoll Aktiengesellschaft (2017a) Nachhaltig handeln. Waldshut. http://www.sedus.com/de/informationen/downloads/produkte/sdl/dl/file/21805/. Zugegriffen: 13. Febr. 2017

Sedus Stoll Aktiengesellschaft (2017b) Nachhaltigkeit. Waldshut. http://www.sedus.com/de/unternehmen/ueber-uns-1/nachhaltigkeit/. Zugegriffen: 11. Febr. 2017

Sedus Stoll Aktiengesellschaft (2017c) Ökologie und Nachhaltigkeit. Waldshut. http://www.sedus.com/themen/oekologie-nachhaltigkeit/. Zugegriffen: 10. Febr. 2017

Sedus Stoll Aktiengesellschaft (2017d) Wir wissen was wir tun. Waldshut. http://www.sedus.com/de/unternehmen/ueber-uns/wir-wissen-was-wir-tun/. Zugegriffen: 9. Febr. 2017

Simon H (2009) Hidden champions of the 21st century. Springer, Heidelberg, Berlin

Simon H (2012) Hidden Champions. Aufbruch nach Globalia. Camus, Frankfurt, New York

Spiegel Online (2014) Ritter Sport verzichtet auf Schadenersatz. Den Rechtsstreit mit der Stiftung Warentest hat Ritter Sport gewonnen. Für den entstandenen Image- und Umsatzschaden will der Schoko-Produzent aber keine Entschädigung. Berlin. http://www.spiegel.de/wirtschaft/unternehmen/ritter-sport-verzichtet-auf-schadenersatz-von-stiftung-warentest-a-1003259.html. Zugegriffen: 10. Febr. 2017

Stehr C (2012) Heilbronner Erklärung zur gesellschaftlichen Verantwortung des Mittelstands in der Wirtschaft. German Graduate School of Management and Law. Heilbronn. https://www.ggs.de/fileadmin/user_upload/data/Master_Heilbronner_Erklaerung.pdf. Zugegriffen: 16. Febr. 2017

Stehr C (2015) Die Heilbronner Erklärung zur gesellschaftlichen Verantwortung. German Graduate School of Management and Law. Heilbronn. https://www.ggs.de/executive-education/heilbronner-erklaerung-csr/. Zugegriffen: 16. Febr. 2017

Stehr C, Jakob B (2014) Corporate social responsibility through voluntary commitment in small and medium sized enterprises. The case of the 'Heilbronn declaration'. Eur J Sustain Dev 4(3):135–150 (http://ojs.ecsdev.org/index.php/ejsd/article/viewFile/184/176. Zugegriffen: 12. Februar 2017)

Stiehm JH, Townsend NW (2002) The U.S. Army war college. Military education in a democracy. Temple University Press, Philadelphia

Stiftung Familienunternehmen (2016) Daten, Fakten, Zahlen zur volkswirtschaftlichen Bedeutung von Familienunternehmen. München. http://www.familienunternehmen.de/de/daten-fakten-zahlen. Zugegriffen: 15. Febr. 2017

Stiftung Warentest (2014) Rechtsstreit um „Ritter Sport Voll-Nuss" beendet. Stiftung Warentest erkennt Urteil des OLG München an. München. https://www.test.de/Rechtsstreit-um-Ritter-Sport-Voll-Nuss-beendet-Stiftung-Warentest-erkennt-Urteil-des-OLG-Muenchen-an-4758833-0/. Zugegriffen: 12. Febr. 2017

Swart E, Ihle P (2005) Routinedaten im Gesundheitswesen. Handbuch Sekundärdatenanalyse. Grundlagen, Methoden und Perspektiven. Huber, Bern

Vaduva S, Alistar VT, Thomas AR, Lupiţu CD, Neagoie DS (2016) Moral leadership in business. Towards a business culture of integrity. Springer, Cham

Vereinte Nationen (1992) Agenda 21: Konferenz der Vereinten Nationen für Umwelt und Entwicklung. Rio de Janeiro, 3.–14. Juni 1992. (Zugegriffen: 13. Februar 2017)

Wagner R (2014) CSR definiert Verhältnis von Staat und Wirtschaft. Interview mit Garrelt Duin. UmweltDialog. Münster. http://www.umweltdialog.de/de/csr-management/Gastbeitrag/2014/CSR-definiert-das-Verhaeltnis-von-Staat-und-Wirtschaft-neu.php. Zugegriffen: 16. Febr. 2017

Prof. Dr. Christopher Stehr ist an der German Graduate School of Management and Law (GGS) in Heilbronn tätig und ist gleichzeitig bei Polymundo GmbH & Co. KG aktiv. Er forscht und lehrt unter anderem zu Internationalisierung sowie Globalisierung von kleinen und mittleren Unternehmen, interkultureller Kompetenz von Mitarbeitern und Institutionen, CSR und Nachhaltigkeit sowie zur Regionalentwicklung (Familienfreundlichkeit etc.).

Dr. Stephan Hartmann ist Head of Process Development bei der Polymundo GmbH & Co. KG. Er forscht derzeit zu den Auswirkungen von CSR auf die Wettbewerbsfähigkeit von Produkten und Unternehmen, insbesondere in China.

Family Business Governance – Wie Familienunternehmen langfristig verantwortungsvolles Handeln sicherstellen

Eine Studie am Beispiel der Knauber Unternehmensgruppe

Birgit Felden und Laura Marwede

1 Einleitung

Unternehmen planen in unterschiedlichen Zeithorizonten: Einerseits stehen kurzfristige Entscheidungen besonders bei kapitalmarktorientierten Unternehmen im Mittelpunkt, andererseits geht es um ein langfristiges Denken in Dekaden und Generationen (Elkington 1998). Die Bedeutung dieser Zeithorizonte wird insbesondere bei Familienunternehmen evident und stellt eine besondere Herausforderung in Bezug auf Corporate Social Responsibility (CSR) und nachhaltiges Wirtschaften dar. Die folgende Fallstudie zeigt anhand des Beispiels der Knauber Unternehmensgruppe, wie sich Instrumente der Family Business Governance einsetzen lassen, um nachhaltiges Wirtschaften im Unternehmen zu verankern.

Die Knauber Unternehmensgruppe mit Hauptsitz in Bonn ist ein Familienunternehmen, das bereits seit 1880 besteht und noch heute vollständig in Familienhand ist. Im Lauf der Zeit haben sich mehrere Geschäftsfelder entwickelt. Heute ist das Unternehmen in den Bereichen Energie und Einzelhandel tätig und beschäftigt rund 1000 Mitarbeiter. Seit dem Jahr 2000 ist Dr. Ines Knauber-Daubenbüchel geschäftsführende Gesellschafterin und lenkt die Knauber-Gruppe gemeinsam mit sechs Führungskräften. Die Carl Knauber Holding besteht aus insgesamt sieben Vertriebsgesellschaften, fünf davon aus dem Bereich Energie und zwei aus dem Bereich Einzelhandel, in dem Knauber in der Heimwerker- und Hobbybranche tätig ist (Carl Knauber Holding 2015; Knauber-Daubenbüchel und Zahel 2015).

B. Felden (✉) · L. Marwede
HWR Berlin
Berlin, Deutschland

2 Familienunternehmen zwischen eigenen Werten und der Wahrnehmung Dritter

Familienunternehmen bewegen sich im Spannungsfeld zwischen Tradition und Innovation. Sie stehen in der deutschen Wirtschaft häufig für ein ganz bestimmtes, stabiles Wertegerüst. Typischerweise sind es die Werte der Gründergeneration, die das Unternehmen auch nach Generationen noch prägen und ihm den ganz eigenen Charakter verleihen. Eine der wohl wichtigsten Aufgaben für die nachfolgenden Generationen ist es dann, diese besondere Identität zu wahren und gleichzeitig ein unbedingtes Festhalten an alten Werten zu vermeiden, sodass das Unternehmen sich an verändernde Umweltbedingungen anpassen kann (Felden und Hack 2014).

Auch wenn jedes Familienunternehmen natürlich durch unterschiedliche Werte geprägt wird, geben empirische Studien Hinweise auf Schwerpunkte. Wertesysteme von Familienunternehmen werden dabei häufig in Abgrenzung zu Nichtfamilienunternehmen als menschlich, emotional und fundamental beschrieben (Payne et al. 2011). Traditionelle Familienunternehmen, die bereits seit mehreren Generationen am Markt sind, geben in einer Befragung im Schwerpunkt an, dass die Adjektive engagiert, verantwortungsbewusst, gerecht, fleißig und erfolgreich auf sie zutreffen (Koiranen 2002).

Personen, die keine Experten für Familienunternehmen sind, nehmen diese als nachhaltig wahr. Dies zeigt eine Studie, bei der über 100 Personen dazu befragt wurden, welche Eigenschaften sie mit Familienunternehmen unterschiedlicher Größe verbinden. Dabei wird großen, familiengeführten Unternehmen neben hoher Wettbewerbsfähigkeit im internationalen Umfeld gleichzeitig zugeschrieben, dass sie sich auf ihre sozialen Werte berufen. Von allen Unternehmenstypen (kleine, mittlere und große Familienunternehmen bzw. Nichtfamilienunternehmen) werden große Familienunternehmen als der Unternehmenstyp wahrgenommen, der am ausgeglichensten agiert – sowohl zukunftsorientiert als auch sozial verantwortungsvoll (Krappe et al. 2011).

Nachhaltiges, verantwortungsbewusstes Wirtschaften scheint somit einer der vielen Aspekte zu sein, die Familienunternehmen ausmachen. So schreibt es auch Magnus Knauber in der Unternehmenschronik der Carl Knauber Holding, die zum 100-jährigen Jubiläum im Jahr 2001 veröffentlicht wurde:

> Aber auch ohne den *unternehmerischen Geist*, der nun seit vier Generationen im Unternehmen herrscht, wäre das Ziel nicht erreicht worden. Er besteht aus einem uneingeschränkten und unbeirrbaren *Gestaltungswillen*, verbunden mit der Bereitschaft zu *Eigeninitiative* und persönlichem Risiko, fähig zu *Kreativität* und Innovation, im Bewusstsein der *sozialen Verpflichtung* den Mitarbeitern sowie dem gesellschaftlichen Umfeld gegenüber (Knauber 2001).

Die in der Chronik dargestellte soziale Verpflichtung und Verantwortung wird ebenfalls in dem Nachhaltigkeitsbericht der Knauber-Gruppe aus dem Jahr 2014 deutlich. So heißt es darin:

Für uns als modernes Familienunternehmen sind weitsichtige ökonomische Entscheidungen und unser ökologisches, soziales Selbstverständnis die Basis für verantwortungsvolles Wirtschaften (Carl Knauber Holding 2015).

Beide Zitate zeigen, wie eng die Knauber Holding ihre Eigenschaft als Familienunternehmen an Nachhaltigkeit und soziale Verantwortung knüpft. Die Knauber-Gruppe soll hier beispielhaft als großes Familienunternehmen vorgestellt werden, das sich in vielfältiger Art und Weise mit dem Thema Nachhaltigkeit auseinandersetzt und diese auch in seinen Instrumenten der Family Business Governance verankert hat.

3 Corporate Social Responsibility in Unternehmen und ihre Auswirkungen

Die EU-Kommission (2011) spricht von CSR als „optimierter Schaffung gemeinsamer Werte". Allerdings gibt es unterschiedliche Definitionen und Stufen von CSR. Nachfolgend soll kurz auf einige Definitionsansätze eingegangen werden, um die Nachhaltigkeitsaspekte in der Knauber-Gruppe anschließend besser einordnen zu können.

Carroll (1979) definiert soziale Verantwortung der Unternehmen als die wirtschaftlichen, rechtlichen, ethischen und diskretionären Erwartungen, die eine Gesellschaft zu einem bestimmten Zeitpunkt an Organisationen hat. Für Matten und Moon (2008) ist CSR ein dynamisches Konzept, das in den jeweiligen gesellschaftlichen, politischen, wirtschaftlichen und institutionellen Kontext eingebettet ist.

Schneider (2012) definiert vier verschiedene Reifegrade von CSR und unterscheidet dabei ähnlich wie MacGregor und Fontrodona (2008) zwischen einem passiven und einem proaktiven Zugang zu CSR. Er definiert folgende Stufen:

- CSR 0.0 – Passive Übernahme gesellschaftlicher Verantwortung (in der Literatur häufig auch als defensiv/reaktionär beschrieben);
- CSR 1.0 – Vorhandensein philanthropischer CSR sowie loser CSR-Maßnahmen außerhalb des eigentlichen Kerngeschäfts;
- CSR 2.0 – Schaffung von unternehmerischer und gesellschaftlicher Wertschöpfung durch integriertes Management und systematische Maßnahmen;
- CSR 3.0 – Agieren des Unternehmens als global denkender, lokal agierender, proaktiver politischer Gestalter.

Neben diesen beschreibenden Ansätzen gibt es weitere Erklärungsansätze für CSR, die sich auf deren Nutzen konzentrieren. So sehen Kurucz et al. (2008) vier Hauptargumente bzw. Diskussionsstränge für CSR:

- Kosten- und Risikoreduktion;
- Erzielung von Wettbewerbsvorteilen

- Legitimität und Reputation sowie
- Erzielen von Win-win-Situationen für Unternehmen und Gesellschaft und somit eine gemeinsame Wertschaffung.

Laut dem Shared-Value-Ansatz von Porter und Kramer (2011) stehen die Wettbewerbsfähigkeit eines Unternehmens und der Wohlstand der Gesellschaft, in der dieses Unternehmen aktiv ist, in einer Wechselbeziehung zueinander. Der wirtschaftliche Wert solle dabei so geschaffen werden, dass gleichzeitig ein Wert für die Gesellschaft entstehe. Dafür gibt es drei Wege: Produkte und Märkte neu begreifen, ein neues Verständnis von Produktivität entwickeln sowie lokale Cluster aufbauen.

CSR-Aktivitäten werden laut Louche und Idowu (2010) allerdings oftmals nicht in vollem Umfang genutzt, um innovative Lösungen zu entwickeln. Häufig schöpfen Unternehmen das strategische Potenzial von CSR nicht aus und legen Aktivitäten nur kurzfristig an, sodass Wert nur in geringem Maß generiert wird.

Begreift man CSR als eine Managementaufgabe für Familienunternehmen wie Knauber, so gilt es also sicherzustellen, dass ihre CSR-Aktivitäten Werte schaffen, die positiv sowohl auf das Unternehmen als auch die Gesellschaft wirken und somit nach Kurucz et al. (2008) Nutzen stiften.

Nachfolgend werden die Elemente einer modernen Family Business Governance zunächst generell vorgestellt. Im Anschluss werden die entsprechenden Gremien und Instrumente bei der Knauber Unternehmensgruppe näher betrachtet, um dann, analog zu Schneider (2012) erkennen zu können, welcher Reifegrad der CSR vorliegt und wie dieser erreicht wurde.

4 Family Business Governance – Gremien und Instrumente

Wie kann ein Unternehmen verantwortungsvoll, professionell und zukunftsorientiert geführt werden? Die Forschung im Bereich Corporate Governance, d. h. die Gesamtheit aller Regeln, Vorschriften, Werte und Grundsätze, die eine Unternehmensführung ausmachen, beschäftigt sich seit Langem mit dieser Frage. Dabei umfasst Corporate Governance – in der Regel mit Blick auf Publikumsgesellschaften mit einem umfangreichen Regelungsbedarf – zweierlei Maßnahmen: zum einen solche, die gesetzlich vorgeschrieben sind, zum anderen Maßnahmen, die freiwilligen Charakter haben.

Dazu gehören beispielsweise die Einhaltung von Complianceregelungen, das Befolgen anerkannter Standards und das Entwickeln und Befolgen individueller Unternehmensleitlinien. Auch die Ausgestaltung und Implementierung von Leitungs- und Kontrollstrukturen zählen dazu (vgl. dazu Felden und Hack 2014).

Bei Familienunternehmen mit der Besonderheit, dass neben dem Unternehmen auch eine Familie als organisationale Einheit besteht, müssen nicht nur unternehmerische Interessen, sondern auch die Vorstellungen der Unternehmerfamilie berücksichtigt werden, insbesondere auch in Hinblick auf die individuellen Werte, die das Unternehmen prägen.

Hierfür hat sich – in Abgrenzung zur Corporate Governance – der Begriff Family Business Governance als das dazugehörige Bindeglied etabliert.

Family Business Governance ergänzt die Corporate Governance in Publikumsgesellschaften – bei Familienunternehmen auch als Business Governance bezeichnet (zur definitorischen Abgrenzung siehe Felden und Hack 2014) – um eine Family Governance, die eine professionelle Organisation aufseiten der Unternehmerfamilie sicherstellen soll. Die wichtigsten Gremien und Instrumente für beide Bereiche sind in ihr zusammengefasst und organisieren und sichern Führung und Kontrolle eines Familienunternehmens und den Zusammenhalt der Unternehmerfamilie. Dadurch, dass die Family Business Governance beide Systeme vereint, wird eine nachhaltige Steigerung des ökonomischen und emotionalen Werts erzielt – eine Art Shared-Value innerhalb des Familienunternehmens (vgl. dazu Felden und Hack 2014). Basis der Family Business Governance bildet die Familienverfassung, in der die Ausgestaltung genau geregelt wird. In ihr können auch Werte für das Unternehmen und für die Familie aufgenommen werden.

Wenn die Family Business Governance tatsächlich dazu dient, sowohl den ökonomischen als auch den emotionalen Wert zu steigern, scheint dies eine genauere Untersuchung auf CSR-Inhalte zu erfordern: Wie kann ein Familienunternehmen durch seine Family Business Governance Nachhaltigkeit und verantwortungsvolles Wirtschaften implementieren? Im Folgenden werden dazu die wichtigsten Gremien und Instrumente zunächst kurz vorgestellt. Dabei wird in Family Governance und Business Governance unterschieden, auch wenn beide in der Realität nicht immer trennscharf zu finden sind. Dies trifft insbesondere dann zu, wenn mehrere Familienmitglieder aktiv in das Management des Unternehmens eingebunden sind.

Ziel der Family Governance ist es, „faire, transparente sowie überprüfbare Regeln für die Familie und deren Zugang zum Unternehmen zu schaffen" (Koeberle-Schmid et al. 2010). Insbesondere in Unternehmen wie Knauber, die bereits seit mehreren Generationen in Familienhand sind, ist es von großer Bedeutung, dass die möglicherweise wachsende Zahl an Gesellschaftern und die verzweigten Familienstrukturen im Rahmen der Family Governance professionell gemanagt werden, nicht zuletzt um Konflikte zu vermeiden.

Häufig anzutreffende Gremien sind Familienversammlung und Familienrat, die üblicherweise ausschließlich mit Familienmitgliedern besetzt sind und deren Aufgabe es ist, die Familie gegenüber den Unternehmensgremien zu repräsentieren, deren Interessen zu vertreten und eine enge Kommunikation sicherzustellen. Darüber hinaus sollen diese Gremien den Zusammenhalt innerhalb der Familie und deren Bekenntnis zum Unternehmen gewährleisten (vgl. dazu Felden und Hack 2014). Familiengremien gibt es mit verschiedener Typologisierung in vier verschiedenen Stufen nach Kormann (2010). Aufgabe dieser Gremien ist auch, Nachhaltigkeit insofern zu gewährleisten, dass die Unternehmensführung an die Familie geknüpft bleibt. Ein Gesellschafterausschuss, der Familienmanager und das Family-Office sind weitere Gremien, die der Family Governance zugerechnet werden.

Die verschiedenen Instrumente der Family Governance können dabei unterstützen, die Familie zu einer Einheit mit Visionen, Zielen und Werten zu formen (Habbershon und Astrachan 1997). Wichtigste Werkzeuge sind neben der Familienverfassung und den dazugehörigen, rechtlich bindenden Verträgen v. a. Familienaktivitäten, die gezielte Weiterbildung und Qualifizierung im Rahmen der Family Education sichern sowie Family-Philanthropie, die das soziale und gesellschaftliche Engagement und das innerfamiliäre Konfliktmanagement regelt. Ziel der genannten Instrumente ist es, die positiven Wirkungen der Familie auf das Unternehmen zu fördern und gleichzeitig die negativen Auswirkungen, die beispielsweise auf familiären Konflikten beruhen können, möglichst gering zu halten.

Die Family-Philanthropie soll in Hinblick auf die Abgrenzung zu CSR noch einmal genauer betrachtet werden. Im Gegensatz zu CSR, unter der die strategische Übernahme von sozialer und ökologischer Verantwortung von Unternehmen verstanden wird, steht bei der Family-Philanthropie das Engagement der Familienmitglieder im Mittelpunkt, das auf den jeweiligen Werten der Familie und des Unternehmens basiert. Denkbare Maßnahmen im Bereich Unternehmensengagement wären beispielsweise Unternehmensspenden oder ein freiwilliger Einsatz von Mitarbeitern für gesellschaftliche Projekte. Maßnahmen aufseiten der Familie könnten z. B. eine Spende oder eine Stiftung sein. Eine trennscharfe Abgrenzung beider Bereiche ist hier nicht möglich, die oben beschriebene Wirkung wird in den allermeisten Fällen identisch sein (vgl. dazu Felden und Hack 2014).

Ziel der Business Governance ist es, durch die bestehenden Gremien als Mittler zwischen den (Familien-)Gesellschaftern einerseits und der Geschäftsführung andererseits zu fungieren, sodass eine professionelle Zusammenarbeit ermöglicht und unterstützt wird. Je nach Rechtsform des Unternehmens sind Gremien wie z. B. der Aufsichtsrat verpflichtend, andere Gremien wie z. B. ein Beirat jedoch immer freiwillig. Zu den Gremien der Business Governance gehören auch die Gesellschaftsversammlung und die Geschäftsführung. Insbesondere Aufsichtsgremien wie Aufsichtsrat oder Beirat können mit ihrem Blick von außen wertvolle Impulse für das Unternehmen geben. Eine Besonderheit bildet die Gesellschaftsversammlung, wenn – wie bei der Knauber Unternehmensgruppe – 100 % der Anteile in Familieneigentum sind, in solchen Fällen könnte sie ebenso der Family Governance zugerechnet werden.

Ergänzt werden diese Gremien durch die unternehmensinterne Instrumente der Business Governance, die hauptsächlich der Verbesserung von Unternehmensführung und -steuerung dienen. Dazu gehören ein internes Kontrollsystem, Risikomanagement, Compliancemanagement und die interne Revision. Die genannten Instrumente sind gerade in Familienunternehmen oft personell und damit auch inhaltlich eng miteinander verknüpft.

5 Family Business Governance bei der Unternehmensgruppe Knauber und ihre Nachhaltigkeitsaspekte

Die Vielfalt der vorgestellten Instrumente und Gremien lässt für Familienunternehmen viele Möglichkeiten zu, nachhaltiges und verantwortungsvolles Wirtschaften zu verankern – sowohl seitens der Familie als auch im Unternehmen. Die Knauber Unternehmensgruppe als großes Familienunternehmen hat – teils verpflichtende, teils freiwillige – Gremien und Instrumente geschaffen. Im Folgenden soll näher betrachtet werden, wie deren Einsatz für die Verankerung von Nachhaltigkeit im Unternehmen gestaltet ist.

5.1 Family-Philanthropie

Die Knauber Unternehmensgruppe hat eine Vielzahl philanthropischer Maßnahmen initiiert, die unterschiedliche Zielgruppen ansprechen und somit sowohl in das Unternehmen als auch in die Gesellschaft wirken.

Im Rahmen des gesellschaftlichen Engagements werden kontinuierlich Emissionen und Umwelteinflüsse reduziert. Entstandene Emissionen werden zusätzlich kompensiert und Mitmacher werden mobilisiert, indem beispielsweise Kunden für das Thema Klimaschutz sensibilisiert werden. Um die genannten Maßnahmen besser bündeln zu können, wurde 2010 die Initiative Knauber Pro Klima ins Leben gerufen.

Bei den sogenannten Wünschebäumen, die in der Adventszeit in den Knauber-Filialen aufgestellt werden, bekommen Kinder und Jugendliche aus lokalen sozialen Einrichtungen die Möglichkeit, einen Wunsch zu notieren und einen entsprechenden Zettel an den Baum zu hängen. Die Kunden können dann einen oder mehrere dieser Wünsche erfüllen, ein Wunschgeschenk kaufen und dieses in der Filiale abgeben. Alle Wünsche, die nicht durch die Kunden erfüllt werden, werden anschließend durch die Familie Knauber finanziert.

Für die Mitarbeiter der Unternehmensgruppe gibt es ein betriebliches Gesundheitsmanagement, regelmäßige Aktionen zu Themen wie Fitness und Ernährung und einen besonderen, anonymen Beratungsservice für Mitarbeiter in persönlichen Notlagen.

Die Knauber Unternehmensgruppe ist zusätzlich in einzelnen Projekten sozial und gesellschaftlich engagiert und spendet beispielsweise regelmäßig und fördert damit Projekte aus den Bereichen Bildung, Kunst und Kultur. Dabei kommt der Anstoß für diese Initiativen häufig von Kunden aus der Region, die vom Engagement der Unternehmerfamilie und des Familienunternehmens Knauber gehört haben und aktiv mit ihren Ideen auf die Unternehmensführung zugehen.

5.2 Geschäftsführung

Die Knauber Unternehmensgruppe hat ihre CSR-Aktivitäten umfassend in die Managementstrukturen eingebunden. In der Dachgesellschaft der Knauber Unternehmensgruppe, der Carl Knauber Holding, wird das Thema Nachhaltigkeit durch ein Führungskräftegremium Nachhaltigkeit sowie eine Koordinatorin für Nachhaltigkeit gesteuert. Diese sind als Stabsstelle direkt bei der Geschäftsführung verankert. Die Koordinatorin wird durch Ansprechpartner für das Thema Nachhaltigkeit, die in den einzelnen Unternehmensbereichen angesiedelt sind, und durch Arbeitsgruppen zu spezifischen Nachhaltigkeitsthemen unterstützt.

Eine Besonderheit in der Verankerung im Management liegt darin, dass die Position der Nachhaltigkeitskoordinatorin mit der internen und externen Unternehmenskommunikation verbunden ist. Dies führt nicht nur dazu, dass die Nachhaltigkeitsaktivitäten besonderen Stellenwert in der Unternehmenskommunikation haben. Darüber hinaus erhält die Koordinatorin in ihrer Funktion als Kommunikationsbeauftragte viele Informationen aus allen Teilen des Unternehmens, die eine wesentliche Grundlage für die Arbeit bilden und dabei helfen, Potenziale oder neue Felder zu identifizieren, bei denen (weitere) Maßnahmen sinnvoll wären.

Dies trifft insbesondere auch auf die oben genannten Instrumente der Business Governance wie das interne Kontrollsystem, Risikomanagement, Compliancemanagement und die interne Revision zu. Durch die Querschnittsfunktion in der Unternehmensgruppe ist die Koordinatorin für Nachhaltigkeit informiert und kann – in enger Abstimmung mit der Geschäftsführung und den jeweiligen Verantwortlichen – wichtige Themen platzieren und mitdenken.

5.3 Beirat

Bereits in den 1970er-Jahren wurde durch Carl Ernst Knauber ein Unternehmensbeirat errichtet (Carl Knauber Holding 2016), der die Geschäftsführung in wichtigen strategischen Fragen beratend unterstützt. In diesem Beirat sind die CSR-Aktivitäten ebenfalls Thema.

Auch in den Familienversammlungen, die personell identisch sind mit den Gesellschaftsversammlungen und bei denen die Familie Knauber mehrmals im Jahr zusammenkommt, werden CSR-Aktivitäten regelmäßig besprochen.

6 Ausprägung der Corporate-Social-Responsibility-Aktivitäten bei der Unternehmensgruppe Knauber

In der Theorie zu CSR wird zwischen einem passiven und einem proaktiven Zugang unterschieden. Die beschriebenen Aktivitäten der Unternehmensgruppe Knauber haben gemein, dass sie gemeinsame Werte schaffen – zum einen lokal durch einzelne Maßnahmen der Family-Philanthropie, zum anderen global, beispielsweise durch Klimaaktivitäten. Wertschöpfung wird durch das in die Geschäftsführung integrierte Feld der Nachhaltigkeit und durch systematische Maßnahmen erreicht. Übertragen auf die unterschiedlichen Reifegrade nach Schneider (2012) heißt das, dass die Knauber Unternehmensgruppe bereits bei einer CSR-Arbeit 2.0 angekommen ist. Auch wenn die Gruppe kein maßgeblicher politischer Gestalter ist, ist sie durch den sowohl lokalen als auch globalen Ansatz mit einigen Nachhaltigkeitsinitiativen im höchsten Reifegrad, CSR 3.0 zu finden.

Dabei wird deutlich: Um familiäres Engagement im Unternehmen und außerhalb professionell und erfolgreich umzusetzen, braucht es nicht nur die Instrumente und Gremien der Family Governance. Das Unternehmen als Hebel und Verstärker, hier v. a. die Geschäftsführung als Teil der Business Governance, darf nicht unterschätzt bzw. vernachlässigt werden. Diese Verankerung auf beiden Seiten der Governance trägt in hohem Maß dazu bei, dass die Maßnahmen langfristig und kontinuierlich durchgeführt werden und somit eines der oben genannten Hauptrisiken im Zusammenhang mit CSR reduziert wird. Die geschilderten Aktivitäten, so ist es in den Nachhaltigkeitsberichten zu lesen, wirken positiv sowohl auf das Unternehmen mit seinen Mitarbeitern und Kunden, als auch auf die Gesellschaft sowohl lokal wie global. Die bewusste Verzahnung und umfassende Nutzung beider Bereiche der Family Business Governance mit ihrem breiten Gremien- und Instrumentenportfolio scheint der Schlüssel dafür zu sein, dass CSR-Aktivitäten in Familienunternehmen wie der Knauber Unternehmensgruppe nachhaltig und auf einem hohen Niveau umgesetzt werden können.

Literatur

Carl Knauber Holding GmbH & Co. KG (2015) Unser Engagement 2014 – Nachhaltigkeitsbericht der Knauber-Gruppe. Knauber, Bonn

Carl Knauber Holding GmbH & Co. KG (2016) Unser Engagement 2015 – Nachhaltigkeitsbericht der Knauber-Gruppe. Knauber, Bonn

Carroll AB (1979) A three-dimensional conceptual model of corporate performance. Acad Manag Rev 4(4):497–505

Elkington J (1998) Cannibals with forks. Triple bottom line of 21th century business. Capstone Publishing, Oxford

Europäische Kommission (2011) Communication from the Commission to the Council and the European Parliament – a renewed EU strategy 2011-14 for corporate social responsibility. Europäische Kommission, Brüssel

Felden B, Hack A (2014) Management von Familienunternehmen. Springer Gabler, Wiesbaden

Habbershon TG, Astrachan JH (1997) Research note perceptions are reality: how family meetings lead to collective action. Fam Bus Rev 10(1):37–52

Knauber M (2001) 100 Jahre Knauber – Wie wir wurden, was wir sind. Knauber, Bonn

Knauber-Daubenbüchel I, Zahel S (2015) Wir sind auf dem Weg – Knaubers Reise in Richtung Nachhaltigkeit. In: Hildebrandt A, Landhäußer W (Hrsg) CSR und Energiewirtschaft. Springer, Wiesbaden

Koeberle-Schmid A, Witt P, Fahrion HJ (2010) Gestaltung der Governance im Familienunternehmen Gremien und Instrumente der Business und Family Governance. Zeitschrift Für Corp Gov 4:161–169

Koiranen M (2002) Over 100 years of age but still entrepreneurially active in business: exploring the values and family characteristics of old Finnish family firms. Fam Bus Rev 15(3):175–187

Kormann H (2010) Zusammenhalt der Unternehmerfamilie: Verträge, Vermögensmanagement, Kommunikation. Springer, Berlin Heidelberg

Krappe A, Goutas L, von Schlippe A (2011) The "family business brand": an enquiry into the construction of the image of family businesses. J Fam Bus Manag 1(1):37–46

Kurucz EC, Colbert BA, Wheeler D (2008) The business case for corporate social responsibility. In: Crane A, Matten D, McWilliams A, Moon J, Siegel DS (Hrsg) The oxford handbook of corporate social responsibility. Oxford University Press, Oxford, S 83–112

Louche C, Idowu S (Hrsg) (2010) Innovative CSR: from risk management to value creation. Greenleaf Publishing, Abingdon

MacGregor SP, Fontrodona J (2008) Exploring the fit between CSR and innovation

Matten D, Moon J (2008) "Implicit" and "explicit" CSR: a conceptual framework for a comparative understanding of corporate social responsibility. Acad Manag Rev 33(2):404–424

Payne GT, Brigham KH, Broberg JC, Moss TW, Short JC (2011) Organizational virtue orientation and family firms. Bus Ethics Q 21(2):257–285

Porter ME, Kramer MR (2011) The big idea: creating shared value. Harv Bus Rev 89(1):2

Schneider MA (2012) Reifegradmodell CSR – eine Begriffsklärung und -abgrenzung. In: Corporate social responsibility. Springer, Berlin Heidelberg, S 17–38

Prof. Dr. iur. Birgit Felden beschäftigt sich seit rund 25 Jahren intensiv in Forschung und Praxis mit Familienunternehmen und gilt bundesweit als eine der wichtigsten Know-how-Träger. Sie ist Gründerin und Gesellschafterin eines Familienunternehmens seit 1995, leitet seit 2006 den Studiengang Bachelor of Arts (BA) Unternehmensgründung und -nachfolge der Hochschule für Wirtschaft und Recht und ist seit 2008 Direktorin des Instituts für Entrepreneurship, Mittelstand und Familienunternehmen (EMF) der Hochschule für Wirtschaft und Recht (HWR) Berlin. Mehr unter birgitfelden.de

Laura Marwede, geboren 1987, absolvierte nach dem Abitur die Diplomatenausbildung des Auswärtigen Amts (Diplom) an der Fachhochschule des Bundes und studierte anschließend Nordeuropastudien (M.A.) an der Humboldt-Universität zu Berlin. Sie forscht und lehrt seit 2012 als wissenschaftliche Mitarbeiterin am EMF-Institut der HWR Berlin. Ihre Forschungsschwerpunkte sind Unternehmensnachfolge und „corporate governance" in Familienunternehmen sowie „gamification". Sie entwickelt zielgruppenspezifische moderne Kommunikationsangebote zum Thema Unternehmensübergabe und -übernahme unter www.nachfolge-in-deutschland.de.

Egomanie, Gier und Moral: das (dys)funktionale Spannungsverhältnis von Familien-, Unternehmer- und Unternehmenswerten

Friedrich Glauner

Menschen gründen Unternehmen, um mit Menschen für Menschen einen Nutzen zu stiften, den einer allein nicht erwirken kann. Unternehmen sind deshalb zuerst und zunächst Kooperationssysteme. Ihre Gründung entspringt der Notwendigkeit, eine komplexe Aufgabe lösen, sprich ein Bedürfnis befriedigen bzw. eine Not lindern zu wollen, die nur im Zusammenspiel mehrerer Menschen bewältigt werden kann. Dies erfordert eine auf die angestrebte Nutzenstiftung abgestimmte Unternehmensorganisation. Das Grundprinzip erfolgreicher Unternehmen kann deshalb als chemische Formel dargestellt werden: H_3O. Dabei stehen die drei H für den kooperativen Aspekt des *„humans with humans for humans"* und das O für den Aspekt der *Organisation*, die passgenau auf den Unternehmenszweck abzustimmen ist.

Konfrontieren wir das Faktum, dass Unternehmen organisierte Kooperationssysteme sind, mit dem Gebaren der einzelnen Unternehmen und Märkte, ergibt sich in der Realität folgendes Paradoxon: Kooperation gelingt nur auf Grundlage geteilter Werte; zugleich sind eine werteorientierte Unternehmensführung und mehr noch ethisch tragfähige Unternehmenskulturen und ein humanes und nutzenstiftendes Wirtschaften, das dem Wohl von allen verpflichtet ist, scheinbar keine Selbstverständlichkeiten. Denn die heutigen Formen des Wirtschaftens führen allzu oft dazu, dass etwa Soziopathen bevorzugt in Führungspositionen (Babiak und Hare 2007; Clarke 2017) oder unethische Geschäftsmodelle systematisch vom Markt belohnt werden. Zu letzteren zählen all jene Unternehmungen, die, so der Nobelpreisträger George A. Akerlof und sein Coautor Robert Shiller (2015) darauf setzen, mit im Grunde sinn- und wertlosen Produkten „nach Dummen zu fischen", sowie die von der Harvard-Ökonomin Shoshona Zuboff analysierten disruptiven Geschäftsmo-

F. Glauner (✉)
Weltethos-Institut, Universität Tübingen
Hintere Grabenstraße 26, 72070 Tübingen, Deutschland
CULTURAL IMAGES – Wertemanagement
Aufackerweg 2, Grafenaschau, Deutschland
E-Mail: friedrich.glauner@culturalimages.de, glauner@weltethos-institut.org

delle etwa von Uber, Amazon, Google und Co., die als Einhörner von den Börsen und Wirtschaftsgazetten bejubelt werden, obwohl sie im Kern ihrer Aktivitäten dazu beitragen, dass ein freiheitliches, von selbstbestimmten Akteuren getragenes Wirtschaften und Gemeinwesen zunehmend und systematisch im Kern zerstört wird (Box 1; Zuboff 2016).

Box 1
Mit ihren Einflussmöglichkeiten sowie den sich abzeichnenden Monopolen an Wissensressourcen und in der Ausübung von Marktzugangsbeschränkungen führen die heutigen informationstechnologiegetriebenen Geschäftsmodelle nicht nur zu Winners-take-it-all-Märkten (Seba 2006, 2014), sondern auch zur Aushöhlung des Konzeptes freier Märkte und damit zur Unterwanderung demokratisch legitimierter Entscheidungsprozesse. Diese Bedrohung entspringt dem Umstand, dass insbesondere mit Blick auf trans-, multi- und supranationale Unternehmen staatliche Einrichtungen, politische Parteien und der Gesetzgeber kontinuierlich an Einfluss verlieren, da Marktentwicklungen und die Interessen relevanter Marktteilnehmer die Entscheidungsagenda bestimmen. In ihren avanciertesten Formen – Shoshona Zuboff spricht hier von den sich herausbildenden Formen des heutigen Überwachungskapitalismus (Zuboff 2016) – beeinflussen die Algorithmen von Google und Facebook sogar das Verhalten der breiten Massen, die dann entsprechend Einfluss auf Wahlen und die Entscheidungen der Politik nehmen. Dabei liefern die Kunden von Apple, Google, Facebook und Co. gerade jene Daten, mit denen individualisierte Wirklichkeitskulissen geschaffen werden, die den politischen Diskurs bestimmen. Wie Facebook in einem Experiment aus dem Jahr 2013 zeigte, kann jeder Nutzer durch die willkürliche Veränderung der Algorithmen der Newsfeeds in seinem Verhalten gelenkt und beeinflusst werden. Dadurch lassen sich nicht nur Märkte und Produktpräferenzen lenken, sondern auch Wahlen, wie die Diskussion um Facebooks Einfluss auf die letzte US-Präsidentenwahl verdeutlicht (Lobe 2016).

Die Erklärung für dieses Paradox finden wir in der Dynamik der Werte in Organisationen. Wie jedes andere soziale System – sei es eine Familie, eine Organisation, ein Verein, eine Partei oder eine Glaubensgemeinschaft – sind auch Unternehmen im Kern ihres Wesens Werteräume (Glauner 2016b). Sie werden getragen durch systemische Wertedimensionen, die jedes soziale System in seiner spezifischen Form prägen. Beim Kooperationssystem Unternehmen sind dies: erstens und am offensichtlichsten das substanzielle Nutzenversprechen, wie es im Markenversprechen zum Ausdruck kommt und sich in den Dienstleistungen und Produkten des Unternehmens auskristallisiert. Die zweite Wertedimension von Unternehmen ist die gelebte Unternehmenskultur. Sie konstituiert sich durch den faktischen Umgang der Akteure untereinander, mit Kunden, Lieferanten, sonstigen Stakeholdern sowie der breiten Öffentlichkeit. Als solches ist die gelebte Unternehmenskultur zu unterscheiden von den Aussagen der Hochglanzbroschüren unternehmerischer Leitbilder, die allzu oft von der gelebten Realität im Unternehmen Lügen gestraft werden. Drittens und weniger offensichtlich wird dieser Werteraum schließlich durch die Organisationsform definiert (Glauner 2016c). Denn die Kriterien, nach denen die strukturelle Gliederung sowie die prozessuale Ausgestaltung der Organisation vorgenommen wird, folgt Zwecken, die selbst interessen- und d. h. im Kern wertegebunden ist.

Wie jeder andere Werteraum unterliegt auch der des Unternehmens einer grundlegenden Dynamik. Sie entsteht, weil jede in einem Unternehmen tätige Person ihre eigenen Werte in das Unternehmen einbringt und damit den Werteraum des Unternehmens systematisch beeinflusst. Für diese systemische Dynamik der wechselseitigen Einflussnahme auf den Werteraum des Unternehmens gilt das kybernetische Gesetz, dass das flexibelste dominante Element in einem sich selbst steuernden System das System am meisten prägt und verändert (Glauner 2015, 2016b). Wird dieses Wechselspiel rivalisierender Werte nicht aktiv gesteuert oder erhalten die falschen Personen den Zugriff auf das Nutzenversprechen und die Wertekultur des Unternehmens, kann dies dazu führen, dass ein Unternehmen über Nacht sein Wesen, Auftreten und Erscheinungsbild ändert (Glauner 2016a, 2017c). Prominentestes Beispiel hierfür ist die Deutsche Bank im Übergang von Hermann Josef Abs und Alfred von Herrhausen zu Hilmar Kopper, Rolf-Ernst Breuer und Josef Ackermann. Nach einer langen Tradition als Hort ehrbaren Kaufmannsgebarens und einem ethisch-moralisch motivierten Handeln, das dem Wohl aller Beteiligten sowie dem des Gemeinwesens verpflichtet war, wurde die Bank unter Kopper, Breuer, Ackermann und Co. in nur wenigen Jahren zu einem Ort systematisch organisierter Kriminalität. Dafür spricht zumindest das Faktum, dass die von Kopper, Breuer und Ackermann neu ausgerichtete Bank sich heute mit rund 7000 nationalen und internationalen Rechts- und Strafverfahren für vielfältigste Formen des Betrugs konfrontiert sieht und in den letzten vier Jahren für Rechtsstreitigkeiten sowie den Abschluss der ersten 1000 Verfahren rund 15 Mrd. € an Verfahrenskosten, Buß- und Strafgelder entrichten musste (FAZ 2017, S. 23).

Zur Steuerung dieser Wertedynamik in Unternehmen stehen aus Sicht einer unternehmensethischen bzw. CSR-orientierten Unternehmensführung vielfältigste Ansätze und Mittel im Raum:

1. Unternehmensethische Ansätze eines humanistischen Managements (Pirson und Lawrence 2010; Kimakowitz et al. 2010; Dierksmeier et al. 2011; Dierksmeier 2013, 2016b; Pirson 2017), die auf der Grundlage von Motivanalysen der Motivationsforschung und der positiven Psychologie (Frankl 1985, 1994; Heckhausen und Heckhausen 2010; Maslow 1954, 2011; Meyer 2016; McClelland 1961, 1984; Seligman et al. 2005) in der menschorientierten Ausgestaltung der Unternehmung die Grundlage für eine erfolgreiche Unternehmensführung sehen (Dierksmeier et al. 2015; Hemel 2007, 2013; Hemel et al. 2012; Tuleja 1985, 1987; Ulrich 1970, 1986, 2008, 2013; Schneider und Schmidpeter 2015);
2. CSR-orientierte Ansätze der Unternehmensführung, die Garriga und Melé (2004) den Kategorien integrativer sowie ethisch fundierter CSR-Theorien zuordnen (Box 2);
3. Corporate-Governance-Ansätze (Wieland 2002)
4. Sozial-Kapital-Ansätze (Badura et al. 2013; Dahrendorf 1995; Dasgupta und Serageldin 2000; Sennett 2006; Wieland 2001), die in der Ausgestaltung von werteorientierten Unternehmenskulturen, von Best-Practice-Beispielen nachhaltiger Unternehmensführung, im Ruf nach allgemeinverbindlichen Complianceregelungen durch den Gesetzgeber sowie nach freiwilligen Selbstverpflichtungen beispielsweise in Form der Global Compact Initiative einen Mechanismus und Leitfaden sehen, das Unternehmen sowohl nachhaltig als auch menschorientiert auszurichten.

Box 2
Integrative CSR-Ansätze argumentieren dafür, „that business depends on society for its existence, continuity and growth" (Garriga und Melé 2004, S. 57), weshalb die Belange dieser Stakeholder im Unternehmen zu berücksichtigen sind. Zu diesen Ansätzen zählen insbesondere Stakeholdermanagementansätze wie etwa jener von Ogden und Watson (1999). Sie sind abzugrenzen von primär ethisch fundierten Ansätzen, wie etwa der der katholischen Soziallehre verpflichtete Common-Good-Ansatz von Alfort und Naughton (2002) sowie von Melé (2002), die mit der These eines intrinsischen Zusammenhangs zwischen ethischen Werten, unternehmerischer Geschäftstätigkeit und Ansprüchen der Gesellschaft davon ausgehen „that the relationship between business and society is embeded with ethical values" (Garriga und Melé 2004, S. 53).

Sie alle verbindet die auch von Management-Gurus wie Peter Senge (1993), Jim Collins (2001) oder Peter Drucker (2001, 2011) verfochtene Einsicht, dass die Ausgestaltung einer ethisch fundierten Unternehmenskultur primär dazu dient, Wertekonflikte in Unternehmen so zu steuern, dass alle im Unternehmen tätigen Personen als Hochleistungsteams handeln (Glauner 2017a). Werteorientierte Führung übernimmt in dieser Sichtweise die Aufgabe, den Handlungsraum und das Nutzenversprechen von Unternehmen und Organisationen so auszugestalten, dass die einzelnen Akteure kooperieren und sich für die Lösung der gemeinsamen Aufgaben einsetzen. Unternehmen stehen dabei vor einer zweifachen Herausforderung. Erstens sind *Binnenwertekonflikte* innerhalb der Organisation zu steuern. Sie entstehen, wenn die im Unternehmen wirkenden Werte und Ziele auseinanderlaufen. Zweitens sind innerhalb und mit der Organisation auch *Außenwertekonflikte* zu steuern, etwa wenn das Unternehmen mit seinen Zielen und Werten in Konflikt gerät mit den Erwartungen der Umgebungssysteme (Märkte, Gesellschaften, Ethnien, Kulturen). So weit, so schön.

Schaut man sich vor dem Hintergrund des zitierten vielstimmigen Chors in Sachen werteorientierte Unternehmensführung die faktische Realität von Unternehmen an, müssen wir jedoch leider konstatieren, dass viele, wenn nicht sogar die meisten von ihnen mehr oder minder weit entfernt sind von einem werteorientierten Führungsverständnis, das den gestellten Anforderungen an eine ethische Unternehmensführung gerecht wird. Deutlich wird dies, wenn wir uns die jährlichen Ergebnisse der Gallup-Studie zur Mitarbeiterloyalität betrachten. Ihnen gemäß ist eine auf Vertrauen, Kooperations- und Leistungsbereitschaft gegründete Unternehmenskultur eher die Ausnahme als die Regel. Denn über den Verlauf der letzten zehn Jahre hat sich an den Ergebnissen wenig geändert: Über alle Unternehmen hinweg haben im Durchschnitt rund 15 % aller Mitarbeiter innerlich gekündigt und machen 70 % nur Dienst nach Vorschrift. Lediglich die verbleibenden 15 % engagieren sich beherzt und aktiv für ihr Unternehmen (Gallup 2015). Was aber ist hierfür der tiefere Grund? Die bündige Antwort lautet: das allzu oft dysfunktionale Verhältnis, das zwischen den Eigenwerten der relevanten Stakeholder sowie Führungskader auf der einen und den propagierten Unternehmenswerten auf der anderen Seite besteht; bzw. umgemünzt auf Familienunternehmen: das oftmals dysfunktionalen Zusammenspiel von Familienwerten, Unternehmerwerten und Unternehmenswerten.

Um die Bedeutung und Tragweite dieses oftmals dysfunktionalen Zusammenspiels von Familienwerten, Unternehmerwerten und Unternehmenswerten richtig einordnen zu können, sind drei Sachverhalte zur wirtschaftlichen Lage von Unternehmen sowie zur Interpretation des hier verwendeten Begriffs von Familien-, Unternehmer- und Unternehmenswerten zu nennen.

1. Nimmt man die Datenbasis von 2013, sind 99,6 % aller Unternehmen kleinste, kleine und mittelständische Unternehmen. Damit repräsentieren sie das Rückgrat der deutschen Wirtschaft. Mit rund 16,15 Mio. Mitarbeitern beschäftigen sie 59,2 % aller sozialversicherungspflichtigen Arbeitnehmer und erwirtschaften mit 2159,8 Mrd. € 35,5 % der jährlichen Wirtschaftsleistung (Box 3). Zugleich stehen diese Unternehmen unter erheblichem Druck. Denn aufgrund ihrer geringen Größe fehlen ihnen oft die geeigneten Möglichkeiten, durch automatisierte Abläufe und Prozesse, die Integration von Informationstechnologien sowie den Aufbau globaler Lieferketten und Netzwerke Skaleneffekte und Wertschöpfungspotenziale zu heben. Ausdruck findet dies im Umsatz und der Bruttowertschöpfung je tätiger Person. Während große und mittlere Unternehmen 354.000 bzw. 169.000 € je beschäftigte Person und Jahr umsetzen und dabei eine Bruttowertschöpfung von 70.000 bzw. 51.000 € erwirtschaften, erzielen kleine und kleinste Unternehmen einen Jahresumsatz von 110.000 bzw. 74.000 € und eine Wertschöpfung von 40.000 bzw. 33.000 € pro Beschäftigtem und Jahr. Im harten Wettbewerb sind es zumeist diese mittleren, kleinen und kleinsten Unternehmen, die mit dem Rücken zur Wand stehen und von den Malkräften der globalisierten Wirtschaftsdynamik in ihrer Existenz bedroht werden.
2. Wenn wir von Werten als den grundlegenden Treiberkräften sozialer Systeme sprechen und diese in ihrer fundamentalen Rolle verstehen wollen, müssen wir eine *normative* von einer *funktionalen* Sichtweise abgrenzen. In der unternehmensethischen sowie CSR-orientierten Perspektive wird die Rolle der Werte zumeist vom normativen Blickwinkel aus betrachtet. Deutlich wird dies daran, dass mehr vom Sollen als vom Ist geredet wird. Dabei wird weithin unterstellt, dass es ein klar zu definierendes Gutes gäbe, das sich in Form richtiger Ziele und Handlungsweisen im Unternehmen niederschlagen sollte. Exemplarisch für solche Sollen-Argumentationen sind die von Otto et al. (2007, S. 43) formulierten Prinzipien für einen moralisch eingehegten Wettbewerb: „Konkurrenz *sollte* die Zerstörung des Gegenübers weder beabsichtigen noch vollziehen. [...] *sollte* nicht gewaltsam erfolgen, sondern gewaltfrei. [...] *sollte* nicht aggressiv, sondern – wenn möglich – mit innerer Ruhe durchgeführt werden. [...] *sollte* nicht entwürdigend geschehen. [...] *sollte* nicht verdeckt, sondern transparent ablaufen" (Hervorhebungen FG). Dies intensive Pochen auf das Sollen verdeutlicht jedoch faktisch, dass Unternehmen in der Realität allzu oft genau das Gegenteil von dem machen, was von den Adepten einer ethischen Unternehmensführung mit guten Gründen angemahnt wird. Das führt uns zur funktionalen Sichtweise der Werte in Unternehmen. Denn unabhängig von den selbst stark diskussionsbedürftigen Fragen, was denn das als richtig erkannte Gute beim Wirtschaften und in der Unternehmensführung

sei und woher der Maßstab und die Kriterien für eine solche Einschätzung stammen, laufen wir im normativen Pochen auf das Sollen Gefahr, die systemisch-funktionale Dimension der Rolle von Werten in Unternehmen aus den Augen zu verlieren. Wir verwechseln dann die grundlegenden Treiber und Ursachen der Wertedynamik, die vor jeder normativen Einordnung das Handlungsgeschehen in Unternehmen leiten.

3. Interpretieren wir die beschriebene Lage der meisten Unternehmen mit einem funktionalen Blickwinkel auf die Wertedynamik, müssen wir schließlich noch ein weiteres Faktum berücksichtigen. In der übergroßen Mehrzahl sind die am Markt agierenden Unternehmen eigentümergeführt (familienkontrollierte Unternehmen haben einen Anteil von 91 % und eigentümergeführte Unternehmen einen Anteil von 87 % an allen aktiven Unternehmen [ohne öffentliche Unternehmen], halten für 57 % bzw. 50 % aller Beschäftigten deren Arbeitsplatz vor und tragen mit etwa 55 % bzw. 47 % zur wirtschaftlichen Gesamtleistung bei [Stiftung Familienunternehmen 2017]). Das aber bedeutet, dass der Unternehmer i. d. R. das stärkste dominante Element im Unternehmenssystem ist, das dem Unternehmen die gelebten Werte aufdrückt. Konkret bedeutet dies, dass die charakterliche Ausbildung der Unternehmenslenker nicht nur für die Formulierung der propagierten Unternehmenswerte entscheidend ist, sondern auch dafür, welche Werte und welche Unternehmenskultur im Unternehmen faktisch gelebt werden. Klaffen nun die gelebten Unternehmerwerte und die propagierten Unternehmenswerte auseinander, führt dies vor allen ethisch-normativen Erwägungen zu einer Schwächung des Systems. Stimmen sie dagegen zusammen, geben die gelebten Unternehmerwerte dem Unternehmen Fokus, Drall und Durchschlagskraft. Denn sie bilden dann eine Doppelhelixstruktur der Unternehmenskultur (Glauner 2016b, S. 60). Die gelebten Unternehmerwerte sorgen dann für eine langfristige Orientierung, Stabilisierung und Ausrichtung des Systems, sodass innerhalb der gelebten Unternehmenskultur ein Resonanzraum entsteht, über den sich die Unternehmenswerte zielgerichtet entfalten können.

Allerdings ist dieser dritte Befund äußerst ambivalent. Denn systemisch gesprochen gilt dieses Verhältnis sowohl für positive wie auch negative Geschäftsmodelle und Unternehmenskulturen. Ein Beispiel für letzteren Fall ist der von Carsten Maschmeyer gegründete Finanzdienstleister AWD. Dessen Geschäftsmodell eines Strukturvertriebs lebt aus einem Nutzenversprechen, das wie bei allen anderen Strukturvertriebsmodellen ausschließlich auf die egozentrierte Profiterzielung der obersten Führungskader ausgerichtet ist. Entsprechend lautete das geflügelte AWD-Wort, das Carsten Maschmeyer seinen Verkäufern einhämmerte: Armut sei die Folge eines Charakterfehlers, nämlich, „Armut kommt von arm an Mut" (Ritter 2011).

Box 3
Gemäß der Definition für kleine und mittlere Unternehmen (KMU) des Instituts für Mittelstandsforschung (IfM) Bonn und der KMU-Definition der EU-Kommission zählten im Jahr 2014

- rund 3,25 Mio. Unternehmen zu den kleinsten Unternehmen (89,1 % aller Unternehmen). Sie erwirtschafteten rund 577,7 Mrd. € (9,3 % aller steuerbaren Umsätze aus Lieferungen und Leistungen) und hatten rund 3,93 Mio. sozialversicherungspflichtig Beschäftigte (14,0 % aller sozialversicherungspflichtig Beschäftigten). (IfM 2017)
- rund 307.000 Unternehmen zu den kleinen Unternehmen (8,4 % aller Unternehmen). Sie erwirtschafteten rund 674,2 Mrd. € (10,8 % aller steuerbaren Umsätze aus Lieferungen und Leistungen) und hatten rund 5,22 Mio. sozialversicherungspflichtig Beschäftigte (18,6 % aller sozialversicherungspflichtig Beschäftigten). (IfM 2017)
- rund 76.000 Unternehmen zu den mittleren Unternehmen (2,1 % aller Unternehmen). Sie erwirtschafteten rund 952,7 Mrd. € (15,3 % aller steuerbaren Umsätze aus Lieferungen und Leistungen) und hatten rund 7,28 Mio. sozialversicherungspflichtig Beschäftigte (25,9 % aller sozialversicherungspflichtig Beschäftigten). (IfM 2017)

Schaut man hinter die Kulissen jener Unternehmen, deren Geschäftsmodelle höchst erfolgreich sind, obwohl sie gerade nicht dem Maßstab ethischer Unternehmensführung gerecht werden, kommt das Janusgesicht der Wertedynamik in Unternehmen zum Vorschein. Denn in ihrer Stimmigkeit von propagierten und gelebten Unternehmer- und Unternehmenswerten können solche Unternehmen höchst erfolgreich sein, obwohl und gerade weil dort Menschen lediglich als Spielsteine eingesetzt werden, die mit den Mitteln einer werteorientierten Führung beinahe sektenhaft indoktriniert und manipuliert worden sind. Oder noch offensichtlicher: Selbst die Mafia und andere kriminelle und unethische soziale Systeme entfalten erhebliche Durchschlagkraft, wenn, in Anführungszeichen gesprochen, der richtige Pate mit den richtigen Werten das System seinen Vorstellungen gemäß ausrichtet.

Ziehen wir die skizzierten Hinweise zur Wertedynamik in Unternehmen zu einem Befund zusammen, kommt die für das Thema Werte und Unternehmenskulturen zentrale Frage zum Vorschein: *Was leitet die Ausbildung einer positiv funktionalen Unternehmenskultur, die auch ethischen Ansprüchen an die Unternehmensführung gerecht wird?* Bei der Suche nach einer Antwort kommen die gelebten Familienwerte in den Blick. Exemplarisch kann dies am Unternehmer Claus Hipp und der HiPP GmbH & Co. KG aus Pfaffenhofen verdeutlicht werden. Analysiert man das Familien- und Unternehmenssystem von HiPP mit den Mitteln des Wertecockpits (Box 4), kann der Werteraum von HiPP wie folgt aufgespannt werden:

Erzogen in einer Familientradition, die den religiösen Werten des Christentums und der katholischen Soziallehre verpflichtet ist, lebt die Familie Hipp das Credo, dass christliche Verantwortung das Handeln prägen soll. Aus diesen Familienwerten hat Claus Hipp für sich selbst seine persönlichen Leitwerte als Mensch und als Unternehmer destilliert: Fairness gegenüber anderen, Verantwortung im Tun, Lernen, Leisten, Helfen als Dreiklang einer Vita Aktiva die den zehn christlichen Geboten sowie den abendländischen Kardinaltugenden Klugheit, Gerechtigkeit, Tapferkeit und Mäßigung verpflichtet ist (Glauner 2016b, S. 139; Hipp 2008, 2012).

Box 4

Das Wertecockpit ist ein strategisches Instrument der Unternehmensführung, mit dem die Unternehmenskultur, das Nutzenversprechen sowie der Aufbau von Hochleistungsteams gesteuert werden (Glauner 2016b). Es spannt den Werteraum des Unternehmens in vier Dimensionen auf: erstens in die des substanziellen Nutzenversprechens, wie es als Markenclaim im Leitbild auftaucht, zweitens in die der Leitwerte, mit denen dieser Nutzen qualifiziert und spezifiziert wird (die Leitwerte definieren damit auch die Kernkompetenzen, wie das Nutzenversprechen umgesetzt wird); drittens in die der Prozesswerte, d. h. die Werte im Umgang miteinander, damit die Leitwerte zur vollen Geltung kommen, um das Nutzenversprechen zu qualifizieren; schließlich viertens, in die des Geschäftsmodells, mit dem das Nutzenversprechen umgesetzt wird. Zur Steuerung dieses Werteraums nutzt das Wertecockpit die Darstellung der Wertepyramide, mit der der Zusammenhang von Werten und unternehmerischer Performanz zum Ausdruck gebracht wird (Abb. 1).

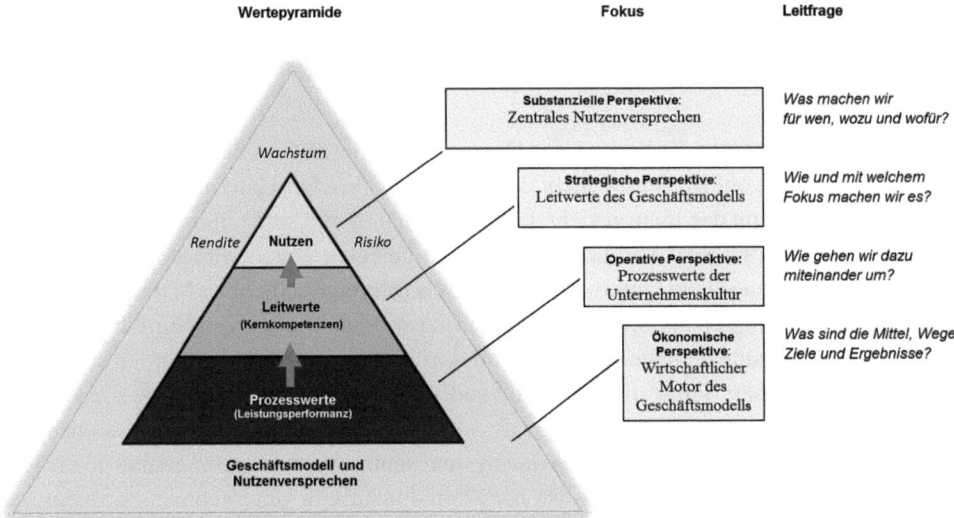

Abb. 1 Geschäftsmodell und Wertecockpit

Auf der Grundlage dieser familiär begründeten und persönlich umgesetzten Werteorientierung wurde bei HiPP seit über 60 Jahren und damit lange vor dem Aufkommen sogenannter grüner und nachhaltiger Geschäftsmodelle ein unverwechselbares Nutzenversprechen implementiert: *Spitzenqualität im Einklang mit der Natur*. Auf der Grundlage einer Ethik-Charta (Hipp 2006) wird dieses Nutzenversprechen bei HiPP mit den Mitteln eines konsequenten Wertemanagements im Unternehmen umgesetzt (Hipp 2007). Hierzu bedient sich HiPP folgender Leitwerte (Box 5), mit denen auch der Aufbau der HiPP-Kernkompetenzen gesteuert wird: Der Claim *Nachhaltigen Nutzen und Mehrwert stiften durch Spitzenqualität im Einklang mit der Natur* wird dabei an folgenden Leitwerten ausgerichtet: Allgemeinwohl vor Eigenwohl, Qualität – Effizienz – Nachhaltigkeit, Schutz der Natur und schonender Umgang mit den anvertrauten Gütern, Unternehmergeist als Grundlage ökonomischer und gesellschaftlicher Wert- und Werteschöpfung.

Box 5
Leitwerte sind alle Werte, die zum Ausdruck bringen, wie und wozu ein Mensch oder ein Unternehmen Nutzen stiftet. Diese in den Leitwerten zum Ausdruck gebrachte Nutzenstiftung entfaltet eine Sogkraft, die als Pull-Effekt, sprich Will-ich-haben-Effekt, erlebt wird. Menschen, die das von einem Leitwert ausgedrückte Nutzenversprechen anstreben, fühlen sich von diesem Leitwert angezogen.

Die Entwicklung dieser Leitwerte erfolgt durch die konsequente Pflege einer Unternehmenskultur, die den Umgang untereinander sowie mit allen sonstigen Stakeholdern am Claim *Christliche Verantwortung soll unser Handeln prägen* ausrichtet und mit Blick auf die Dimensionen Verhalten am Markt, Verhalten gegenüber Mitarbeitern, Verhalten der Mitarbeiter, Verhalten gegenüber dem Staat und Verhalten gegenüber der Umwelt anhand folgender Prozesswerte (Box 6) steuert:

1. Werte für das Verhalten am Markt: Fairness und Treue; Vertrauen und Verlässlichkeit; Gegenseitigkeit;
2. Verhalten gegenüber Mitarbeitern: Fürsorge, Gerechtigkeit, Einfühlungsvermögen, offene Kommunikation, Motivation;
3. Verhalten von Mitarbeitern: Höflichkeit, Achtung und Respekt, Verständnis und Rücksichtnahme, Loyalität und konstruktives Handeln, Unternehmergeist und Engagement;
4. Verhalten gegenüber dem Staat: Einhaltung von Vorgaben, Wahrnehmung der gesellschaftlichen Verantwortung;
5. Verhalten gegenüber der Natur: Umweltschutz als tragender Leitwert.

Box 6
Prozesswerte sind alle Werte, die den Umgang im Unternehmen regeln. Es sind Normen, mit denen der Umgang untereinander sowie mit allen sonstigen Stakeholdern geregelt sowie das Zusammenspiel der einzelnen Unternehmensbereiche und Prozesse, z. B. spezifische Arbeitsprozesse, formatiert und ausgerichtet werden. Die gelebten Prozesswerte bilden somit den Kern der gelebten Unternehmenskultur.

Zweierlei fällt bei der Wertelandkarte der Familien-, Unternehmer- und Unternehmenswerte von HiPP auf:

1. Die Stimmigkeit zwischen den Werten des Geschäftsmodells, den Unternehmerwerten und den Werten der Unternehmenskultur. Auch wenn es auf den ersten Blick scheint, dass bei HiPP die normative Dimension der Werte im Vordergrund steht, müssen wir mit Blick auf diese Stimmigkeit konstatieren, dass die normativen Werte von HiPP zunächst und primär eine funktionale Aufgabe haben. Sie dienen dazu, das Unternehmen so auszurichten, dass es operativ und strategisch fokussiert sein Nutzenversprechen umsetzen kann. Mit Blick auf dieses Nutzenversprechen hat die ethisch-normative Dimension der Unternehmenswerte eine lediglich dienende Funktion. Sie hilft, alle Austauschprozesse im Unternehmen sowie zwischen dem Unternehmen und seinen Stakeholdern so auszurichten, dass das Nutzenversprechen in optimaler Weise

erfüllt werden kann. Gegenüber den primären Werten des Nutzenversprechens nehmen die ethisch-normativen Werte der Unternehmenskultur damit einen sekundären Rang ein. Und mehr noch, selbst auf diesem Rang haben sie nicht die Bedeutung, die wir beispielsweise innerhalb einer Religion den sozusagen Gottgegebenen Gesetzen zuschreiben. Im Gegenteil, es sind prozedurale Regeln des Umgangs und als solches primär funktionale Steuerungsgrößen im Unternehmen, die mit Blick auf das Nutzenversprechen den Rang von Sekundärwerten einnehmen. Genau diese sekundäre Stellung ethisch-moralischer Werte im Reigen der nutzenstiftenden Unternehmenswerte verdeutlicht, dass Unternehmen i. d. R. eben keine Kirchen sind bzw. dort, wo sie zu solchen werden, die ethisch-moralischen Werte des Unternehmens zu Treibern einer dysfunktionalen Unternehmenskultur werden können, sprich von einem Dogmatismus, der das Unternehmen eher schwächt als stärkt. Das ist zumindest dann der Fall, wenn ein Unternehmen aufgrund dogmatischer Werte seine Wandlungsfähigkeit verliert oder die Wertekultur des Unternehmens nicht zu der der Umgebungssysteme passt oder sich das Unternehmen in eine geschlossene Sekte verwandelt.
2. Die Familien- und Unternehmerwerte von Hipp sowie die normativen Sekundärwerte der Unternehmenskultur von HiPP lassen sich auf einen abstrakten Nenner bringen, der auch von anderen Unternehmen befolgt wird, die ebenfalls eine bewusst gesteuerte und unverwechselbar eigene Unternehmenskultur ausgebildet haben; u. a. können hier als exemplarisch die Unternehmen Hilti AG, dm drogerie-markt GmbH + Co. KG, Trumpf GmbH + Co. KG, Brauerei Gebrüder Maisel KG, aber auch Interface Inc., Schamel Meerrettich GmbH + Co. KG oder auch Icebreaker New Zealand Ltd. genannt werden (Glauner 2016a, 2016b). Es ist der von Hans Küng (2012) herausgearbeitete Kanon der Weltethos-Werte (Box 7). Wollen wir die Bedeutung dieses dienenden Nenners für eine funktional positive Unternehmenskultur verstehen, ist es sinnvoll, den Weltethos-Kanon im Raum des Ethisch-Moralischen genauer zu verorten.

Box 7
Der Kanon des Weltethos besteht aus zwei Prinzipien und vier Grunddimensionen des menschlichen Handelns. Das erste ist das Prinzip der Humanität. Es besagt, dass jeder Mensch eine unveräußerliche und unantastbare Würde besitzt und deshalb menschlich behandelt werden soll. Das zweite Prinzip ist das Prinzip der Reziprozität, wie es in der Goldenen Regel sowie auf philosophisch reflektierter Ebene beispielsweise im kategorischen Imperativ von Immanuel Kant zum Ausdruck kommt. Umgangssprachlich besagt dieses Prinzip der Gegenseitigkeit: Was du nicht willst, das man dir tut, das füg' auch keinem anderen zu. Diese beiden Grundprinzipien eines humanen Miteinanders werden durch vier Grunddimensionen des Weltethos qualifiziert: erstens durch die Werte der Gewaltlosigkeit und der Achtung vor dem Leben, zweitens durch die Werte der Gerechtigkeit und Solidarität, drittens durch die Werte der Wahrhaftigkeit und Toleranz sowie viertens durch die Werte der gegenseitigen Achtung und Partnerschaft.

1 Exkurs Weltethos zwischen Ethik, Ethos und Moral

Um die Bedeutung und Tragweite der Weltethos-Werte für die Unternehmensführung richtig erfassen zu können, ist es notwendig, vorab kurz die Begriffe Moral, Ethos und Ethik zu definieren und voneinander abzugrenzen:

Moral bezeichnet die Gesamtheit der jeweils geltenden Werte und Normen, mit denen eine Gemeinschaft individuelles Verhalten bewertet und die von den Mitgliedern dieser Gemeinschaft als bindend anerkannt werden. Moral gründet in der Lebenspraxis sozialer Systeme. Sie dient als Regulativ und Bewertungsmaßstab für einzelmenschliche Handlungen. Ihr bevorzugter Maßstab ist die zumeist unhinterfragte Aussage: Das macht man nicht! Ausgehend von dieser Definition ist moralisches Handeln durch folgende Eigenschaften gekennzeichnet: Moral bzw. moralische Werte leiten Handlungen zumeist unreflektiert. Als unbewusste Richtschnur unseres Verhaltens sind moralische Werte raumzeitlich partikular sowie passiv handlungsorientiert. Moralische Werte – z. B. im Umgang mit Sexualität, Nahrung, Eigentum – gründen in der Lebenspraxis einer Kultur. Sie sind Ausdruck von unterschiedlichsten Lebenswelten und unterstehen permanentem Wandel.

Im Gegensatz zu den zumeist unreflektierten Normen der lebensweltlich vielfältig gelebten Moralvorstellungen besteht ein Ethos aus bewusst reflektierten Werten und Normen, die von einer spezifischen Gemeinschaft frei gewählt und als verbindlich anerkannt werden. Das Ethos fungiert so als bewusst gewählter Leitfaden, an dem die Gruppe und ihre Mitglieder ihr Verhalten ausrichten. Diese Definition des Ethos bringt folgende Eigenschaften zum Ausdruck: Ein Ethos besteht aus reflektiert gelebten Werten und Tugenden. Als oft spezifische Werte einer konkreten Gruppe ist das Ethos partikular normativ und aktiv handlungsorientiert, beispielsweise das Berufsethos von Ärzten, Richtern, Polizei, Militär oder das Bushidō, d. h. der Verhaltenskodex der Samurai.

Ethik schließlich ist die Wissenschaft der Werte und Normen moralisch guten Handelns. Als philosophische Disziplin beschäftigt sich Ethik mit den Bedingungen, dem Umfang und Geltungsbereich sowie der universellen Begründbarkeit der Regeln, die moralischem Handeln zugrunde liegen. Ethik gründet in der Reflexion auf die Grundlagen des Menschseins und dient dazu, Konflikte im Bereich des Handelns zu durchdringen und aufzulösen. Auch in dieser Definition werden die zentralen Eigenschaften der Ethik auf den Punkt gebracht. Die Ethik ist eine Reflexion auf die sachgemäße (universelle) Begründbarkeit und Gültigkeit handlungsleitender Werte. Sie reflektiert unsere gelebten Werte und Tugenden insbesondere in Konfliktsituationen sowie bei Fragen, was das gute Leben sei. Ethik fragt dabei nach den universell rechtfertigbaren Grundlagen unseres Handelns. Deshalb ist ihr Leitthema die Frage nach der Gerechtigkeit und ihrer Begleitbedingungen, wie sie beispielsweise in den Begriffen von Freiheit und Verantwortung thematisch werden (Dierksmeier 2016a). Ethik als Wissenschaft der Werte ist somit reflexiv handlungsorientiert und die von ihr identifizierten ethischen Werte ihrem Anspruch nach universell normativ handlungsanleitend.

Wie die Definitionen von Moral, Ethos und Ethik zeigen, unterscheiden sich diese Leitlinien zur normativen Beurteilung unseres Handelns in ihrem Reflexionsgrad, ihrer

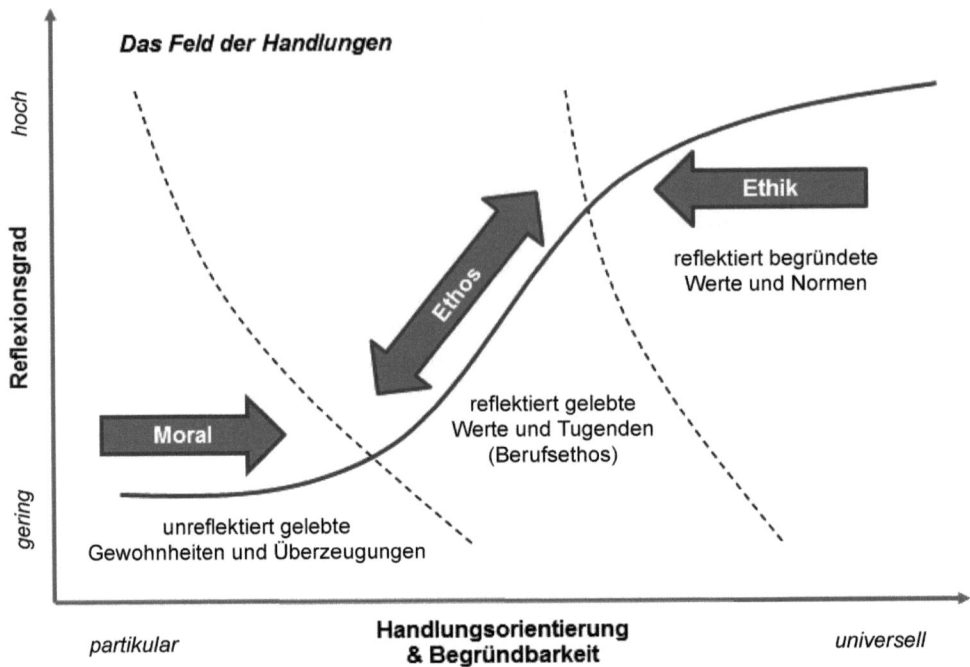

Abb. 2 Moral – Ethos – Ethik

Handlungsorientierung und ihrer Begründbarkeit (Abb. 2). Denn Moral und Ethos als Regulativ für einzelmenschliches Handeln sind reflektierte (Ethos) bzw. unreflektierte (Moral) Binnensysteme, mit denen gutes wie schlechtes Verhalten beurteilt wird. Beide werden getragen von raumzeitlich konkreten Vorstellungen darüber, was erlaubt, erstrebt und für gut oder eben verboten, sanktioniert und für schlecht befunden wird. Als kulturrelative Bewertungssysteme sind sie folglich der Spiegel von konkreten Glaubenssystemen, die sich je nach Gruppenzusammensetzung und Gruppendynamik auf vielfältige Weise wandeln. Ethik als Reflexion der Bedingungen, des Umfangs, des Geltungsbereichs sowie der Begründbarkeit moralischer Regeln repräsentiert dagegen das kritisch reflektierte Regulativ moralischer Binnensysteme.

In diesem Reigen des Guten und seiner vielfältigen lebensweltlichen Regelwerke repräsentiert das Konzept des Weltethos ein besonderes Set von Wertehaltungen. Denn anders als beispielsweise die oft konkret voneinander abweichenden Gebots- und Verbotsregeln, etwa zum Essen, zur Sexualität sowie zur Ausübung religiöser Pflichten und Praxen, handelt es sich beim Kanon der Weltethos-Werte um ein abstrakt gleichlautendes Regelwerk, das zu allen Zeiten und in allen Kulturen und Weltreligionen in ähnlicher Form ausgebildet wurde (Box 8). In der Phänomenologie des guten Handelns kann die besondere Rolle des Weltethos deshalb wie folgt auf den Punkt gebracht werden: Einerseits handelt es sich bei ihm um einen Kanon, der in seiner abstrakten Form eine kulturübergreifende Geltung beansprucht. Zum anderen handelt es sich bei ihm um einen Kanon, der sozusagen vorreflexiv praxiswirksam wird, da er aus unterschiedlichsten konkreten Lebenssituationen heraus erwachsen ist. Im Gegensatz zu den vielfältig kontrovers geführten Ethikdebatten greifen die Weltethos-Werte so ohne Letztbegründungsdiskurse und damit diesseits philosophischer Begründungsdiskurse praxiswirksam in die vielfältigen Formen einer höchst unterschiedlichen Lebenswirklichkeit ein. In Anlehnung an Kohlbergs entwicklungspsychologisches Stufenmodell der Moralentwicklung bei erwachsenen Menschen liegt die Pointe der Weltethos-Werte darin, dass sie ihre kulturübergreifende Wirkung auch unter Level Sechs entfalten, also unter der von Kohlberg beschriebenen sechsten Ebene eines universalistisch begründbaren Kanons ethischer Werte (Box 9; Kohlberg 1985, S. 351 ff.).

Box 8
Der im Weltethos geronnene Kanon eines menschlichen Miteinanders entstand aus einer anthropologisch kulturübergreifenden Coping-Strategie im Umgang mit existenziellen Konflikten. Diese entstehen, wenn substanzielle Differenzen zwischen rivalisierenden Werten eines Individuums und seiner Umgebung bzw. zwischen rivalisierenden Gruppen auftreten. Solche Wertedifferenzen werden durch die bio-psycho-soziale Natur des Menschseins hervorgerufen, d. h. dem Faktum, dass wir gruppen- und glaubensgeprägte Wesen sind (Abb. 3). Denn biologisch gesehen leben wir zunächst in und aus kleinräumig organisierten Gruppenzugehörigkeiten, z. B. der Familie, der Peer-Group, dem Clan, dem Stamm, der Abteilung, dem Unternehmen, dem Verein, der Mannschaft usw. Diese Gruppenzugehörigkeit prägt die bio-soziale Identität des Individuums. Psychologisch lebt der Mensch zugleich in und aus großräumiger angelegten Glaubenssystemen. Diese sind übergeordne-

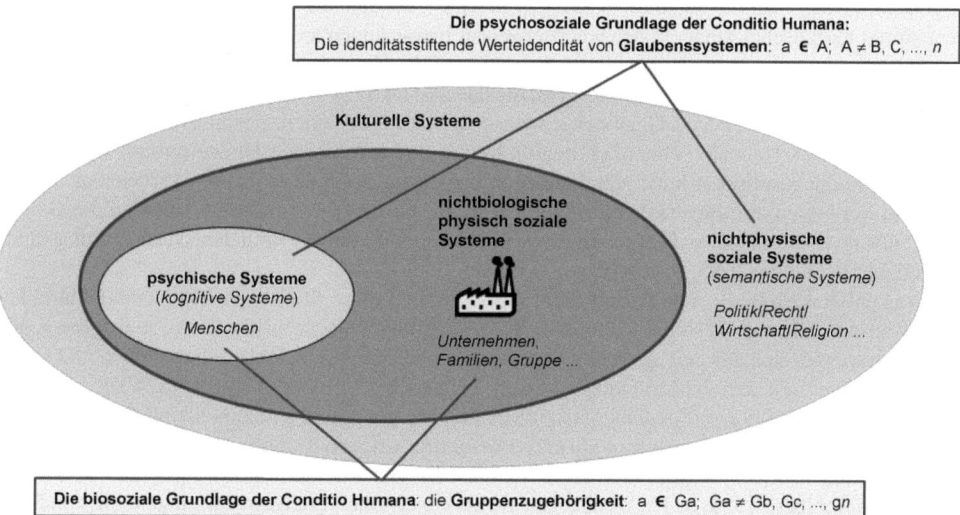

Abb. 3 Die bio-psycho-soziale Conditio Humana. Biologisch gesehen lebt der einzelne Mensch (*a*) in kleinräumig organisierten Gruppenzugehörigkeiten (*Ga, Gb*, ...) und psychologisch gesehen in und aus großräumigeren Glaubenssystemen (*A, B*, ...). Konflikte tauchen in dieser bio-psychosozialen Bedingtheit des Menschseins dort auf, wo der Einzelne mit seiner Gruppe (*a ∉ Ga*) oder Gruppen mit unterschiedlichen Glaubenssystemen (*A ∉ B*) in Konflikt geraten

te Sinnsysteme, z. B. religiöse, politische oder auch kulturelle Überzeugungen und Weltbilder mit einer hohen Strahl-, Identifikations- und Bindekraft. Sie transzendieren den Einzelnen in einen übergeordneten Sinnzusammenhang (Durkheim 1981), der als existenzielle Wertebindung erlebt wird, aus der heraus der Mensch als Mensch lebt. Dieser psychosoziale Sinnzusammenhang definiert nicht nur die Rolle, die der Einzelne innerhalb der sozialen Systeme übernimmt, in denen er steht; er prägt zudem auch das individuelle Welt- und Selbstverständnis, aus dem heraus er oder sie leben und handeln. Um zu vermeiden, dass gegenläufige Bestrebungen zwischen Menschen, Gruppen und Glaubenssystemen in eine Konfliktspirale führen, die darauf hinausläuft, dass beide Parteien einander zerstören – Friedrich Glasl nennt diese letzte von neun Stufen der Konflikteskalation „Gemeinsam in den Abgrund" (Glasl 2009, S. 302) – hat sich zu allen Zeiten und in allen Kulturen ein regulativer Kanon von im Kern gleichen Werten ausgebildet, der solche existenziellen Konflikte entschärfen hilft. Liest man nämlich Glasls Stufenmodell vor dem Kanon der Weltethos-Werte und vergleicht sie mit den in der internationalen Konfliktforschung angemahnten Wertehaltungen, wird ersichtlich, dass alle Konfliktlösungsmodelle wie etwa die Harvard-Negotiation-Modelle von Fisher und Ury (1999), Ury (1991) und Fisher und Shapiro (2006) sowie das Human-Dignity-Modell von Donna Hicks (2013) im Kern ihres jeweiligen Ansatzes auch auf den Kanon der Weltethos-Werte zurückgreifen.

Box 9
In Anlehnung an die Entwicklungspsychologie von Jean Piaget unterscheidet Lawrence Kohlberg sechs kognitive Entwicklungsstufen der Begründung moralischen Handelns. Auf einem ersten, präkonventionellen Niveau berufen wir uns auf Formen einer heteronomen (Stufe 1) sowie einer individualistisch ausgelegten Moralität (Stufe 2). Erstere entspringt der Anerkennung der überlegenen Macht der Autorität sowie dem Bedürfnis, Bestrafung zu vermeiden. Letztere entspringt der Einsicht, dass auch andere Menschen bestimmte Bedürfnisse und Interessen haben, die zu berücksichtigen sind, wenn man die eigenen befriedigen möchte. Auf einem zweiten, konventionellen Niveau entspringt moralisches Handeln den wechselweisen Erwartungen an Beziehungen und dem Streben nach interpersoneller Konformität (Stufe 3) sowie auf der Stufe 4 dem persönlichen Gewissen und der Anerkennung von gemeinsamen Regeln, die das soziale System aufrechterhalten in dem wir stehen (Familie, Gruppe, Peers, Glaubensgemeinschaft etc.). Auf einem postkonventionellen Niveau wird moralisches Handeln schließlich begründet mit den reflektierten Hinweisen auf individuelle Rechte und die gesellschaftliche Nützlichkeit von sozialen Kontrakten (Stufe 5) sowie auf Stufe 6 mit den Verweisen auf universale ethische Prinzipien, auf den persönlichen Glaube an die Gültigkeit universaler moralischer Prinzipien sowie auf das Gefühl der persönlichen Verpflichtung ihnen gegenüber (Kohlberg 1985, S. 128 ff.).

Aus entwicklungspsychologischer Sicht repräsentieren diese Stufen der Moralentwicklung kognitiv-strukturelle und als solche kulturübergreifende Entwicklungsschritte. Denn, so Kohlberg, alle Kulturen speisen sich aus den „gleichen Quellen sozialer Interaktion, Rollenübernahmen und sozialen Konflikten", die „durch Moral integriert werden müssen" (Kohlberg 1985, S. 162). Die in seinem Stufenmodell abgebildeten fundamentalen moralische Normen und Prinzipien sind für ihn deshalb „Strukturen, die aus Erfahrungen in sozialer Interaktion aufgebaut und nicht einfach durch die Internalisierung von [...] Regeln erworben werden". In „der Interaktion zwischen dem Selbst und anderen" (Kohlberg 1985, S. 162), entstehen sie als generische Verallgemeinerungen, die von Stufe zu Stufe einen höheren Abstraktions- und Verallgemeinerungsgrad erreichen.

Das Faktum, dass die Weltethos-Werte sowohl vorreflexiv als auch unterhalb der sechsten Kohlbergschen Stufe universell begründbarer Werte praxiswirksam sind, ist mit Blick auf zwei Sachverhalte bedeutsam: Erstens wird diese sechste und oberste Ebene der Moralentwicklung laut Kohlbergs lediglich von nur 4 % aller Erwachsenen erreicht (Kohlberg 1985, S. 59 und 302 ff.). Zweitens, und als solches noch bedeutsamer, bleiben fast alle philosophisch auf der sechsten Ebene verhandelten Ethikkonzepte mit Blick auf das, was Nietzsche das „Menschliche, Allzumenschliche" nennt, in eigentümlicher Weise praxisunwirksam. Und das aus zwei ineinandergreifenden Gründen. Erstens, weil sie nicht dem Denk- und Erfahrungsraum jener Menschen entsprechen, die in ihrer emotionalen wie kognitiven Reflexionsfähigkeit den tieferen Ebenen der Kohlberg'schen Entwicklungsstufen verhaftet bleiben. Und zweitens, weil sie aus dem philosophischen Blickwinkel der Frage nach ihrer universellen Begründbarkeit und Angemessenheit heraus entwickelt werden und so zumeist gerade jene Aspekte der Lebenswelt ausblenden, die in ihrem So-Sein nicht mit einem gleichen universellen Anspruch begründet werden können. Konkreter: Der philosophische Blickwinkel katapultiert die Frage nach den Werten i. d. R. auf ein Abstraktionsniveau, das weit oberhalb der vielfältigen und oft äußerst ambivalenten Realitäten unserer Alltagswelt angesiedelt ist, einer Lebenswelt, die in ihrem materialen Kolorit und ihren ineinandergreifenden Bedingtheiten von dicken Nebelschwaden und Gerüchen durchzogen wird. Gerade mit Blick auf diese undurchdringlichen Ambivalenzen der prallen Lebenswelt bleiben die abstrakten Gebote der Philosophie oft derart luftleer und dünn, dass sie nicht mehr tauglich scheinen für die Abwägung moralisch-ethischen Sollens im konkreten Hier und Jetzt der konkreten Lebensvollzüge.

Drei Beispiele können das Problem der Praxistauglichkeit ethisch-moralischer Begründungsdiskurse verdeutlichen. Sie alle betreffen die lebensweltliche Lösung von ethischen Dilemmata. Ethische Dilemmata sind Situationen, bei denen ein Mensch vor der Wahl von zwei Handlungsalternativen steht, wobei jede dieser Alternativen mit guten Gründen moralisch legitimierbar ist, die Handlungssituation keinen dritten Weg zulässt und die moralischen Begründungen einander ausschließen (Glauner 2017b). Es sind somit Situationen, in denen ein Mensch gleich wie er handelt unwiderruflich schuldig wird und damit tragische Situationen der Unentrinnbarkeit persönlicher Verantwortung.

Das erste Beispiel für ein ethisches Dilemma wird im Theaterstück *Terror* von Ferdinand von Schirach verhandelt. Am 17. Oktober 2016 wurde es publikumswirksam auch als Spielfilmversion im ARD, ORF und SRF ausgestrahlt. Im Stück und Film steht der fiktive Pilot eines Kampfflugzeugs, Lars Koch, vor der Entscheidung, ein Passagierflugzeug mit 164 Passagieren abzuschießen, um einen drohenden Terroranschlag zu verhindern. Bei dem Anschlag würden nicht nur die Passagiere, sondern zusätzlich möglicherweise viele hunderte Menschen umkommen, da das von einem Terroristen gekaperte Flugzeug anscheinend als fliegende Bombe in die mit 70.000 Zuschauern vollbesetzte Münchner Allianz-Arena gesteuert werden soll. Nach längerem Hin und Her, bei dem die Sachlage über Funkverkehr zwischen dem Piloten und seinem direkten Vorgesetzten sowie zwischen dem Vorgesetzten und dem Bundesministerium diskutiert wird, untersagt der Vorgesetzte von Lars Koch ausdrücklich den Abschuss. Dennoch entschließt sich Lars

Koch sozusagen in letzter Minute und auf eigene Verantwortung dazu und schießt die Maschine ab. Sowohl im Theaterstück als auch in der ARD-Verfilmung wird der Fall aus Sicht des Strafverfahrens ausgerollt, bei dem Lars Koch der Vorwurf des 164-fachen Mordes gemacht wird. Die Zuschauer werden dabei gebeten, als Schöffen des Verfahrens mitzuwirken und nach den Plädoyers der Staatsanwaltschaft und Verteidigung für Freispruch oder Schuldig zu votieren. Die aus Sicht der Dramaturgie erfolgte Zuspitzung auf Schuldig oder Unschuldig sowie der im Fall der Fernsehaussendung mit 86 % erfolgte Freispruch verfehlen dabei den eigentlich relevanten Kern des Dilemmas, das weder im Stück noch im Film in seiner ganzen Tiefe verhandelt wird, jedoch im Grundsatzurteil des Bundesverfassungsgericht zur Gesetzeswidrigkeit eines staatlich verordneten Abschusses von Passagierflugzeugen, die als Waffen eingesetzt werden, zum Ausdruck kommt.

Box 10
In seinem Urteil vom 15. Februar 2006 entschied der erste Senat des Bundesverfassungsgerichts unter Mitwirkung des Präsidenten Hans-Jürgen Papier, dass das in Reaktion auf den New Yorker Terroranschlag vom 11. September 2001 überarbeitete Luftfahrtsicherheitsgesetz mit dem Grundgesetz unvereinbar und deshalb rechtswidrig und nichtig ist. Die Richter begründeten ihr Urteil mit dem Hinweis, dass das vorgesehene Gesetz „dem Staat erlaube, vorsätzlich Menschen zu töten, die nicht Täter, sondern Opfer eines Verbrechens geworden seien" (BVerfG 2006, Abs. 35). Damit verstoße das Luftsicherheitsgesetz gegen die Grundrechte der betroffenen Opfer „auf Menschenwürde und Leben gemäß Art. 1 und Art. 2 Abs. 2 Satz 1 GG. Es mache sie zum bloßen Objekt staatlichen Handelns" (l. c., Abs. 37). Dabei würden der Wert und die Erhaltung ihres Lebens „unter mengenmäßigen Gesichtspunkten und nach der ihnen ‚den Umständen nach' vermutlich verbleibenden Lebenserwartung in das Ermessen des Bundesministers der Verteidigung gestellt" (l. c.). Der Staat aber „dürfe eine Mehrheit seiner Bürger nicht dadurch schützen, dass er eine Minderheit – hier die Besatzung und Passagiere eines Flugzeuges – vorsätzlich töte. Eine Abwägung Leben gegen Leben nach dem Maßstab, wie viele Menschen möglicherweise auf der einen und wie viele auf der anderen Seite betroffen seien, sei unzulässig. Der Staat dürfe Menschen nicht deswegen töten, weil es weniger seien, als er durch ihre Tötung zu retten hoffe" (l. c., Abs. 39). „Eine Relativierung des Lebensrechts der Passagiere", so das Bundesverfassungsgericht weiter, „lasse sich auch nicht damit begründen, dass diese als Teil der Waffe Flugzeug angesehen würden. Wer so argumentiere, mache sie zum bloßen Objekt staatlichen Handelns und beraube sie ihrer menschlichen Qualität und Würde" (l. c., Abs. 39). Mit Blick auf diese Degradierung der Betroffenen zu reinen Objekten argumentieren die Richter deshalb grundsätzlich: „Ausgehend von der Vorstellung des Grundgesetzgebers, das es zum Wesen des Menschen gehört, in Freiheit sich selbst zu bestimmen und sich frei zu entfalten, und dass der Einzelne verlangen kann, in der Gemeinschaft grundsätzlich als gleichberechtigtes Glied mit Eigenwert anerkannt zu werden (vgl. BVerfGE 45, 187<227 f>), schließt es die Verpflichtung zur Achtung und zum Schutz der Menschenwürde vielmehr generell aus, den Menschen zum bloßen Objekt des Staates zu machen (vgl. BVerfGE 27, 1 <6>; 45, 187 <228>; 96, 375 <339>). Schlechthin verboten ist damit jede Behandlung des Menschen durch die öffentliche Gewalt, die dessen Subjektqualität, seinen Status als Rechtssubjekt, grundsätzlich in Frage stellt (vgl. BVerfGE 30, 1 <26>; 87, 209 <228>; 96, 375 <399>), indem sie die Achtung des Wertes vermissen lässt, der jedem Menschen um seiner selbst willen, kraft seines Personseins, zukommt (vgl. BVerfGE 30, 1 <26>; 109, 279 <312 f>)" (l. c., Abs. 123).

Denn Lars Koch ist schuldig. Erstens, weil er eigenmächtig gegen die Rechts- und ausdrückliche Befehlslage gehandelt hat und zweitens, weil er sich mit vollem Bewusstsein für den Abschuss der Maschine entschied. Allerdings ist diese Schuld gebrochen. Lars Koch war sich nämlich in seiner Entscheidung sowohl der Tragweite als auch der Tragik seines Handelns im Klaren. Unter ernster Abwägung der Sachlage hat er sich bewusst dafür entschieden, lieber die aktive Verantwortung für den Tod von 164 unschuldigen Menschen zu übernehmen als die passive Verantwortung für deren Tod sowie den Tod von potenziell vielen hundert weiteren unschuldigen Menschen. Seine Entscheidung gründete deshalb weniger in persönlichen Moral- oder Machtvorstellungen als vielmehr in der Abwägung von Schuld, ohne dass seine Entscheidung das Dilemma des Schuldigwerdens sowie alle weiteren ethischen Dilemmata hätte auflösen können, die im Stück verhandelt werden; beispielsweise das Dilemma, ob die Inkaufnahme des Todes eines oder einiger weniger unschuldigen Menschen gerechtfertigt sei, wenn dadurch das Leben von vielen anderen unschuldigen Menschen gerettet würde.

Die im Stück leider nicht behandelte Tragik ethischer Dilemmata besteht darin, dass angesichts der zur Verfügung stehenden Handlungsalternativen jede Wahl zugunsten einer von ihnen ein unwiderruflicher Sprung in die Schuld bleibt. Ethisch, nicht jedoch ethisch gerechtfertigt!, ist dieser Sprung dann und nur dann, wenn die persönliche Entscheidung drei Kriterien erfüllt: Erstens sind bei der Wahl zwischen den Handlungsalternativen die verschiedenen Moralvorstellungen gegeneinander abzuwägen, mit denen die einzelnen Handlungsoptionen gerechtfertigt werden; zweitens sind die Tragweiten und Konsequenzen gegeneinander abzuwägen, die für alle Beteiligten und Betroffenen aus den jeweiligen Handlungsalternativen erwachsen; drittens muss sich der Handelnde sowohl in seiner Entscheidung als auch danach bewusst sein, dass er unwiederbringlich Schuld auf sich laden wird und für sein Handeln deshalb persönlich verantwortlich ist und bleibt. Nimmt man diese drei Kriterien für einen ethisch reflektierten Sprung in die Schuld zusammen, besteht die Tragik ethischer Dilemmata darin, dass es für den, der in solch einer Entscheidungslage steht, weder ein Entrinnen aus der Schuld gibt, noch eine moralische Rechtfertigung, mit der diese Schuld getilgt werden könnte. Genau deshalb ist dieser Sprung in die Schuld ein Sprung in die nicht delegierbare persönliche Verantwortung. Sie besteht oft darin, sich angesichts der konkreten Situation mit guten Gründen gegen die eigenen alltäglich gelebten Regeln der Moral – etwa das Gebot *Du sollst nicht töten* – zu wenden, ohne dass diese Gebote außer Kraft gesetzt werden oder die persönliche Schuld aufgehoben werden würde (Glauner 2017b). Bei der Beurteilung von ethischen Dilemmata und daraus resultierenden Sprüngen in die Schuld durch Dritte, die nicht persönlich in der realen Entscheidungssituation stehen, in diesem Fall die Zuschauer und Schöffen des Verfahrens, ist es deshalb geboten, die Frage nach der Schuld gesondert zu betrachten von denen nach der Haftung und der Strafe. Im Fall des Stücks hätte eine „gerechte" Lösung deshalb darin bestehen können, Lars Koch schuldig, aber zugleich von einer lebenslangen Haftstrafe freizusprechen.

Ein zweites Beispiel für ein ethisches Dilemma, dass die lebensweltliche Praxistauglichkeit ethischer Argumentationen für viele infrage zu stellen scheint, finden wir in Immanuel Kants Argument, dass wir aus rechtlichen und damit sittlich-moralischen Gründen selbst dann nicht lügen dürfen, wenn uns ein Mörder auf der Suche nach seinem Opfer nach dessen Aufenthaltsort fragt und wir diesen kennen. Hypothetisch zugespitzt unterstellt Kant dabei, dass der Gesuchte unser Freund sei und wir wüssten, dass er in unserem Haus die Zuflucht vor seinem Mörder gesucht hat. Das lebensweltliche Dilemma, vor das uns Kant mit seiner Schrift *Über ein vermeintes Recht aus Menschenliebe zu lügen* stellt, lautet somit, ob Lügen moralisch rechtfertigbar ist, wenn die Lüge einem guten Zweck dient bzw. umgekehrt, ob wir selbst dann zur Wahrheit und Wahrhaftigkeit verpflichtet sind, wenn wir uns damit indirekt an einem Kapitalverbrechen mitschuldig machen. Kants für viele nicht nachvollziehbare Antwort hierzu lautet, dass die unbedingte Pflicht zur Wahrheit und Wahrhaftigkeit Vorrang hat vor der bedingten Pflicht, den Freund zu schützen. Diese von vielen als unmenschlich, kalt, hartherzig und lebensfremd empfundene Haltung begründet Kant mit dem philosophisch abstrakten Argument, dass jegliche Verletzung der Pflicht zur Wahrheit die Grundlagen aller Moral zerstören würde. Genau aus diesem Grund ist diese Pflicht zur Wahrheit für Kant eine unbedingte Pflicht. Denn sie ist „die Basis aller auf Vertrag zu gründenden Pflichten", „deren Gesetz, wenn man ihr auch nur die geringste Ausnahme einräumt, schwankend und unnütz gemacht wird" (Kant 1983, S. 639).

Weniger die scheinbare Menschenfeindlichkeit von Kants Argumentation, als vielmehr der von Kant in herausragender Weise herausgearbeitete Kern des Dilemmas zeigt, warum auch hier die philosophische Reflexion dem Gefühl der meisten Menschen entgegensteht. Deutlich wird dies, wenn wir die Frage nach der Rechtfertigbarkeit von Lügen bzw. nach der Pflicht zur Wahrheit in einer schwächeren als der von Kant gewählten Form stellen. Wie Fons Trompenaars in *Riding the waves of culture. Understanding cultural diversity in business* analysiert, handhaben Menschen den Umgang mit Wahrheit kulturkreisbedingt sehr unterschiedlich. Eines der von ihm herangezogenen Beispiele betraf Testpersonen aus 38 Staaten, die mit der folgenden Situation konfrontiert wurden. Als Journalist einer Gastronomiekolumne sollten sie über das Restaurant einer engen Freundin berichten, die dort all ihre Ersparnisse investiert hatte. Sie haben dort gegessen und befinden die Küche als schlecht. Vor dem Hintergrund dieses Szenarios wurden die Testpersonen aufgefordert, folgende Frage zu beantworten: Welches Recht hat Ihre Freundin, von Ihnen zu erwarten, dass Sie das Restaurant mit wohlwollender Nachsicht behandeln? Die Befragten standen so vor dem Entscheidungsdilemma, entweder der Wahrheit und damit dem Interesse der allgemeinen Öffentlichkeit oder der persönlichen Freundschaft den Vorrang zu geben. Der Anteil der Befragten, die wahrheitsgemäß berichteten und der Freundin das Recht auf Unterstützung durch wohlwollende Berichterstattung absprachen, rangierte von 17 % (Jugoslawien) über 55 % (Schweden) bis hin zu 81 % (Frankreich) und 91 % (Schweiz). Westdeutschland lag mit 62 % wahrheitsgemäßen Berichterstattern im breiten Mittelfeld (Trompenaars 1995, S. 37). Wie diese Spreizung zeigt, rangiert die abwägende Gewichtung zwischen den Geboten zur Freundschaft und denen zur Wahrheit und Wahrhaftigkeit auf einer Ebene ohne festen Maßstab. Nicht philosophische Gründe geben dabei den Ausschlag, sondern die kulturellen Gepflogenheiten einer Moral, die aus den unreflektierten Pflichten, Gewohnheiten und Überzeugungen der Alltagswelt entspringt. Mit Blick auf diese Alltagswelt antworteten die Testpersonen kulturkonform und damit praxisorientiert in Bezug auf die moralisch-ethischen Standards der eigenen Lebenswelt. Der philosophische Blick betrachtet die gleiche Frage dagegen mit einer grundsätzlichen Perspektive, die genau diese lebensweltlichen Bindungen ausblendet und damit in einer Weise denkt, die zwar der Sache nach angemessen ist und richtig sein mag, die aber vom Blickwinkel der konkreten Alltagswelten aus gesehen von den meisten Menschen gerade nicht geteilt und deshalb auch nicht lebensweltlich leitend wird.

Die kulturelle Prägung aller lebensweltlich praktischen Moralvorstellungen sowie die prinzipielle Ambivalenz der Praxistauglichkeit abstrakter ethischer Konzepte für das lebensweltliche Handeln kann noch an einem dritten Beispiel verdeutlicht werden. Es führt uns zurück in den Bereich der Unternehmensethik sowie zum funktionalen Verhältnis von Familien-, Unternehmer- und Unternehmenswerten. Wie soll ein Unternehmen handeln, wenn ein bestimmtes Verhalten oder eine konkret anstehende Entscheidung zugleich ökonomisch geboten, rechtlich erlaubt und ethisch fragwürdig ist. Dies ist etwa dann der Fall, wenn ein Unternehmen, das im harten Wettbewerb steht, die Möglichkeit hat, teure Arbeitskräfte zu entlassen und die Produktionsstätte an einen Ort zu verlagern, wo deutlich geringere Löhne und Auflagen für Arbeits- und Umweltschutz gelten. In der Mehrheit der Fälle wird es diese legale, jedoch eher unethische Chance der Kostenreduktion nutzen. Steht ein Unternehmen mit dem Rücken zur Wand, wird es sie automatisch ergreifen, um sein Überleben zu sichern.

Auch dieser Befund aus der alltäglichen Unternehmenspraxis zeigt, dass das aus ethischer Sicht Erwünschte und Gesollte, auch wenn es mit noch so guten Gründen philosophisch hergeleitet werden kann, in der Realität doch nicht immer so greift, wie es die Theorie gerne hätte. Deutlich wird dies, wenn wir die Frage nach den Kriterien unternehmerischer Entscheidungen nochmals grundsätzlicher zuspitzen: Nach welchem Maßstab treffen Unternehmen ihre Entscheidungen, wenn die ethischen und ökonomischen Effekte der Entscheidung auseinanderlaufen oder nicht zur Deckung gebracht werden können? Wirkt hier wirklich der von Ethikern wie Peter Ulrich (Ulrich 1986, 2008) ins Feld geführte Primat des Ethischen über das Ökonomische oder greifen in der Unternehmensrealität vielmehr ganz andere Bewertungsmaßstäbe, die die faktischen Handlungen lenken? Zwei Fragen stehen dabei konkret im Raum: Erstens, welche mentalen Modelle und Werterahmen prägen unser ökonomisches Denken und leiten uns bei der Unternehmensführung? Zweitens, wenn es keine primär ethischen sind, nach welchen Kriterien können diese Modelle und Werterahmen so weiterentwickelt werden, dass ethisches Handeln anders als derzeit üblich ein integraler Bestandteil der ökonomischen Ratio wird? Eine befriedigende Antwort auf beide Fragen würde den hier vorgegebenen Rahmen sprengen. Anhand der Schlagworte mentale Modelle in der Ökonomie und Unternehmensführung, Ethikologie, ressourcenschöpfende Mehrwertkreisläufe, Bewusstseinsökonomie und Tübinger Entwicklungsmodell zukunftsfähiger Geschäftsmodelle wird sie an anderer Stelle ausführlich hergeleitet und begründet (Glauner 2016a, 2017a, 2017b, 2017c, 2017d, 2018). Hier ist dagegen hervorzuheben, dass beide Antworten auf je eigene Weise auf das hier zu verhandelnde (dys-)funktionale Verhältnis von Familien-, Unternehmer- und Unternehmenswerten sowie die Rolle der Weltethos-Werte in der Unternehmensführung zurückweisen. Deutlich wird dies, wenn wir die Frage nach den Kriterien und Maßstäben, mit denen unternehmerische Entscheidungen getroffen werden, mit der von Gaston de los Reyes, Markus Scholz und Craig Smith getroffenen Unterscheidung von „norm-taking and norm-making frameworks" (Reyes et al. 2016) unterlegen, jedoch mit einer entscheidenden Drehung der Perspektive. Denn anders als Reyes, Scholz und Smith, die mit dieser Entscheidung von vornherein auf Werterahmen zur ethischen Beurteilung unternehmerischen Handelns abzielen, werden hier auch jene Werterahmen mit einbezogen, die unser ökonomisches Denken und Handeln prägen. Normnutzende Werterahmen sind in dieser erweiterten Lesart die im Unternehmen bestehenden Regelkataloge, mit denen das korrekte Handeln der Akteure bewertet wird. Sie speisen sich aus drei Quellen:

1. aus den Vorgaben des ökonomisch rationalen Verhaltens, die uns sagen, was im Rahmen der jeweiligen Gesetzeslagen machbar, sinnvoll und opportun ist;
2. aus dem Nutzenversprechen des Unternehmens sowie
3. aus den Regeln der gelebten Unternehmenskultur.

Die Pointe bei diesen Quellen des normnutzenden Werterahmens besteht darin, dass sie i. d. R. den Werten entspricht, die der flexibelste dominante Akteur im Unternehmen, sprich der Unternehmer, an den Tag legt. Normschöpfende Werterahmen sind dagegen Leitlinien und Verfahrensregeln, mit denen neue und noch nicht aufgetretene Fälle und Dilemmata unternehmerischen Handelns einer ethisch tragfähigen Regelung zugeführt werden. „A norm-taking framework [...] helps a manager identify legitimate non-legal norms to follow, and a norm-making framework [...] picks up the slack when the set of available legal and non-legal norms is evidently not up to the task" (Reyes et al. 2016, S. 3). Auch hier geben die Werte des flexibelsten dominanten Akteurs die Richtung vor. Für die Frage nach den Bewertungsmaßstäben des Handelns in Unternehmen folgt deshalb: Vor dem ethischen Sollen kommt das praktische Wollen. Es ist das persönliche Wollen jener Akteure, die dem Unternehmen ihren Stempel aufdrücken.

Aus dem Sachverhalt, dass das flexibelste dominante Element im Unternehmen, sprich der Unternehmer, die Entwicklung der gelebten Unternehmenswerte am meisten beeinflusst, ergeben sich für die Frage, wie funktional positive Unternehmenskulturen zu gestalten sind, zwei relevante Schlussfolgerungen: Erstens, nicht der Verweis auf die abstrakten Werte einer philosophisch begründbaren Unternehmensethik gibt den Ausschlag für ethisches Verhalten von und in Unternehmen, sondern vielmehr die in der Alltagspraxis zum Ausdruck gebrachten Wertehaltungen der für das Unternehmenssystem relevanten Akteure. Zweitens, mit Blick auf diese gelebten Wertehaltungen in Unternehmen entfaltet der Kanon der Weltethos-Werte eine Praxiswirksamkeit, die den philosophisch-abstrakten Herleitungen eines ethisch begründeten Wertekanons deutlich überlegen ist. Denn wie unten noch weiter ausgeführt werden wird, haben die Weltethos-Werte mit Blick auf funktional positive Unternehmenskulturen eine dienende Funktion. Als funktionale Begleitwerte der Unternehmenskultur dienen sie dazu, das Unternehmen gesteigert wettbewerbsfähig zu machen (etwa durch den Aufbau von Hochleistungsteams), ohne dass dafür eine ethische Herleitung und Begründung notwendig wäre. Möglich wird dies, weil diese Werte, semantisch gesprochen, keine eindeutig abgrenzbare Intension und Extension haben. Im Unterschied zu den raumzeitlich partikularen Werten eines kulturspezifischen Ethos haben sie nämlich weder eine eindeutige noch eine inhaltlich konkrete und als solches keine konkret bestimmte Bedeutung. Als abstrakter Nenner einer Mannigfaltigkeit unterschiedlichster religiöser und lebensweltlicher Regeln für ein humanes Miteinander sind sie lediglich regulative Leitlinien, mit denen höchst individuelle Lebens- und Unternehmenspraxen organisiert werden können, ohne dass dabei einzelne lebensweltliche Ausformungen dieser Praxen bevorzugt oder diskriminiert werden. In Anlehnung an Immanuel Kants Unterscheidung der bestimmenden und der reflektierenden Urteilskraft sind die Weltethos-Werte reflektierende Werte (Kant 1974, S. XXV f.). Sie schreiben nicht Eins zu Eins vor, wie in einer konkreten Handlungs- oder Unternehmenssituation Fairness oder Partnerschaft auszusehen haben oder wie eine konkrete Handlungssituation zu lösen ist. Vielmehr helfen sie beim Bewerten, ob eine konkrete Regel oder Handlungssequenz aus Sicht der Beteiligten – und d. h. hier aus der Perspektive aller (!) Betroffenen – fair und partnerschaftlich ist.

Als universelle Prinzipien eines humanen Miteinanders stehen die Weltethos-Werte so zwischen den vielfältigen raumzeitlich materialen Moralvorstellungen auf der einen Seite und der abstrakt reflexiven Suche nach einer universell begründbaren Ethik auf der anderen. Wie schon gesagt, dürfen sie dabei nicht material – also inhaltlich bestimmend – ausgedeutet werden. Vielmehr sind sie funktionale Regeln, die Konfliktlösungen innerhalb und zwischen vielfältigen lebensweltlich materialen Werterahmen gangbar machen. Übertragen in ein philosophisches Vokabular repräsentieren sie regulative Ideen, die kritisch-reflexiv Bedeutungsgehalte ins Spiel bringen, ohne dabei eindeutig konkrete Inhalte festzuschreiben. In Analogie zu Kants Unterscheidung einer gedachten Welt an sich und den vielfältigen Möglichkeiten ihrer Beschreibung (Glauner 1998, S. 156 f.) sind die Weltethos-Werte abstrakte Setzungen für die reflektierende Urteilskraft. In dieser Setzung sind sie nicht Eins zu Eins deckungsgleich mit den darunter gedachten raumzeitlich geprägten Lebensvollzügen. Nur in dieser Unterschiedlichkeit von abstrahierter Setzung und konkret ausgeprägten raumzeitlich bedingten Lebensvollzügen können wir an beidem festhalten, dem Ideal eines Kanons von Werten, der in allen Kulturen und Lebenssituationen Geltung hat und an einer Vielfalt an konkreten Lebenskulturen, denen gerade durch den Weltethos-Kanon individueller Raum eingeräumt wird. Anders als die laut Kant vernunftnotwendigen Vorstellungen der theoretischen Vernunft sind die Weltethos-Werte deshalb lebensweltlich praxiswirksame Vorstellungen. Sie repräsentieren prozedurale Skripte (Gohl 2011) zur situativen Bewertung von Regeln und Handlungssequenzen, mit denen ein humanes Miteinander gelingen kann und Unternehmen eine Nutzenstiftung entwickeln können, die nicht nur einseitig ausfällt, weil sie auf Kosten anderer realisiert wird (Frank 2011; Lessenich 2016).

Kommen wir mit diesem Exkurs zur Bedeutung, Rolle und Funktion des Weltethos für ein menschliches Miteinander zurück zur Analyse der dienenden Funktion ethischer Werte in Unternehmen. Was leitet eine funktional positive Unternehmenskultur? Werte, die das substanzielle Nutzenversprechen des Unternehmens mit den zur Erfüllung dieses Nutzenversprechens notwendigen Umgangsformen zur Deckung bringen. Und genau hier greift der Kanon der Weltethos-Werte. Denn als funktionaler Maßstab dient er dazu zu beurteilen, ob die im Unternehmen gelebten Werte eine funktionale oder dysfunktionale Rolle spielen. Am offensichtlichsten wird dies, wenn wir uns kurz dem Bereich der Führung und Führungswerte zuwenden.

Sozusagen quer zur Diskussion, welche Führungswerte und Führungsstile leitend sein sollen, kann anhand der Weltethos-Werte für jedes Führungssystem bewertet werden, ob es situativ angemessen und menschorientiert ist und damit im Kern als ethisch tragfähig qualifiziert werden kann. Hierzu ist zu vergegenwärtigen, dass Führung eine Feldfunktion (Box 11) ist, bei der sechs Feldfaktoren aufeinander abgebildet werden: Umweltkomplexität, Systemkomplexität, Systemmächtigkeit, Wissensgefälle, räumliche Ausdehnung und Veränderungsgeschwindigkeit. Mit Umweltkomplexität sind die Rahmenbedingungen gemeint, unter denen gehandelt wird. Zu ihnen gehören insbesondere die Wettbewerbslandschaft, die Komplexität der Aufgaben sowie die Komplexität externer Einflussfaktoren wie etwa politisch-ökonomische Umbruchsituationen oder sonstige gesellschaftliche oder natürliche Umweltveränderungen, die bei einer Führungsentscheidung zu berücksichtigen sind. Mit Systemkomplexität ist die Komplexität der eigenen Organisation gemeint, die geführt oder innerhalb derer geführt werden soll. Die Termini Systemmächtigkeit und Wissensgefälle beziehen sich auf die Anzahl sowie die Spreizung an Fähigkeiten und Fertigkeiten der Menschen, die innerhalb eines Führungssystems organisiert werden. Die Faktoren räumliche Ausdehnung und Veränderungsgeschwindigkeit bezeichnen schließlich den Aktionsradius, der im Führungssystem abgebildet werden soll, sowie die Dynamik mit der sich die Systemumwelt verändert und auf die das Führungssystem zu reagieren hat. Aus dem spezifischen Zusammenwirken dieser sechs Feldfaktoren ergibt sich die situative Angemessenheit eines Führungsstils. So scheitern beispielsweise sowohl patriarchale und traditionale wie auch demokratische oder laissez-faires-geprägte Führungsstile, wenn es etwa darum geht, eine große Organisation und viele Menschen mit einem weitgehend homogenen Wissensstand durch ein sich schnell wandelndes Umfeld zu führen. Hier sind bürokratische oder auch kooperative Führungsstile überlegen. Handelt es sich dagegen bei ansonsten gleichen Bedingungen um kleine Organisationseinheiten, können demokratische oder laissez-faires-geprägte Führungsstile ideal sein. Ist dagegen das Wissensgefälle sehr hoch, können auch autoritäre, patriarchale oder traditionale Führungsstile höchst wirkungsvoll und damit situativ angemessen sein. Sind schließlich das Wissensgefälle und die Systemmächtigkeit hoch und ein radikaler Veränderungsschub Thema, können selbst autokratische Führungsstile sinnvoll und geboten sein, wie beispielsweise bei der Einführung des Laizismus in der Türkei durch Kemal Atatürk.

Box 11
Dass Führung eine Feldfunktion ist wird mit Blick auf folgende Definitionen deutlich:
Führen ist Entscheiden in Situationen unvollständiger Information. Es ist der Prozess, komplexe Handlungssituationen durch Auswahl von Mitteln, Wegen und Zielen (Sachorientierung) sowie durch Organisation und Motivation von Menschen (Menschorientierung) so zu strukturieren, dass angestrebte Lösungen von den beteiligten Akteuren aus Eigenmotivation heraus umgesetzt werden.
Führung ist die Fähigkeit, Menschen für eine Sache so zu begeistern, dass sie diese aus Eigenmotivation verfolgen. Gute Führung zielt auf Freiwilligkeit und die aktive Gestaltung von übertragenen Aufgaben, nicht auf die blinde, willfährige Umsetzung von Vorgaben. Führen heißt, die zwischenmenschliche Dimension geteilter Werte zu aktivieren. Sie orientiert sich am Menschen als sinnorientiertem Wesen.
Führungsstile sind konkrete Herangehensweisen, wie durch die Aktivierung der Eigenmotivation der Geführten Lösungen für komplexe Handlungssituationen gefunden, orchestriert und umgesetzt werden.
Führungssysteme sind Wertesysteme, die das situative Zusammenwirken von Führen und Geführtwerden organisieren. Führungssysteme sind der Ausdruck von raumzeitlich und soziokulturell geprägten Vorstellungen, die das Menschenbild und die wechselweisen Rollen der Führung und der Geführten festlegen.
Führungsverantwortung ist die umfassende Verantwortung für die Personen, die geführt werden (MERKE: Fehler des Mitarbeiters sind Führungsfehler).

Die Frage nach der situativ angemessenen Wirksamkeit eines Führungssystems ist zu unterscheiden von der Beurteilung, ob das gewählte Führungssystem auch ethisch angemessen und tragfähig ist. Zur Beantwortung letzterer Frage dient ein anderes Beurteilungsschema. Es bewertet das Führungssystem anhand von drei Dimensionen, die die Sachebene, die Beziehungsebene und die Organisationsebene des jeweiligen Systems aufspannen (Glauner 2016b). Die Sachebene bezeichnet das Kontinuum von Sach- und Machtorientierung bei Führungsentscheidungen, die Beziehungsebene das Kontinuum von Fürsorglichkeit und Selbstbezogenheit in den Entscheidungsprozessen und die Organisationsebene das Kontinuum von Beteiligung und Ausschluss der zu führenden Personen. Sachlich, fürsorglich und beteiligend ist ein Führungssystem dann, wenn die Entscheidungsprozesse von zehn Führungstugenden getragen werden: auf der Sachebene von den sachbezogenen Tugenden Fairness, Verlässlichkeit, Achtung und Respekt, auf der Beziehungsebene von den menschbezogenen Führungstugenden Verantwortung, Vertrauen und Verbindlichkeit sowie auf der Organisationsebene von den funktionsbezogenen Führungstugenden Offenheit, Transparenz und Konsequenz.

Ist nun ein Führungssystem sowohl situativ angemessen, als auch sachorientiert, fürsorglich und der Situation, den beteiligten Personen und der Organisationsform angemessen beteiligend, ist es sowohl funktional hoch wirksam als auch ethisch tragfähig. Damit erübrigt sich die Diskussion darüber, ob einzelne Führungsstile, etwa autokratische, autoritäre, patriarchale oder traditionale per se als ethisch zu verdammen seien. Nein, sind sie nicht! Alle Führungsstile, auch demokratische, liberale oder kooperative, können unethisch sein, wenn sie machtbezogen, ausschließend und selbstorientiert in Szene gesetzt werden. Bedeutsamer ist jedoch etwas anderes: die zehn genannten Führungstugenden, die einen Führungsstil ethisch tragfähig machen, sind selbst keine im engeren Sinn ethischen Werte. Es sind vielmehr funktionale Tugenden, die dazu dienen, die Feldfunktion Führung so auszurichten, dass das System seine Ziele erreicht. Hierzu ist das Zusammenwirken von Organisation, Menschen und Aufgaben so zu orchestrieren, dass es situativ angemessen passt. Was aber ist die Richtschnur für diese Passung? Hier kommen die Weltethos-Werte wieder ins Spiel. Denn gleicht man die zehn Führungstugenden mit dem Weltethos-Kanon ab, sind sie nichts anderes als eine materiale Umsetzung der Weltethos-Werte in Bezug auf das konkrete Handlungsfeld Führung. Für die Rolle der Weltethos-Werte bedeutet dies, dass sie als Richtschnur zur Entwicklung materialer Kriterien dienen, mit denen spezifische Handlungsbereiche – hier der Handlungsbereich Führung – so ausgerichtet werden können, dass sie situativ angemessen, menschorientiert und damit hoch erfolgswirksam in Szene gesetzt werden. Damit aber wird erneut deutlich, dass die Weltethos-Werte in Bezug auf die Unternehmensorganisation bzw. die Organisation von Führung eine dienende und als solches eine primär funktionale Rolle einnehmen. Der Wert der Weltethos-Werte besteht folglich darin, dass anhand von ihnen für unterschiedlichste Lebensbereichen ein jeweils eigener materialer Wertekatalog von Leit- und Prozesswerten entwickelt werden kann, mit dem der Handlungsalltag des infrage stehenden Bereichs konkret steuerbar wird.

Das aber unterstreicht erneut, dass die ethische Dimension der Weltethos-Werte für die Ausbildung konkreter materialer Werte – hier die Ausbildung von funktional positiven Führungswerten – den Rang von funktionalen Begleit- bzw. Sekundärwerten einnimmt. Und mehr noch: Rücken wir die zentrale Bedeutung der Rolle der gelebten materialen Unternehmerwerte wieder ins Zentrum der Betrachtung, kommt noch eine weitere Wertehaltung ins Spiel, die ebenfalls einen sozusagen vorethischen Charakter hat. Denn die besten ethischen Wertehaltungen werden konterkariert, wenn, so ein russisches Sprichwort, „die Fahnen fliegen" und der Verstand in der Trompete ist („Wenn die Fahne fliegt, ist der Verstand in der Trompete!"), wenn also Eifer und Dogmatismus leitend werden. Ein funktional positiver Werterahmen für eine ethisch tragfähige Unternehmenskultur benötigt somit nicht nur auf den Unternehmenszweck ausgerichtete situativ angemessene materiale Unternehmenswerte, sondern Umgangsformen und ein menschliches Selbstverständnis, das von den heute sehr unzeitgemäßen Haltungen der Demut und Bescheidenheit geprägt ist. Auch für diese Tugenden gilt, dass sie weniger ethisch-moralische Kategorien sind als vielmehr oft vorreflexiv ausgebildete Haltungen der Weisheit, die den gleichen Quellen entspringen, wie die ebenfalls vorreflexiv aus den habituellen Lebenswelten entspringenden Werte des Weltethos (Manemann 2012; Hemel 2012). In Anlehnung an die rheinhessische Bauernweisheit „Dummheit und Stolz wächst auf einem Holz" wappnen uns die Haltungen der Demut und Bescheidenheit gegen blind machende Egomanie, Selbstherrlichkeit und Gier. Als Werte der Selbstzurücknahme sind sie deshalb zentrale Tugenden und Leitwerte der Führung zur Selbstführung.

Die vorreflexiv ausgebildeten Haltungen der Demut und Bescheidenheit führen uns zurück zum Beispiel von Claus Hipp, der HiPP GmbH und dem Verhältnis von Familien-, Unternehmer- und Unternehmenswerten. Was nämlich bei HiPP ins Auge sticht ist der Sachverhalt, dass die Unternehmenswerte der HiPP GmbH & Co. KG der Spiegel einer

Wertehaltung sind, die in den Familienwerten der Familie Hipp gründet und von Claus Hipp mit Demut und Bescheidenheit aktiv, transparent und konsequent in Szene gesetzt wird. Claus Hipp und das Unternehmen HiPP sind so ein Beleg für den schon von Jim Collins hervorgehobenen Sachverhalt, dass exzellente Unternehmen i. d. R. von Menschen geführt werden, bei denen die Tugenden von Demut und Bescheidenheit zum Motor einer Unternehmenskultur werden, die herausragenden Erfolg allererst möglich macht (Collins 2001).

Bedeutsamer als dieser für sich gesehen zentrale Sachverhalt für ethisch tragfähige Unternehmenskulturen ist jedoch ein zweiter. Wie das Beispiel HiPP zeigt, bilden die gelebten Familien-, Unternehmer- und Unternehmenswerte einen Resonanzraum. In ihm geben die gelebten Familienwerte den Grundton vor. Die Unternehmerwerte fungieren dagegen als Taktgeber und Leitstimme. Die Unternehmenswerte repräsentieren schließlich die vielfältigen Stimmen des Chores, der das Stück zu vollem Klang bringt. Aufgrund der oben angesprochenen Dynamik der Werte in sozialen Systemen sowie dem Faktum, dass das flexibelste dominante Element dem System seine Werte aufdrückt, folgt aus diesem Zusammenhang der für unternehmensethische Betrachtungen bedeutsame Sachverhalt, dass die gelebten Familien- und Unternehmerwerte darüber entscheiden, ob eine funktionale oder dysfunktionale Unternehmenskultur entsteht. Das aber hat gravierende Konsequenzen für die vielfältige Diskussion zum Thema CSR und Unternehmensethik. Denn geben die Moral und Ethik der Familien- und Unternehmerwerte und nicht CSR- oder unternehmensethisch begründete Wertekataloge die Richtung vor, wie im Unternehmen gehandelt wird, ist die Frage, wie ein Unternehmen strukturiert und ausgerichtet werden soll, damit ethisches Handeln im Unternehmen möglich wird, zu ersetzen durch die Frage, wie ein familiäres Erziehungsumfeld und bei Unternehmern persönliche Unternehmerwerte verankert werden können, die dazu führen, dass ein Unternehmen eine funktional positive Werteorientierung entwickelt, die auch ethisch tragfähig ist. Härter gesprochen, CSR und Unternehmensethik, so wichtig ihre Anliegen auch sind, verfehlen möglicherweise ihr Ziel und das gleich in zwei Hinsichten: Erstens verwechseln sie die relevanten Adressaten für ihre Ansprüche. Dieses sind nicht das Unternehmen oder die Wirtschaft, sondern Menschen, genauer gesprochen jener Personenkreis im Unternehmen, der diesem seine Wertehaltungen aufdrückt. Sollen diese Personen erreicht werden, benötigt es keine unternehmensethischen, sondern ethische Argumente, also Argumente, die den Menschen und nicht das Wirtschafts-, Gesellschafts- oder Unternehmenssystem zum Ziel haben. Damit aber wären wir wieder bei den Philosophen und der oben angerissenen Problematik, dass alles abstrakt philosophische Reflektieren, so logisch zwingend es auch scheinen mag, notwendigerweise und dem Kern nach an der materialen Lebenswelt der meisten Menschen vorbeidenkt. Zweitens verfehlen sie den Sachverhalt, dass es gar keiner unternehmensethischen Argumente bedarf, um in einem Unternehmen eine funktional positive Unternehmenskultur zu verankern, die auch ethisch tragfähig ist. Denn diesseits der Diskussion, ob das Ethische oder das Ökonomische den Primat im Unternehmen übernehmen soll, kann gezeigt werden, dass selbst bei der Verfolgung von gegebenenfalls rein ökonomischen Zielen und Zwecken diese schneller, einfacher, effizienter und effektiver erreicht werden, wenn beispielsweise das Führungssystem von den oben genannten funktionalen Führungstugenden getragen wird. Was für den Bereich der Führung gilt, gilt auch für alle anderen Bereiche, wie beispielsweise das Nutzen- und Markenversprechen, die Organisationsentwicklung, das Beschaffungswesen oder das Kundenmanagement. Es genügt somit die funktionale Bedeutung der Werte im Unternehmen in den Blick zu rücken, ohne dass dieser Betrachtungswinkel eigens nochmals ethisch überhöht, hergeleitet oder begründet werden müsste. Kurz: Der Wert der Werte in Unternehmen entspringt nicht ihrem ethischen Potenzial und einem ethischen Primat, sondern ihrem funktionalen Potenzial zur Steigerung der Erfolgswirksamkeit von unternehmerischem Handeln. Für diesen Wert der Werte gilt: *Die Praxis ist die Kür der Theorie.*

2 Lessons learned

Fassen wir die hier entfaltete Argumentation thesenhaft zusammen, kann für den Zusammenhang von Familien-, Unternehmer- und Unternehmenswerten und seine Rolle für eine ethisch tragfähige Unternehmensführung folgender Befund erhoben werden:

1. Der überwiegende Teil aller Unternehmen sind eigentümer- und familiengeführte Unternehmen. In ihnen bilden die Familien-, Unternehmer- und Unternehmenswerte einen Resonanzraum, bei dem die gelebten Familien- und Unternehmerwerte den Ton angeben. Sie entscheiden darüber, ob das Unternehmen eine funktionale oder dysfunktionale Unternehmenskultur ausbildet.
2. Passen die gelebten Familien- und Unternehmerwerte zum Unternehmenszweck, organisiert sich der Werteraum des Unternehmens als eine Doppelhelixstruktur, die dem Nutzenversprechen des Unternehmens Dauer, Stabilität, Richtung, Drall und Durchschlagskraft verleiht. Passen sie dagegen nicht, wird der Fokus des Unternehmens unscharf und sein Tonus geschwächt.
3. Wird der materiale Werteraum des Unternehmens zusätzlich anhand der funktionalen Begleit- und Sekundärwerte des Weltethos-Kanons ausgerichtet und mit Demut und Bescheidenheit in Szene gesetzt, führt dies zu unternehmerischer Exzellenz. Ist er dagegen, wie beispielsweise im Fall von VW und Ferdinand Piech, von Egomanie, Machtstreben und Gier geprägt, entartet die Unternehmenskultur zu einem dysfunktionalen System aus Intrigen, Unterwerfungsgesten, Angst und Machtmissbrauch.
4. Geben die im Unternehmen gelebten Familien- und Unternehmerwerte die Richtung vor, wie in der Organisation gehandelt wird, wandelt sich die unternehmensethische Frage danach, wie und mit welchen normativen Vorgaben die Organisation ausgestattet werden muss, damit ethisches Verhalten in Unternehmen möglich wird, zu einer Frage der moralischen Erziehung, die in der Unternehmerfamilie waltet und den Unternehmer geprägt hat.

5. Diese Erziehungsfrage überführt die Unternehmensethik in die philosophische Frage, was menschliches Handeln tugendhaft macht und wie diese Tugendhaftigkeit im Einzelnen aktiviert und verankert werden kann.
6. Die Rückführung der Unternehmensethik in die ethische Frage nach den Grundlagen, Bedingungen und Möglichkeiten tugendhaften Handelns einzelner Menschen relativiert jeden materialen Begründungsdiskurs bezüglich konkreter Tugendlehren in dreifacher Weise. Erstens, weil alle materialen Tugendethiken in kulturellen Bedingtheiten und Lebensformen gründen, die in ihren konkreten Ge- und Verboten einander oft diametral entgegenstehen. Zweitens, weil alle abstrakt-philosophischen Begründungsversuche aus den oben genannten Gründen die lebensweltlichen Probleme des Sollens verfehlen, bzw. selbst dort, wo sie sie treffen, nur eingeschränkt praxiswirksam sind, da sie auf einer Ebene verhandelt werden, die zwar von Philosophen, nicht aber von all jenen geteilt wird, die in ihrer praktischen Lebenswelt gefangen bleiben. Drittens, weil selbst auf der philosophisch-abstrakten Ebene, trotz einer mehr als 5000 Jahre anhaltenden Diskussion und Reflexion unter den Denkern und Philosophen, bis heute kein Konsens darüber geschaffen werden konnte, mit welchen Argumenten und auf welche Weise ein für alle verbindlicher materialer Wertekanon so hergeleitet, begründet und implementiert werden kann, dass er von allen geteilt und beachtet werden würde.
7. Wenn die Fragen der Unternehmensethik zurückführen auf die zentralen Fragen der Ethik und wenn diese keine Lösungen anbieten können, die für die einzelnen Unternehmer in ihrem alltäglichen Handeln im Hier und Jetzt praxiswirksam sind, ist zu konstatieren, dass die Gründe, ob ethisch tragfähige Familien-, Unternehmer- und Unternehmenswerte im Unternehmen leitend sind, durch vorreflexive Haltungen geprägt werden. Wie die Leuchttürme ethischer Unternehmensführung – hier das Beispiel von Claus Hipp – zeigen, kommt vor dem reflexiv begründeten ethischen Sollen das selbstverantwortete praktische Wollen.
8. Entscheidet das praktische Wollen und nicht das ethische Sollen darüber, wie in Unternehmen gehandelt wird, ist die ethische Frage, wie ein Unternehmen auszurichten sei, damit ethisches Verhalten nicht nur möglich, sondern Wirklichkeit wird, zu ersetzen durch die funktionale Frage, mit welchen Anreizen das praktische Wollen so gelenkt werden kann, dass das unternehmerische Handeln auch aus ethischer Perspektive tragfähig wird.
9. Klammern wir die NEM-GEM-Faktoren menschlichen Verhaltens, also die psychologischen Dispositionen zu den menschlichen Untugenden von Neid, Eifersucht, Missgunst, Gier, Eitelkeit und Machtstreben einmal aus, entspringen die stärksten Anreize für das praktische Wollen in Unternehmen der ökonomischen Logik der Unternehmensführung. Ihr oberstes Ziel ist die Absicherung gesunder Erträge sowie der gesteigerten Wettbewerbsfähigkeit, damit das Unternehmen nicht zwangsweise aus dem Markt gedrängt wird, etwa durch Insolvenz, feindliche Übernahme oder aufgrund mangelnder Absätze und der daraus resultierenden zwangsweisen Geschäftsaufgabe.

10. Die Absicherung einer gesteigerten Wettbewerbsfähigkeit und von gesunden Erträgen erfordert eine Unternehmenskultur, die das Unternehmen zu einem Hochleistungsteam formiert, das zugleich hochflexibel und unverwechselbar das Nutzenversprechen des Unternehmens umsetzen kann.
11. Im harten Wettbewerb der globalisierten Märkte kommen immer mehr unternehmerische Nutzenversprechen unter die Räder, sei es aufgrund des Wegfallens von Alleinstellungsmerkmalen oder aufgrund technologischer Neuerungen und disruptiver Geschäftsmodelle. Hierbei sind es zumeist die mittleren, kleinen und kleinsten und damit die familiengeführten Unternehmen, die mit dem Rücken zur Wand stehen und die nicht über die technologischen Fähigkeiten verfügen, durch eigene disruptive Geschäftsmodelle den Markt für sich abzusichern. Wollen sie in den Märkten auch zukünftig bestehen, benötigen sie ein anderes Verständnis, wie und wozu sie wirtschaften.
12. Dieses andere Verständnis ist eine Frage der Werte, nämlich von Werten, die uns begreiflich machen, dass Du-bezogenes Denken und Handeln der Königsweg ist für zukünftigen Erfolg. Es begreift nicht nur, dass jedes Unternehmen ein Kooperationssystem ist, das nur dann als Hochleistungsteam arbeiten kann, wenn es von einer funktional positiven Unternehmenskultur getragen wird, sondern zusätzlich, dass auch der Unternehmenszweck einem Credo folgt, das wertegetrieben ist.
13. Folgt das Credo des Unternehmenszwecks ausschließlich der heute üblichen ökonomischen Logik, bleibt es gefangen in einer Rationalität, die mehr und mehr zu Gewinner-nehmen-alles-Märkten führt, bei denen eine Vielzahl heute noch bestehender Unternehmen sowie auf lokaler, regionaler, nationaler und globaler Ebene die Gesellschaften und die Natur Schaden nehmen.
14. Folgt das Credo des Unternehmenszwecks dagegen einer Logik, die darauf abzielt, auf allen Ebenen der einzelnen Liefer-, Prozess- und Konsumketten Mehrwerte zu schöpfen, die die menschlichen, natürlichen und ökonomischen Ressourcen anreichern anstatt, wie heute, sie auszubeuten, werden Unternehmen zu Akteuren einer Zivilgesellschaft, in der der scheinbare Gegensatz von Ethik und Ökonomie im Kern der ökonomischen Wertschöpfungsprozesse aufgehoben ist (Glauner 2016a).
15. Diese Aufhebung des scheinbaren Gegensatzes von Ethik und Ökonomie im Kern der ökonomischen Wertschöpfungsprozesse gründet nicht in ethischen Argumenten, sondern ausschließlich in funktionalen Argumenten. Sie zielen darauf ab, Wege aufzuzeigen, wie ein einzelnes Unternehmen überlebens- und damit zukunftsfähig werden kann.
16. Diese Zukunftsfähigkeit gewinnen Unternehmen nur dann, wenn ihr Werteraum aus Familien-, Unternehmer- und Unternehmenswerten sowie der Unternehmenszweck, d.h. das substanzielle Nutzenversprechen, anhand der funktionalen Begleitwerte der Weltethos-Werte geprüft wird und für tragfähig befunden werden kann. Herrschen dagegen Gier, Macht, Eitelkeit und Egomanie im Unternehmen, verliert es auf längere Sicht das Fundament seiner Zukunftsfähigkeit.

17. Ob ein Unternehmen zukunftsfähig werden kann, ist somit eine Frage der persönlichen Werte der relevanten Akteure im Unternehmen sowie eine Frage der Systeme und mentalen Modelle, mit denen das Unternehmen betrachtet und gesteuert wird. Auch dieses Faktum deutet erneut darauf hin, dass der Kampfplatz für unternehmensethische Argumentationen verändert werden sollte. Nicht ethische Erwägungen entscheiden über die Zukunftsfähigkeit unserer heutigen Weisen des Wirtschaftens und der Unternehmensführung, sondern psychologische Faktoren wie beispielsweise Triebe, Bedürfnisse und Einstellungen; kognitive Faktoren wie beispielsweise unsere mentalen Modelle und Glaubenssysteme, die als menschgemachte Konstrukte unser Wirklichkeitsverständnis und damit unser Handeln in der Lebenswelt leiten; sowie last, but not least das (dys-)funktionale Zusammenspiel von Familien- und Unternehmenswerten. Für sie alle gilt: Vor der Theorie kommt die Praxis. Das Credo zukunftsfähiger Unternehmensführung lautet deshalb bündig: *Die Praxis ist die Kür der Theorie.*

Literatur

Akerlof GA, Shiller RJ (2015) Phishing for phools. The economics of manipulation and deception. Princeton University Press, Princeton

Alfort H, Naughton M (2002) Beyond shareholder model of the firm: working toward the common good of a business. In: Cortright SA, Naughton M (Hrsg) Rethinikg the purpose of business. Interdisciplinary essays from the Cahtolic social tradition. Notre Dame University Press, Notre Dame, S 27–47

Babiak P, Hare RD (2007) Menschenschinder oder Manager. Psychopathen bei der Arbeit. Hanser, München

Badura B, Greiner W, Rixgens P, Ueberle M, Behr M (2013) Sozialkapital. Grundlagen von Gesundheit und Unternehmenserfolg, 2. Aufl. Springer, Berlin, Heidelberg

B VerfG (2006) Urteil des Ersten Senats des Bundesverfassungsgerichts vom 15. Februar 2006 – 1 BVR 357/05 – zur Verfassungsbeschwerde gegen § 14 Abs. 3 des Luftsicherheitsgesetzes (LuftSiG) vom 11. Januar 2005 (BGBl I S. 78). http://www.bundesverfassungsgericht.de/SharedDocs/Downloads/DE/2006/02/rs20060215_1bvr035705.pdf;jsessionid=F98FB8A51E3B36A82DEFD3E2FBF84C58.1_cid394?__blob=publicationFile&v=1. Zugegriffen: 17. Okt. 2017

Clarke J (2017) Dispositional attribution of corporate executives: is self-interest a conscious decision or a state of mind? In: Rendtorff, Dahl J (Hrsg) Perspectives on business ethics and philosophy of management. Springer, Berlin, Heidelberg, New York, S 139–164

Collins J (2001) Good to great. Why some companies make the leap... and others don't. Harper Collins, New York

Dahrendorf R (1995) Economic opportunity, civil society, and political liberty. United Nations Research Institute for Social Development, Genf

Dasgupta Partha, Serageldin, Ismail (Hrsg) (2000) Social capital. A multifaceted perspective. The World Bank, Washington

Dierksmeier C (2013) Kant on virtue. J Bus Ethics. https://doi.org/10.1007/s10551-013-1683-5

Dierksmeier C (2016a) Qualitative Freiheit. Selbstbestimmung in weltbürgerlicher Verantwortung. transscript, Bielefeld

Dierksmeier C (2016b) Reframing economic ethics. The philosophical foundations of humanistic management. Palgrave MacMillan, Springer, New York

Dierksmeier C, Amann W, von Kimakowitz E, Spitzeck H, Pirson M (2011) Humanistic ethics in the age of globality. PalgraveMacMillan, Basingstoke

Dierksmeier C, Hemel U, Manemann J (2015) Wirtschaftsanthropologie. Nomos, Baden-Baden

Drucker PF (2001) The essential Drucker. The best of sixty years of Peter Drucker's essential writings on management. HarperCollins, New York

Drucker PF (2011) People and performance: the best of Peter Drucker on management. Routledge, London, New York

Durkheim E (1981) Die elementaren Formen des religiösen Lebens, 3. Aufl. Suhrkamp, Frankfurt am Main

FAZ (2017) Die Deutsche Bank fällt an der Börse durch. F.A.Z. vom 7. März 2017, S 23

Fisher R, Shapiro D (2006) Beyond reason. Using emotions as you negotiate. Penguin, London

Fisher R, Ury W (1999) Getting to yes. Negotiatin an agreement without giving in, 15. Aufl. Random House, London

Frank RH (2011) The darwin economy. Liberty, competition, and the common good. Princeton University Press, Princeton, Oxford

Frankl Viktor E (1985) Der Mensch vor der Frage nach dem Sinn. Eine Auswahl aus dem Gesamtwerk, 17. Aufl. Piper, München, Zürich

Frankl Viktor E (1994) Logotherapie und Existenzanalyse. Texte aus sechs Jahrzehnten. Quint, Berlin, München

Gallup (2015) Presseerklärung Engagement Index 2014. http://www.gallup.com/de-de/181871/engagement-index-deutschland.aspx. Zugegriffen: 11. März 2015

Garriga E, Melé D (2004) Corporate social responsibility theories: mapping the territory. J Bus Ethics 53(1-2):51–71

Glasl F (2009) Konfliktmanagement. Ein Handbuch für Führungskräfte, Beraterinnen und Berater, 9. Aufl. Haupt, Bern

Glauner F (1998) Sprache und Weltbezug, 2. Aufl. Alber, Freiburg

Glauner F (2015) Dilemmata der Unternehmensethik – von der Unternehmensethik zur Unternehmenskultur. In: Schneider A, Schmidpeter R (Hrsg) Corporate social responsibility, 2. Aufl. Springer, Berlin, Heidelberg, S 237–251

Glauner F (2016a) Future viability, business models, and values. Strategy, business management and economy in disruptive markets. Springer, Berlin, Heidelberg (deutsche Fassung: Zukunftsfähige Geschäftsmodelle und Werte. Strategieentwicklung und Unternehmensführung in disruptiven Märkten. (Springer) Heidelberg, Berlin)

Glauner F (2016b) CSR und Wertecockpits. Mess- und Steuerungssysteme der Unternehmenskultur, 2. Aufl. Springer Gabler, Heidelberg, Berlin (englische Fassung: Values Cockpits. Measuring and SteeringCorporate Cultures. (Springer) Cham 2017)

Glauner F (2016c) Werteorientierte Organisationsentwicklung. In: Schram B, Schmidpeter R (Hrsg) CSR und Organisationsentwicklung. Springer, Berlin, Heidelberg, S 141–160

Glauner F (2017a) Compliance, global ethos and corporate wisdom: values strategies as an increasingly critical competitive advantage. In: Rendtorff JD (Hrsg) Perspectives on philosophy of management and business ethics, ethical economy. Studies in Edonomic Ethics and Philosophy 51. Springer, Berlin, Heidelberg, New York, S 121–137. https://doi.org/10.1007/978-3-319-46973-7_9

Glauner F (2017b) Ethics, values and corporate cultures. A Wittgensteinian approach in understanding corporate action. In: Capeldi N, O Idowu S, Schmidpeter R (Hrsg) Dimensional corporate governance: an inclusive approach, CSR, sustainability, ethics & governance. Springer, Berlin, Heidelberg, New York, S 49–59. https://doi.org/10.1007/978-3-319-56182-0_4

Glauner F (2017c) Strategien der Exzellenz. Wertestrategien zu den Wettbewerbsvorteilen von morgen. In: Wunder T (Hrsg) CSR und Strategisches Management. Springer, Berlin, Heidelberg, S 341–363

Glauner F (2017d) Redefining economy: why shared value is not enough (Submission accepted to be publishes in the *Competitiveness Review* Special Issue "Creating Shared Value: Restoring the Legitimacy of Business and Advancing Competitiveness)

Glauner F (2018) Innovation, business models, and catastrophe. Reframing the mental model for innovation management. Appears. In: Altenburger R (Hrsg) Innovation management and CSR. Social responsibility as a competitive advantage, concepts and cases. Springer, Berlin, New York

Gohl C (2011) Prozedurale Politik am Beispiel organisierter Dialoge. LIT, Münster, Hamburg, London

Heckhausen H, Heckhausen J (2010) Motivation und Handeln, 4. Aufl. Springer, Berlin, New York

Hemel U (2007) Wert und Werte. Ethik für Manager – Ein Leitfaden für die Praxis. Hanser, München

Hemel U (2012) Menschenwürdiges Handeln als Leitmotiv. Ansätze zu einer habituellen Unternehmensethik. In: Hemel U, Fritzsche A, Manemann J (Hrsg) Habituelle Unternehmensethik. Von der Ethik zum Ethos. Nomos, Baden-Baden, S 32–41

Hemel U (2013) Die Wirtschaft ist für den Menschen da. Vom Sinn und der Seele des Kapitals. Patmos, Ostfildern

Hemel U, Fritzsche A, Manemann J (Hrsg) (2012) Habituelle Unternehmensethik. Von der Ethik zum Ehtos. Nomos, Baden-Baden

Hicks D (2013) Dignity. The essential role it plays in resolving conflict, 2. Aufl. Yale University Press, New Haven, London

Hipp (2006) Ethik-Charta. 3. Aufl., Hipp-Werk Georg Hipp OHG, Pfaffenhofen. https://www.hipp.de/fileadmin/redakteure/content/ueber-hipp/Ethik_Charta.pdf. Zugegriffen: 17. Okt. 2017

Hipp (2007) Ethik-Management. 3. Aufl., Hipp-Werk Georg Hipp OHG, Pfaffenhofen. https://www.hipp.de/fileadmin/redakteure/content/ueber-hipp/Ethik_Management.pdf. Zugegriffen: 17. Okt. 2017

Hipp C (2008) Die Freiheit, es anders zu machen. Mein Leben, meine Werte, mein Denken. Pattloch, München

Hipp C (2012) Das HIPP Prinzip. Wie wir können, was wir wollen. Herder, Freiburg, Basel, Wien

IfM – Institut für Mittelstandsforschung (2017) Unternehmensbestand. https://www.ifm-bonn.org/statistiken/unternehmensbestand/. Zugegriffen: 15. Okt. 2017

Kant I (1974) Kritik der Urteilskraft. Meiner, Hamburg

Kant I (1983) Über ein vermeintes Recht aus Menschenliebe zu lügen. Werke in sechs Bänden Bd. IV. Insel, Wissenschaftliche Buchgesellschaft, Darmstadt, S 635–643 von Kimakowitz E, Pirson M, Spitzeck H, Dierksmeier C, Amann W (Hrsg) (2010) Humanistic management in practice. Palgrave MACMILLAN, Basingstoke

Kohlberg L (1985) Die Psychologie der Moralentwicklung. Suhrkamp, Frankfurt am Main

Küng H (2012) Handbuch Weltethos. Eine Vision und ihre Umsetzung. Piper, München, Zürich

Lessenich S (2016) Neben uns die Sintflut. Die Externalisierungsgesellschaft und ihr Preis. Hanser, Berlin, München

Lobe A (2016) Wird Facebook Donald Trump verhindern? Frankfurter Allgemeine Zeitung, 29.04.2016, S. 17

Manemann J (2012) Unterwegs zu einer habituellen Unternehmensethik. In: Hemel U, Fritzsche A, Manemann J (Hrsg) Habituelle Unternehmensethik. Von der Ethik zum Ethos. Nomos, Baden-Baden, S 11–28

Maslow AH (1954) Motivation and personality. Harper Row, New York

Maslow AH (2011) Toward a psychology of being. Wilder, Blacksburg

McClelland D (1961) The achieving society. Van Nostrand, Princeton

McClelland D (1984) Human motivation. Cambridge University Press, Cambridge

Melé D (2002) Not only stakeholder interests. The firm oriented toward the common good. University of Notre Dame Press, Notre Dame

Meyer M (2016) The evolution and challenges of the concept of organizational virtuousness in positive organizational scholarship. J Bus Ethics. https://doi.org/10.1007/s10551-016-3388-z

Ogden S, Watson R (1999) Corporate performance and stakeholder management: balancing shareholder and customer interests in the U.K. Privatized water industry. Acad Manag J 42(5):526–538

Otto K-S, Nolting Bässler UC (2007) Evolutionsmangagement. Von der Natur lernen: Unternehmen entwicklen und langfristig steuern. Hanser, München, Wien

Pirson MA (2017) Humanistic Management: Protecting Dignity and Promoting Well-Being. Cambridge Univeriity Press, Cambridge, New York

Pirson MA, Lawrence PR (2010) Humanism in Business – towards a paradigm shift? J Bus Ethics 93:553–565

de los Reyes G, Scholz M, Smith NC (2016) Beyond the "Win-Win": Creating Shared Value Requires Ethical Frameworks. INSEAD/Social Innovation Center Working Paper Series 2016/67/ATL/ISIC. http://ssrn.com/abstract=2848192. Zugegriffen: 2. Febr. 2017

Ritter J (2011) Der großzügige Freund. Portrait Carsten Maschmeyer. Frankfurter Allgemeine Zeitung. http://www.faz.net/aktuell/wirtschaft/portraet-carsten-maschmeyer-der-grosszuegige-freund-11575170.html (Erstellt: 21. Dez. 2011). Zugegriffen: 3. Febr. 2016

Schneider A, Schmidpeter R (Hrsg) (2015) Corporate Social Responsibility. Verantwortungsvolle Unternehmensführung in Theorie und Praxis, 2. Aufl. Springer, Berlin, Heidelberg

Seba T (2006) Winners take all. The 9 fundamental rules of high tech strategy. (Selbstverlag). Seba Group, San Francisco (https://tonyseba.com/portfolio-item/winners-take-all/)

Seba T (2014) Clean disruption of energy and transportation. How Solicon Valley will makt oil, nuclear, natural gas, coal, electric utilities and conventional cars obsolete by 2030. (Selbstverlag). Seba Group, San Francisco (https://tonyseba.com/portfolio-item/clean-disruption-of-energy-transportation/)

Seligman MEP, Steen TA, Nansook Park, Peterson C (2005) Positive psychology progress. Empirical validation of interventions. Am Psychol 60(5):410–421. https://doi.org/10.1037/0003-066X.60.5.410

Senge PM (1993) The fifth discipline. The art and practice of the learning organization, 5. Aufl. Century, Random House, London

Sennett R (2006) The culture of the new capitalism. Yale University Press, New Haven, London (deutsch: Die Kultur des neuen Kapitalismus. Berlin Verlag. Berlin 2007)

Stiftung Familienunternehmen (2017) Daten, Fakten, Zahlen zur volkswirtschaftlichen Bedeutung von Familienunternehmen. http://www.familienunternehmen.de/de/daten-fakten-zahlen. Zugegriffen: 12. Okt. 2017

Trompenaars F (1995) Riding the waves of culture. Understanding cultural diversity in business, 4. Aufl. Nicholas Brealey, London

Tuleja T (1985) Beyond the bottom line: how business leaders are managing principles into profits. Facts on File, New York

Tuleja T (1987) Ethik und Unternehmensführung. moderne Industrie, Landsberg/Lech

Ulrich H (1970) Die Unternehmung als produktives soziales System. Grundlagen der allgemeinen Unternehmungslehre, 2. Aufl. Haupt, Bern, Stuttgart

Ulrich P (1986) Transformation der ökonomischen Vernunft. Fortschrittsperspektiven der modernen Industriegesellschaft. Haupt, Bern, Stuttgart

Ulrich P (2008) Integrative Wirtschaftsethik. Grundlagen einer lebensdienlichen Ökonomie, 4. Aufl. Haupt, Bern, Stuttgart, Wien

Ulrich P (2013) The normative foundations of entrepreneurial activity. (University of St. Gallen). https://www.alexandria.unisg.ch/publications/225849. Zugegriffen: 11. März 2015

Ury W (1991) Getting past no. Negotiating in difficult situations Bd. 1993. Bantam Books, Random House, New York, Toronto, London, Sidney

Wieland J (2001) Eine Theorie der Governanceethik. In: Zeitschrift für Wirtschafts- und Unternehmensethik, 2. Jg, Heft 1. www.zfwu.de/index.php?id=491. Zugegriffen: 23. März 2015

Wieland J (2002) WerteManagement und Corporate Governance. KIeM – Working Paper Nr. 03/2002. Konstanz Institut für WerteManagement. https://opus.htwg-konstanz.de/files/12/Working_Paper_03_2002_Wertemanagement_und_Corporate_Governance.pdf. Zugegriffen: 23. März 2015

Zuboff S (2016) The Secrets of Surveillance Capitalism. Frankfurter Allgemeine Zeitung. http://www.faz.net/aktuell/feuilleton/debatten/the-digital-debate/shoshana-zuboff-secrets-of-surveillance-capitalism-14103616.html (Erstellt: 5. März 2016). Zugegriffen: 7. März 2016

Dr. Friedrich Glauner verbindet langjährige unternehmerische Praxis mit interdisziplinärer Forschungsexpertise an der Schnittstelle von Wirtschaft, Philosophie und Wissenstransfer. Er lehrt am Weltethos-Institut der Universität Tübingen, der Universität der Bundeswehr München sowie weiteren Hochschulen und schreibt und berät zu den Themen Strategieentwicklung, zukunftsfähige Geschäftsmodelle und Unternehmensentwicklung, Veränderungsmanagement, Leadership sowie werteorientierte Unternehmensführung und zukunftsfähiges Wirtschaften. Für das Weltethos-Institut ist er als Projektmanager im Praxistransfer tätig (www.weltethos-institut.org). Mit Cultural Images® (www.culturalimages.de) begleitet er Unternehmen und Organisationen in den Strategiefeldern zukunftsfähige Geschäftsmodelle, Strategie- und Unternehmensentwicklung, Leadership und Change Management.

Wider dem Opportunismus – Corporate-Social-Responsibility-Partnerschaften von Familienunternehmen

Frank Maaß

1 Problemstellung

Corporate Social Responsibility (CSR) dient Unternehmen zur Umsetzung ihrer Nachhaltigkeitsstrategie. Zum einen zielt nachhaltiges Wirtschaften auf einen verantwortungsvollen Umgang mit den am wirtschaftlichen Leistungsprozess beteiligten bzw. hiervon tangierten Personen ab. Es hat zum anderen aber auch einen schonenden Ver- und Gebrauch der materiellen und natürlichen Ressourcen zum Ziel (Jonker et al. 2011, S. 146). Mit dem ökonomischen Gewinnziel ist Nachhaltigkeit dann vereinbar, wenn hierdurch eine verbesserte Kosten-Nutzen-Relation des betrieblichen Faktoreinsatzes erreicht wird. So kann sich Nachhaltigkeit unmittelbar auszahlen, wenn beispielsweise die Umstellung auf eine energieeffiziente Produktion zu Einsparungen beim Verbrauch von elektrischem Strom führt. Verbinden die Kunden zudem die Produkte des Unternehmens in positiver Weise mit Nachhaltigkeit, so kann sich CSR mittelfristig in gesteigerten Verkaufszahlen niederschlagen.

Beteiligen sich Unternehmen an Aktionen bürgerschaftlicher Selbstorganisation, so fällt auch deren Engagement unter den CSR-Begriff. Eine derartige Investition kann für Unternehmen bedeutsam sein, wenn hierdurch nicht nur die Lebensbedingungen für die lokale Bevölkerung, sondern auch die Rahmenbedingungen für wirtschaftliches Handeln am Unternehmensstandort dauerhaft verbessert werden. Der vorliegende Beitrag wird dies anhand eines Beispiels darlegen, das auf die Verbesserung der regionalen Bildungsinfrastruktur abzielt. Es liegt nahe, dieses Betätigungsfeld nicht nur der Politik, Verwaltung und gemeinnützigen Organisationen zu überlassen, denn auch die Bürger und die Unternehmen können ihre Kompetenz einbringen, um sich zur Lösung von Ordnungsproblemen in ihrem sozialen Umfeld einzusetzen.

F. Maaß (✉)
IfM Bonn
Bonn, Deutschland

Zielen privatwirtschaftliche CSR-Aktivitäten auf die vorgenannte Bereitstellung öffentlicher, kollektiv nutzbarer Güter (z. B. regionale Infrastruktur), kann es für diese Unternehmen sinnvoll sein, sich mit Partnern zusammenzuschließen. Auf diese Weise lassen sich die Lasten und die wirtschaftlichen Risiken auf mehrere Schultern verteilen (Moeser 2011, S. 33). Durch ein Vorgehen im Verbund können Ressourcen geteilt, Kosten eingespart, Größenvorteile erzielt und Synergien erlangt werden. Derartige Gemeinschaftsaktivitäten werden im Folgenden als CSR-Partnerschaften bezeichnet, wenn sich unter den Initiatoren mindestens ein privatwirtschaftliches Unternehmen befindet und die Bemühungen sämtlicher Beteiligter auf ein gemeinsames CSR-politisches Ziel gerichtet sind. CSR-Partnerschaften können entweder ausschließlich von Unternehmen oder von einzelnen Unternehmen unter Beteiligung gemeinnütziger Organisationen begründet werden. Anders als bei den vom Staat in die Wege geleiteten Maßnahmen, die auf regionalpolitischer Ebene zur Entfaltung kommen (Top-down-Ansatz) handelt es sich bei den CSR-Partnerschaften um Selbstorganisationsprozesse privater Akteure im vorpolitischen Raum (Zivilgesellschaft), die auf der höheren Ebene der Gemeinde bzw. einer Region zum Tragen kommen (Bottom-up-Ansatz). Unternehmen erlangen im Rahmen letztgenannter Bottom-up-Prozesse durch ihren Einsatz für das Gemeinwohl die Qualität eines engagierten Bürgers (Habisch 2003, S. 9).

Wie betriebliche Investitionen im Allgemeinen eröffnen auch Investitionen in CSR-Gemeinschaftsprojekte nicht nur Chancen, sondern bergen auch Risiken. Unternehmen gehen zunächst einmal ein kaufmännisches Risiko ein. Denn von der richtigen Einschätzung der Folgewirkungen und der effektiven Steuerung des hierfür erforderlichen Mitteleinsatzes hängen die erwarteten sozialen und auch privatwirtschaftlichen Erlöse ab. Zum anderen unterliegen Unternehmen regelmäßig auch Risiken, die sich aus der Verhaltensunsicherheit der am jeweiligen CSR-Projekt Beteiligten ergeben. Erfahrungsberichte von Unternehmen belegen die hohe Bedeutung dieser Verhaltensrisiken in der CSR-Kooperationspraxis (Icks et al. 2015, S. 32 ff.). In partnerschaftlichen Zusammenschlüssen können Informationsinseln entstehen, die einzelne CSR-Unternehmen gegenüber ihren Partnern begünstigen bzw. benachteiligen. Sie entstehen, wenn Informationen nicht allen Beteiligten gleichermaßen zugänglich sind, sondern Einzelnen vorbehalten bleiben. Hierdurch eröffnet sich für die informierten Parteien Spielraum für eigennütziges, vom Gemeininteresse abweichendes Verhalten. Insgeheime Leistungsvorenthaltung einzelner Akteure kann eine Folge sein. Der Spielraum hierfür ergibt sich aus dem Umstand, dass bestimmte Handlungen Einzelner von Anderen nicht direkt beobachtet werden können, etwa weil sie betriebsintern stattfinden. Das Ausnutzen eines solchen Informationsvorteils zulasten der CSR-Partner wird als Opportunismus bezeichnet (Scholz 2005, S. 509). Um dies zu vermeiden, bedarf es eines zielgerichteten Managements und eines effektiven Controllings. Eine zentrale Herausforderung des Managements von CSR-Partnerschaften besteht also darin, integre Partner zu finden, die sich trotz bestehender Informationsvorteile im Verbund kooperativ verhalten. Auch im Lauf der Partnerschaft muss es dem Management darum gehen, sämtliche Mitwirkenden zur konstruktiven Zusammenarbeit zu motivieren – auch in Konfliktsituationen.

Der vorliegende Beitrag rückt das Opportunismusrisiko ins Zentrum der Betrachtungen. Es wird der Frage nachgegangen, wie Unternehmen dem in CSR-Partnerschaften auftretenden Opportunismusrisiko wirksam begegnen können. In einem ersten Analyseschritt werden drei Risikoarten, nämlich Adverse Selection, Moral Hazard und Hold-up unterschieden und deren mögliche Ursachen aufgezeigt. Im zweiten Schritt wird dann anhand des ausgewählten Erfolgsbeispiels der Waldkircher Beschäftigungs- und Qualifizierungsinitiative (WABE) aus dem Südwesten Deutschlands beispielhaft erörtert, welche Maßnahmen zur Minimierung dieser Risiken ergriffen werden können.

2 Theoriegeleitete Überlegungen zum Opportunismusrisiko

Kooperative Zusammenschlüsse, wie sie auch die CSR-Partnerschaften darstellen, erfordern ein abgestimmtes Vorgehen aller Beteiligten. Die Herausforderung des Kooperationsmanagements besteht darin, die an den Prozessen Beteiligten auf das gemeinsame Ziel einzustimmen und zum gleichgerichteten Handeln zu bewegen. Eine Forschungsrichtung, die sich mit den strukturellen Voraussetzungen für die Organisation von Wertschöpfungsprozessen im Allgemeinen und für Kooperationen im Speziellen befasst, ist die Neue Institutionenökonomik (NIÖ). Ausgehend von einem Menschenbild, das rationales Handeln unterstellt, untersuchen die Vertreter der NIÖ die Verhaltensweisen von ökonomischen Akteuren. Die NIÖ identifiziert zwei Problemlagen, die für das Auftreten der eingangs skizzierten Opportunismusrisiken im Kontext von Leistungsbeziehungen ursächlich sind

- ungleiche (asymmetrische) Informationsverteilung und
- strategische Gebundenheit.

Informationsasymmetrie eröffnet den Besserinformierten in einer Gruppe Spielraum für eigennütziges Verhalten. Wer von entscheidungsrelevanten Informationen ausgeschlossen ist, läuft Gefahr, von Anderen ausgenutzt zu werden. Während der Betroffene sich an die Vereinbarungen gebunden fühlt, fehlt es ihm an Möglichkeiten, die Beiträge der Partner wirkungsvoll zu kontrollieren. Fehlende Transparenz kann bereits im Vorfeld der Zusammenarbeit zu Fehlentscheidungen führen: Konkret besteht das Risiko in der Fehlauswahl von Partnern (Adverse Selection), wenn die Informationslage es den Entscheidern nicht erlaubt, eindeutig zwischen integren und unaufrichtigen Kooperationsinteressenten zu unterscheiden (Richter und Furubotn 2003, S. 159 ff.). Dieses Täuschungsrisiko besteht auch in laufenden Kooperationsbeziehungen fort: Intransparenz macht es den Schlechterinformierten kaum möglich, zugesagte Leistungen auf ihre Umsetzung und Qualität zu prüfen. So kann es dazu kommen, dass Partner zumindest Teile der von ihnen zugesagten Leistungen insgeheim nicht erbringen. Die Gefahr der Täuschung durch Nichteinhaltung von Versprechungen wird als moralisches Risiko (Moral Hazard) bezeichnet (Schreyögg 2003, S. 446).

Eine weitere Gefahr für Opportunismus geht auf eine strategische Gebundenheit der Partner zurück (Tab. 1). Hintergrund sind unvollständige Verträge bzw. das Fehlen von sich selbst durchsetzbaren Vereinbarungen unter den involvierten Parteien (Pfeffer und Salancik 2008, S. 68). Verträge sind stets in gewisser Weise von Unsicherheit geprägt, da sie kaum in Gänze den später auftretenden Regelungsbedarf vorwegnehmen und für alle Fälle entsprechende Übereinkünfte enthalten. Insbesondere auch in eher losen und im Entstehen begriffenen Kooperationsbeziehungen fehlt es nicht selten aufgrund mangelnder Voraussicht an konkreten Festlegungen, die später ein reibungsloses Umsetzen der Kooperationsbeziehung garantieren. So müssen u. a. auch CSR-Akteure zu einem gewissen Grad auf den grundsätzlichen Willen ihrer Partner zu gleichgerichtetem, konsensorientiertem Handeln vertrauen. Wenden jedoch Unternehmen einseitig Mittel für die Kooperation auf, so laufen sie unter den genannten Bedingungen Gefahr, durch abweichendes, opportunistisches Verhalten ihrer Partner um den Lohn des eigenen Mitteleinsatzes gebracht zu werden. Die Vertreter der NIÖ sprechen in diesem Fall von Raub der Investitionsvorleistung (Hold-up). Unternehmen, die sich dieser Gefahr als Mitwirkende einer Kooperation aussetzen, sind aufgrund ihrer spezifischen Investitionen strategisch an das Handeln ihrer Partner gebunden (Richter und Furubotn 2003, S. 159 f.).

Die Vertreter der NIÖ diskutieren Ansätze, wie die zuvor geschilderten Gefahren effektiv begrenzt werden können. Das bei der Rekrutierung von Partnern auftretende Adverse-Selection-Risiko kann etwa durch Screening, einem Verfahren der indirekten Informationsaufdeckung, reduziert werden. Hier unterbreitet die schlechter informierte Partei dem potenziellen Partner beispielsweise ein Vertragsangebot, das so angelegt ist, dass eine Unterzeichnung sich nur für diejenigen Anwärter lohnt, die tatsächlich die geforderten Merkmale aufweisen (Arrow 1980). Die auf diese Weise geschaffenen Bedingungen erlauben es

Tab. 1 Corporate-Social-Responsibility-spezifische Risiken und Methoden ihrer Verminderung. (©IfM Bonn, in Anlehnung an Icks et al. 2015, S. 5)

Defizit	Fehlende Möglichkeit der Kontrolle bzw. Überwachung der Partner		Fehlende Möglichkeit der Durchsetzung von Vereinbarungen
Problemlagen	Informationsasymmetrie in Leistungsbeziehungen…		Spezifische Gebundenheit in einer bestehenden Beziehung
	in einer sich anbahnenden Beziehung	in einer bestehenden Beziehung	
Risiken durch Opportunismus	Vorspiegelung falscher Tatsachen (Adverse Selection)	Leistungsvorenthaltung (Moral Hazard)	Ausnutzung gebundener Partner (Hold-up)
Methoden der Risikominderung (Auswahl)	Regionale Rekrutierung Screening Verweis auf Reputation	Gruppendruck Institutionenbildung Langfristige Selbstbindung	Anreizkompatible Entscheidungs-/Verfügungsrechte Sicherung eines privaten Nutzens

der uninformierten Partei, allein aufgrund des Zeichnungsverhaltens des Vertragsnehmers auf dessen Integrität zu schließen (Spremann 1990, S. 579). Das Informationsdefizit wird also nicht beseitigt, jedoch umgangen, indem man sich eines Schemas bedient, das Informationsträgern einen Anreiz gibt, sich in seinen Eigenschaften und Präferenzen erkennen zu geben. Das Screening zielt dabei auf eine Selbstselektion ab.

Auch in bestehenden (Kooperations-)Beziehungen empfiehlt die NIÖ der benachteiligten Partei, ihren Partnern Anreize zu setzen, damit diese trotz ihres Informationsvorteils auf Opportunismus freiwillig verzichten. Um dem Moral-Hazard-Risiko wirksam zu begegnen, müssen diese Anreize so ausgestaltet sein, dass opportunistisches Handeln für den Betreffenden keine nutzbringende Verhaltensoption mehr darstellt (Möller 2006, S. 403). Anreize können dabei materieller Art (z. B. finanzielle Anreize) und immaterieller Art sein (z. B. Mitbestimmungsregeln). Integres Verhalten wird auf diese Weise belohnt.

Zur Minimierung des Hold-up-Risikos empfehlen die Vertreter der NIÖ das Setzen von Bindungsanreizen, um Kooperierende zu einem langfristig gleichgerichteten Handeln zu bewegen. Bindungsanreize können beispielsweise durch die Vereinbarung von Haftungsklauseln in Verträgen oder durch die Verpflichtung zur wechselseitigen Investition in kooperationsspezifische Mittel erzeugt werden. Indem Fehlverhalten automatisch sanktioniert bzw. Risiken systematisch aufgeteilt werden, rechnet sich unfaires Handeln nicht und wird folglich – rationales Handeln unterstellt – wahrscheinlich unterbleiben.

Eine andere Sichtweise auf die Opportunismusgefahr nimmt unterdessen die Sozialkapitaltheorie ein. Im Unterschied zur NIÖ, die am individuellen Entscheidungskalkül der Akteure ansetzt, fokussiert die Sozialkapitaltheorie auf die Fähigkeit von Personengruppen, gemeinschaftliche Normen zu erschaffen. Als Bestandteil einer sozialen Ordnung definieren Normen wiederum die Verhaltensweisen dieser Gruppenmitglieder und erzeugen im Fall von Gemeinschaftsinitiativen Anreize zur Kooperation (Schechler 2002, S. 103). Ausgebildetes Umgangswissen, Konfliktlösungskompetenz und die Bereitschaft, füreinander einzustehen, sind konstitutiv für diese Normen. Ein gemeinsamer Erfahrungshintergrund befördert in aller Regel das Entstehen wechselseitiger Verpflichtungsgefühle, die zu reziprokem Handeln anregen und in nächster Konsequenz Vertrauen unter den Akteuren erzeugen (Schechler 2002, S. 70 f.). In einem derartigen Milieu ist die Wahrscheinlichkeit von Treue hoch und sind die Verhaltenserwartungen entsprechend stabil. Diese Normen kollektiven Verhaltens werden in ihrer Gesamtheit auch als Sozialkapital bezeichnet (Bourdieu 1983, S. 191). Sozialkapital wird zur ökonomischen Ressource, da es einen Anreiz zu gegenseitig verbindlichem und redlichem Verhalten erzeugt (Adler und Kwon 2002, S. 18). Wer über Sozialkapital verfügt, kann dieses Gut aber auch durch eigenes Fehlverhalten verlieren. Wer Vertrauen verspielt, kann durch Ausschluss aus der Gemeinschaft – also durch Entzug des Sozialkapitals – sanktioniert werden. So kann bereits die Androhung, im Fall opportunistischen Verhaltens die Vertrauensbasis zu entziehen, eine disziplinierende Wirkung entfalten. Die Vertreter der Sozialkapitaltheorie empfehlen daher, zur Abwendung des Opportunismusrisikos in Kooperationsbeziehungen das in bestehenden Netzwerken vorhandene Sozialkapital zu aktivieren, wenn Kontrolle unter den Akteuren ansonsten nicht möglich ist.

3 Die WABE-Initiative: Erfolgsbeispiel einer CSR-Partnerschaft

Eine CSR-Partnerschaft, in der die Initiatoren die Risiken opportunistischen Verhaltens früh erkannten, als bedeutsam einstuften und Maßnahmen zu ihrer Begrenzung ergriffen, stellt die WABE-Initiative dar. Da es in diesem Fall den Entscheidungsträgern der Initiative gelang, Opportunismusrisiken weitgehend zu entschärfen, das Engagement sukzessive auszuweiten, den Kreis der Beteiligten zu vergrößern und substanzielle Erfolge zu erzielen, soll diese beispielgebende Initiative nachfolgend näher vorgestellt werden.

Die WABE-Initiative wurde von Familienunternehmen und engagierten Bürgern in der im südlichen Schwarzwald gelegenen Gemeinde Waldkirch mit dem Ziel begründet, Arbeitslosen und von Arbeitslosigkeit bedrohten Menschen den Weg in eine reguläre Beschäftigung bzw. in eine (Weiter-)Qualifizierung zu ebnen. Hierzu wurde unter aktiver Beteiligung der Gemeinde Waldkirch im Jahr 1999 der Verein WABE e. V. ins Leben gerufen. In diesem wurden erste Qualifizierungsprojekte realisiert. Mittlerweile liegt der Fokus der Vereinsarbeit u. a. auf der Durchführung von Informationsveranstaltungen und der Begründung von Ausbildungsbündnissen. Mit steigendem Aktivitätsniveau und wachsenden Anforderungen wurde die Ausgliederung von Funktionsbereichen in ein neues Sozialunternehmen erforderlich: Im Jahr 2004 wurde die gemeinnützige WABE Beschäftigungs- und Qualifizierungsgesellschaft mbH gegründet und mit der Aufgabe der Aus- und Weiterbildung von Jobsuchenden beauftragt. Ortsansässige Familienunternehmen, die Kreisstadt Waldkirch und der WABE e. V. wurden zu Gesellschaftern dieses Sozialunternehmens (WABE 2016a). Die WABE gGmbH verfügt über mehrere Schulungseinheiten, darunter eine Lehrwerkstatt (WABE 2016b). In diesen Einheiten sorgen Betreuer für eine „ganzheitlich strukturierte, berufliche, soziale und lebenspraktische Qualifizierung" (WABE 2009, S. 3) der ihnen anvertrauten Jobsuchenden. Die Qualifizierungsmaßnahmen werden dabei in enger Zusammenarbeit mit der örtlichen Agentur für Arbeit durchgeführt.

Die bürgerschaftliche WABE-Initiative mit ihren beiden Teilorganisationen hat sich mittlerweile in der Aus- und Weiterbildungsinfrastruktur am Wirtschaftsstandort Waldkirch etabliert. Mit ihrem Engagement übernehmen die an diesem Verbund beteiligten Familienunternehmen ordnungspolitische Verantwortung in ihrem Gemeinwesen. Als Kooperation zwischen der Wirtschaft und der Gesellschaft – vertreten u. a. durch die Kommune bzw. durch die im WABE e. V. vertretenen Bürger – gelingt es dieser Initiative, unterschiedliche gesellschaftliche Kräfte zu vereinen und zu mobilisieren. Auf diese Weise werden finanzielle Ressourcen und v. a. auch Kompetenzen aus unterschiedlichen Bereichen zusammengeführt und neue Ansätze der Betreuung und Qualifizierung von Arbeitssuchenden entwickelt und umgesetzt. Die WABE wurde als erfolgreiche und innovative CSR-Partnerschaft aufgrund der von ihr ausgehenden Aus- und Weiterbildungseffekte, nachgelagerten Beschäftigungseffekte sowie ihres Beitrags zur Absenkung der Arbeitslosigkeit in der Region mehrfach ausgezeichnet (BMWi 2008). Im Jahr 2008 wurde der WABE gGmbH der Europäische Unternehmerpreis verliehen.

Neben dem erzielten gesellschaftlichen Nutzen bietet die WABE den beteiligten Unternehmen auch wirtschaftliche Vorteile: Zunächst einmal profitieren die Unternehmen von dem Goodwill, der ihnen aus vielen Teilen der Gesellschaft aufgrund ihres Sozialengagements entgegengebracht wird (Icks et al. 2015, S. 32 ff.). Zudem erzeugt das Engagement vielfältige integrative Effekte innerhalb der Belegschaften, was zur Stärkung der Unternehmenskultur in den jeweiligen Fällen beiträgt. Berichten der Geschäftsführungen zufolge setzt sich das solidarische Handeln dieser Unternehmen in den Verhaltensweisen der Belegschaften fort. Bürgerengagement stärke dabei zudem den inneren Zusammenhalt, konstatierten die Entscheidungsträger in den Unternehmen (Icks et al. 2015). Ferner erweisen sich die gewonnenen Informationen (z. B. über das Arbeitskräftepotenzial in der Region) und die erworbenen Kontakte für die beteiligten Unternehmen als vorteilhaft. Die WABE trägt außerdem dazu bei, den Fachkräftebedarf der beteiligten Unternehmen langfristig zu sichern. Die Unternehmen erlangen einzigartige Einblicke in das Können und das Potenzial der durch die WABE betreuten Jobsuchenden. Dies eröffnet den Unternehmen die Chance, ambitionierten Bewerbern je nach Eignung Job- bzw. Ausbildungsofferten im Unternehmen zu unterbreiten. Die WABE trägt somit zur Überwindung von Informationsasymmetrie auf dem lokalen Arbeitsmarkt bei und bietet den Unternehmen einen verbesserten Zugang zu potenziellen Stellenbewerbern. In diesem Sinn ergänzt und erweitert die WABE die betriebliche Personalpolitik im Allgemeinen und die Aus- und Weiterbildungspolitik im Speziellen.

4 Maßnahmen zur Minimierung der Opportunismusrisiken

Der Werdegang der WABE-Initiative von einer zunächst losen Gruppierung engagierter (Unternehmens-)Bürger bis hin zum gemeinschaftlichen Betrieb zweier Sozialorganisationen mit eigenen Mitteln und Personal könnte kaum eindrucksvoller sein. Es lohnt daher die Vorkehrungen und Maßnahmen näher zu betrachten, die getroffen bzw. angewendet wurden, um den Risiken opportunistischen Verhaltens wirkungsvoll entgegenzutreten. An diesem Beispiel lässt sich zudem aufzeigen, wie der Katalog an Maßnahmen zur Risikoprävention mit steigender Komplexität der Leistungsbeziehung angepasst wurde, um die CSR-Partnerinitiative in den einzelnen Entwicklungsphasen und in ihrem Wachstum kontinuierlich abzusichern.

4.1 Regionale Rekrutierung

Um von vornherein der Möglichkeit entgegenzutreten, an nicht integre Partner zu geraten (Risiko der Adversen Selektion), wandten sich die Initiatoren der WABE zunächst ausschließlich an Interessenten aus der Gemeinde bzw. dem unmittelbaren regionalen Umfeld. So fanden private Bürger und Unternehmer zusammen, die sich persönlich kannten, im Umgang miteinander meist erfahren und aufgrund ihrer dauerhaften Ortsansässigkeit an einer langfristigen, konstruktiven Zusammenarbeit interessiert waren (Icks et al. 2015, S. 48 f.). Derartige Netzwerkkontakte bilden aus ökonomischer Sicht eine wertvolle Ressource, die dem Sozialkapital der Beteiligten zuzuordnen ist. Durch Rückgriff auf diese Beziehungsressource ließen sich bei der Partnerwahl Suchkosten einsparen und Transaktionskosten der Eignungsprüfung gering halten (Herrmann-Pillath und Lies 2001, S. 8 ff.). Die räumliche Nähe bietet den Teilnehmenden noch einen weiteren Vorteil: Die Kosten der persönlichen Treffen zur Anbahnung und später auch zur gemeinsamen Koordination der CSR-Partnerschaft lassen sich aufgrund geringer räumlicher Distanzen in ihrer Höhe begrenzen.

4.2 Screening

Mit der Beteiligung an bürgerschaftlichen Prozessen und der Formierung in CSR-Partnerschaften überschreiten Unternehmen die Grenzen ihres angestammten wirtschaftlichen Betätigungsfelds. Um dennoch Bürgerqualität zugeschrieben zu bekommen und als CSR-Partner akzeptiert zu werden, müssen Unternehmen ihren Gemeinsinn unter Beweis stellen. Wie aber können Dritte, denen Einblicke in die Geschäftsprozesse fehlen, sich ein realistisches Bild von der Unternehmenskultur potenzieller Partner machen? Wie im Theorieteil dargelegt, bietet sich die Methode des Screenings als Suchverfahren an.

Das Screening dient der informationssuchenden Partei als Strategie zur Selektion und Identifizierung bestimmter Merkmalsträger. Das Screening über Anreizverträge durchzuführen, bietet sich zu Beginn einer CSR-Partnerschaft jedoch eher nicht an, da die sondierenden Parteien in aller Regel zunächst auf informelle Absprachen setzen. Im Fall der WABE hatten die Initiatoren bestimmte Erwartungen an ihre Partner. Um geeignete Mitstreiter auszuwählen, wurden Indikatoren herangezogen, die auf die gesuchten Merkmale hinweisen. Die Screenenden orientierten sich also an Signalen, die die Interessenten aussendeten. Signale sind dann glaubwürdig und verlässlich interpretierbar, wenn sie eindeutige Schlüsse auf einen verborgenen Sachverhalt – hier die Integrität eines potenziellen Partners – zulassen (Milgrom und Roberts 1992, S. 157). Ein Signal entwickelt also erst dann Überzeugungskraft, wenn es zweifelsfrei nur von solchen Aussendern profitabel erzeugt werden kann, die wahrheitsgemäß informieren. Für andere, die nur ein falsches Erscheinungsbild von sich abgeben könnten, darf sich diese Irreführung nicht lohnen.

Im Fall der WABE dienten die Referenzen als zuverlässige Signale. Die unternehmerischen Initiatoren der WABE konnten sich ihr Interesse an CSR gegenseitig und auch Dritten gegenüber versichern, indem sie auf ihre Erfahrung verwiesen, die sie betriebsintern mit CSR bereits gesammelt hatten (Icks et al. 2015, S. 48 f.). Referenzen dieser Art begründen Signale für eine Unternehmenskultur, die für Außenstehende nicht ohne Weiteres einsehbar ist. Denn wer wie die WABE-Initiatoren selbst in CSR investiert, kann aufgrund des hierzu geleisteten Aufwands und der erworbenen Expertise glaubhaft darstellen, der CSR-Idee wirklich verpflichtet zu sein und sich als integrer Player auf diesem Gebiet profilieren. Auch ohne tiefere Einblicke und Kontrollen kann aufgrund dieser Referenzen das Risiko der Adversen Selektion wirkungsvoll begrenzt werden. Dass sich in der WABE zunächst nur solche Akteure zusammenschlossen, die CSR-praxiserfahren sind, ist insofern also kein Zufall. Die Orientierung an Signalen mithilfe des Screenings kann selbst dann einem Unternehmen helfen, integre Partner für ein gemeinschaftliches CSR-Projekt ausfindig zu machen, wenn es nicht – wie im WABE-Beispiel der Fall – bereits über gute Kontakte (Sozialkapital) verfügt, sondern auf eine Auswahl unter anonymen Bewerbern angewiesen ist.

4.3 Verweis auf Reputation

Entscheidend für das Zustandekommen der WABE war zudem das hohe allgemeine Ansehen, das die Initiatoren bereits zuvor durch ihr Geschäftsgebaren in der Öffentlichkeit wie auch in Wirtschaftskreisen erworben hatten. So fanden sich namhafte Unternehmen und Unternehmerpersonen aus der Region zusammen, die aufgrund ihres guten Rufs weitreichend Vertrauen innerhalb der lokalen Bevölkerung und darüber hinaus genießen. Nicht nur für die Außenwirkung des WABE-Projekts ist das Ansehen der Mitglieder entscheidend: die Reputation ist auch maßgeblich für das wechselseitige Verhältnis der Partner untereinander im Hinblick auf das zuvor beschriebene Moral-Hazard-Risiko. Positive Reputation veranlasst Kooperierende nämlich zu einem Vertrauensvorschuss. Es wird von Akteuren mit Renommee erwartet, dass sie angekündigte Kooperationsbeiträge tatsächlich auch leisten werden. Reputation wirkt hier wie ein Pfand (Ripperger 2003, S. 99 ff.), denn missbräuchliches Verhalten kann durch Entzug der Reputation sanktioniert werden. Es ist also durchaus rational für die Träger von Reputation, sich an die Zusagen selbst zu binden, um die eigene Reputationsressource nicht zu gefährden. Wer also seinen guten Ruf in die Waagschale wirft, etwa um CSR-Partner für sich zu gewinnen, demonstriert hiermit seinen Willen, sich selbst zu verpflichten. Integrität muss dann mit Verweis auf eine entsprechende Reputation nicht stets aufs Neue unter Beweis gestellt werden (Schrader und Hansen 2005, S. 383). Wird Vertrauen zum übergreifenden Muster des Zusammenwirkens, bildet es eine Norm, die zur Stabilisierung der Verhaltenserwartungen beiträgt (Jansen 2004, S. 598). Normen stellen implizite Verträge dar und erzeugen insofern Bindungsanreize (Kasper et al. 2005, S. 970).

4.4 Sozialer Gruppendruck

CSR-Partnerschaften setzen voraus, dass sich die Mitglieder auf eine gemeinsame Zielsetzung und Vorgehensweise verständigen und dann auch bei der Umsetzung ihrer Vorhaben tatsächlich an einem Strang ziehen, also sich kooperativ verhalten. Wie dargelegt, macht Informationsasymmetrie es jedoch möglich, dass Einzelne zwar von den Vorteilen der Kooperation profitieren, sich aber insgeheim ihren Pflichten teilweise entziehen. Moral Hazard ließe sich durch umfassende Kontrollen der Leistungsbeiträge ausschließen. Jedoch gerade diese Kontrolle ist in Kooperationen, die auf freiwilliges Engagement gründen, nur begrenzt möglich oder unter Umständen sogar unerwünscht. Die bereits erwähnte räumliche Nähe, ein intensiver persönlicher Austausch und eine übersichtliche Anzahl an involvierten Partnern erlauben es allerdings, die Kosten der wechselseitigen Kontrolle gering zu halten, denn opportunistisches Verhalten würde sich in einer kleinen Gruppe – anders als in anonymen Kreisen mit vielen Teilnehmern – rasch herumsprechen (Besanko et al. 2007, S. 497). Zur Sicherstellung der Leistungsbereitschaft setzten die Mitglieder der WABE zunächst auf den in kleinen Formationen vereinbarten Verhaltenskodex sowie auf Gemeinsinn. So nutzten sie die Wirkung des Peer Pressures (Gruppen- bzw. Konformitätsdruck) aus. Sozialer Druck erzeugt Anreize für die Mitglieder, das eigene Verhalten am Gemeinschaftsinteresse auszurichten (Olson 1998, S. 46).

4.5 Langfristige Selbstbindung

Des Weiteren einigten sich die WABE-Initiatoren auf eine dauerhaft angelegte Zusammenarbeit, verzichteten also auf eine zeitliche Begrenzung ihrer Projektarbeit. Allein diese Übereinkunft erzeugt einen positiven Kooperationsanreiz. Denn die Weiterführungsperspektive animiert Kooperierende stets aufs Neue zu einem gleichgerichteten Verhalten (Hahn 2005, S. 99). In einer zeitlich begrenzten CSR-Partnerschaft würde der Kooperationsanreiz zumindest zum Ende hin abnehmen oder gar ganz verloren gehen. Denn streng rational Handelnde, die ohnehin in Kürze eigene Wege gehen, sind auf den Goodwill ihrer Partner nicht mehr angewiesen und können daher zu Opportunismus neigen. Die Fortsetzungsoption fördert insofern eine intrinsische Motivation zum Festhalten an Zusagen und reduziert die Wahrscheinlichkeit der Leistungsvorenthaltung, schützt also tendenziell vor Moral Hazard (Skyrms 2004, S. 12).

Hinzu kommt der Umstand, dass die WABE-Initiative an eben dem Standort ins Leben gerufen wurde, an dem die beteiligten Unternehmen ihren Firmensitz haben. Von diesen kann aufgrund ihrer lokalen Verwurzelung (z. B. Immobilienbesitz) und dem Schwerpunkt ihrer Geschäftstätigkeit (z. B. bestehende Kunden- und Zuliefererbeziehungen) erwartet werden, dass sie dem Wirtschaftsstandort langfristig treu bleiben. Wer auf der Geschäftsebene am Standort gebunden ist, von dem kann auch erwartet werden, dass er auf der bürgerschaftlichen Aktionsebene seinen Zusagen treu bleibt. Denn das Sozialkapital, das in dem geschäftlichen Zusammenhang als Ressource genutzt wird, ist von dem sozialen Kapital im gesellschaftlichen Kontext nicht trennbar (Pies 2006, S. 2). Rufschädigendes Verhalten in einer CSR-Partnerschaft würde sich früher oder später auch auf die Geschäftsbeziehungen negativ am Ort auswirken. Diese auf mehreren Ebenen bestehende Verbindung senkt die Wahrscheinlichkeit opportunistischer Fehltritte.

Schließlich untermauerten die Beteiligten an der WABE gGmbH nicht zuletzt mit der Vereinsgründung ihre dauerhafte Einsatzbereitschaft. Mit ihrer Verpflichtung zur Leistung finanzieller Mitgliedsbeiträge für den Verein bzw. ihrer Kapitaleinlage an dem Sozialunternehmen gaben die Unternehmen eine Beteiligungszusage ab, die weit über ein bloßes Treueversprechen hinausging. Die wechselseitigen Investitionen erzeugen zudem einen Anreiz für alle Beteiligten, an der Kooperation festzuhalten. Insofern stabilisieren sie die Verhaltenserwartungen und sichern die Kooperation gegen Moral Hazard ab.

4.6 Institutionenbildung

Die Begründung stehender, organisationaler Strukturen dient nicht allein der vorgenannten Funktion, den Partnern gegenüber Treue zu signalisieren. Die Verträge, auf denen die unterschiedlichen WABE-Institutionen beruhen, leisten einen wichtigen Beitrag zum Schutz vor Moral Hazard. So basieren etwa die von dem WABE e. V. initiierten Ausbildungskooperationen auf Verträgen, die juristisch die beteiligten Unternehmen an ihre Leistungszusagen binden. Auch der Verein kann als Institution aufgefasst werden, dessen kollektives Handeln durch Verträge festgelegt ist (Valcárcel 2002, S. 39 f.). Gleiches gilt für die WABE gGmbH, auch wenn die konkrete Rechtsgrundlage eine andere ist. Der jeweilige Rechtsrahmen wurde in all diesen Institutionen gewählt, um Verhaltensstabilität unter den Teilnehmern sicherzustellen. Die Zusammenarbeit beruht nicht nur auf Absichtserklärungen, sondern auf formellen Regelungen. Die rasche Ausweitung des Aktivitätsniveaus und die Aufnahme weiterer Mitglieder bzw. Miteigentümer machte die Begründung formeller Institutionen erforderlich (Icks et al. 2015, S. 35 ff.).

Die Formalisierung der Kooperationsbeziehung durch Institutionalisierung wird im Fall des WABE e. V. in der Vereinssatzung deutlich. In diese wurde das Leitbild des gemeinschaftlichen Engagements übertragen. Ferner verfügt der WABE e. V. mit dem gewählten Vorstand über eine Steuerungs- und Kontrollinstanz, die die Koordinationsaufgaben wahrnimmt und Aufgaben und Verantwortungsbereiche den Mitgliedern zuweist. Der Verein bietet somit den institutionellen Rahmen für die Festlegung von Steuerungsprinzipien ebenso wie für Sanktionierungen einzelner. Der Verein als Institution ist also darauf gerichtet, die langfristige Handlungsfähigkeit der Mitglieder zu sichern und gegebenenfalls Opportunismus zu unterbinden (Spremann 1989, S. 744).

In entsprechender Weise dient auch die Begründung der WABE gGmbH u. a. dem Ziel, Verhaltenssicherheit unter den Eignern zu erzeugen, indem ein vertragliches Fundament geschaffen wurde. Die Leitlinien des gemeinschaftlichen Handelns gingen auch hier in die Statuten dieser Institutionen ein. Das Rechtsgebilde ermöglicht es der WABE, eigene Betriebsmittel anzuschaffen, Personal einzustellen und im Rahmen des Auftrags Geschäftsbeziehungen einzugehen. Zudem wurde durch die Abtrennung des Geschäftsbetriebs von der Vereinsarbeit eine Haftungsbegrenzung erzielt, wie sie die Rechtsform in spezifischer Weise ermöglicht. Die Wahl dieser Institution erlaubt ferner eine Beteiligung weiterer unternehmerischer Kapitalgeber, ohne deren Beiträge eine Finanzierung des Wachstums aus eigenen Mitteln bzw. öffentlichen Fördermitteln nicht möglich gewesen wäre. Als korporativer Akteur bildet die WABE gGmbH eine Handlungseinheit. In ihr wird zudem das Residualeinkommen aus der Geschäftstätigkeit gebunden, was die erzielten finanziellen Erlöse ebenso betrifft wie die immateriellen Gewinne (z. B. Erfahrungen, entwickelte Kompetenz). Das Sozialunternehmen fungiert insofern als Informationsspeicher und generell als Pool der Gemeinschaftsressourcen (Valcárcel 2002, S. 106 ff.). Diese Kollektivressourcen werden durch Mitglieder der WABE erschaffen und von diesen genutzt. Auch diese Gemeinschaftsressourcen entfalten eine disziplinierende Wirkung auf die Gesellschafter. Denn wer sich opportunistisch verhält, riskiert die Mitgliedschaft und damit den Zugang zu diesen WABE-spezifischen Ressourcen. Der drohende Ausschluss macht Opportunismus unattraktiv, erzeugt einen Kooperationsanreiz und bietet insofern effektiven Schutz vor dem als Moral Hazard bezeichneten Risiko.

4.7 Anreizkompatible Verteilung der Entscheidungs- und Verfügungsrechte

Ein weiterer Grund, weshalb es sich für die Entscheidungsträger der WABE lohnte, Leistungsbeziehungen auf eine vertragliche Grundlage zu stellen und hierbei unterschiedliche Modelle (Kooperationsvertrag, Verein, gGmbH) zu wählen, bestand in der Sicherstellung von Anreizen zur Leistung spezifischer Investitionen. Anschaffungen, die zum Zweck der CSR-Partnerschaften durch die Partner getätigt werden, sind gemeinhin im Rahmen der Gemeinschaftsinitiative mehr wert als außerhalb. Das Bereitstellen von Kapital bringt jedoch eine strategische Gebundenheit des einzelnen Investors mit sich. Wie im Theorieteil näher ausgeführt, schafft diese Zweckbindung der Investition Gelegenheit für Hold-up. Die unterschiedlichen Institutionen ermöglichen es auf verschiedene Art und Weise, anreizkompatible Entscheidungs- und Verfügungsrechte über die in die WABE eingebrachten Mittel festzulegen, um Opportunismus vorzubeugen.

Für WABE-Projekte, die auf eine Zusammenarbeit von Unternehmen im Rahmen ihrer betrieblichen Ausbildung abzielen, wurden wechselseitige Kooperationsverträge als institutionelle Basis gewählt. Die Ausbildungstätigkeit verbleibt in den jeweiligen Unternehmen. Die Kooperation dient dazu, Auszubildenden die Möglichkeit zu schaffen, auch Qualifikationsangebote der Partnerunternehmen wahrzunehmen. Entscheidungs- und Verfügungsrechte an den hierbei aufgewendeten Mitteln verbleiben in diesem Konzept bei den involvierten Unternehmen. Eigenverantwortlichkeit sichert auf diese Weise den motivationalen Anreiz zur Erbringung spezifischer Ausbildungsinvestitionen (Wilkesmann und Blutner 2006, S. 6). Indem auf eine Zusammenlegung von Zuständigkeiten verzichtet wird, bleibt der Grad der Komplexität der Austauschbeziehungen gering. Leistungsbeiträge sind auf diese Weise von den anderen Partnern identifizierbar und zuordenbar. Die Zuteilung von Verantwortungsbereichen bringt zudem eine klare Abgrenzung der Aufgaben innerhalb von Kooperationsbeziehungen mit sich, durch die die Spielräume für Opportunismus eingegrenzt werden (Olson 1998, S. 91).

Andere, im Rahmen der WABE vorangebrachte Projekte erforderten demgegenüber den Aufbau gänzlich neuer Betriebseinheiten. Die Vereinsmitglieder respektive die Gesellschafter verpflichten sich, die hierfür erforderlichen finanziellen Ressourcen auf dem Weg der Zahlungen von Beiträgen sicherzustellen. Dem Vereinsvorstand bzw. den Gesellschaftern und der Geschäftsführung obliegt die Aufsichtsfunktion der zur Verfügung gestellten Mittel. Indem also durch Institutionalisierung die Steuerungsfunktion der eingebrachten Ressourcen nicht mehr uneingeschränkt einzelnen Partnern obliegt, wird ihnen der unmittelbare Zugriff und somit die Möglichkeit der einseitigen Vorteilsnahme entzogen. Auf diese Weise wird die Kooperation stabilisiert. Die Institutionen schützen sich insofern effektiv vor der Hold-up-Gefahr.

4.8 Sicherung des privaten Zusatznutzens

Nicht zuletzt tragen auch die im dritten Abschnitt des Beitrags beschriebenen Vorteile, die sich für die Unternehmen durch ihre WABE-Beteiligung ergeben, zur Reduktion der hier thematisierten Risiken bei. Genauer gesagt ist es der geschäftliche Zusatznutzen, der in diesem Zusammenhang bedeutsam ist. Wie erwähnt, profitieren die Unternehmen in vielfältiger Weise selbst von ihrer Mitwirkung an der WABE: Sie erzielen u. a. Lerneffekte, erhalten Kontakte und Informationen zu angehenden Fachkräften und können diese im Vorfeld einer Anstellung im eigenen Unternehmen auf ihre berufliche Eignung hin prüfen. Die WABE dient diesen Unternehmen somit der Optimierung der eigenen Aus- und Weiterbildungs- bzw. Personalpolitik. Entscheidend ist, dass diese erworbenen Wissensressourcen allein denjenigen Unternehmen zugutekommen, die sich tatsächlich aktiv in der WABE engagieren. Der Zugang zu diesen Ressourcen motiviert die Teilnehmenden nachhaltig zur Kooperation.

Unternehmen, denen allein am sozialen Mehrwert von derartigen Projekten gelegen ist, dürften sich wohl kaum an der WABE beteiligen. Sie könnten nämlich von den positiven sozialen Effekten der WABE profitieren, ohne selbst etwas beizutragen. Sie könnten den Aufwand anderen Unternehmen überlassen und ihre eigenen Ressourcen schonen. Sie hätten dann sogar gegenüber den altruistisch handelnden WABE-Unternehmen einen Wettbewerbsvorteil. Ein derartiges Trittbrettfahrerverhalten wäre rational und dann auch sicherlich an der Tagesordnung. Es ist also nicht allein der soziale Mehrwert, sondern insbesondere der Zusatznutzen, der in entscheidender Weise Unternehmen zur Teilnahme an der WABE motiviert. Die engagierten Unternehmen haben aufgrund ihres privaten Zusatzgewinns ein ureigenes Interesse am Gelingen der CSR-Partnerschaft. Mit opportunistischem Verhalten, das zum Scheitern der Kooperation führen kann, würden diese Unternehmen ihren Zusatznutzen aufs Spiel setzen. Nichtkooperatives Handeln ist insofern selbstschädigend (Maaß 2009, S. 127 f.). Der Erfolg der WABE-Initiative ist also maßgeblich auch darin begründet, dass sämtlichen beteiligten Unternehmen ein privater Zusatznutzen zugestanden und zugesichert wird. Dabei muss in jedem Einzelfall gelten, dass der eigene Nutzenwert am Kollektivgut die Kosten übersteigt, die dem jeweiligen Unternehmen bei der Bereitstellung entstehen. Der private Nettogewinn übersteigt dann den bloßen Mitnahmeeffekt bei eigener Untätigkeit (Olson 1998, S. 22). Dieser Umstand erzeugt einen kollektiven Anreiz, diszipliniert die Beteiligten und schützt sie vor Opportunismus.

5 Fazit

Mangelnde Kontrolle und fehlende Möglichkeiten, Vereinbarungen zwingend durchzusetzen, können den Erfolg von CSR-Partnerschaftsprojekten bedrohen. Die Opportunismusgefahr kann gar das Zustandekommen einer gemeinschaftlichen CSR-Initiative von vornherein verhindern. Das Beispiel der WABE zeigt eindrücklich, dass all diese Risiken durch gezielte Maßnahmen effektiv begrenzt – wenn nicht gar weitgehend überwunden – werden können. Dies ist auch ohne staatliche Kontrollinstanz in bürgerschaftlichen Formationen möglich. Voraussetzung hierfür ist jedoch die zielgerichtete Partnerwahl sowie ein anreizkompatibles Kooperationsmanagement.

Bei der Begründung einer CSR-Partnerschaft sind solche Initiatoren im Vorteil, die auf Sozialkapital zurückgreifen können. Jedoch auch ein gezieltes Screening kann den Akteuren helfen, an integre Partner zu gelangen. Der Kooperationsanreiz für alle Beteiligten ist hoch, wenn die Zusammenarbeit auf Dauer angelegt ist und ein anreizkompatibles Kooperationsdesign gewählt wird, das Entscheidungs- und Verfügungsrechte ebenso einschließt wie Kontrollmaßnahmen. Je nach Investitionsbereitschaft ist ein institutioneller Rahmen zu wählen, durch den gezielte Anreize zur dauerhaften Mitwirkung an der Kooperation gesetzt werden. Die WABE zeigt das gesamte Spektrum der formellen Institutionenbildung auf. Eine Kooperation steht und fällt jedoch mit dem zusätzlichen privaten Nutzen. Er kann von Unternehmen zu Unternehmen durchaus variieren. Wichtig ist aber, dass ein solcher Zusatznutzen für alle erzielbar ist und dass die Kosten der Teilnahme diesen Nutzen nicht zunichtemachen. Sämtliche Maßnahmen erlaubten es in ihrem Zusammenspiel, dass die in der WABE Zusammengeschlossenen dauerhaft an der Weiterführung der Kooperation interessiert sind. CSR-Partnerschaften sind also offenbar nicht nur den finanzstarken Konzernen vorbehalten. Sie lassen sich auch von Familienunternehmen begründen, wie das WABE-Beispiel belegt.

Literatur

Adler PS, Kwon SW (2002) Social capital: prospects for a new concept. Acad Manag Rev 1:17–40

Arrow KJ (1980) Wo Organisation endet: Management an den Grenzen des Machbaren. Gabler, Wiesbaden

Besanko D, Dranove D, Shanley M, Schaefer S (2007) Economics of strategy. John Wiley & Sons, Hoboken

BMWi [Bundesministerium für Wirtschaft und Energie] (2008) Deutschland-Sieger des European Enterprise Award 2008. http://www.bmwi.de/DE/Presse/pressemitteilungen,did=276558.html. Zugegriffen: 13. Dez. 2016

Bourdieu P (1983) Ökonomisches Kapital, kulturelles Kapital, soziales Kapital. In: Kreckel R (Hrsg) Soziale Ungleichheiten. Schwartz, Göttingen, S 183–198

Habisch A (2003) Corporate Citizenship. Gesellschaftliches Engagement von Unternehmen in Deutschland. Springer, Berlin, Heidelberg

Hahn T (2005) Gesellschaftliches Engagement von Unternehmen. Reziproke Stakeholder, ökonomische Anreize, strategische Gestaltungsoptionen. Gabler, Wiesbaden

Herrmann-Pillath C, Lies J (2001) Stakeholderorientierung als Management sozialen Kapitals in unternehmensbezogenen Netzwerken. Wittener Diskussionspapiere, Heft 84. Universität Witten, Witten

Icks A, Levering B, Maaß F, Werner A (2015) Chancen und Risiken von CSR im Mittelstand. IfM-Materialien Nr. 236. IfM Bonn, Bonn

Jansen H (2004) Verfügungsrechte und Transaktionen. Wirtschaftswissenschaftliches Stud 33(10):597–602

Jonker J, Stark W, Tewes S (2011) Corporate Social Responsibility und nachhaltige Entwicklung. Einführung, Strategie und Glossar. Springer, Berlin

Kasper H, Holzmüller HH, Wilke C (2005) Unternehmenskulturelle Voraussetzungen der Kooperation. In: Zentes J, Swoboda B, Morschett D (Hrsg) Kooperationen, Allianzen und Netzwerke. Grundlagen – Ansätze – Perspektiven. Springer, Wiesbaden, S 963–985

Maaß F (2009) Kooperative Ansätze im Corporate Citizenship. Erfolgsfaktoren gemeinschaftlichen Bürgerengagements von Unternehmen im deutschen Mittelstand. In: Sadowski D, Frick B, Schneider M (Hrsg) Organisationsökonomie humaner Dienstleistungen, Bd. 22. Hampp, München, Mering

Milgrom P, Roberts J (1992) Economics, organization and management. Prentice Hall, Upper Saddle River

Moeser M (2011) BIDs und kommunale Governance. Business Improvement Districts als Rechtssystem und im Rechtssystem – ein Instrument der kommunalen Governance. In: Kommunalrecht – Kommunalverwaltung, Bd. 57. Nomos, Baden-Baden

Möller S (2006) Opportunismus. Wirtschaftswissenschaftliches Stud 35(7):402–403

Olson M (1998) Die Logik des kollektiven Handelns. Die Einheit der Gesellschaftswissenschaften. Mohr Siebeck, Tübingen

Pfeffer J, Salancik GR (2008) The external control of Organisations. A resource dependence perspective. Harper & Row, Stanford

Pies I (2006) Ist Konsens im Konflikt möglich? Zur gesellschaftstheoretischen und gesellschaftspolitischen Bedeutung von Metaspielen (Diskussionspapier des Lehrstuhls für Wirtschaftsethik an der Martin-Luther-Universität Halle-Wittenberg, Nr. 13)

Richter R, Furubotn E (2003) Neue Institutionenökonomik. Mohr Siebeck, Tübingen

Ripperger T (2003) Ökonomik des Vertrauens. Analyse eines Organisationsprinzips. In: Hohmann K (Hrsg) Die Einheit der Gesellschaftswissenschaften, Bd. 101. Mohr Siebeck, Tübingen

Schechler JM (2002) Sozialkapital und Netzwerkökonomik. Campus, Frankfurt am Main

Scholz C (2005) Von der Netzwerkorganisation zur virtuellen Organisation – und zurück? In: Zentes J, Swoboda B, Morschett D (Hrsg) Kooperationen, Allianzen und Netzwerke. Grundlagen – Ansätze – Perspektiven. Gabler, Wiesbaden, S 505–526

Schrader U, Hansen U (2005) Corporate Social Responsibility als aktuelles Thema der Betriebswirtschaftslehre. Die Betriebswirtschaft 65(4):373–395

Schreyögg G (2003) Organisation. Grundlagen moderner Organisationsgestaltung. Mit Fallstudien. Gabler, Wiesbaden

Skyrms B (2004) The stag hunt and the evolution of social structure. Brian Skyrms, Cambridge

Spremann K (1989) Stakeholder-Ansatz versus Agency-Theorie. Z Betriebswirtsch 59(7):742–746

Spremann K (1990) Asymmetrische Informationen. Zeitschrift Für Betriebswirtschaftslehre 60(5/6):561–586

Valcárcel S (2002) Theorie der Unternehmung und Corporate Governance. Eine vertrags- und ressourcenbezogene Betrachtung. Beiträge zur betriebswirtschaftlichen Forschung, Bd. 101. Deutscher Universitätsverlag, Wiesbaden

WABE (2009) WABE gGmbH. Zukunft durch Arbeit. http://www.wabe-waldkirch.de/index.php?wer-wir-sind-1. Zugegriffen: 19. Dez. 2016

WABE (2016a) WABE e. V. Kooperation für Arbeit. http://www.wabe-verein.de/index.htm. Zugegriffen: 19. Dez. 2016

WABE (2016b) WABE Waldkircher Beschäftigungs- und Qualifizierungsgesellschaft mbH, Gemeinnützige Gesellschaft: Dienstleistungen aller Art. http://www.wabe-waldkirch.de/index.php?aktuelles. Zugegriffen: 19. Dez. 2016

Wilkesmann U, Blutner D (2006) Kollektives Handeln zur Produktion und Allokation von Clubgütern im deutschen Profifußball. Oder: Warum lassen sich die Interessen kleiner Vereine trotz Mehrheit nur schwer organisieren? Diskussionspapier des Zentrums für Weiterbildung der Universität Dortmund, Heft 1. Universität Dortmund, Dortmund

Dr. Frank Maaß ist seit 1998 als wissenschaftlicher Mitarbeiter am Institut für Mittelstandsforschung (Ifm) Bonn tätig. Er absolvierte die Diplomstudiengänge Volkswirtschaftslehre und Geographie an der Johann Wolfgang Goethe-Universität in Frankfurt am Main und promovierte im Fach Betriebswirtschaftslehre an der Universität Paderborn. Seine Forschungsgebiete sind CSR, Innovationen, Unternehmenskooperationen und Personalwirtschaft.

Familienunternehmen als regionale Treiber von CSR

Madeleine Früh und Arved Lüth

1 Zehn Jahre Verein Unternehmen für die Region

Im März 2007 hat Liz Mohn, stellvertretende Vorsitzende der Bertelsmann Stiftung, ihre Vision, „die Vielfalt unternehmerischen Engagements in Deutschland aufzuzeigen und andere zur Nachahmung anzuregen" vorgestellt und die Initiative *Unternehmen für die Region* ins Leben gerufen, um die Idee des vernetzten Engagements von Unternehmern weiterzuentwickeln (Mohn 2007).

Nach der Gründung vor zehn Jahren wurde die Initiative gemeinsam mit einem Kreis von renommierten Unternehmern kontinuierlich weiterentwickelt, bis im August 2012 der Initiativkreis entschied, die Initiative zu einer dauerhaften Struktur auszubauen. So wurde der Verein Unternehmen für die Region e. V. (UfdR) gegründet, der seitdem Träger der Initiative ist.

Den Willen des Mittelstands, sich einzubringen und Verantwortung zu übernehmen, greift Unternehmen für die Region e. V. auf und stellt ihn auf eine solide Basis. Erklärtes Ziel ist es, das bereits zahlreich vorhandene Engagement der familiengeführten und mittelständischen Unternehmen sichtbar zu machen, Vorbilder aufzuzeigen und wertzuschätzen und Unternehmen zur Nachahmung anzuregen. Dies wird durch eine Geschäftsstelle gewährleistet, die unter den Mitgliedern, darunter zahlreiche regionale Netzwerke aber auch Unternehmen, für Vernetzung und Austausch sorgt. Den vielen kreativen Beispielen gibt die Landkarte des Engagements, die Kampagne *Regional engagiert*, oder dem Wettbewerb *Mein Gutes Beispiel* ein Gesicht in der Öffentlichkeit. Zusammen werden Themen

M. Früh (✉)
Leiterin der Geschäftsstelle des gemeinnützigen Vereins „Unternehmen für die Region e.V."
Frankfurt a. M., Deutschland

A. Lüth
geschäftsführender Inhaber vom Frankfurter Beratungsunternehmen :response
Frankfurt a. M., Deutschland

© Springer-Verlag GmbH Deutschland 2018
R. Altenburger und R. Schmidpeter (Hrsg.), *CSR und Familienunternehmen*, Management-Reihe Corporate Social Responsibility,
https://doi.org/10.1007/978-3-662-55618-4_7

wie unternehmerische Nachhaltigkeit, gesellschaftlicher Zusammenhalt aber auch Digitalisierung in Angriff genommen. Darüber hinaus sorgen regelmäßige Veranstaltungen, wie der Ausschuss der Regionen, das Corporate-Social-Responsibility(CSR)-Expertennetzwerk oder die Jahreskonferenz zu einem aktuellen Thema für Vernetzung und Austausch unter den Unternehmern.

Über das bundesweite Netzwerk hinaus wird auch regional gearbeitet: Der Verein bringt unterschiedliche Akteure einer Region an einen Tisch und bietet eine Plattform für Dialoge, Vernetzung und Wissensaustausch. Aktuell ist etwa die Digitalisierung einer Region nach der Verantwortungspartnermethode ein zentrales Thema. Durch den Austausch mit Unternehmern und mit anderen gesellschaftlichen Akteuren werden so die Gestaltungskraft und das Potenzial des Engagements erhöht. Mithilfe konkreter Projekte in den Regionen lernen Unternehmen, Politik und zivilgesellschaftliche Akteure von- und miteinander.

2 CSR in Familienunternehmen im Wandel der Zeit – ein Experteninterview

Die gesellschaftliche Verantwortung von Unternehmen ist eine vielschichtige Debatte. Die Erwartung an verantwortliches Wirtschaften sind gestiegen – nicht nur an große Unternehmen. Insbesondere ist in den letzten Jahren die Relevanz des regionalen, gesellschaftlichen Engagements von Unternehmen gewachsen. Dies hat eine Reihe von Gründen. Angesichts der schwierigen Lage vieler kommunaler Haushalte, dem Standortwettbewerb von Regionen und dem Trend zur Regionalisierung erhöht sich die gesellschaftliche Erwartungshaltung an Unternehmen zur Lösung gesellschaftlicher Probleme – gerade auch in der Region, in der sie tätig sind – beizutragen.

Arved Lüth berät seit 20 Jahren Politik, Unternehmen und Stiftungen zur Strategie und Umsetzung von Nachhaltigkeit und gesellschaftlicher Verantwortung. Er ist geschäftsführender Inhaber der Frankfurter Managementberatung :response. Mit seinem Team begleitet er die Initiative Unternehmen für die Region bereits seit der Gründung vor zehn Jahren.

Guten Tag Herr Lüth. Die Politik steht vor der großen Herausforderung, einen zentralen oder föderalen Ansatz zu einer systematischen Förderung von CSR zu finden. Besonders schwierig wird es nämlich, wenn man dabei an die gesamte Wirtschaft, also in erster Linie den Mittelstand, denkt. Was wurde hier bis jetzt getan?
Die Frage ist, wie die Politik hier stimulieren kann ohne zu subventionieren oder zu regulieren. Die Vorschläge zur Umsetzung oder Stimulierung von CSR, die in Richtung Mittelstand und Familienunternehmen zielten, waren meist konzipiert, als sei ein mittelständisches Unternehmen ein kleinerer Konzern. Dementsprechend sollten die Programme, die für große Unternehmen gelten, irgendwie übersetzt werden. Mehrere hundert ungenutzte CSR-Toolboxen in europäischen Mitgliedsländern waren die Folge. Die Um-

setzung von Konzern-CSR im Mittelstand, also Compliance, gelang v. a. dort, wo dieses Anliegen direkt vom Kunden kam – etwa in Audits oder Standards, die der Lieferant nun einhalten und v. a. dokumentieren sollte. Es gelang weniger in der Kommunikation oder in der Einführung eines CSR-Managements. Im Gegenteil: Der Mittelstand wollte nicht so recht mitspielen. Trotzdem war der Andrang bei Veranstaltungen zum Thema immer wieder hoch und die diversen Befragungen der Verbände zeigten ein ungebrochenes Interesse und vielfältiges Engagement. CSR in kleinen und mittleren Unternehmen (KMU) gab es also reichlich, aber es musste etwas anders sein, als die Experten zunächst vermutet hatten. Niemand schien recht zu wissen, worin genau der Unterschied bestand.

Worin liegt denn genau der Unterschied zu Großunternehmen?
Während Großunternehmen hauptsächlich in Richtung Risikomanagement, Compliance, Reputationssicherung und Ökoeffizienz arbeiteten, geht es dem Mittelstand hauptsächlich um gesellschaftliche Beteiligung mit unternehmerischen Mitteln: konkrete Probleme im gesellschaftlichen Umfeld. Während Großunternehmen in ihren erfolgreichen Programmen ihre natürlichen Themen, also die nicht beabsichtigten gesellschaftlichen Nebenwirkungen (ökologische Folgen, Sozialstandards in der Lieferkette, Folgewirkungen von Technologien oder Produkten bei einzelnen Kundengruppen) bearbeiteten, setzten mittelständische Unternehmen bei einem gesellschaftlichen Problem in der Region an.

Worin liegt dann das charakteristische der CSR von familiengeführten Unternehmen und was sind die Erfolgsfaktoren?
Entscheidend für den Erfolg von Programmen zur Stimulierung von CSR bei Unternehmern ist die unternehmerische Arbeitsweise, die Nutzung vorhandener Ressourcen und der sichtbar positive Effekt für die Region. Die erfolgreichsten Ansätze im Mittelstand haben mit Kernkompetenzen des Unternehmens zu tun, aber nicht im Rahmen eines Managements der natürlichen Themen, sondern als Ressource zur Lösung gesellschaftlicher Probleme vor Ort. Und sie setzen auf den Unternehmer oder die Unternehmerin selbst. Diese wiederum sind weniger mit der Kommunikation und dem Reporting als mit dem Projektmanagement beschäftigt. Gelegentlich ist das Projekt aber auch in das Unternehmen tiefer integriert; trotzdem ist heute noch immer der eigentliche Projektleiter meist der Unternehmer. Das hat damit zu tun, dass diese Unternehmer ihr Umfeld als Bürger unternehmerisch gestalten wollen.

Welche Möglichkeiten haben die Familienunternehmen konkret, sich im Rahmen des Vereins UfdR präsent zu zeigen?
Im Rahmen unseres Vereins kommen wir mit diversen Projekten von familiengeführten Unternehmen in Kontakt. Die Landkarte des Engagements zeigt Best-Practice-Beispiele unternehmerischer Verantwortung in Deutschland: Über 1400 Projekte veranschaulichen die Themenvielfalt und die Formen des Engagements, dem sich mittelständische Unternehmen in ihren Regionen widmen. Neue Beispiele können jederzeit eingetragen werden.

Abb. 1 a Ausschnitt aus der Landkarte des Engagements. Durch Vergrößern der Karte werden die eingetragenen Unternehmen sichtbar. b Logo der Auszeichnung *Regional Engagiert*

Ausgezeichnet werden die Unternehmen, nach einer ausreichenden Prüfung, mit dem Siegel *Regional Engagiert* (Abb. 1).

Zudem wählt einmal im Jahr eine Jury aus mittelständischen Unternehmerinnen und Unternehmern im Rahmen des Wettbewerbs *Mein Gutes Beispiel* (Abb. 2) herausragende Projekte aus und zeichnet sie aus. *Mein gutes Beispiel* ist ein bundesweiter Preis für das regionale Engagement von kleinen, mittelständischen und familiengeführten Unternehmen mit einer ständigen Kategorie für das Handwerk, der gemeinsam mit der Bertelsmann Stiftung und dem Zentralverband des deutschen Handwerks durchgeführt wird. Hinzu kommt jedes Jahr ein Sonderpreis zu einem bestimmten Themenbereich. Im Jahr 2017 war es der Bereich Gesundheit, Ernährung, Sport. Bei der Auswahl der Gewinner stehen Fragen der Übertragbarkeit der Projekte, langfristiger Erfolg, die Arbeit mit Partnern und das Einbringen von Kernkompetenzen der Unternehmen im Vordergrund.

Abb. 2 Logo des Wettbewerbs *Mein Gutes Beispiel*

Familienunternehmen als regionale Treiber von CSR

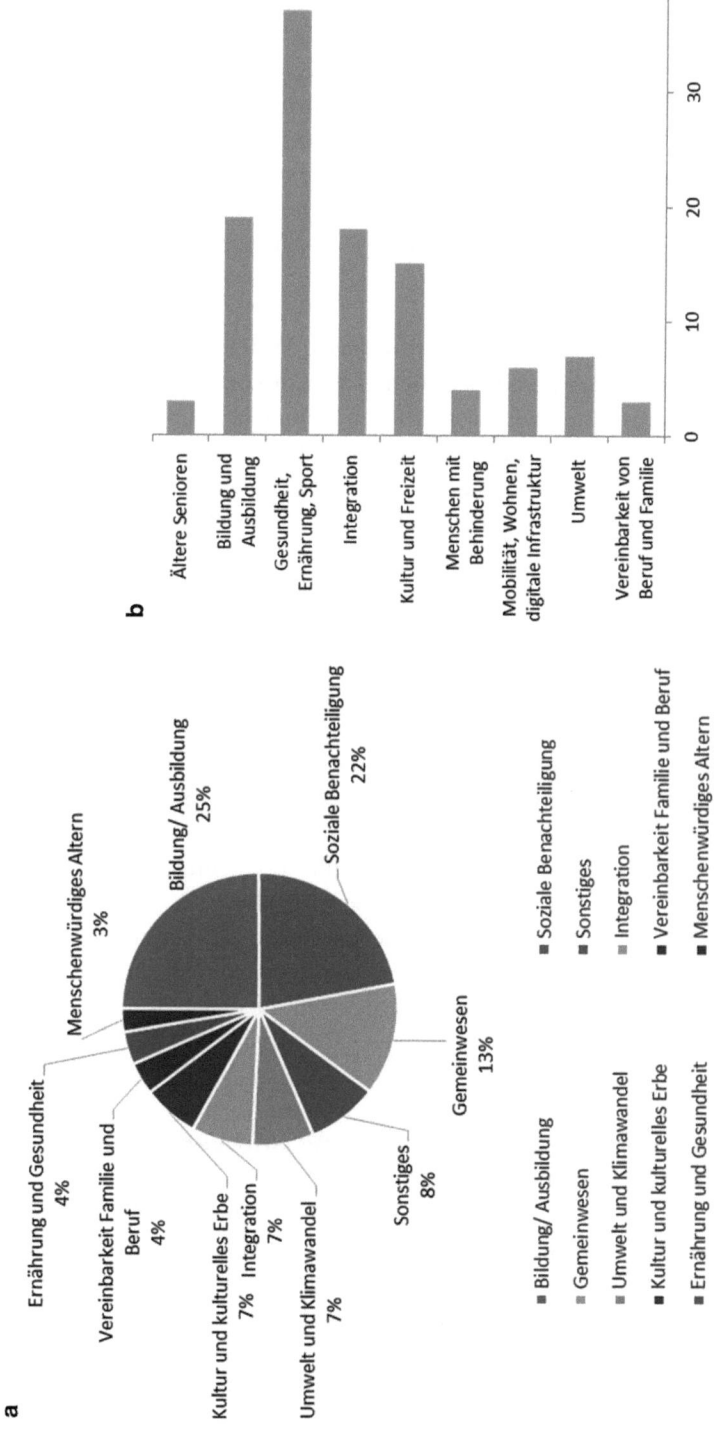

Abb. 3 Themenschwerpunkte in den Jahren 2016 (**a**) und 2017 (**b**). Der Sonderpreis wurde 2017 zum Thema Gesundheit verliehen, daher in diesem Bereich die meisten Bewerbungen

Welche Trends lassen sich aus den Wettbewerben beobachten?
Der stetige Anstieg der eingereichten Bewerbungen verdeutlicht, dass eine immer größer werdende Anzahl an familiengeführten mittelständischen Unternehmen Verantwortung für die Region übernehmen möchten. So stieg z. B. im Jahr 2016 die Anzahl der Anmeldungen im Vergleich zum Vorjahr um 23 %. Besonders bemerkenswert war zudem, dass sich über die Jahre viele Unternehmen mehrfach mit ihren immer wieder neuen Projekten beworben haben. Dies zeigen das Engagement der Unternehmerinnen und Unternehmer und das Bedürfnis, dauerhaft Beiträge für eine gesellschaftliche Entwicklung leisten zu wollen.

Im Hinblick auf die Erfahrungen des Wettbewerbs: Welche Schwerpunkte setzen Familienunternehmen in der gesellschaftlichen Verantwortung?
Die Bandbreite der adressierten gesellschaftlichen Herausforderungen der Unternehmen ist groß. Bekämpfung von Armut, Digitalisierung, Hilfe für Familien, Gesundheit der Mitarbeiter oder die Integration von Geflüchteten. Kaum ein Thema, das Unternehmen in ihrem Umfeld wahrnehmen, das man nicht mit unternehmerischen Mitteln zum Wohl der Gesellschaft positiv gestalten kann.

Im Lauf der Jahre haben sich hinsichtlich der eingereichten Themen verschiedene Trends abgezeichnet. So wurde in den vergangenen vier Jahren die größte Anzahl der Bewerbungen zum Thema Bildung und Ausbildung eingereicht. Einige der zu dem Themengebiet eingereichten Projekte standen in Verbindung mit der Integration von Flüchtlingen und Migranten. Viele mittelständische familiengeführte Unternehmen haben es sich zur Aufgabe gemacht, Flüchtlinge ganzheitlich auszubilden, um sowohl sprachliche, als auch kulturelle Probleme zu umgehen und die Menschen erfolgreich und dauerhaft in die Betriebe integrieren zu können.

Jedes Jahr kommen immer wieder neue aktuelle Themenfelder hinzu. So war im Jahr 2016 soziale Teilhabe das erste Mal ein Schwerpunktthema. 2017 gehören Artenvielfalt, Inklusion und Digitalisierung zu den neuen Themenschwerpunkten (Abb. 3). All dies sind Indikatoren für das Engagement der Unternehmen, auf aktuelle Bedarfe und gesellschaftliche Herausforderungen in den Regionen zu reagieren und entsprechende Lösungen anzubieten.

3 Wettbewerbsvorteile durch Übernahme und Vernetzung von gesellschaftlicher Verantwortung

Immer mehr Unternehmer möchten Verantwortung für die Gesellschaft übernehmen. Speziell familiengeführte Unternehmer sind in diesem Bestreben stark vertreten, da sie um die Situation vor Ort und um deren Entwicklungspotenziale wissen. Das gesellschaftliche Engagement dieser Betriebe hat eine lange Tradition, denn familiengeführte Unternehmen wissen: Wer in die Region investiert, investiert auch in die Grundlage des eigenen Erfolgs. Mit ihrem Engagement haben sie die Chance, die Zukunft mitzugestalten.

Besonders essenziell ist dabei die Einbindung von Stakeholdern in die unternehmerische Nachhaltigkeit. Unternehmen und ihre Stakeholder sind in ihrem Erfolg aufeinander angewiesen. So können z. B. Initiativkreise gebildet werden, in denen sich die Familienunternehmen mit Partnern aus Kommunen, Vereinen, Schulen und gemeinnützigen Organisationen zu Verantwortungspartnern zusammenschließen. Lokal verwurzelt kennen sie die Bedarfe, Akteure und Mentalitäten vor Ort. Gemeinsam identifizieren sie die regionalen Herausforderungen und entwickeln in Projektgruppen passgenaue Lösungen. Regionen, in denen sich eine kooperative Selbststeuerung im Sinn einer Regional Governance bildet, haben Wettbewerbsvorteile: Zwischen den Akteuren existieren vertrauensvolle Formen der Zusammenarbeit. Sie sind innovativer und verständnisvoller bei der Suche nach Lösungen für regionale Herausforderungen und Konflikte. Somit können Ergebnisse besser erzielt werden, die im Sinn einer nachhaltigen Regionalentwicklung ökonomisch, sozial und ökologisch tragfähig sind.

Im Folgenden werden zwei Projekte exemplarisch vorgestellt, die CSR in ihrem Familienunternehmen erfolgreich in der Region umgesetzt haben. Gemeinsam sind beiden Beispielen das Ziel Artenvielfalt zu erhalten und als Familienunternehmen über Jahrzehnte hinweg erfolgreich zu arbeiten.

3.1 Neumarkter Lammsbräu

Das Familienunternehmen Neumarkter Lammsbräu hat seinen Sitz in Neumarkt in der Oberpfalz und ist in die Branche der Brauerei und Mälzerei einzuordnen. Das Unternehmen unterscheidet sich von anderen Wettbewerbern durch den konsequenten Einsatz von Biobraurohstoffen aus regionalem ökologischen Landbau. Unter dem Motto *Verantwortung leben. Genuss schaffen.* ist das Betriebskonzept dem Schutz der Umwelt untergeordnet und kennzeichnet sich durch organisches Wachstum.

Das Engagement für Mensch und Umwelt mit dem Ziel der Regionalentwicklung manifestiert sich über alle Produktionsketten hinweg. Angefangen in der Landwirtschaft werden Braurohstoffe von der mittlerweile 25-jährigen Lammsbräu Erzeugergemeinschaft EZÖB bezogen. Die Bauern erhalten zur Existenzsicherung und Förderung über die Initiative *Fair zum Bauern* überdurchschnittlich hohe Einnahmen für ihre Erzeugnisse. Damit ist eine Bewirtschaftung von rund 4000 ha Land in der Ökomodellregion Neumarkt möglich.

Biodiversitätsaktivitäten beziehen regionale Akteure mit ein. Mit dem Ziel des Schutzes der Artenvielfalt kooperieren Mitarbeiter und eigene Landwirte mit regionalen Naturschutzverbänden und regionalen Unternehmen. Einnahmen durch Brauereibesichtigungen gehen an den Landschaftspflegeverband (LPV), um Flussläufe zu renaturieren. Der Landesbund für Vogelschutz (LBV) leistet in Zusammenarbeit mit den Azubis auf der Streuobstwiese Bildungsarbeit. Seit 2012 veranstaltet Neumarkter Lammsbräu regelmäßig Unternehmerstammtische mit Naturschutzverbänden, um die Akteure miteinander zu vernetzen. Mit dem Ziel der Bewahrung bzw. Steigerung der Artenvielfalt werden seit 2010 jährlich in Zusammenarbeit mit den Landwirten Kulturlandpläne erstellt. Im Anschluss werden in Kooperation mit einer Naturschutzberaterin Naturschutzmaßnahmen umgesetzt. Weiterhin werden in Seminarreihen gemeinsam mit Bioland die Landwirte zu Bodenpraktikern ausgebildet, um einen schonenden und bewussten Umgang mit Ackerflächen zu bewahren. Neumarkter Lammsbräu bietet in den genannten Aktionen finanzielle und ideelle Unterstützung.

Die Auszeichnung Neumarkts i. d. Opf. als offiziell nachhaltigste mittelgroße Stadt Deutschlands zeigt, dass sich das Engagement hinsichtlich Nachhaltigkeit entlang der gesamten Produktkette für das Unternehmen, seine Mitarbeiter und Landwirte, den Schutz der Biodiversität und somit für die gesamte Region rentiert. Darüber hinaus verleiht Neumarkter Lammsbräu jährlich Nachhaltigkeitspreise für Akteure, die eine nachhaltige Wirtschaftskultur fördern.

3.2 Reckhaus GmbH & Co. KG

Wie auch Neumarkter Lammsbräu ist die Reckhaus GmbH & Co. KG. mit ihrer Initiative *Insect Respect* für den Preis *Mein gutes Beispiel 2017* nominiert. Auch die Reckhaus GmbH & Co. KG zeichnet sich durch großes Engagement aus.

Zum Engagement der Reckhaus GmbH & Co. KG zählt der Schutz von Insekten; gleichzeitig ist das Familienunternehmen über Generationen als Biozidhersteller in der Insektenbekämpfung erfolgreich geworden. Was beim ersten Gedanken konträr wirkt, kann das Unternehmen als Alleinstellungsmerkmal in dieser Branche für sich beanspruchen.

Mit INSECT RESPECT® hat Reckhaus ein Gütezeichen für eine ausgeglichene Insektenbekämpfung entwickelt. Treiber hierbei ist die Wertschätzung von Insekten für den Menschen und die Umwelt; über ein Viertel der Insekten ist entweder gefährdet oder vom Aussterben bedroht. Die Dr. Reckhaus Fliegenscheibe erfüllt strenge ökologische Ansprüche, indem so weit wie möglich auf den Einsatz von Bioziden verzichtet wird. Gleichzeitig wird für durch das Produkt bekämpfte Insekten eine Ausgleichsfläche für Insekten geschaffen.

Dass das Design bei der Kommunikation mit den Verbrauchern eine große Rolle spielt, hat das Unternehmen mit der Zusammenarbeit von Designern ernst genommen. Daraus entstand ein innovatives Verpackungsdesign für die Dr. Reckhaus Fliegenscheibe, was mit dem Red Dot Award in der Kategorie Communication Design 2016 geehrt wurde. In dem Design kommt die Wertschätzung der Rolle der Insekten klar zum Ausdruck. Gleichzeitig wird es dem Verbraucher durch den Quick-Response(QR)-Code ermöglicht, Einsicht in die geschaffenen Ausgleichsflächen für die Insekten zu gewinnen.

Das Unternehmen wurde 2015 mit dem Schweizer Ethikpreis ausgezeichnet. Neben den Designern und den Verbrauchern bezieht der Geschäftsführer Dr. Hans-Dietrich Reckhaus in Vorträgen und öffentlichen Auftritten Stakeholder mit ein. Sein Credo: „Wenn selbst ein Biozidhersteller nachhaltig sein kann, dann können eigentlich alle Branchen nachhaltig werden."

Der Vergleich beider Unternehmen zeigt, dass mittelständische Familienunternehmen sich mit wichtigen Themen wie dem Schutz der Artenvielfalt beschäftigen und dabei CSR in ihr Kerngeschäft integrieren. Auffallend ist, dass die Herangehensweise zwar unterschiedlich ist und keinem vorgefertigten Schema folgt, aber strategische Geschäftszwecke und eine hohe Integrität gemein haben. Während Neumarkter Lammsbräu sich mehr der Regionalentwicklung widmet und die Stakeholder aus der Region mit einbezieht, ist die Herangehensweise von Reckhaus GmbH & Co. KG mehr mit einem Industrieunternehmen vergleichbar. Neumarkter Lammsbräu setzt auf organisches Wachstum und lebt seine gesellschaftliche Verantwortung mehr in der Stärkung regionaler Strukturen aus und greift auf klassische Aktivitäten wie den Einsatz von Bildungsangeboten und Ausschreibung von Preisen zurück, während Reckhaus GmbH & Co. KG gleichzeitig als Bekämpfer und Retter von Insekten auftritt und mit modernen Medien, wie dem QR-Code, zur Aufklärungsarbeit von Problemen beiträgt.

4 Resümee

Für eine gesellschaftliche Transformation hin zu einer nachhaltigen Wirtschafts- und Lebensweise spielen Familienunternehmen eine essenzielle Rolle. Mit ihrem über Generationen hinweg angesammelten Wissen über die Belange an ihrem Standort können familiengeführte mittelständische Unternehmen gezielt an der Lösung gesellschaftlicher Probleme mitwirken. Vor allem in ländlichen Regionen tragen die Unternehmen mit ihrer langfristigen und damit nachhaltigen Ausrichtung Verantwortung als Stabilitätsanker.

Auf regionaler Ebene können sie insbesondere durch ein vernetztes und gebündeltes gesellschaftliches Engagement einen wichtigen Beitrag für eine nachhaltige Regionalentwicklung leisten. Dadurch können sich regionale Potenziale wirksamer entfalten. Der Verein UfdR verleiht engagierten Unternehmern Anerkennung und bietet ihnen eine Plattform für den Austausch mit anderen Unternehmern und gesellschaftlichen Akteuren. Dialoge, Vernetzungen und Wissensaustausch tragen dazu bei, dass sich aus mittelständischen Familienbetrieben entsprungene Ideen wirksam entfalten können. Mit dem Bottom-up-Effekt kann aus kleinem gesellschaftlichem Engagement etwas Großes entstehen. Aus dem Verein entsprungene Projekte wie der Landkarte des Engagements, *Regional engagiert* oder dem Wettbewerb *Mein Gutes Beispiel* zeigen, wie Verantwortung für die Region von Familienunternehmen getragen wird.

Wichtig bei der Betrachtung von CSR im Rahmen von familiengeführten Unternehmen ist, dass sich CSR im Mittelstand deutlich von CSR in Großunternehmen unterscheidet. Da viele Unternehmer mit ihrem Engagement einen persönlichen Beitrag zu einer nachhaltigen Entwicklung der Region leisten wollen, fällt es ihnen auch schwer, diesen Beitrag zu delegieren. So wird zunehmend deutlich, warum sich CSR-Management aus Großunternehmen nicht auf familiengeführte mittelständische Unternehmen übertragen lässt. CSR ist gleichwohl auch für den mittelständischen Unternehmer kein selbstloser Beitrag, sondern im Ergebnis häufig eine Win-Win-Situation, die im mittel- und langfristigen Interesse des Unternehmens, seiner Mitarbeiter und der Region liegt. Entscheidend für den Erfolg von Programmen zur Stimulierung von CSR bei Unternehmern sind die unternehmerische Arbeitsweise, die Nutzung vorhandener Ressourcen und der sichtbar positive Effekt für die Region.

Das Charakteristische der mittelständischen CSR liegt in

- dem persönlichen Beitrag des Unternehmers als Bürger (Motive),
- der unternehmerischen Vorgehensweise (Management),
- der regionalen Fokussierung des Themas (Inhalte),
- der regionalen Kooperation (Partner),
- dem Einsatz der Kernkompetenzen zur Lösung gesellschaftlicher Probleme im Umfeld (Ressourcen).

Die vorgestellten Beispiele von Neumarkter Lammsbräu und Reckhaus GmbH & Co. KG verdeutlichen diese Charakteristika von familiengeführten mittelständischen Unternehmen. Ihr gesellschaftliches Engagement zeigt, wie über Verbundenheit mit dem Standort und Zusammenarbeit mit Stakeholdern kreative Lösungen auf soziale Probleme generiert und darüber hinaus Wettbewerbsvorteile geschaffen werden. Die damit einhergehende Schaffung von Arbeitsplätzen trägt wiederum zur Stabilisierung der Wirtschaft in der Region bei.

Die gestiegenen Anforderungen an ein Unternehmen kristallisieren sich letztlich in seiner Verlässlichkeit gegenüber der Gesellschaft. Es ist zu erwarten, dass sich mehr Unternehmen mit der Frage auseinandersetzen, wie sie ihre gesellschaftliche Verantwortung in die Unternehmensstrategie integrieren. Auch in Zukunft werden familiengeführte Unternehmen dabei eine essenzielle Rolle für die Regionen spielen. Man kann sich durchaus überraschen lassen, welche kreativen und problemlösungsorientierten Projekte und Initiativen die Unternehmer entwickeln werden.

Literatur

Mohn L (2007) Vorbilder gesucht: Gesellschaftliches Engagement im Mittelstand. https://www.bertelsmann-stiftung.de/en/press/press-releases/press-release/pid/vorbilder-gesucht-gesellschaftliches-engagement-im-mittelstand/?tx_rsmbstpress_pi2%5Bpage%5D=56&cHash=2f701759f1291876e907ef0d2bb71db2. Zugegriffen: 23. Okt. 2017

Madeleine Früh wurde als Vertreterin des Mittelstands ins nationale CSR-Forum berufen und initiierte unter anderem den nationalen Aktionsplan CSR des Bundesarbeitsministeriums mit. Ebenso gestaltete sie als Unternehmerin an der Seite von Liz Mohn die Initiative Unternehmen für die Region. Nun leitet sie die Geschäftsstelle des Vereins Unternehmen für die Region e. V. und berät Unternehmen zu Changemanagement und Organisationsentwicklung.

Arved Lüth ist Gründer und Geschäftsführender Inhaber von :response. Er arbeitet seit Mitte der 1990er-Jahre zu unternehmerischer Nachhaltigkeit (CSR) und wird von den führenden europäischen Unternehmen hierzu konsultiert. Für die Europäische Kommission, die Bundesregierung war er ebenso beratend tätig wie für große Stiftungen und Nichtregierungsorganisationen. Er ist Autor zahlreicher Fachartikel und zweier Managementhandbücher zum Thema.

Sustainable Entrepreneurship: Familienunternehmen als Nachhaltigkeitspioniere

Sylvie Scherrer und Claudia Binz-Astrachan

1 Einführung

Längst erkennen zukunftsorientierte Unternehmen, dass der Ruf nach Nachhaltigkeit kein kurzfristiger Trend, sondern langfristig ein zentraler Erfolgsfaktor ist (Lacy et al. 2010; Ambec und Lanoie 2008; Nidumolu et al. 2009; Schaltegger et al. 2011). Insbesondere junge Konsumenten verlangen vermehrt nach intelligenten Nachhaltigkeitslösungen und Mitarbeitende favorisieren Arbeitgeber, die über einen Leistungsausweis in Sachen Nachhaltigkeit verfügen (Jenkin 2015). Erste Zeichen dieses Wertewandels sind in der Praxis bereits deutlich sichtbar – noch nie waren Fair-Trade-Mode so chic, Biolebensmittel so gefragt und nachhaltige Arbeitgeber so beliebt (Zukunftsinstitut 2016).

Auch die aktuelle Forschung zeigt, dass sich eine Nachhaltigkeitsorientierung insbesondere in Kombination mit unternehmerischem Denken und Handeln sowie einer starken Innovationsorientierung für Unternehmen wirtschaftlich auszahlen kann (Schaltegger und Wagner 2011). Im Gegensatz zu den in Forschung und Praxis bereits etablierten Ansätzen wie Corporate Social Responsibility (CSR) oder Corporate Sustainability bezeichnet nachhaltigkeitsorientiertes Unternehmertum im Sinn von Sustainable Entrepreneurship einen stark marktwirtschaftlichen und innovationsorientierten Zugang zur Nachhaltigkeit. Wie erfolgreich diese Strategie des Sustainable Entrepreneurship sein kann, zeigen nicht nur etablierte Großunternehmen wie Philips oder Unilever, sondern auch junge klein- und

---

S. Scherrer (✉)
Hochschule Luzern – Wirtschaft. Institut für Betriebs- und Regionalökonomie, Jönköping University, Centre for Family Enterprise and Ownership
Zentralstrasse 9, 6002 Luzern, Schweiz
E-Mail: sylvie.scherrer@hslu.ch

C. Binz-Astrachan
Hochschule Luzern – Wirtschaft. Institut für Betriebs- und Regionalökonomie
Zentralstrasse 9, 6002 Lucern, Schweiz
E-Mail: claudia.astrachan@hslu.ch

mittelgroße Unternehmen (KMU) wie das Schweizer Carsharing-Unternehmen Mobility oder der Taschenhersteller Freitag. Gemeinsam ist diesen Unternehmen, dass sie als Vorreiter in ihrer Branche agieren und Nachhaltigkeitsherausforderungen bewusst als Inspirationsquelle für neue, nachhaltigere Produkte, Dienstleistungen und Businessmodelle erkennen. Diese diversen Unternehmenstypen reflektieren denn auch einen Schwerpunkt des noch jungen Forschungsfelds Sustainable Entrepreneurship: Die Frage, welchen Beitrag einerseits innovative Jungunternehmen, die bereits mit dem Nachhaltigkeitsgedanken geboren wurden, und anderseits multinationale Großunternehmen, die radikal umdenken müssen, in der Nachhaltigkeitstransition leisten können (Hockerts und Wüstenhagen 2010).

Auch wenn Sustainable Entrepeneurship als ein intuitiv ansprechendes und leicht verständliches Konzept erscheint, so ist die Strategie in der Umsetzung doch anspruchsvoll. Eine Sustainable-Entrepreneurship-Strategie führt i. d. R. zu grundlegenden strukturellen und kulturellen Veränderungen innerhalb der Organisation. Der Prozess des Entdeckens, Entwickelns und Nutzens von neuen Chancen, die einen wirtschaftlichen, sozialen und ökologischen Mehrwert generieren (Cohen und Winn 2007; Dean und McMullen 2007; Shepherd und Patzelt 2011), ist komplex, unsicher und risikoreich.

Vielleicht ist es gerade vor diesem Hintergrund wenig überraschend, dass sich dieses noch junge Forschungsfeld bis heute kaum mit den Besonderheiten von Familienunternehmen auseinandersetzt. Denn Wandelfähigkeit, Risikobereitschaft und Innovation sind Begriffe, die nicht zwingend mit Familienunternehmen in Verbindung gebracht werden, hält sich doch das Vorurteil hartnäckig, insbesondere traditionsreiche Familienunternehmen seien veränderungsresistent und träge (Miller und Le Breton-Miller 2005). Und doch hat gerade das Übernehmen gesellschaftlicher Verantwortung bei vielen Familienunternehmen eine lange Tradition (Dyer und Whetten 2006) und oftmals sind Familienunternehmen Pioniere des nachhaltigen Wirtschaftens in ihrer Region.

Dies dürfte u. a. daran liegen, dass Unternehmerfamilien aufgrund der engen Verzahnung von Familie und Unternehmen ein großes Interesse daran haben, sich sozial zu engagieren (Niehm et al. 2008), und sie ihre Rolle und die Rolle ihres Unternehmens in der Gesellschaft bewusst und verantwortungsvoll wahrnehmen. So engagieren sich Familienunternehmen beispielsweise bedeutend stärker in sozialen Initiativen also Nichtfamilienunternehmen (Bingham et al. 2011) und verhalten sich nachhaltiger als Unternehmen ohne Familienbezug (Campopiano und De Massis 2015; Dyer und Whetten 2006). Einerseits kann das soziale Engagement dazu dienen, die Reputation von Familie und Unternehmen zu schützen, andererseits mag es altruistische Motive befriedigen, beispielsweise, einem über das reine Geldverdienen hinausgehenden, höheren Zweck zu dienen („spiritual wellness"; Dyer und Whetten 2006, S. 789). Insbesondere Familien, die sich stark mit dem Unternehmen identifizieren, haben zudem im Sinn der Bestätigung eines positiven Selbstbilds ein gesteigertes Interesse daran, dass das eigene Unternehmen als besonders verantwortungsbewusst und nachhaltig wahrgenommen wird. Eigenschaften wie die finanzielle Unabhängigkeit, der langfristige Zeithorizont – in Absenz eines von Shareholderinteressen getriebenen Quartalsdenkens – und die Fähigkeit, in kurzer Zeit weitreichende strategische Entscheidungen treffen zu können, machen Familienunternehmen – zumindest in der Theorie – zu einem idealen Nährboden für nachhaltigkeitsorientiertes Unternehmertum.

Dieser Beitrag betrachtet daher das Konzept des Sustainable Entrepreneurship im Kontext von Familienunternehmen. Unser Fokus gilt jenen Familienunternehmen, die auf eine lange und erfolgreiche Geschichte zurückblicken, die aber auch das Ziel verfolgen, den zukünftigen Generationen ein erfolgreiches Unternehmen zu übergeben. Anhand verschiedener Fallstudien, basierend auf qualitativen Interviews mit den Eigentümerfamilien traditionsreicher Schweizer Familienunternehmen zeigen wir auf, wie unterschiedlich nachhaltigkeitsorientiertes Unternehmertum erfolgreich über Generationen gelebt werden kann.

2 Sustainable Entrepreneurship – ein vielschichtiges Konzept

Profitable Opportunitäten für nachhaltigkeitsorientiertes unternehmerisches Handeln, oder Sustainable Entrepreneurship, entstehen dort, wo der Markt versagt (Dean und McMullen 2007): Ineffiziente Unternehmen, Externalitäten, fehlerhafte Preismechanismen oder Informationsasymmetrien stellen – wenn sie denn erkannt werden – profitable Opportunitäten dar (Cohen und Winn 2007), die findige Enterpreneure und Organisationen nutzen können, um dank ihrer Innovationskraft, Proaktivität und Risikofreude neue Lösungen für bestehende Nachhaltigkeitsprobleme zu finden (York und Venkataraman 2010).

Viele zeitgenössische Autoren aus unterschiedlichen Forschungsbereichen sind sich heute einig, dass nachhaltigkeitsorientiertes Unternehmertum einer der vielversprechendsten Treiber für eine nachhaltigere Zukunft ist (Pacheco et al. 2010). Was genau Sustainable Entrepreneurship jedoch bedeutet, bleibt umstritten – es ist jedoch charakteristisch für ein so junges und multidisziplinäres Forschungsfeld, dass sich bis heute kein einheitliches Verständnis dieses zudem äußerst vielseitigen und mehrschichtigen Konzepts durchgesetzt hat (Pacheco et al. 2010; Shepherd und Patzelt 2011).

Einerseits unterscheiden sich verschiedene Definitionen in ihrem Verständnis von Nachhaltigkeit. Die Mehrheit der Arbeiten vertritt zwar ein ganzheitliches, integriertes Verständnis von Nachhaltigkeit, fokussiert sich jedoch meist auf Teilaspekte der Nachhaltigkeit wie z. B. ökologische Nachhaltigkeit (Dean und McMullen 2007; Hockerts und Wüstenhagen 2010) oder soziale Gerechtigkeit (Wagner 2010). Andererseits wird Sustainable Entrepreneurship in der Literatur in unterschiedlichen Rollen und Ebenen betrachtet, so z. B. als Treiber gesellschaftlichen Wandels hin zur Nachhaltigkeit (Hörisch 2015), als verändernde Kraft ganzer Industrien und Märkte (Hockerts und Wüstenhagen 2010), als Innovationstreiber in neuen oder bestehenden Unternehmen (Adams et al. 2015; Schaltegger und Hansen 2013; Schaltegger und Wagner 2011) oder als Werteorientierung von Unternehmern (Shepherd et al. 2013). Im Bestreben diese unterschiedlichen Perspektiven zu integrieren, verstehen Shepherd and Patzelt (2011) Sustainable Entrepreneurship in einer umfassenden Definition als „unternehmerischen Prozess des Erkennens, Entwickelns und Verwertens von Chancen und Opportunitäten, die wirtschaftlichen und nichtwirtschaftlichen Wert für das Individuum, die Wirtschaft und die Gesellschaft schaffen".

Nun unterscheidet sich der Prozess des nachhaltigkeitsorientierten Unternehmertums allerdings stark in bestehenden und neuen Unternehmen. Während neue Unternehmen oftmals mit dem Leitgedanken der Nachhaltigkeit gegründet werden, kann die Umsetzung bei bestehenden Unternehmen komplexer sein, wenn Nachhaltigkeitsthemen im Unternehmensentwicklungs- und Innovationsverlauf bewusst berücksichtigt werden müssen (Schaltegger und Hansen 2013, S. 20). Dies bedingt neben der Entwicklung neuer Produkte, Prozesse und Praktiken auch eine grundlegende Veränderung in der Unternehmensphilosophie und den Unternehmenswerten (Adams et al. 2015). Nachhaltiges Unternehmertum bedeutet in etablierten Unternehmen also nicht nur inkrementelle Verbesserungen von Prozessen und Produkten, sondern ein grundlegendes Überdenken und Anpassen des Geschäftsmodells und oftmals auch der Rolle des Unternehmens in der Gesellschaft (Dyllick und Hockerts 2002; Schaltegger und Hansen 2013).

Die aktuelle Forschung zu nachhaltigkeitsorientiertem Unternehmertum fokussiert sich primär auf Jungunternehmen, deren Geschäftsmodell bereits seit der Gründung auf Nachhaltigkeit ausgerichtet ist (z. B. im Bereich Mode Mud Jeans, Carpasus oder die Fashion-Kollektion F-abric Denim der Gebrüder Freitag oder im Food-Bereich Winnow oder Original Unverpackt) sowie auf etablierte Großunternehmen, die sich zu nachhaltigkeitsorientierten Unternehmen wandeln möchten (z. B. GE, Philips, Walmart, IKEA). Auffallend ist jedoch, dass nachhaltigkeitsorientiertes Unternehmertum in Familienunternehmen bis heute kaum thematisiert wird, obwohl zahlreiche dieser Großunternehmen in Familienbesitz sind und eine Vielzahl nachhaltigkeitsorientierter Jungunternehmen ihren Ursprung in der Familie finden (Randerson et al. 2015).

3 Familienunternehmen als Pioniere nachhaltiger Innovation?

Familienunternehmen sind meist wenig bekannt für Innovationskraft, Risikofreude und Proaktivität. Ihnen wird oft eine zögerliche Einstellung zu Veränderungen und mangelnde Risikofreude vorgeworfen – zwei Faktoren, die unternehmerisches Handeln bedeutend hemmen (Zahra 2005). Auf der anderen Seite können Familienunternehmen auf spezifische Eigenschaften und Ressourcen zurückgreifen – beispielsweise auf die rasche Entscheidungs- und Handlungsfähigkeit, die finanzielle Unabhängigkeit, die Reputation, das fundierte Marktwissen sowie einen langfristige Zeithorizont (Miller et al. 2016) – die Unternehmertum (Aldrich und Cliff 2003; McCann et al. 2001; Miller et al. 2016) und Innovationskraft (Chrisman et al. 2015; De Massis et al. 2015; Duran et al. 2016; König et al. 2013) maßgeblich fördern.

Entsprechend unterscheidet sich der Innovationsprozess in Familienunternehmen insofern, dass diese verhältnismäßig sichere und vorhersehbare Innovationsprozesse bevorzugen, die sie mit eigenen Mitteln finanzieren können (Alberti und Pizzurno 2013; Chrisman und Patel 2012; De Massis et al. 2015). Dies kann mit dem Wunsch nach langfristiger

Kontrolle der Familie und nach Wahrung der Unabhängigkeit von externen Geldgebern erklärt werden (Gomez-Mejia et al. 2011). Sobald jedoch das Fortbestehen des Familienunternehmens in Gefahr ist, entscheiden sich Familienunternehmen häufig für ausgewählte, radikale Innovationsprojekte, die sie schnell, konsequent und ausdauernd verfolgen (Allison et al. 2014; König et al. 2013) und bei denen sie selbst bei tieferem Innovationsinput einen hohen Innovationsoutput erzielen (Duran et al. 2016). Paradoxerweise haben Familienunternehmen sowohl bessere Fähigkeiten als auch eine tiefere Bereitschaft zu innovieren als Nichtfamilienunternehmen (Chrisman et al. 2015). Dies deutet daraufhin, dass Familienunternehmen es zwar können, aber nicht immer wollen. Dieses Können zeigt sich beispielsweise darin, dass Familienunternehmen ihr nachhaltigkeitsorientiertes Engagement besonders erfolgreich in ertragreiche Innovationen zu übersetzen vermögen (Craig und Dibrell 2006; Wagner 2010). Dies lässt den Schluss zu, dass Familienunternehmen im Kontext von nachhaltigkeitsorientiertem Unternehmertum und Innovationskraft offensichtlich auf ganz besondere Erfolgsfaktoren bauen können.

Nachfolgend präsentieren wir eine Reihe von Fallstudien mit langlebigen Schweizer Familienunternehmen, die – auch wenn sie sich selbst niemals so nennen würden – gemeinhin als Nachhaltigkeitspioniere in ihrem Feld gelten. Die Fallstudien zeigen auf, weshalb gerade die charakteristischen Eigenschaften von Familienunternehmen ein ideales Umfeld für nachhaltiges unternehmerisches Handeln schaffen können.

4 Erfolgsfaktoren innovativer Nachhaltigkeitspioniere

Für diesen Beitrag wurden traditionsreiche Schweizer Familienunternehmen interviewt, die als besonders innovativ und nachhaltigkeitsaffin in ihren Märkten gelten. Die Interviews mit Mitgliedern der Eigentümerfamilien sowie Mitarbeitern auf Managementebene dauerten zwischen 50 und 80 min, und wurden mithilfe qualitativer Inhaltsanalyse ausgewertet (Yin 2003).

4.1 Familienwerte als Grundlage unternehmerischer Nachhaltigkeit

In den wenigsten Familienunternehmen findet man eine ausformulierte Strategie oder detaillierte Angaben dazu, was das Unternehmen zu einem Nachhaltigkeitspionier macht – auch sprechen die meisten Familienunternehmen nur ungern darüber, wenn sie Gutes tun, denn Gutes tun gehört für viele Unternehmer zum guten Ton. Anstelle einer formalen Strategie orientiert man sich an Familienwerten, die schon seit Generationen in Familie und Unternehmen gelebt werden. Werte wie Anstand, Transparenz, Ehrlichkeit, Vertrauenswürdigkeit und Zuverlässigkeit werden vorausgesetzt und dienen ganz selbstverständlich als Kompass für sozial verantwortungsbewusstes Handeln.

Die Ziele der Unternehmerfamilie erstrecken sich meistens über mehrere Generationen, einerseits soll das Erbe der Ahnen bewahrt werden, andererseits muss die aktuelle und besonders die zukünftige Erfolgsfähigkeit des Unternehmens für die nächste Generation sichergestellt werden. Dies schafft ein Umfeld, das die Suche nach innovativen langfristig sozialverträglichen und ressourcenschonenden Lösungen fördert. Das folgende Beispiel der Victorinox AG zeigt, wie ein wertorientiertes Familienunternehmen auch in einer schwierigen Marktsituation mit viel Proaktivität, Innovationsfähigkeit und Engagement seinen Werten als sozialer Arbeitgeber treu bleiben kann.

Fallbeispiel 1 Victorinox AG

Im Jahr 1884 gründete Karl Elsener eine Messerwerkstatt in einer abgelegenen Region der Zentralschweiz mit dem Ziel, der Abwanderung in die Stadt entgegenzuwirken. Auch heute noch wird das weltbekannte rote Swiss Army Knife mit dem weißen Kreuz in Ibach im kleinen Bergkanton Schwyz hergestellt. In rund 130 Jahren ist unter der Führung von vier Generationen somit ein globalisiertes und diversifiziertes Unternehmen entstanden, das weltweit rund 2000 Mitarbeitende beschäftigt – darunter 950 am Hauptstandort Ibach – und das seit 2000 zu 90 % der Unternehmensstiftung gehört. Die Stiftung soll ein nachhaltiges Wachstum ermöglichen und dadurch langfristig Arbeitsplätze sichern sowie vermeiden dass das Unternehmen im Fall eines Erbgangs finanziell geschwächt wird. Die weiteren 10 % der Aktien befinden sich in einer gemeinnützigen Stiftung, die karitative Zwecke unterstützt.

Nach dem 11. September 2001 und dem Verbot von Taschenmessern in Flugzeugen brachen die Verkäufe des Unternehmens um über 30 % ein. Der Schweizer Produktionsort war in Gefahr und insbesondere die Arbeitsstellen vieler langjähriger Mitarbeitenden. Entlassungen aus wirtschaftlichen Gründen kamen für Victorinox nicht infrage, doch die Anpassung an die neue Situation würde Zeit benötigen. Die Personalabteilung kontaktierte kurzerhand andere Unternehmen in der Region und konnte dadurch rund 60 Mitarbeitende für unterschiedliche Zeiträume an andere Unternehmen ausleihen, wobei Victorinox den Bustransfer zur temporären Arbeitsstelle organisierte.

Carl Elsener IV, CEO der vierten Generationen ist überzeugt, dass diese Erfahrung die ganze Victorinox-Familie noch stärker zusammengeschweißt hat. Um ihrer sozialen Aufgabe nachzukommen, verzichtet das Unternehmen regelmäßig auf kurzfristige Gewinne. Stark verankert in christlichen Werten, stützt sich das Management von Victorinox in schwierigen Situationen oftmals auf die Bibel: Im Nachgang an den 11. September meinte Carl Elsener IV: „Wie in der Bibel geschrieben, bildeten wir in den sieben fetten Jahren Reserven, um für die sieben mageren Jahre besser gewappnet zu sein."[1]

Diese Werte in Kombination mit einer tiefen Verbundenheit zur Natur stehen für Victorinox auch für einen schonenden und sparsamen Umgang mit natürlichen Ressourcen. Dank großen Innnovationsinvestitionen gelingt es dem Recyclingpionier heute

---

[1] Die Reportage *Das Glück der Arbeit* des Schweizer Fernsehens SRF (2007) ermöglicht einen eindrücklichen Einblick in die Unternehmensphilosophie der Victorinox AG: http://www.srf.ch/play/tv/reporter/video/das-glueck-der-arbeit-warum-man-bei-victorinox-so-gerne-angestellt-ist?id=6c4a63ce-7a76-4ecb-8c60-696b68e1aad6. Zugegriffen: November 2016.

rund 600 t Stahl pro Jahr – rund ein Viertel – aus dem Kühlwasser zu filtern. Das erhitzte Kühlwasser wird anschließend verwendet, um die Geschäftsgebäude und die Wohnungen der Mitarbeitenden zu beheizen. Neben Prozessinnovationen führt der Nachhaltigkeitsgedanke bei Victorinox auch immer wieder zu neuen Produkten, wie beispielsweise das im Juni 2016 lancierte und aus rezyklierten Nespresso-Kapseln hergestellte Taschenmesser.[2]

Die starke Wertorientierung und der langfristige Zeithorizont geben der christlich geprägten Eigentümerfamilie Elsener immer wieder den nötigen Rückhalt, Mut und das Durchhaltevermögen, Gewinneinbußen hinzunehmen und aktiv nach Lösungen zu suchen, die im Einklang mit ihren Werten stehen. Heute blüht Victorinox wieder – laut Carl Elsener IV. nicht zuletzt dank des großen Engagements der Mitarbeitenden. Die kontinuierlichen Vorschläge der langjährigen Mitarbeitenden legen oftmals die Grundlage für das Feuerwerk der Innovation rund um das rote Taschenmesser. Auch die Familie selbst trägt viel dazu bei, dass sich die Mitarbeitenden als Teil der großen Victorinox-Familie fühlen und das Unternehmen vorwärtsbringen möchten: Es gibt keine Teppichetage, keine Boni, und der CEO verdient lediglich fünfmal mehr als der Angestellte mit dem niedrigsten Lohn.

Die Wertorientierung der Unternehmerfamilie – von der Belegschaft mitgetragen und mitgelebt – kann ein zentraler Treiber und eine einzigartige Ressource für nachhaltigkeitsorientiertes Unternehmertum sein. Besonders dann, wenn wirtschaftlicher Erfolg scheinbar im Kontrast zu den gelebten Werten steht (im Fall der Victorinox beispielsweise Bescheidenheit und Fairness), steigt die Bereitschaft von Familienunternehmen, ihre Fähigkeiten und Ressourcen besonders innovativ für sozialverantwortliches, nachhaltiges Wirtschaften einzusetzen.

4.2 Langfristiger Zeithorizont als Moderator der Nachhaltigkeit

Der langfristige Zeithorizont ist ein zentrales Merkmal von Familienunternehmen: Viele denken in Generationen und nicht in Quartalen. Dieser Langzeitorientierung liegt meist der Wunsch zugrunde, den nachfolgenden Generationen ein erfolgreiches und zukunftsfähiges Unternehmen zu übergeben. Dies beeinflusst das unternehmerische Handeln von Familienunternehmen und Unternehmerfamilie maßgeblich. Investitionen in neue Produkte, Prozesse oder auch Geschäftszweige werden vor dem Hintergrund dieser langfristigen Zukunftsfähigkeit entschieden. Die Langzeitorientierung bewegt Unternehmerfamilien auch dazu, stabile und langfristige Beziehungen zu ihren Stakeholdern zu pflegen. Diese starken Partnerschaften in der Region helfen wiederum bei der Entwicklung neuer, zukunftsträchtiger Produkte und Dienstleistungen.

---

[2] https://www.victorinox.com/ch/de/%C3%9Cber-uns/Unternehmen/Nachhaltigkeit/Alles-%C3%BCber-Nachhaltigkeit/cms/infotainment. Zugegriffen: Oktober 2017.

Die „conditio sine qua non" für das langfristige Bestehen eines Familienunternehmens ist jedoch – wenig überraschend – die grundsätzliche Bereitschaft der nachfolgenden Generation, das Unternehmen weiterzuführen. Dies bedingt die Entwicklung einer generationenübergreifenden Vision für Familie und Unternehmen, die den Bedürfnissen aller involvierten Generationen gerecht wird (Cohen und Sharma 2016). Ein integraler Bestandteil einer solchen Vision ist die Formulierung eines Daseinszwecks für die Familie, der über den reinen Besitz der Organisation hinausgeht. In vielen Fällen umfasst dieser ganz generell den langfristigen Familienzusammenhalt oder den Wunsch, den wirtschaftlichen Erfolg zu einem guten Zweck zu nutzen, der der Familie am Herzen liegt. Dies fördert die Verbundenheit innerhalb der Familie, aber auch die Identifikation zum Unternehmen. Das Unternehmen dient als Vehikel um diese nicht finanziellen Ziele zu erreichen.

Das Fallbeispiel der UMB AG Bottighofen zeigt, wie nachhaltigkeitsorientiertes Unternehmertum nicht nur für den wirtschaftlichen Erfolg genutzt werden, sondern auch zum Zusammenhalt der Unternehmerfamilie beitragen kann.

Fallbeispiel 2 UMB AG Bottighofen

Im Jahr 1868 nahm die Familie Munz den Mühlenbetrieb am Bodensee auf. Mehr als 120 Jahre später sah sich die Unternehmerfamilie gezwungen, den Betrieb zu schließen. Eine industrielle Neuausrichtung gestaltete sich schwierig, denn mittlerweile lag die Produktionsanlage inmitten eines Wohn- und Naherholungsgebiets. Für die Familie war jedoch eines klar: Man wollte als Familie weiterhin gemeinsam unternehmerisch tätig sein.

Sämtliche Arbeitsplätze wurden bewahrt und zur Zwicky Mühle nach Wigoltingen verlegt. Zeitgleich gründete die Familie Munz eine Immobilienunternehmung mit heute 15 Mitarbeitenden. Da die Umzonung des Areals zu einer Wertsteigerung geführt hatte, erbaute die Unternehmerfamilie auf dem Grundstück eine hochwertige Wohnanlage. Des Weiteren wurde Gewerberäume für den Wassersport geschaffen und diverse Büroräumlichkeiten bieten Platz für zahlreiche Arbeitnehmer. Das Land in Seenähe wurde somit neu bewirtschaftet. Nebst den sorgfältig restaurierten Gebäuden erinnern heute ein Museum sowie die Fassaden der Kerngebäude an die rund 100-jährige Geschichte der Mühle.

Mit dem Eintritt der siebten Generation ins Unternehmen erhielt der Wunsch, einen aktiven Beitrag zur regionalen Entwicklung beizutragen, neuen Aufschwung – die junge Generation eröffnete eine neue Zweigstelle mit umweltfreundlicher und sozialer Ausrichtung. Die Nachfolger eröffneten in einem ersten Schritt ein Restaurant auf dem Areal, wodurch sich das Unternehmen der Öffentlichkeit erstmals wieder öffnete. Gleichzeitig wurde ein sogenannter Coworking-Space für lokale Unternehmer und Kreative ins Leben gerufen. Diese beiden Initiativen förderten eine nachhaltigkeitsorientierte Interaktion mit der lokalen Bevölkerung und hatten dadurch einen positiven Einfluss auf die Wahrnehmung der Familie und des Unternehmens. Auch die meisten Mieter erfreuten sich an der neuen Lebendigkeit der Wohnanlage.

Doch die größte Wirkung hatten diese Initiativen auf die Unternehmerfamilie: Gemeinsam arbeiteten Familienmitglieder verschiedener Generationen an der Realisierung dieser Projekte und fühlten sich seit langem wieder aktiv involviert in das Familienunternehmen. Auch die Wahrnehmung des Familienunternehmens innerhalb der Familie veränderte sich – plötzlich stand nicht mehr die Krise der 1990er-Jahre im Vordergrund, sondern die Möglichkeit, das fast 150-jährige Erbe der Vorfahren weitertragen zu können.

In diesem Fall ist die jüngere Generation die treibende Kraft hinter der Entwicklung von neuen, nachhaltigkeitsorientierten Angeboten. Sehr häufig ist bei nachhaltigkeitsorientiertem Entscheiden in Familienunternehmen die nächste Generation auch ein äußerst einflussreicher Stakeholder, der die Nachhaltigkeitsorientierung stark vorantreibt (Delmas und Gergaud 2014).

Der Fall der UMB AG Bottighofen macht deutlich wie wichtig es ist, dass die nachfolgende Generation genügend Freiraum und Unterstützung für eigene Projekte erhält und ihre Vision eines nachhaltigen Unternehmens verfolgen kann. Gleichzeitig eint die gemeinsame Arbeit an einem Projekt den Zusammenhalt in der Familie – sei es beim Gläser polieren, Tische aufbauen oder bei der Festlegung der zukünftigen Strategie. Ganz besonders wenn diese Arbeit nicht nur finanziellen Zielen dient, sondern einen aktiven, wertgenerierenden Beitrag für die Mitarbeitenden, die Kunden und die Umgebung schafft. Nachhaltigkeitsorientiertes Unternehmertum kann also auch als effektive Strategie zur Sicherung nicht finanzieller, generationenübergreifender Familienziele dienen.

4.3 Innovationsneigung als Lebenseinstellung der Unternehmerfamilie

Langfristig erfolgreiche – und innovative – Familienunternehmen bauen auf bestehenden Stärken auf und besinnen sich vielfach auf den Pioniergeist und die unternehmerische Gesinnung ihrer Vorfahren. Dies führt innerhalb der Familie zu einer innovationsbejahenden Grundhaltung und im Unternehmen zu einer starken Innovationskultur. Denn gerade in Kombination mit der langfristigen Perspektive sowie den oftmals sozial verankerten Werten ist es diesen Unternehmerfamilien ein Anliegen, im Bereich der Nachhaltigkeit neue Geschäftsmöglichkeiten zu entwickeln. Und nicht zuletzt aufgrund der strategischen Flexibilität und finanziellen Unabhängigkeit ist es den meisten Familienunternehmen möglich, auch langfristig angesetzte Innovationsprojekte zu verfolgen, die kurzfristig hohe Investitionen erfordern. Dies mag erklären, weshalb gewisse Familienunternehmen – wie das Zentralschweizer Unternehmen Trisa im nachfolgenden Fallbeispiel – auch heute noch in einem hart umkämpften Markt erfolgreich sein können. Die einzige Chance angesichts des Konkurrenzdrucks der (insbesondere asiatischen) Konkurrenz ist die Nutzung einzigartiger Technologien und die Entwicklung und die Pflege einer starken Innovationskultur.

> **Fallbeispiel 3 Trisa AG**
>
> Die Gründung der Trisa AG im Jahr 1887 war geprägt von viel Pioniergeist, Zukunftsglauben und Vertrauen. Heute wird Trisa AG in vierter Generation geführt und ist weltweit einer der führenden Anbieter von Bürstenprodukten in den Bereichen Mund-, Haar- und Körperpflege. Rund 1100 Mitarbeitende produzieren in der Schweiz über eine Million Zahnbürsten pro Tag. Rund 95 % aller Produkte werden exportiert.
>
> Bereits früh erkannte die Unternehmerfamilie Pfenniger, dass das Unternehmen mit dem Schweizer Produktionsort in einem zunehmend globalisierten Wettbewerbsumfeld nur dank herausragender Innovationskraft und technologischer Marktführerschaft überlebensfähig bleiben würde. Mitte der 1960er-Jahre entschied sich die Eigentümerfamilie daher zu einem drastischen Schritt: Einerseits investierte man viel Geld in hoch technologisierte Produktionsanlagen, andererseits wollte die Familie sich die Innovationskraft und das Engagement der Mitarbeitenden langfristig sichern. In der Folge wurden 30 % der Aktien an Mitarbeitende verkauft, die von da an auch die Hälfte des Aufsichtsrats stellten.
>
> Die Übertragung der Innovationskraft der Familie auf die Belegschaft setzte den Grundstein für eine partizipative, innovations- und leistungsorientierte Unternehmenskultur. Die langfristige Ausrichtung des breiten Eigentümerkreises ermöglicht bis heute ein umfassendes, innovationsorientiertes Verständnis von Nachhaltigkeit, das zur Marke Trisa gehört. Dieses Grundverständnis fördert ein Umfeld, in dem nachhaltigkeitsorientierte, innovative Produktlösungen gedeihen können. So arbeitet die Trisa AG heute u. a. an der Entwicklung von kompostierbaren Hygieneprodukten.

Wie bei Trisa führt bei vielen Familienunternehmen das Bedürfnis, dem Kunden zu dienen und die Reputation von Familie und Unternehmen zu schützen, zu einer starken Qualitäts- und Kundenorientierung. Die hohen Ansprüche an die Produkt- und Dienstleistungsqualität erlaubt es Familienunternehmen, ihre Versprechen an die Kunden einzuhalten, was das Kundenvertrauen stärkt und die Bildung von stabilen und langfristigen Kundenbeziehungen ermöglicht. Vereint mit einer fundierten Kenntnis von Markt und Konsumenten wiederum erleichtert dies dem Unternehmen die Antizipation von Kundenbedürfnissen. Der Ruf nach ressourcenschonenden, langlebigen Produkten und Servicelösungen, die möglichst einen sozialen Zweck erfüllen, wird zunehmend lauter (Adams et al. 2015). Qualität als Strategie oder Geschäftsprozess kann somit als wirkungsvoller Aspekt in der Konzeptualisierung von Nachhaltigkeit verstanden werden (Miles et al. 2009). Das Beispiel Trisa verdeutlicht, wie Nachhaltigkeit als Dimension einer innovativen und qualitativ hochstehenden Dienstleistung einen zentralen Wettbewerbsvorteil für ein Unternehmen darstellen kann.

5 Abschließende Gedanken und Handlungsempfehlungen

Traditionsreiche, wertorientierte Familienunternehmen erleben im 21. Jahrhundert eine regelrechte Renaissance: Nachdem sie in der Organisationsforschung größtenteils ignoriert und v. a. in Publikumszeitschriften jahrzehntelang als Auslaufmodell betitelt wurden, werden sie spätestens seit der Wirtschaftskrise 2007 als zukunftsträchtige Modellunternehmen und als Alternative zu den profitorientierten und kurzfristig orientierten Publikumsgesellschaften dargestellt. Es stellt sich daher die Frage, welche neuen Perspektiven sich durch die Erforschung von über Generationen erfolgreichen Familienunternehmen eröffnen, für die Nachhaltigkeit und Innovation seit jeher integrale Bestandteile ihrer Unternehmenskultur darstellen.

Erstens nutzen Familienunternehmen ihre starken Werte bewusst und mutig als verlässlichen moralischen Kompass für nachhaltigkeitsorientierte Entscheide. In turbulenten Zeiten bieten Werte einerseits Kontinuität und Stabilität, andererseits fördert der Entscheid, der den Unternehmen und Familien oftmals auch Opfer abverlangt, an diesen Werten festzuhalten, die Bereitschaft und Fähigkeit, kreative und neue Lösungen mit einem sozialen Mehrwert zu entwickeln. Eine starke Wertorientierung ist jedoch nichts, das Familienunternehmen vorbehalten ist. Jedes Unternehmen verfügt über Werte, die den Mitarbeitenden als Handlungsrichtlinien dienen und die ein Klima begünstigen können, das Innovation und Nachhaltigkeit fördert. Zentral ist jedoch, dass diese Werte nicht nur vom Management kommuniziert werden, sondern, dass Führungskräfte diese im Alltag authentisch und konsequent vorleben.

Zweitens ist das generationenübergreifende Denken Teil der DNA von Familienunternehmen. Das erfolgreiche Wirtschaften mit Blick auf die nächsten Generationen – ein zentraler Aspekt eines ganzheitlichen Nachhaltigkeitsverständnisses – ist bei Familienunternehmen tief verankert. Die Entwicklung der Unternehmensvision erfolgt stets mit dem Wunsch, ein erfolgreiches, nachhaltiges Unternehmen aufzubauen und zu bewahren, auf das auch zukünftige Generationen stolz sein können. Eine Abkehr vom reinen, kurzfristigen Profitdenken mit dem Ziel, eine über den reinen Shareholder-Value hinausgehende Vision zu verwirklichen, ist ein wichtiger Schritt auf dem Weg zu einem langfristig erfolgreichen, nachhaltigen Unternehmen.

Drittens stützen sich Familienunternehmen auf ihre Innovationsfähigkeit, um diese Vision eines nachhaltigen Erfolgs zu verwirklichen. In der Entwicklung von innovativen und nachhaltigkeitsorientierten Lösungen können Familienunternehmen auf stabile und vertrauensbasierte Beziehungen zu ihren Anspruchsgruppen zählen. Langfristig erfolgreiche Familienunternehmen fördern und pflegen oftmals eine partizipative Innovationskultur, die von der Loyalität und Motivation der Belegschaft sowie der großen Erfahrung langjähriger Mitarbeitenden profitiert.

Letztlich sind Familienunternehmen aufgrund der Verknüpfung der Systeme Familie und Unternehmen – die beide einem unterschiedlichen Daseinszweck dienen – geübt darin, widersprüchliche Situationen auszuhalten: So verzichten sie für den langfristigen Erfolg regelmäßig auf kurzfristige Gewinne oder treffen Entscheide im Sinn der Familienharmonie, die sich wirtschaftlich nicht unbedingt (oder zumindest kurzfristig nicht) auszahlen. Über Generationen erfolgreichen Familienunternehmen gelingt es, diese Paradoxien als Quellen für neue, unternehmerische Lösungen zu nutzen.

Literatur

Adams R, Jeanrenaud S, Bessant J, Denyer D, Overy P (2015) Sustainability-oriented innovation: a systematic review. Int J Manag Rev 18(2):180–205. https://doi.org/10.1111/ijmr.12068

Alberti FG, Pizzurno E (2013) Technology, innovation and performance in family firms. Int J Entrepreneursh Innov Manag 17(1/2/3):142. https://doi.org/10.1504/IJEIM.2013.055253

Aldrich HE, Cliff JE (2003) The pervasive effects of family on entrepreneurship: toward a family embeddedness perspective. J Bus Ventur 18(5):573–596. https://doi.org/10.1016/S0883-9026(03)00011-9

Allison TH, McKenny AF, Short JC (2014) Integrating time into family business research: using random coefficient modeling to examine temporal influences on family firm ambidexterity. Fam Bus Rev 27(1):20–34. https://doi.org/10.1177/0894486513494782

Ambec S, Lanoie P (2008) Does it pay to be green? A systematic overview. Acad Manag Perspect 22(4):45–62. https://doi.org/10.5465/AMP.2008.35590353

Bingham JB, Dyer WG, Smith I, Adams GL (2011) A stakeholder identity orientation approach to corporate social performance in family firms. J Bus Ethics 99(4):565–585. https://doi.org/10.1007/s10551-010-0669-9

Campopiano G, De Massis A (2015) Corporate social responsibility reporting: a content analysis in family and non-family firms. J Bus Ethics 129(3):511–534. https://doi.org/10.1007/s10551-014-2174-z

Chrisman JJ, Patel PC (2012) Variations in R&D investments of family and nonfamily firms: behavioral agency and myopic loss aversion perspectives. Acad Manag J 55(4):976–997. https://doi.org/10.5465/amj.2011.0211

Chrisman JJ, Chua J, de Massis A, Frattini F, Wright M (2015) The ability and willingness paradox in family firm innovation. J Prod Innov Manag 32(3):310–318

Cohen B, Winn M (2007) Market imperfections, opportunity and sustainable entrepreneurship. J Bus Ventur 22(1):29–49 (http://www.researchgate.net/profile/Boyd_Cohen/publication/4968082_Market_imperfections_opportunity_and_sustainable_entrepreneurship/links/544159cb0cf2a76a3cc7e006.pdf)

Cohen A, Sharma P (2016) Entrepreneurs in Every Generation: How Successful Family Businesses Develop Their Next Leaders. Berrett-Koehler Publishers.

Craig JB, Dibrell C (2006) The natural environment, innovation, and firm performance: a comparative study. Fam Bus Rev 19(4):275–288. https://doi.org/10.1111/j.1741-6248.2006.00075.x

De Massis A, Frattini F, Pizzurno E, Cassia L (2015) Product innovation in family versus nonfamily firms: an exploratory analysis. J Small Bus Manag 53(1):1–36. https://doi.org/10.1111/jsbm.12068

Dean TJ, McMullen JS (2007) Toward a theory of sustainable entrepreneurship: reducing environmental degradation through entrepreneurial action. J Bus Ventur 22(1):50–76. https://doi.org/10.1016/j.jbusvent.2005.09.003

Delmas MA, Gergaud O (2014) Sustainable certification for future generations: the case of family business. Fam Bus Rev 27(3):228–243. https://doi.org/10.1177/0894486514538651

Duran P, Kammerlander N, Van Essen M, Zellweger T (2016) Doing more with less: innovation input and output in family firms. Acad Manag J 59(4):1224–1264

Dyer WG, Whetten DA (2006) Family firms and social responsibility: preliminary evidence from the S&P 500. Entrepreneursh Theory Pract 30(6):785–802. https://doi.org/10.1111/j.1540-6520.2006.00151.x

Dyllick T, Hockerts K (2002) Beyond the business case for corporate sustainability. Bus Strategy Environ 11(2):130–141. https://doi.org/10.1002/bse.323

Gomez-Mejia LR, Cruz C, Berrone P, De Castro J (2011) The bind that ties: socioemotional wealth preservation in family firms. Acad Manag Ann 5(1):653–707. https://doi.org/10.1080/19416520.2011.593320

Hockerts K, Wüstenhagen R (2010) Greening Goliaths versus emerging Davids – Theorizing about the role of incumbents and new entrants in sustainable entrepreneurship. J Bus Ventur 25(5):481–492. https://doi.org/10.1016/j.jbusvent.2009.07.005

Hörisch J (2015) The role of sustainable entrepreneurship in sustainability transitions: a conceptual synthesis against the background of the multi-level perspective. Adm Sci 5(4):286–300. https://doi.org/10.3390/admsci5040286

Jenkin M (2015) Millennials want to work for employers committed to values and ethics. *The Guardian*. https://www.theguardian.com/sustainable-business/2015/may/05/millennials-employment-employers-values-ethics-jobs. Zugegriffen: 9. Okt. 2017

König A, Kammerlander N, Enders A (2013) The family innovator's dilemma: How family influence affects the adoption of discontinuous technologies by incumbent firms. Acad Manag Rev 38(3):418–441. https://doi.org/10.5465/amr.2011.0162

Lacy P, Cooper T, Hayward R, Neuberger L (2010) A new era of sustainability. UN Global Compact – Accenture CEO Study. https://www.unglobalcompact.org/docs/news_events/8.1/UNGC_Accenture_CEO_Study_2010.pdf. Zugegriffen: 9. Okt. 2017

McCann JE, Leon-Guerrero AY, Haley JD Jr. (2001) Strategic goals and practices of innovative family businesses. J Small Bus Manag 39(1):50–59

Miles MP, Munilla LS, Darroch J (2009) Sustainable corporate entrepreneurship. Int Entrepreneursh Manag J 5(1):65–76. https://doi.org/10.1007/s11365-008-0074-3

Miller D, Le Breton-Miller I (2005) Management insights from great and struggling family businesses. Long Range Plann 38(6):517–530. https://doi.org/10.1016/j.lrp.2005.09.001

Miller D, Steier L, Le Breton-Miller I (2016) What can scholars of entrepreneurship learn from sound family businesses? Entrepreneurship: Theory Pract 40(3):445–455. https://doi.org/10.1111/etap.12231

Nidumolu R, Prahalad C, Rangaswami M (2009) Why sustainability is now the key driver of innovation. Harv Bus Rev 87(9):55–64

Niehm LS, Swinney J, Miller NJ (2008) Community social responsibility and its consequences for family business performance. J Small Bus Manag 46(3):331–350. https://doi.org/10.1111/j.1540-627X.2008.00247.x

Pacheco DF, Dean TJ, Payne DS (2010) Escaping the green prison: entrepreneurship and the creation of opportunities for sustainable development. J Bus Ventur 25(5):464–480. https://doi.org/10.1016/j.jbusvent.2009.07.006

Randerson K, Bettinelli C, Fayolle A, Anderson A (2015) Family entrepreneurship as a field of research: exploring its contours and contents. J Fam Bus Strategy 6(3):143–154. https://doi.org/10.1016/j.jfbs.2015.08.002

Schaltegger S, Hansen EG (2013) Unternehmerische Nachhaltigkeitsinnovationen durch nachhaltiges Unternehmertum. In: Altenburger R (Hrsg) CSR und Innovationsmanagement. Springer, Berlin, Heidelberg, S 19–30

Schaltegger S, Wagner M (2011) Sustainable entrepreneurship and sustainability innovation: categories and interactions. Bus Strategy Environ 20(4):222–237. https://doi.org/10.1002/bse.682

Schaltegger S, Lüdeke-Freund F, Hansen EG (2011) Business cases for sustainability and the role of business model innovation: developing a conceptual framework. Ssrn Electron J 6(2):95–119. https://doi.org/10.2139/ssrn.2010506

Shepherd DA, Patzelt H (2011) The new field of sustainable entrepreneurship: studying entrepreneurial action linking "what is to be sustained" with "what is to be developed.". Entrepreneursh Theory Pract 35(1):137–163. https://doi.org/10.1111/j.1540-6520.2010.00426.x

Shepherd DA, Patzelt H, Baron RA (2013) "I care about nature, but …": disengaging values in assessing opportunities that cause Harm. Acad Manag J 56(5):1251–1273. https://doi.org/10.5465/amj.2011.0776

Wagner M (2010) Corporate social performance and innovation with high social benefits: a quantitative analysis. J Bus Ethics 94(4):581–594. https://doi.org/10.1007/s10551-009-0339-y

Yin RK (2003) Case study research: design and methods, 3. Aufl. SAGE, Thousand Oaks

York JG, Venkataraman S (2010) The entrepreneur-environment nexus: uncertainty, innovation, and allocation. J Bus Ventur 25(5):449–463. https://doi.org/10.1016/j.jbusvent.2009.07.007

Zahra SA (2005) Entrepreneurial risk taking in family firms. Fam Bus Rev 18(1):23–40. https://doi.org/10.1111/j.1741-6248.2005.00028.x

Zukunftsinstitut (2016) Authentisch und ästhetisch: Nachhaltigkeit 2.0. https://www.zukunftsinstitut.de/artikel/tup-digital/04-next-economy/01-longreads/nachhaltigkeit-20/. Zugegriffen: 9. Okt. 2017

Sylvie Scherrer ist Dozentin und wissenschaftliche Mitarbeiterin an der Hochschule Luzern – Wirtschaft in der Schweiz, wo sie in den Themenfeldern Familienunternehmen, Unternehmertum und Nachhaltigkeit forscht und sich für die Startup Initiative Smart-up der Hochschule Luzern engagiert. Sie schreibt aktuell ihre Doktorarbeit zum Thema nachhaltigkeitsorientiertes Unternehmertum am Lehrstuhl für Familienunternehmen und Unternehmertum an der Universität Jönköping (Schweden).

Dr. Claudia Binz Astrachan ist Dozentin und wissenschaftliche Mitarbeiterin an der Hochschule Luzern – Wirtschaft in der Schweiz, wo sie Seminare in den Themenbereichen Familienunternehmen und Entrepreneurship unterrichtet und ein jährlich stattfindendes Forum für Eigentümerfamilien organisiert. Sie ist Chair-Elect der Forschungsgruppe Familienunternehmen der European Academy of Management (EURAM), und Leiterin des Doktorandenkonsortiums der International Family Enterprise Research Academy (IFERA). Ihren Doktortitel hat ihr das Institut für Familienunternehmen an der Universität Witten-Herdecke (Deutschland) verliehen.

Das lebendige Erbe – Gründerideen und kontinuierliche Weiterentwicklung von Corporate Social Responsibility bei Bosch

Kathrin Fastnacht, Bettina Simon und Bernhard Schwager

1 Robert Bosch als Motivator, Kümmerer und Philanthrop

„Dr ‚Vadder' kommt, löschet die onnötige Lichter aus!" (Fischer-Bosch, o.J., S. 24). Diesen Warnruf kannten alle – ob der junge Lehrling, der Robert Bosch auf seinem Rundgang durch die Werkstätten zuerst entdeckte, oder der Buchhalter, der den Firmengründer vorne am ersten Schreibtisch um die Ecke biegen sah. Die fast schon sprichwörtliche Abneigung gegen Stromverschwendung und das Donnerwetter für die ertappten Mitarbeiter waren jedoch weit mehr als eine Eigenart Robert Boschs. Seit den Anfängen der Werkstätte für Feinmechanik und Elektrotechnik im Jahr 1886 lag ihm viel daran, weder Kräfte noch Naturschätze zu verschwenden. Ein ausgeprägter Sinn für Wirtschaftlichkeit und ein umfassendes Verantwortungsbewusstsein waren für ihn Grundvoraussetzungen für erfolgreiches unternehmerisches Handeln. Nie wurde er es leid, sinnvolle Einsparungen und die bessere Organisation der Arbeitsabläufe von seinen Arbeitern und Angestellten einzufordern. Einen Unternehmer verglich er gerne mit einem Erzieher und sah es als einen „Hauptübelstand" an, dass „die Wichtigkeit wirtschaftlicher Denk- und Handlungsweise noch gar nicht genügend erkannt und verbreitet ist" (Bosch 1931, S. 5 f.). Das Vorbild Robert Boschs und sein stetiges Wettern gegen die unnötig brennenden Lichter hat schließlich Früchte getragen, wie seine Tochter Margarete später erzählte. Als sie wenige Jahre nach dem Tod des Vaters Boschler zur Obsternte auf ihrem Hof hatte, ließen ihre eigenen Mitarbeiter die auf den Boden gefallenen Äpfel unbeeindruckt liegen. Die Boschler dagegen sammelten alle auf und legten sie in Kisten, um sie ebenfalls zu verwerten. Damit setzten sie das große Anliegen des Firmengründers, das Nichts-Umkommen-Lassen, Alles-wirtschaftlich-Verwerten, gewissenhaft um (Fischer-Bosch, o.J., S. 24).

K. Fastnacht (✉) · B. Simon · B. Schwager
Robert Bosch GmbH
Stuttgart, Deutschland

Abb. 1 Robert Bosch, 1925

Robert Bosch (Abb. 1) war aber nicht nur für seinen verantwortlichen Umgang mit Naturressourcen geschätzt. Sein Interesse richtete sich auch an das menschliche, soziale und ökonomische Kapital – Corporate Social Responsibility (CSR) – lange bevor dieser Begriff überhaupt erfunden wurde. Robert Bosch war ein Motivator für seine Mitarbeiter und ständig auf der Suche nach hellen Köpfen, die sein Unternehmen voranbringen konnten. Dafür war er auch bereit, angemessen zu entlohnen, da er um den Wert zufriedener Mitarbeiter wusste. Dies verdeutlichen auch seine Worte: „Ich zahle nicht gute Löhne, weil ich viel Geld habe, sondern ich habe viel Geld, weil ich gute Löhne bezahle" (Bäuerle et al. 1931, S. 14). Nachhaltiges Denken zeigte sich auch bei der Einführung des Acht-Stunden-Tags im Jahr 1906. Hier hatten nicht nur die Mitarbeiter den Vorteil, mehr freie Zeit zu haben, sondern auch die Firma zog deutlichen Nutzen aus dieser Maßnahme. Kürzere Arbeitszeiten führten zu höherer Konzentration bei der Belegschaft, sodass die Qualität der Arbeit gut blieb und weniger Ausschuss anfiel. Zudem war es dadurch möglich, eine zweite Schicht einzuführen und damit Räume und Maschinen besser auszulasten (Magazin zur Bosch-Geschichte 2006, S. 10–13). Im Jahr 1919 erschien die erste Ausgabe des Bosch-Zünders, eine der ältesten Mitarbeiterzeitungen, die zum Zusammenhalt und zur Teilnahme an den Erfolgen und Herausforderungen des Unternehmens diente. „In diesen Jahren", wie Theodor Heuss in der Biographie beschreibt, „konnte sich und musste sich, unter Boschs unmittelbarer, stiller oder lauter, lobender oder scheltender Pädagogik, eine geistig-seelische Tradition gründen. Man hat diese Kraft später den Bosch-Geist genannt." (Heuss 1975, S. 113)

Robert Boschs Widmung zu langfristiger Lebensqualität zeigte sich nicht nur in der moralischen und finanziellen Unterstützung seiner Mitarbeiter, sondern auch in seinen gemeinnützigen Aktivitäten. Beispielsweise wurden bereits 1914 an die Stadt Stuttgart 100.000 Mark zur Linderung der Not während des Ersten Weltkriegs gespendet und 1910–1913 Ausbildungsstätten wie die Technische Hochschule Stuttgart und die Ingenieurschule Esslingen gefördert (Allmendinger 1977, Anlage II, S. 10 f.). Die Wissenschaft stand für Robert Bosch im Mittelpunkt von Wirtschaft und Technik. Entwicklung und Forschung bedeuten Entfaltung von Neigungen und Talenten und daher sozialer und ökonomischer Fortschritt. Aussöhnung der Völker, Frieden, Förderung der Alternativmedizin und Sorge für Menschen in Notlagen waren ebenso Schwerpunkte des philanthropischen Antriebs des Gründers. Um seine gemeinnützigen Aktivitäten zu bündeln, hatte Robert Bosch 1921 die Vermögensverwaltung Bosch GmbH gegründet, die seinen Anteilsbesitz verwaltete. Diese Gesellschaft erwarb 1964 von seinen Erben die Kapitalmehrheit an der Robert Bosch GmbH und übertrug die Stimmrechte an die Robert Bosch Industriebeteiligung, spätere Industrietreuhand KG. Um den gemeinnützigen Charakter der Vermögensverwaltung zu unterstreichen, wurde diese 1969 in Robert Bosch Stiftung GmbH umbenannt (Bähr und Erker 2013, S. 276–310).

Robert Bosch hatte in seinen Richtlinien für die Testamentsvollstrecker Beispiele für die Verwirklichung seiner gemeinnützigen Absichten genannt: „Gesundheit, Erziehung, Bildung, Förderung Begabter, Völkerversöhnung und dergleichen" (Bosch 1937, § 18,1) Die Satzung der Robert Bosch Stiftung folgt diesem Gedanken und nennt weiterhin als Hauptzweck: die öffentliche Gesundheitspflege, Völkerverständigung, Wohlfahrtspflege, Bildung und Erziehung, Kunst und Kultur, Geistes-, Sozial- und Naturwissenschaften in Forschung und Lehre (www.bosch-stiftung.de).

2 Unabhängigkeit als zentraler Wert

Die Struktur der Robert Bosch GmbH ist einzigartig und stellt den bereits beschrieben Willen des Gründers dar. Vom Unternehmen gehören 92 % des Kapitals der Robert Bosch Stiftung, die in der Gesellschaftsform einer gemeinnützigen GmbH geführt wird. Die Stiftung erhält als Gesellschafterin jährlich vom Unternehmen eine Dividende, die ausschließlich für gemeinnützige Zwecke eingesetzt wird. Die Stimmrechte liegen zu 93 % bei der Robert Bosch Industrietreuhand KG. Die leiblichen Bosch-Erben besitzen sowohl 7 % des Stammkapitals als auch der Stimmen. Die Treuhand setzt sich aus früheren und aktuellen Bosch-Managern, Unternehmerpersönlichkeiten sowie dem Sprecher der Familie Bosch zusammen (Bosch Geschäftsbericht 2016a).

Entsprechend Abb. 2 verfügt die Robert Bosch GmbH über keine Aktionäre, an die Gewinne ausgezahlt werden müssen. Gewinne können daher zum Großteil in das Unternehmen reinvestiert werden. Obwohl der geschriebene Wille von Robert Bosch nun schon über 75 Jahre zurückliegt, bleibt die Robert Bosch GmbH dem Wunsch des Gründers treu: „Es ist mir ein Herzensbedürfnis, dass die Robert Bosch GmbH für eine möglichst lange

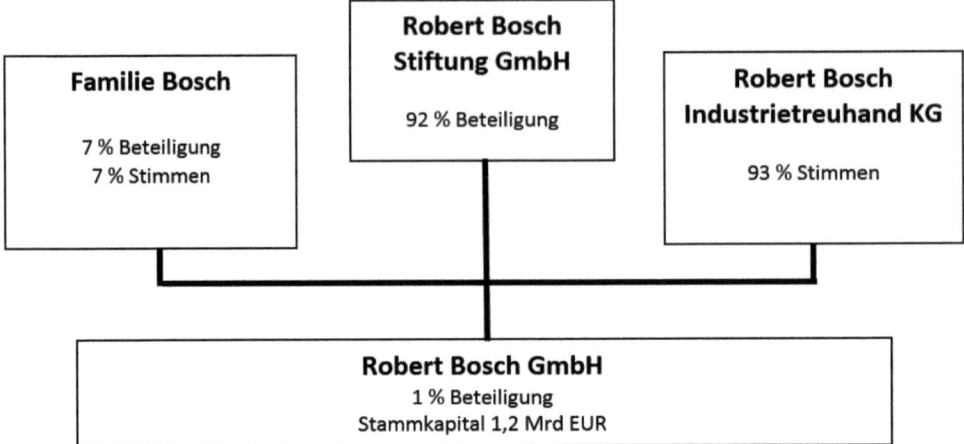

Abb. 2 Struktur der Robert Bosch GmbH

Reihe von Geschlechtern in ihrem Bestand gesichert bleibt und ihre finanzielle Unabhängigkeit, ihre Selbstständigkeit und Aktionsfähigkeit jederzeit wahren kann" (Bosch 1938, S. 16). Auch hat die Gesellschaftsform der GmbH einige Vorteile. Sie arbeitet zwar genauso unter Markt- und Wettbewerbsbedingungen wie eine AG, die an der Börse gelistet ist, jedoch ist sie befreit von Hauptversammlungen und Quartalsberichterstattungen. Abgesehen von Finanzierungsnachteilen als GmbH bleibt Bosch damit von politischen und ideologischen Umständen weitgehend unabhängig.

3 Damals wie heute: sicher – sauber – sparsam

Für die Robert Bosch GmbH ist CSR kein neuer Trend. Wenn unter CSR ein ausgeglichener Umgang mit menschlichem, sozialem, natürlichem und ökonomischem Kapital verstanden wird, dann wirtschaftete der Gründer Robert Bosch bereits seit den Anfängen in seiner Werkstatt auf diese Art. Die im Jahr 1907 in der damaligen Allgäuer Baumwollspinnerei und Weberei Blaichach in Betrieb genommene Wasserkraftturbine (Abb. 3) dient zwar heute nur noch als zentraler Anlaufpunkt für Besuchergruppen, aber das erneuerte und gleichzeitig vergrößerte Wasserkraftwerk versorgt weiterhin Teile der heutigen Bosch-Fertigung in Blaichach mit Strom. Dadurch kann das Werk jährlich den Ausstoß von 4000 t CO_2 vermeiden.

Der erste große Schritt in Richtung Energieeinsparung war aber Mitte der 1920er-Jahre die Einführung der Fließbandarbeit. Dies sei, so schrieb der Bosch-Zünder 1930, „eine ganz bedeutende Verbesserung des Wirkungsgrades der Maschinen und Einrichtungen". Die Fließbandarbeit trage wesentlich dazu bei, „dass wir wettbewerbsfähig bleiben, also, wirtschaftlich gesehen, mit gutem Wirkungsgrad und möglichst kleinen Verlustkräften ar-

Abb. 3 Wasserkraftturbine, 2009

beiten". Auch die richtige Ausnutzung der Räume wurde überdacht, mit dem Ziel, eine rationellere Verteilung der Arbeitsplätze zu erreichen. Der Zweischichtenbetrieb folgte, „sodass sich ein Teil der allgemeinen Unkosten auf 16 statt auf 8 Stunden" verteilte (Bauer 1930, S. 127 ff.). Das Büro der Technischen Fabrikleitung brachte es 1930 auf den Punkt (Bauer 1930, S. 127): „Die den Menschen zur Verfügung stehenden Kräfte und Naturschätze richtig zu verwalten, auszunützen und nicht zu verschwenden, ist von jeher Aufgabe der Technik gewesen und wird es in Zukunft in noch stärkerem Maße sein." Fünf Jahre später führte Robert Bosch ein System zum Sammeln, Verwerten und zur Abfuhr der Abfälle ein. Schrägaufzüge wurden für die Überreste des Sandstrahlens in der Gießerei eingerichtet und über Schüttelrinnen zu einem Magnetabscheider geleitet. Dadurch ließen sich täglich 600 kg Eisen zurückgewinnen (Klöblen 1935, S. 182 ff.). Energieeffizienz war auch in Bezug auf Gebäudestandards Teil des Programms zur Ressourcenschonung der Robert Bosch GmbH; beispielsweise wurden Dampfheizungsanlagen 1937 am Standort Feuerbach durch eine Heißwasserheizung ersetzt (Thier 1938, S. 3). Der Standort in Feuerbach hatte sich aber auch aus anderen Gründen ausgezeichnet: In den Jahren 1914–1916 hat das Werk ein Gebäude in ein Lazarett umgewandelt.

Die Steigerung der Wirtschaftlichkeit blieb bei Bosch ein zentraler Baustein verantwortungsbewussten unternehmerischen Handelns – sowohl auf der Produkt- als auch auf der Produktionsseite. Vor allem in den 1960er- und 1970er-Jahren wurden viele Forschungs- und Entwicklungsprojekte angestoßen, die auch heute noch zukunftsweisend sind. Seit den frühen 1970er-Jahren wurde jedoch ein Aspekt immer wichtiger: der Umweltschutz. Themen wie Abfallbeseitigung, Abwasserreinigung, Luftreinhaltung, Lärmschutz sowie das Einsparen von Energie und Rohstoffen, wurden bei Bosch nun weltweit verfolgt und fest im Unternehmen verankert. Am 1. Januar 1973 trat die erste Bosch-Umweltschutzrichtlinie in Kraft und unterstrich damit die ständig wachsende Bedeutung des Umweltschutzes. Parallel dazu stiegen die Investitionen und laufenden Aufwendungen für Umweltschutzmaßnahmen in der gesamten Bosch-Gruppe von Jahr zu Jahr an.

Sparsamkeit war zudem stets ein herausragendes und nicht selten kaufentscheidendes Produktmerkmal. Deshalb spielte es bei der Entwicklung neuer Produkte eine wichtige Rolle. Im Jahr 1967 leistete Bosch mit der Vorstellung der ersten elektronisch gesteuerten Benzineinspritzung D-Jetronic einen wichtigen Beitrag zur Abgasreduzierung bei Autos. Ein weiterer Vorteil des neuen Systems lag im geringeren Kraftstoffverbrauch. Das führte schließlich dazu, dass das 3-S-Programm für Sicherheit, Sparsamkeit und Sauberkeit (Abb. 4) zum übergeordneten Entwicklungsziel des Unternehmensbereichs Kraftfahrzeugtechnik wurde. Noch heute ist das 3-S-Programm bei Bosch gültig und dessen Ziele spiegeln sich in dem 2005 eingeführten Bosch-Slogan Technik fürs Leben wider. Dieser steht damit ganz in der Tradition von sicher, sauber, sparsam für nachhaltige, innovative und nutzbringende Technik.

Die Geschichte des Hybrid- und Elektroantriebs bei Bosch beginnt mit der Erforschung rein elektrischer Automobilantriebe in den 1960er-Jahren. Bereits 1967 fuhren die ersten Prototypen mit einem Elektroantrieb von Bosch. Kurze Zeit später wurde ein Ford-Escort-Serienfahrzeug von Bosch-Ingenieuren umgebaut. Es war 1973 der erste Prototyp eines Hybridautomobils mit kombiniertem Benzin-/Elektromotor, das bis Tempo 30 rein elektrisch fahren konnte. Aber es gab auch andere Fragestellungen: Lange Zeit schien das Blockieren der Räder beim Bremsen für ein Serienautomobil nicht lösbar zu sein. Erst als Mitte der 1960er-Jahre die Elektronik eine ausreichend schnelle und zuverlässige Bremsregelung versprach, begann Bosch mit der Entwicklung eines für ein Serienauto geeigneten Antiblockiersystems (ABS). Die Entwicklungszeit bis zum Serienstart im Jahr 1978 dauerte 15 Jahre. Aber weitere fünf Jahre vergingen, bis das ABS für Bosch wirtschaftlich wurde. Heute ist die Ausstattung von Neuwagen mit ABS in der Europäischen Union gesetzlich vorgeschrieben. Dieses Beispiel zeigt, dass langfristiges Denken teilweise weit über die Zeiträume üblicher Mittel- und Langfristplanung im Unternehmen

Abb. 4 3-S-Programm, 1974

hinausgehen muss. Robert Bosch steht in der Tradition eines Selbstverständnisses, das nicht an den Werkstoren endet, sondern Innovation und Risikofreude mit Verantwortung für die Gesamtgesellschaft gerade auch dort verbindet, wo geschäftliche Interessen nicht kurzfristig zu erreichen sind.

4 Innovationen für eine nachhaltige Zukunft

Bosch begreift nachhaltiges unternehmerisches Handeln als einen festen Bestandteil seiner Unternehmensstrategie. Die Orientierung an einem gemeinsamen Wertekanon hat dabei eine tiefe Verwurzelung. So folgte das Unternehmen während seiner gesamten Entwicklung den ethischen Prinzipien und sozialen Aktivitäten seines Gründers Robert Bosch. Den Auftrag Boschs immer wieder neu zu interpretieren und an die Erfordernisse der Gegenwart anzupassen, ist die zentrale Aufgabe der Geschäftsführung. Dazu gehört auch mit den hergestellten Produkten und Dienstleistungen einen möglichst hohen Beitrag zum Gemeinwohl zu leisten. Es ist Grundlage der Unternehmensstrategie, Produkte und Techniken zu entwickeln, die zur Steigerung der Lebensqualität dienen. Der Gründer hatte eine gewisse Vorstellung von „Technik, die dazu bestimmt und in der Lage ist, der gesamten Menschheit ein Höchstmaß an Lebensmöglichkeit und Lebensglück zu verschaffen" (Bosch 1932, S. 10). Es ist kein Zufall, dass der Magnetzünder (Abb. 5) als Firmenlogo gewählt wurde: eine Widmung der Robert Bosch GmbH zur Innovation und zur Technik fürs Leben.

Abb. 5 Magnetzünderschnittmodell Typ Hd, 1908

Ein Maschinenbauer wünschte 1887 den Nachbau eines Magnetzünders für stationäre Verbrennungsmotoren. Es handelte sich um einen Magnetzündapparat nach dem Vorbild eines Produkts der Maschinenfabrik Deutz in Köln. Bosch verbesserte die Konstruktion der Magnetzündung entscheidend und hatte mit diesem Produkt erste wirtschaftliche Erfolge. Die Magnetzündung diente zur Erzeugung eines elektrischen Funkens, der das Gasgemisch in einem stationären Verbrennungsmotor zur Explosion brachte. Im Jahr 1897 gelang es Bosch erstmals, einen solchen Magnetzünder an einen Kraftfahrzeugmotor zu adaptieren. Mit diesem zuverlässigen Zündsystem löste er eines der größten technischen Probleme der noch jungen Automobiltechnik. Gleichzeitig markierte diese Innovation den Beginn der Erfolgsgeschichte als Kraftfahrzeugzulieferer (Robert Bosch GmbH 2011, S. 34 und S. 42).

Bosch ist heute noch ein Automobilzulieferer, der Innovation mit nachhaltigem Wirtschaften verknüpft. Dazu braucht es Erfindungsgeist und die Bereitschaft, Strategien und Modelle ständig infrage zu stellen. Globalisierung, Klimawandel, knappe Ressourcen und die immer rasantere Vernetzung von Menschen, Dingen und Diensten erfordern neue Antworten auch in der Automobilindustrie. Vor Kurzem hat Bosch ein Wassereinspritzsystem (WaterBoost) entwickelt, das weitere Effizienzpotenziale bei Verbrennungsmotoren ermöglicht und das Fahren dadurch sparsamer und emissionsärmer macht. Die Innovation zeichnet sich dadurch aus, dass insbesondere bei hoher Geschwindigkeit ein Teil des Benzins der Kühlung statt dem Vortrieb dient. Die Ingenieure hatten damit nun eine Alternative zur Kühlung des Motors. Durch Wassereinspritzung wird ein feiner Wassernebel noch vor der Zündung des Kraftstoffs in den Ansaugtrakt eingespritzt, der durch die hohe Verdampfungseigenschaft des Wassers effektiv kühlt. Deshalb bedarf es auch nur einer kleineren zusätzlichen Wassermenge: Pro gefahrenen hundert Kilometern liegt der Verbrauch lediglich bei wenigen hundert Millilitern. Der kompakte Wassertank, der die Einspritzung mit destilliertem Wasser versorgt, muss somit höchstens alle paar tausend Kilometer aufgefüllt werden. Sollte der Tank doch einmal leer sein, funktioniert der Motor trotzdem problemlos, allerdings ohne den geringeren Verbrauch der Wassereinspritzung. Durch das WaterBoost-System lassen sich bis zu 13 % Kraftstoff sparen, bis zu 4 % weniger CO_2 ausstoßen und bis zu 5 % mehr Motorleistung erbringen.

Solche Errungenschaften lassen sich meist nur erreichen, wenn dem Arbeitsgebiet von Forschung und Entwicklung auch entsprechende Aufmerksamkeit gewidmet wird. Im Jahr 2016 hat Bosch etwa 7 Mrd. € in Forschung und Entwicklung investiert, was rund 9,5 % der Umsatzerlöse ausmacht. Die erfreuliche Bilanz zeigt: 5340 Patente wurden allein im Jahr 2016 angemeldet, d. h. ungefähr 24 Patente pro Arbeitstag (Bosch Nachhaltigkeitsbericht 2016b). Um dies zu erreichen sind an 120 Entwicklungsstandorten weltweit rund 59.000 Mitarbeiter aktiv. Sie treiben Innovationen voran und sorgen so für die Voraussetzungen für das kontinuierliche Wachstum des Unternehmens. Dabei spielt die Ausrichtung an den Megatrends wie Globalisierung, Vernetzung, Energie, Klima, Wasser, Gesundheit, Demografie und Urbanisierung eine zentrale Rolle. Genau hier liegen die größten Herausforderungen unserer Gesellschaften weltweit. Die Zusammenarbeit zwischen Ingenieuren, Wissenschaftlern und Soziologen, aber auch mit Instituten und Nichtregierungsorganisationen ist hier entscheidend. Innovation braucht Kreativität und genaue Kenntnis des ökologischen, ökonomischen und sozialen Umfelds. Ein solcher strategischer Werdegang steht ganz im Sinn der Philosophie von Unternehmensgründer Robert Bosch, der von sich sagte: „Ich habe zwar ein gutes, vielleicht intuitives technisches Einfühlungsvermögen, aber ich glaube, ich kann sagen, ich hatte nie den Ehrgeiz, etwas selber gemacht haben zu wollen. Ich ließ gerne Andere konstruieren und ließ sie auch gut verdienen" (Bosch 1921, S. 197).

5 Good Citizen als Anspruch

Bosch mit seinen rund 389.000 Mitarbeitern weltweit (Stand 31.12.2016) ist bis heute ein Familienunternehmen, das Tradition, Innovation, Vielfalt und Nachhaltigkeit miteinander verknüpft. Hier kommen Menschen mit unterschiedlichen Begabungen, Interessen, Lebenserfahrungen und Vorlieben zusammen. Sie sind nicht nur unterschiedlichen Alters und Geschlechts, sondern auch unterschiedlicher Herkunft. Bosch hält Vielfalt für einen Vorteil und arbeitet ständig daran, seine Mitarbeiter gleichberechtigt und unabhängig von Alter, Ausbildung, Erfahrung, Geschlecht, Hautfarbe, Herkunft, Hierarchie, Religion und sozialem Status zu behandeln (Abb. 6). Das Unternehmen ist weltweit an über 350 Standorten tätig und hat allein in Deutschland über 110 Nationalitäten vereint. Mancherorts arbeiten heute bis zu vier Generationen zusammen: Frauen wie Männer auf allen Ebenen. Vielfalt ist Teil der heutigen Gesellschaften und es ist auch aus geschäftspolitischen Erwä-

Abb. 6 Robert Bosch mit Mitarbeiter, Stuttgart Feuerbach 1935

gungen erforderlich, dass Teams aus Frauen und Männern verschiedener Nationalitäten, Kulturen und Generationen zusammenarbeiten, um die Bedürfnisse der Kunden richtig zu treffen.

Vielfalt und Chancengleichheit bedeuten für Bosch nicht nur qualifizierte Frauen und Männer als potenzielle Bewerber anzusprechen, sondern auch Perspektiven zur Weiterbildung und Karriereentwicklung anzubieten, die eine bessere Work-Life-Balance ermöglichen. Boschs Ziel ist es, eine neue Arbeitskultur zu schaffen, die familienfreundlich und bedürfnisorientiert mit Menschen umgeht. Elternzeit für Männer, Führungsverantwortung in Teilzeit, Homeoffice und Würdigung von ehrenamtlichem Engagement sind bei Bosch keine Pläne für die Zukunft, sondern bereits Realität; dadurch wird nicht nur die Vielfalt von heute, sondern auch die der kommenden Generationen in die Unternehmensstrategie mit eingeplant. Familienunternehmen basieren im Wesentlichen auf Vertrauen, das sich ausschließlich über die Zeit aufbauen lässt. Aus diesen Gründen unterzeichnete Bosch am 05. Dezember 2007 die Charta der Vielfalt, eine Unternehmensinitiative zur Förderung von Vielfalt in Unternehmen unter der Schirmherrschaft von Bundeskanzlerin Dr. Angela Merkel. Die Initiative will die Anerkennung, Wertschätzung und Einbeziehung von Vielfalt in der Unternehmenskultur in Deutschland voranbringen. Unternehmen sollen ein Arbeitsumfeld schaffen, das frei von Vorurteilen ist. Mit der Erklärung hat sich Bosch somit verpflichtet, ein Klima der Akzeptanz und des gegenseitigen Vertrauens zu fördern.

Neben den internen Maßnahmen rund um die Arbeitsplätze ist das gesellschaftliche Engagement von Bosch ebenso ein wichtiger Bestandteil der Aktivitäten, das Spenden-, Sponsoring- und Stiftungsaktivitäten sowie die Förderung des freiwilligen gemeinnützigen Einsatzes von Mitarbeitern einbezieht. Es gehört zur Unternehmenskultur, sich als Good Citizen zu engagieren und damit so viel Positives wie möglich für die Gesellschaft zu bewirken.

Seit der ersten Dekade des 20. Jahrhunderts zeigt das Engagement von Bosch und seinen Belegschaften Wege auf, sich Herausforderungen von Bildungs- und Gesundheitsfragen zu stellen und Verantwortung zu übernehmen. In dieser Zeit hatte die Firma bereits eine halbe Million Mark an Vereine, Hochschulen und Krankenhäuser gespendet. Im Jahr 1918 erwarb die Firma ein Grundstück in der Türkei in Höhe von 500.000 Mark für die Errichtung eines modernen Krankenhauses zur Seuchenbekämpfung (Allmendinger 1977, S. 10; Heuss 1975, S. 649 f.). Im Jahr 1940 wurde das Robert-Bosch-Krankenhaus in Stuttgart feierlich eröffnet und eingeweiht (Bosch et al. 1940, S. 45–51; Heuss 1975, S. 659). In den 1940er- und 1950er-Jahren wurden darüber hinaus verschiedene deutsche Stiftungen wie z. B. die Markel-Stiftung und die Hans-Walz-Stiftung gefördert (Allmendinger 1977, Anlage II, S. 11).

Das unternehmerische und philanthropische Werk von Robert Bosch inspirierte seine Mitarbeiter nicht nur in Deutschland, sondern auch in den Regionen weltweit. Im Lauf der Jahre wurden unterschiedliche Unternehmensstiftungen gegründet. Dazu zählen die brasilianische Associação Beneficente Robert Bosch (1971), die Bosch India Foundation (2008), das Bosch China Charity Center (2011) und der US Community Fund (2012). Diese Stiftungen sind insbesondere durch ihre finanzielle und politische Unabhängigkeit dafür prädestiniert, zur Lösung gesellschaftlicher Probleme beizutragen. Sie arbeiten an Themen, die vorrangig durch die kulturellen und historischen Rahmenbedingungen der verschiedenen Länder und Regionen geprägt werden.

6   Fazit

Die Studie zur volkswirtschaftlichen Bedeutung der Familienunternehmen zeigt, dass der Anteil der Unternehmen in Deutschland, die familienkontrolliert sind und vom Eigentümer geleitet werden (eigentümergeführte Unternehmen), 88 % beträgt. Familienunternehmen weisen eine höhere Wahrscheinlichkeit als Nichtfamilienunternehmen auf, Innovationen hervorzubringen, d. h. neue Produkte oder neue Dienstleistungen auf den Markt zu bringen oder neue Produktionsverfahren im Unternehmen einzuführen (Stiftung Familienunternehmen 2014).

Bosch gehört zu den zehn größten Unternehmen in Deutschland und ist hierzulande das zweitgrößte Familienunternehmen. Umwelt- und Ressourcenschonung bedeuten für Bosch sowohl Verantwortung für den blauen Planeten als auch wirtschaftlichen Erfolg. In seiner Rede auf der Bilanz-Pressekonferenz 2006 sprach Franz Fehrenbach erstmals von ökologischer Globalisierung – und meinte damit nicht zuletzt die Wachstumschancen für Bosch im Zeichen von Klimaschutz und weltweit anziehenden Emissionsnormen. Klimawandel und Globalisierung stellen die größten Herausforderungen des jetzigen Zeitalters dar. Bosch nimmt diese Herausforderungen an. Das ist ganz im Sinn der Kultur des Unternehmens – eine Kultur sparsamen und respektvollen Umgangs mit Ressourcen. Familienunternehmen sind besonders für diese Aufgabe geeignet.

Literatur

Allmendinger C-M (1977) Struktur, Aufgabe und Bedeutung der Stiftungen von Robert Bosch und seiner Firma. Ein Beitrag zur Geschichte des Stiftungswesens in Württemberg von 1900 bis 1964, Dissertation an der Universität Mannheim

Bähr J, Erker P (2013) Bosch. Geschichte eines Weltunternehmens. C.H.Beck, München, S 276–310

Bauer H (1930) Wo kann Kraft gespart werden? Bosch-Zünder 1930/6:127–128

Bäuerle T, Bruckmann P, Fischer J, Kneher H, Mezger O (1931) Robert Bosch. Deutsche Verlagsanstalt, Stuttgart, Berlin, S 14

Bosch R (1921) Aus den Lebenserinnerungen von Robert Bosch. In: Bosch-Zünder 1931/12

Bosch R (1931) Der Boschhof. Archiv der Robert Bosch GmbH, Signatur 1014703

Bosch R (1932) Die Verhütung künftiger Krisen in der Weltwirtschaft. Archiv der Robert Bosch GmbH, Signatur 1014180.

Bosch R (1937) Richtlinien für die Testamentsvollstrecker, § 18,1. Archiv der Robert Bosch GmbH, Signatur 1001194

Bosch R (1938) Verfügung von Todes wegen vom 31.05.1938. Archiv der Robert Bosch GmbH, Signatur 1001081

Bosch R, Hahn P, Walz H (1940) Das Robert Bosch Krankenhaus im Betrieb. Bosch-Zünder 1940/5/6:45–51

Fischer-Bosch M (o. J.) Jugenderinnerungen an meinen Vater Robert Bosch, o. O. (Selbstverl.)

Heuss T (1975) Robert Bosch: Leben und Leistung. Heyne, München

Klöblen K (1935) Kehrichtabfuhr in den Feuerbacher Werken. Bosch-Zünder 1935/9:182–184

Magazin zur Bosch-Geschichte (2006) Der Zeit voraus! Bosch führt den Achtstundentag ein, S. 10–13

Robert Bosch GmbH (Hrsg) (2011) Bosch. 125 Jahre Technik fürs Leben

Robert Bosch GmbH (2016a) Bosch Geschäftsbericht. Robert Bosch GmbH, Stuttgart

Robert Bosch GmbH (2016b) Bosch Nachhaltigkeitsbericht. Robert Bosch GmbH, Stuttgart

Stiftung Familienunternehmen (2014) Die volkswirtschaftliche Bedeutung der Familienunternehmen. http://www.familienunternehmen.de/media/public/pdf/publikationen-studien/studien/Studie_Stiftung_Familienunternehmen_Volkswirtschaftliche-Bedeutung_Berichtsband.pdf. Zugegriffen: 17. Okt. 2017

Thier R (1938) Das neue Heizwerk in Feuerbach. Bosch-Zünder 1938/1:3–4

Dr. Kathrin Fastnacht ist Leiterin der Abteilung Historische Kommunikation der Robert Bosch GmbH und beschäftigt sich mit allen Aspekten der Bewahrung und Vermittlung der facettenreichen Geschichte des traditionsreichen Unternehmens. Bevor sie 2007 bei Bosch anfing, arbeitete die Historikerin und Kulturwissenschaftlerin über zehn Jahre lang in verschiedenen Museen als wissenschaftliche Mitarbeiterin und war zudem als Selbstständige im gleichen Bereich tätig.

Bettina Simon ist Historikerin und nach mehreren Stationen in Museen und Unternehmensarchiven seit 2006 bei Bosch in der Historischen Kommunikation tätig. Sie ist dort Ansprechpartnerin für technikgeschichtliche Fragen, betreut die historische Produktsammlung und den Bereich der technischen Dokumentation. Zu ihren weiteren Aufgaben gehört die Koordination verschiedener Ausstellungsprojekte in Museen und die Mitarbeit an unternehmenshistorischen Publikationen.

Bernhard Schwager wechselte 2005 von Siemens zu Bosch und ist hier als Leiter der Geschäftsstelle Nachhaltigkeit tätig. In dieser Funktion ist er Ansprechpartner für verschiedene Stakeholder und treibt Nachhaltigkeitsthemen voran. Dazu vertritt er das Unternehmen in verschiedenen nationalen und internationalen Organisationen und ist Autor bzw. Mitautor verschiedener Bücher und Artikel. Im Mai 2006 wurde er zum Präsidenten des Verbands der Betriebsbeauftragten für Umweltschutz (VBU) und im Mai 2008 zum Obmann des Ausschusses Umweltmanagementsystem/Umweltaudit im Deutschen Institut für Normung (DIN) gewählt.

Aus Tradition engagiert – wie das Familienunternehmen Haniel seit Generationen seine Rolle als Unternehmensbürger wahrnimmt

Jutta Stolle

1 Gemeinsamer Wertekanon

Seit über 260 Jahren ist die Franz Haniel & Cie. GmbH im Besitz der Familie Haniel: 1756 gestartet als Ruhrorter Kolonialwarenhändler, hat sich das Unternehmen im 19. Jahrhundert zum führenden Montanunternehmen im Ruhrgebiet entwickelt und steuert heute als Family-Equity-Unternehmen vom Standort Duisburg aus ein internationales und diversifiziertes Portfolio. Bei all dieser Dynamik sorgen fest verankerte Prinzipien – die Haniel-Werte – dafür, dass das Unternehmen in Balance bleibt.

1.1 Franz Haniel als bleibendes Vorbild

Franz Haniel (1779–1868), Enkel des Unternehmensgründers, verkörperte den ehrbaren Kaufmann als bleibendes Vorbild. Er investierte mit Weitsicht in zukunftsweisende Geschäftsfelder und verstand es dabei, Geschäftssinn und Gemeinsinn miteinander zu verknüpfen. In diesem Sinn fühlt sich die Unternehmerfamilie und das Management Tugenden wie Verantwortungsbewusstsein, Integrität und Disziplin verpflichtet. Für Haniel ist es Tradition, etwas vom Unternehmenserfolg an das Umfeld zurückzugeben. Schon im 19. Jahrhundert setzte sich Franz Haniel für das gemeinschaftliche Wohl ein. Er stiftete seiner Heimatstadt Duisburg-Ruhrort ein Krankenhaus und eine Schule. Außerdem erbrachte er freiwillige Sozialleistungen: Franz Haniel gründete Deutschlands erste Betriebskrankenkasse und erbaute die erste Arbeitersiedlung im Ruhrgebiet. Er hatte erkannt, dass die Mitarbeiter einen wichtigen Beitrag zum Unternehmenserfolg leisten. Im Gegen-

---

J. Stolle (✉)
Direktorin der Franz Haniel & Cie. GmbH
Duisburg, Deutschland

zug sollte ihnen Haniel mehr als den bloßen Lohn bieten. An dieser Überzeugung hält das Unternehmen bis heute fest.

1.2 Gemeinsame Grundsätze seit Generationen

Voraussetzung für den nachhaltigen Erfolg des Unternehmens sind gemeinsame Grundsätze, die die Familie Haniel seit Generationen verbinden und die in einer Familien-Charta dokumentiert sind. Haniel unterscheidet sich von anderen Unternehmen in Familienbesitz v. a. durch ein Merkmal: Bereits seit Beginn des 20. Jahrhunderts ist das Management in fremden Händen. Kein einziges Familienmitglied ist in der Gruppe tätig. In der Familien-Charta haben die Haniel-Gesellschafter auch die Erwartungen an die Fremdmanager formuliert, das Unternehmen auf Basis des Selbstverständnisses der Familie sowie des von ihr vorgegebenen Handlungsrahmens zu führen. Das Management ist aufgefordert, die Familienwerte in Form von Unternehmensprinzipien und -regeln zu konkretisieren. Diese gewährleisten auch die Einhaltung hoher sozialer, ökologischer und arbeitsrechtlicher Standards. Daraus ergibt sich der Rahmen für die Führung und Steuerung der Geschäftsbereiche. Das Management ist dafür verantwortlich, dass diese Vorgaben mit der gelebten Praxis übereinstimmen und dem Grundsatz des ehrbaren Kaufmanns folgen.

2 Wert steigern, Werte leben – Verantwortung ganzheitlich betrachtet

CR bei Haniel ist eine logische Konsequenz der Unternehmenswerte. Das CR-Engagement der Haniel-Holding basiert auf zwei Säulen: Zum einen übernimmt Haniel als Family-Equity-Unternehmen Verantwortung entlang der eigenen Wertschöpfungskette. Zum anderen wird das gesellschaftliche Engagement mit den Schwerpunkten Bildungsförderung, Standortverantwortung und Mitarbeiterengagement systematisch weiterverfolgt.

2.1 Integration von CR ins Kerngeschäft

Als Wertentwickler mit einer langfristigen Investmentstrategie strebt Haniel im Bereich CR einen ganzheitlichen Ansatz entlang der Wertschöpfungskette an – von der Investitionsphase über das Portfoliomanagement bis hin zur Desinvestition. Die Haniel-Holding gestaltet ein diversifiziertes Portfolio. Ziel des aktiven Portfoliomanagements ist es, den Unternehmenswert nachhaltig zu steigern. Dabei strebt Haniel an, dieses ökonomische Ziel im Einklang mit ökologischen und gesellschaftlichen Zielen zu erreichen. Unter dieser Prämisse erfolgen alle Investitionsentscheidungen mit Bedacht: Dafür hat die Haniel-Holding verschiedene Prozesse und Instrumente etabliert und CR in bestehende Leitlinien integriert. Bei der Prüfung von Akquisitionsmöglichkeiten gilt es, gemäß dem Haniel-Investitionsfilter auch soziale und ökologische Kriterien zu untersuchen, um das CR-Profil der Übernahmekandidaten beurteilen zu können. Infrage kommen nur solche Investments, die zu den gelebten Haniel-Werten passen. Nach erfolgreicher Akquisition ist CR ein Bestandteil des Integrationsplans. Abhängig von bereits vorhandenen Aktivitäten werden bei dem Geschäftsbereich zunächst Strukturen und Prozesse für die Verankerung von CR im Kerngeschäft geschaffen.

2.2 Anspruchsvoller Eigentümer

Der Fokus der Haniel-Holding liegt dort, wo sie einen großen Hebel hat: bei der Entwicklung und Steuerung der Beteiligungen. Um sicherzustellen, dass sich CR durch das gesamte Portfolio zieht und so zum Wettbewerbsvorteil wird, gibt Haniel richtungsweisende Leitplanken vor. In Geschäftsordnungen, die die Zusammenarbeit auf Basis gesetzlicher Regelungen definieren, wurde verankert, dass die Holding an der Entwicklung der CR-Strategien durch die Geschäftsbereiche mitwirkt. Als strategische Führungsholding setzt die Franz Haniel & Cie. GmbH mit den drei CR-Handlungsfeldern Mitarbeiter, Wertschöpfungskette und Innovation gruppenweite Schwerpunkte, die von jedem Geschäftsbereich in seiner CR-Strategie umgesetzt werden. Die Holding übernimmt dabei die Rolle eines Impulsgebers und Sparringspartners, organisiert den Informations- und Erfahrungsaustausch und koordiniert übergreifende CR-Aktivitäten.

3 Haniel als Unternehmensbürger am Standort in Duisburg

Neben den CR-Aktivitäten im Kerngeschäft hat das Familienunternehmen nie den Blick für das Naheliegende verloren: Am Standort engagiert sich die Haniel-Holding traditionell als Unternehmensbürger und insbesondere für Projekte, die einen langfristigen Nutzen für Duisburg und die Menschen in der Stadt bringen. Schwerpunkte des Engagements liegen sowohl auf Bildungsförderung – insbesondere von sozial benachteiligten Kindern und Jugendlichen – als auch auf der Weiterentwicklung der Stadt und v. a. des Hafenstadtteils Ruhrort zu einem beliebten Wohn- und erfolgreichen Wirtschaftsstandort. Mitarbeiter, die sich ehrenamtlich für die einzelnen Initiativen einsetzen, werden ebenfalls gefördert.

3.1 Revitalisierung des Standorts

Haniel ist viel daran gelegen, den Strukturwandel am Standort zu gestalten und den Lebenswert der Region zu steigern. Lokale Projekte erfahren finanzielle, sachliche und ideelle Unterstützung durch den Unternehmensbürger Haniel. Zum Beispiel veranstaltet das Unternehmen gemeinsam mit der Deutschen Oper am Rhein, der Stadt Duisburg und den

Duisburger Philharmonikern alle zwei Jahre das Haniel Klassik Open Air. Damit ermöglicht das Unternehmen den Duisburger Bürgern den freien Zugang zur Hochkultur und den Musikhäusern neue Zielgruppen zu erreichen. Als das Ruhrgebiet 2010 die Kulturhauptstadt Europas war, unterstützte Haniel als einer der Hauptsponsoren der Kulturhauptstadt zahlreiche Projekte – und hatte sie teilweise auch initiiert und mit Ideen bereichert. Im Fokus standen Projekte, die nicht nur kurzfristig die Aufmerksamkeit auf die Region lenken, sondern den Standort nachhaltig nutzen – etwa leerstehende Gebäude und brachliegende Gelände zu reaktivieren. Seitdem das Ruhrgebiet im Jahr 2010 Kulturhauptstadt war, ist Ruhrort zu einem der Kreativquartiere erklärt worden. Haniel unterstützt Kulturschaffende und die Stadt Duisburg dabei, dem Stadtteil mithilfe von Kunst und Kultur zu mehr Glanz und Ausstrahlung zu verhelfen.

Im Bereich Bildungsförderung gehen das Unternehmen und die Haniel-Stiftung in Duisburg Hand in Hand: Um die Perspektiven von sozial benachteiligen Kindern und Jugendlichen zu verbessern, wurde 2010 das Kooperationsprojekt *Bildung als Chance* gemeinsam mit Ashoka Deutschland und den drei Sozialunternehmern apeiros e. V., Chancenwerk e. V. und Teach First Deutschland ins Leben gerufen. Durch die Verzahnung der Lösungsansätze der Sozialunternehmer in Duisburg kann mit vereinten Kräften mehr erreicht werden, um Bildungsbarrieren abzubauen und Schülern den Weg in eine erfolgreiche berufliche Zukunft zu bereiten. Eine weitere Form des Haniel-Engagements für bessere Bildung in Duisburg sind Schulpartnerschaften. Das Unternehmen unterstützt drei Partnerschulen u. a. durch die Verdopplung der Fördervereineinnahmen. Das Geld investieren die Schulen z. B. in Ausstattung und Sonderprojekte.

4 Mit Blick in die Zukunft

Unter Berücksichtigung von sich verändernden gesellschaftlichen Rahmenbedingungen entwickelt Haniel das gemeinnützige Engagement kontinuierlich weiter. Ziel ist es, mit vorhandenen Ressourcen und Kompetenzen einen größtmöglichen gesellschaftlichen Mehrwert zu schaffen. Über die Fortführung bestehender Initiativen hinaus ist es der Anspruch, Lösungsansätze für aktuelle gesellschaftliche Herausforderungen zu entwickeln. Das bedeutet für Haniel auch, sich mit starken Partnern zusammenzuschließen, wenn das eigene Engagement an Grenzen stößt und gemeinsam mehr erreicht werden kann.

4.1 Sozialunternehmertum im Fokus

Seit April 2016 setzt sich das Unternehmen gemeinsam mit der KfW-Stiftung, der Prof. Otto Beisheim-Stiftung und der Social Impact gGmbH für mehr Innovation und Gründergeist in Nordrhein-Westfalen ein: Mit dem Social Impact Lab Duisburg wurde in Ruhrort das erste Zentrum für soziale Innovation und Entrepreneurship in der Region eröffnet. Das Lab fördert Gründer, die mit ihren Ideen drängende gesellschaftliche Herausforderungen lösen wollen, vernetzt sie mit anderen Akteuren und etabliert sie in der Region.

Soziale Innovationen und Sozialunternehmertum gewinnen angesichts gesellschaftlicher Herausforderungen wie demografischer Wandel, Bildungsungleichheit und Zuwanderung bei gleichzeitiger Knappheit der öffentlichen Versorgungskassen stetig an Bedeutung. Mit dem Social Impact Lab möchte Haniel gemeinsam mit den Partnern die bisher unzureichenden Bedingungen für die Gründung von Sozialunternehmen verbessern. Ziel der Initiatoren ist es, durch den Aufbau eines regionalen Netzwerks sowie eines umfangreichen Veranstaltungs- und Qualifizierungsangebots die Rahmenbedingungen für die Entwicklung sozialer Innovation nachhaltig zu verbessern und damit positive Impulse für den anhaltenden Strukturwandel in der Region zu setzen. Denn: Unternehmensgründungen sind eine wichtige Säule der lokalen Wirtschaft.

4.2 Hand in Hand für mehr soziale Innovationen

Im Social Impact Lab Duisburg bündeln alle Projektpartner ihre Kompetenzen, um gemeinsam mehr zu erreichen. Die gemeinnützige Social Impact GmbH entwickelt Produkte und Dienstleitungen, die zur Sicherung der Zukunftsfähigkeit unserer Gesellschaft und zum sozialen Ausgleich beitragen sollen. Seit 2012 konzentriert sich die Social Impact gGmbH auf die Entwicklung einer Infrastruktur zur Förderung von sozialen Innovationen. Diese zielgruppenspezifischen Gründungs- und Netzwerkzentren wurden an verschiedenen deutschen Standorten wie Berlin, Hamburg und Frankfurt etabliert. Ein zentraler Baustein der Zentren sind Gründerprogramme, die es sozialen Start-ups ermöglichen, intensiv und mit qualifizierter Unterstützung ihre Ideen in tragfähige Geschäftsmodelle zu überführen.

Das Stipendienprogramm AndersGründer wurde bereits 2013 von der KfW Stiftung und der Social Impact gGmbH ins Leben gerufen und in Partnerschaft mit der Prof. Otto Beisheim-Stiftung auf Duisburg ausgeweitet. Das Programm richtet sich an Gründer, die mit ihrer Idee eine soziale oder ökologische Herausforderung auf innovative Art und Weise lösen wollen. Idealerweise sollte sie auch skalierbar, also in ganz Deutschland umsetzbar sein. Ergänzt wird das Angebot für Social Start-ups durch das Stipendienprogramm ANKOMMER. Perspektive Deutschland der KfW-Stiftung für Start-ups, die mit ihren Ansätzen Menschen mit Fluchthintergrund Zugang zu Bildung sowie zu Ausbildungs- und Arbeitsplätzen bieten.

4.3 Positive Effekte für das Unternehmen

Haniel stellt die Räumlichkeiten für das Social Impact Lab direkt am Unternehmensstandort zur Verfügung. Zudem engagieren sich die Mitarbeiter mit ihrem spezifischen Knowhow: Inhaltliche Angebote wie ein Mentoringprogramm und fachbezogene Workshops fördern außerdem den Austausch zwischen den Gründerteams und Haniel-Mitarbeitern. Davon profitiert auch das Unternehmen: Im Zuge des Mentoring der sozialen Start-ups durch Haniel-Mitarbeiter werden gegenseitige Lernprozesse ermöglicht: Die Hands-on-Mentalität der Sozialunternehmer leistet einen Beitrag zur Unternehmenskultur und fördert die Kreativität und die Offenheit der Mitarbeiter für neue Ideen. Zudem gilt die Vermittlung von Sinnstiftung und Begeisterungsfähigkeit als zentrale Führungsaufgabe der Zukunft. Schließlich geht es um die Förderung unternehmerischen Denkens und Handelns und darum, sich mit neuen Ideen auseinanderzusetzen und zukunftsfähige Lösungen zu finden. Damit steht das Social Impact Lab exemplarisch für die Werte, die das unternehmerische Denken und Handeln von Haniel seit der Gründung prägen: Innovationskraft, Leistungsbereitschaft und soziale Verantwortung.

Jutta Stolle ist seit 2010 Direktorin der Abteilung Gesellschafter + Nachhaltigkeit der Franz Haniel & Cie. GmbH. Die gebürtige Duisburgerin arbeitet bereits seit rund 40 Jahren für das Unternehmen: Zunächst absolvierte sie eine Ausbildung zur Speditionskauffrau und Technischen Zeichnerin bei Haniel. Anschließend war sie als Assistentin der Geschäftsführung im früheren Unternehmensbereich Haniel-Umweltschutz tätig und übernahm später die Führung einer Vertriebslinie für Europa, bis sie 1989 die Leitung der PR- und Marketingabteilung von Haniel-Umweltschutz übernahm. Im Jahr 1994 übernahm sie den Aufbau der Abteilung Corporate Communications im Haniel-Konzern und leitete diese bis 2010. Für ihre besonderen Verdienste um die Stadt Duisburg wurde Jutta Stolle 2008 mit der Mercatornadel der Stadt Duisburg und 2011 mit dem Kaisermünzenpreis des Vereins Pro Duisburg ausgezeichnet.

Miele – Werte als Fundament eines ganzheitlichen Nachhaltigkeitsverständnisses

Markus Miele

1 Einleitung

Corporate Social Responsibility (CSR) wird bis heute häufig als gemeinnütziges Engagement von Unternehmen abseits ihres Kerngeschäfts verstanden. Das Bild des wohltätigen Unternehmers und großzügigen Stifters hat v. a. in der angelsächsischen Welt eine lange Tradition, wo das Gemeinwohl seit jeher weniger als staatliche denn als private Aufgabe begriffen wird. Es ähnelt der in Deutschland verbreiteten Vorstellung eines fürsorglichen Familienunternehmers, der sich für das Wohlergehen seiner Mitarbeiter und die Belange seiner Heimatregion einsetzt. In der Tat sind viele Familienunternehmen – auch Miele – in diesen Bereichen traditionell sehr engagiert.

Folgt man jedoch einem moderneren Verständnis von CSR, dann geht es dabei um mehr als die Frage, für welche sozialen Projekte ein Unternehmen Geld spendet. Stattdessen steht im Vordergrund, auf welche Weise das Unternehmen sein Geld verdient – also um das Kerngeschäft (Gail 2014): CSR ist demnach keine Wohltätigkeit, sondern vielmehr eine unternehmerische Querschnittsaufgabe und Kernbestandteil der Unternehmensführung (Lin-Hi 2011). Dabei steht die Verringerung von gesellschaftlich unerwünschten ökologischen und sozialen Auswirkungen durch die Geschäftstätigkeit im Mittelpunkt. Übergeordnetes Ziel ist eine Wertschöpfung, die nicht zulasten künftiger Generationen geht.

Auch dieses erweiterte Verständnis von CSR weist viele Überschneidungen mit Eigenschaften auf, die typischerweise Familienunternehmen zugeschrieben werden: An erster Stelle stehen dabei die langfristige Perspektive und das Ziel, das Unternehmen erfolgreich und sicher an die nächste Generation zu übergeben.

M. Miele (✉)
Miele & Cie. KG
Gütersloh, Deutschland

Diesen Anspruch hat auch Miele. Das Unternehmen verwendet dafür allerdings nicht den Begriff CSR, sondern spricht stattdessen von Nachhaltigkeit. Bei diesem Begriff, der ursprünglich aus der Forstwirtschaft stammt, schwingt der Weitblick mit, der viele Familienunternehmen auszeichnet: Nachhaltigkeit in diesem ursprünglichen Sinn bedeutet, niemals mehr Holz zu schlagen, als im selben Zeitraum nachwachsen kann. Dementsprechend ist eine nachhaltige Geschäftstätigkeit für Miele eine, die Rücksicht nimmt auf die Umwelt und die Bedürfnisse kommender Generationen.

2 Werteorientierung: ein Kennzeichen von Familienunternehmen

Seit seiner Gründung im Jahr 1899 ist Miele ein unabhängiges Familienunternehmen, das sich seinen Eigentümern, Beschäftigten, Kunden, Lieferanten, der Umwelt und der Gesellschaft in ähnlicher Weise verpflichtet fühlt. Auch wenn der Begriff der Nachhaltigkeit damals in diesem Zusammenhang noch nicht geläufig war, setzten die Firmengründer schon zur vorletzten Jahrhundertwende nachhaltige Prinzipien um. Sie entwickelten und produzierten langlebige Produkte, die solider und zuverlässiger waren als die der Konkurrenz. Sie sorgten für ihre Mitarbeiter und kümmerten sich um die Menschen in ihrer Region. Diese Haltung übertrugen sie auf ihre Söhne und Nachfolger, die wiederum gaben sie an ihre Nachfolger weiter. Inzwischen wird das Unternehmen von der vierten Generation geleitet, die immer noch an denselben Prinzipien festhält.

Heute verfügt Miele über eine Nachhaltigkeitsstrategie, dessen Kernbestandteile zwar erst seit einigen Jahren unter diesem Begriff zusammengefasst werden, jedoch immer schon umgesetzt wurden. Es ist eine Strategie, die in erster Linie auf Werte setzt: Verantwortung gegenüber Mensch und Umwelt, Qualitätsbewusstsein, Integrität und nicht zuletzt Kontinuität.

Dieses Wertbewusstsein ist etwas, das viele Familienunternehmen auszeichnet: ein Bekenntnis zu zentralen Prinzipien, die nicht verhandelbar sind – aufgebaut, gefestigt und gelebt über Generationen. Sie bilden das Fundament einer nachhaltigen Unternehmensführung, die nicht als schmückendes Beiwerk verstanden wird, sondern als unverzichtbarer Bestandteil der Unternehmensstrategie.

3 Nachhaltigkeit als ganzheitliche Aufgabe

Doch wie sieht ein solches wertebasiertes Nachhaltigkeitsverständnis in der Praxis aus? Miele hat in seiner Nachhaltigkeitsstrategie die Vision formuliert, das nachhaltigste Unternehmen der Branche zu werden. Auf dem Weg dahin sieht sich Miele aktuell mit zahlreichen Herausforderungen konfrontiert – sei es der Klimawandel, die Verknappung von Ressourcen, der demografische Wandel oder der Fachkräftemangel. Diese Herausforderungen können nur bewältigt werden, wenn Nachhaltigkeit nicht als isolierte Aufgabe verstanden wird, sondern ganzheitlich in alle Unternehmensbereiche integriert wird. Die

Werte, die dem Nachhaltigkeitsverständnis von Miele zugrunde liegen, bilden dafür das Fundament.

Im Folgenden soll anhand dieser vier zentralen Miele-Werte – Verantwortung für Mensch und Umwelt, Qualitätsbewusstsein, Integrität und Kontinuität – beispielhaft aufgezeigt werden, wie dieses Nachhaltigkeitsverständnis im Unternehmensalltag umgesetzt wird.

3.1 Verantwortung für Mensch ...

Die heute mehr als 19.000 Mitarbeiter sind das Herz und der Motor des Unternehmens. Miele bietet ihnen ein Arbeitsumfeld, das von Partnerschaft und Wertschätzung geprägt ist. Traditionell zeichnet sich das Familienunternehmen durch eine starke Mitarbeiterbindung und eine geringe Fluktuationsrate aus.

Ein Grund hierfür sind die hohen sozialen Standards für alle Beschäftigten, auf die Miele bereits seit Gründertagen setzt. Was heute selbstverständlich erscheint, beruhte damals auf mutigen Entscheidungen der Firmeninhaber. Bereits 1909 gründete Miele eine Betriebskrankenkasse mit dem Ziel: „Die Arbeiter vor Not schützen, wenn Krankheit über sie kommt". Wenig später folgten die ersten Werkwohnungen für Mitarbeiterfamilien und weitere, damals noch unübliche Leistungen wie Krankengeld, Weihnachtsgratifikationen und die Einführung der betrieblichen Altersvorsorge. Im Lauf der Jahre entstand so ein System sozialer Sicherheit, das sich auch in Krisenzeiten bewährte.

Dieses System passt Miele kontinuierlich an neue Anforderungen an, die u. a. durch das zunehmend internationale Geschäft entstehen. Grundsätzlich ist es für Miele selbstverständlich, dass allen Beschäftigten weltweit ein angemessener Verdienst gezahlt wird. So war es ein zentrales Anliegen, im chinesischen Werk Dongguan den Beschäftigten einen „living wage" zu zahlen – also einen Lohn, der im Gegensatz zum Mindestlohn die tatsächlichen Lebenshaltungskosten abdeckt. Deshalb wurde beim Aufbau des Werks 2009 eine umfassende Analyse zu den lokalen Lebenshaltungskosten durchgeführt und das Gehalt entsprechend über den gesetzlich geforderten Lohn hinaus angehoben.

Ein weiteres wichtiges Merkmal des mittelständisch geprägten Familienunternehmens Miele sind seit jeher flache Hierarchien und kurze Kommunikationswege. Miele, heute ein international tätiges Unternehmen, legt Wert darauf, diese Unternehmenskultur auch als Global Player beizubehalten. Zu dieser Philosophie gehört, dass die Beschäftigten die Chance haben sollen, die Unternehmensentwicklung aktiv mitzugestalten. Dazu wurde bereits 1951 ein betriebliches Vorschlagswesen etabliert, das bis heute wichtige Innovationsimpulse für Miele liefert. Allein im Geschäftsjahr 2015/16 reichten die Mitarbeiter in Deutschland mehr als 2000 Ideen ein. Dadurch konnte das Unternehmen Einsparungen von mehr als 2 Mio. € realisieren.

Die Werte des Familienunternehmens bilden darüber hinaus ein solides Fundament für den Umgang mit aktuellen Herausforderungen für die Personalarbeit: Der demografische Wandel und der zunehmende Fachkräftemangel sind auch bei Miele zu spüren. Hinzu kommen die verstärkte internationale Ausrichtung des Unternehmens sowie die schnell voranschreitende Digitalisierung in allen Lebensbereichen. Miele möchte seinem Anspruch auf Innovationsführerschaft in der Branche auch in Zukunft gerecht werden. Dazu muss es kontinuierlich gelingen, qualifizierte, kreative und begeisterungsfähige Persönlichkeiten für das Unternehmen zu gewinnen und sie langfristig zu binden. Deshalb setzt sich Miele aktuell intensiv mit der Frage auseinander, wie das Unternehmen die Erwartungen der Mitarbeiter von morgen erfüllen kann. Bis Ende 2018 soll weltweit eine starke Arbeitgebermarke, die sogenannte Miele Employer Brand, definiert werden. Sie soll dazu beitragen, Miele v. a. für hochqualifizierte Nachwuchskräfte aus dem technischen Bereich noch attraktiver zu machen. Um dem demografischen Wandel zu begegnen, investiert Miele zudem in Maßnahmen zur Talentförderung und internen Weiterbildung. Ein v. a. auf Prävention ausgerichtetes Gesundheitsmanagement sowie alters- wie altersgerecht gestaltete Arbeitsplätze tragen dazu bei, die physische und psychische Leistungsfähigkeit der Mitarbeiter zu fördern und möglichst lange zu erhalten.

3.2 … und Umwelt

Richtet man den Blick darauf, welche Grundlage kommenden Generationen hinterlassen wird, ist unübersehbar, dass wertvolle Ressourcen auf der Welt knapper werden. Für Miele ist eine stabile Versorgung mit den Rohstoffen und Materialien, aus denen die Produkte gefertigt werden, langfristig ein zentraler Erfolgsfaktor. Ein besonnener und schonender Umgang mit Ressourcen ist daher nicht nur aus ökologischer Perspektive geboten, sondern ökonomisch notwendig. Miele hat dies schon frühzeitig erkannt: Noch bevor der Begriff Umweltschutz ab 1970 Einzug in den deutschen Sprachgebrauch hielt, investierte Miele Ende der 1960er-Jahre in beträchtlichem Umfang in umweltfreundliche Produktionsverfahren.

Heute betrachtet Miele das Thema Ressourcenschonung aus ganzheitlicher Perspektive: Der Blick reicht dabei von der Herstellung der Geräte über ihren Gebrauch und ihre Entsorgung bis in die Lieferkette. Dank einer in der Branche außergewöhnlich hohen Fertigungstiefe – fast 50 % aller Bauteile werden vom Unternehmen selbst hergestellt – hat Miele großen Einfluss auf die Umweltauswirkungen entlang aller Wertschöpfungsstufen.

Haus- und Gewerbegeräte verursachen bis zu 90 % des gesamten Energieaufwands während ihrer Gebrauchsphase. Für Miele hat daher die Entwicklung und Produktion ressourcen- und energiesparender Produkte höchste Priorität. Dies hat nicht nur ökologische Vorteile, sondern macht viele Innovationen erst möglich, mit denen sich Miele vom Wettbewerb abhebt: sei es die erste Waschmaschine weltweit mit automatischer Dosierung für Flüssig- und Pulverwaschmittel, mit der bis zu 30 % Waschmittel eingespart werden können oder ein Geschirrspüler mit Wärmespeicher, der bedeutend weniger Energie für das Aufheizen benötigt; oder die Entwicklung von PowerWash 2.0, ein neues Waschverfahren, das sowohl den Wasser- als auch den Energieverbrauch senkt. Dank Innovationen wie diesen und anderer Effizienzmaßnahmen reduzierte Miele den Energieverbrauch seiner Geräte in den letzten 20 Jahren durchschnittlich um etwa die Hälfte.

Die Effizienz von Hausgeräten ist inzwischen zu einem zentralen Verkaufsargument geworden. Für viele Kunden ist es selbstverständlich, sich vor dem Kauf über den Energie- und Wasserverbrauch eines neuen Geräts zu informieren. Für Miele war ein sparsamer Betrieb bereits ein zentrales Anliegen als dieses Thema für die meisten Kunden noch keine Rolle spielte: Weit zurückreichende Beispiele sind die Restwärmenutzung der ersten Miele-Trommelwaschmaschinen in den 1920er-Jahren, die Wärmerückgewinnung von Miele-Waschkesseln in den 1930er-Jahren oder die Einführung der elektronischen Feuchtemessung in Wäschetrocknern in den 1960er-Jahren.

Auch in der Produktion ist ein schonender Umgang mit natürlichen Ressourcen damals wie heute zentrale Maßgabe. Bei der Herstellung von Miele-Geräten wird ein hoher Anteil recyclingfähiger Materialien und Sekundärrohstoffe verarbeitet – also Rohstoffe, die aus Recycling gewonnen werden. In Miele-Waschmaschinen beträgt der Metallanteil bis zu 90 %. Davon werden wiederum bis zu 50 % aus Recycling gewonnen. Die mit der Rohstoffgewinnung verbundenen Umweltauswirkungen können so deutlich verringert werden.

Eine zentrale Herausforderung liegt für Miele heute darin, den Ressourceneinsatz kontinuierlich weiter zu verringern und dabei keine Kompromisse bei der Qualität der Miele-Produkte zu machen. Miele prüft daher fortlaufend Möglichkeiten, Stoffkreisläufe weiter zu schließen. In einem aktuellen Pilotprojekt werden Metalle aus Altgeräten gewonnen und wiederverwendet. Dazu werden Altgeräte (Miele-Waschmaschinen) in einem Fachbetrieb zerlegt und das wertvolle Material an die Miele-Gießerei am Standort Gütersloh geliefert. Dort wird es genutzt, um neue Teile für Waschmaschinen wie Lagerkreuze und Gegengewichte herzustellen. Obwohl die Mengen noch sehr klein sind, ist das Projekt für Miele ein wichtiger Schritt in Richtung einer vollständigen Kreislaufwirtschaft („cradle-to-cradle").

Neben der Ressourcenschonung spielt das Thema Klimaschutz eine immer größere Rolle. Deshalb investiert Miele bereits seit Jahren in umfassende Energieeffizienzmaßnahmen. Neben der energetischen Optimierung der Produktionsprozesse zielen diese Maßnahmen auch darauf ab, Gebäude und Infrastruktur so energieeffizient wie möglich zu gestalten. Da ein großer Teil der CO_2-Emissionen eines produzierenden Unternehmens wie Miele durch die Logistik hervorgerufen wird, setzt Miele hier ebenfalls an: mit einer weitgehenden Bündelung von Transportströmen, einer optimalen Auslastung der Transportfahrzeuge sowie einem Fokus auf möglichst emissionsarme Verkehrsträger wie Schiff und Bahn.

3.3 Qualitätsbewusstsein

Die Miele-Gründer haben auf jedes ihrer Produkte den Leitspruch *Immer besser* geschrieben. Sie wussten, dass Miele nur wachsen und gedeihen konnte, wenn jedes Produkt besser sein würde als das vorherige. Bereits 1922 fassten die Firmeninhaber diesen Anspruch in einem klaren Qualitätsbekenntnis zusammen, das auch heute noch hohe Aktualität besitzt: „Wir wollen für unsere Miele-Fabrikate das Qualitätsprinzip hochhalten und werden deshalb den Wettlauf der Billigkeit auf Kosten der Qualität nicht mitmachen. Gerade in der Durchführung des Qualitätsprinzips liegt der unbestrittene Erfolg unserer Erzeugnisse". Dabei galt die Maxime: Auch in wirtschaftlich schwierigen Zeiten sollten niemals Zugeständnisse auf Kosten der Qualität gemacht werden.

Grundgedanke war schon damals, mit hochwertigem Material und aufwendigen Fertigungsmethoden Produkte von besonderer Qualität und langer Lebensdauer zu erschaffen. Bis heute ist Miele der einzige Hersteller der Branche, der seine Erzeugnisse auf eine Lebensdauer von bis zu 20 Jahren testet. Für Miele ist diese lange Lebensdauer nicht nur ein herausragendes Qualitätsmerkmal und zentrales Verkaufsargument – sie ist auch aus Nachhaltigkeitsgesichtspunkten vernünftig, denn: Eine lange Nutzung ist deutlich ressourcenschonender als ein Neukauf nach wenigen Jahren. Dies bestätigt eine Studie, die das Öko-Institut 2014/15 im Auftrag von Miele durchgeführt hat. Sie kommt zu dem Schluss, dass es grundsätzlich ökologisch sinnvoll ist, Miele-Hausgeräte möglichst lange zu nutzen. Das gilt insbesondere für Waschmaschinen und Geschirrspüler und in den meisten Fällen auch für Trockner sowie Kühl- und Gefriergeräte. Bei aktuellen Modellen ist eine lange Nutzung laut Öko-Institut sogar mehr denn je erstrebenswert, da Effizienzsteigerungen künftig nur noch in kleineren Schritten zu erwarten sind (Gensch und Blepp 2014). Auch ein Qualitätsaspekt: Nach ihrer für Miele typischen langen Nutzung werden die Produkte am Ende ihres Lebens über gut organisierte Rücknahmesysteme dem Recycling und der Entsorgung zugeführt.

Zu den zentralen Qualitätsmerkmalen eines Miele-Hausgeräts gehört auch ihre einfache Bedienbarkeit. Vor mehr als 100 Jahren ging es den Miele-Gründern v. a. darum, anstrengende Arbeiten im Haushalt und in der Landwirtschaft durch Maschinenkraft zu erleichtern. Erste Errungenschaften wie die Holzbottichwaschmaschine waren zu ihrer Zeit geradezu revolutionär, da man mit ihr für die anstrengende Wäsche nur noch etwa die Hälfte der Zeit benötigte. Heute stellen gesellschaftliche Entwicklungen wie der demografische Wandel in den Industriegesellschaften die Produktentwicklung bei Miele vor andere, aber ebenso anspruchsvolle Aufgaben. Denn die Bedienung von Miele-Hausgeräten soll unabhängig von Alter und Konstitution des Nutzers unkompliziert möglich sein. Stichworte wie Universal Design, Design for All oder Barrierefreiheit bekommen im Hinblick auf die älter werdende Gesellschaft eine große Bedeutung. In einem frühen Stadium der Produktentwicklung werden daher bereits Überlegungen zu erweiterten Bedienmöglichkeiten für Kunden mit körperlichen oder geistigen Einschränkungen berücksichtigt. Wichtigen Input liefern hier beispielsweise Kontakte zu Einrichtungen für sehbehinderte Menschen oder eigene Untersuchungen zur Wahrnehmung von Gerätetönen durch Hörgeschädigte.

3.4 Integrität

Zur Unternehmenskultur bei Miele gehört seit jeher ein faires und partnerschaftliches Verhalten gegenüber Kunden, Kollegen und Geschäftspartnern. Mit der Miele-Unternehmensphilosophie werden die Eckpunkte dieses Verständnisses allen Beschäftigten kommuniziert. Die darin festgeschriebenen Grundsätze, etwa aus den Bereichen Qualität und Produktsicherheit, Umweltschutz, Energiemanagement, Kundenorientierung bis hin zu spezifischen Nachhaltigkeitsaspekten gelten für jeden einzelnen Mitarbeiter und sind Maßstab für das tägliche Handeln.

Alle Beschäftigten bei Miele weltweit sollen sich selbstverständlich stets gesetzestreu verhalten und interne Richtlinien sowie selbstauferlegte Sozial- und Ethikstandards einhalten. Um diesen Anspruch zu unterstreichen, wurde 2008 der Miele Verhaltenskodex mit Anweisungscharakter eingeführt. Er enthält Regelungen gegen Bestechung und Bestechlichkeit sowie zum Umgang mit Interessenkonflikten, Spenden und Sponsoring. Zudem fordert er die strikte Einhaltung des Wettbewerbs- und Kartellrechts.

Auch mit seinen Lieferanten strebt Miele eine partnerschaftliche, faire und transparente Zusammenarbeit an. Wie diese gestaltet sein soll, geben die Ethikleitlinien des Einkaufs vor: Sie gelten seit 2006 für alle Mitarbeiter mit beschaffender Tätigkeit. Miele verlangt von allen seinen Lieferanten die Einhaltung umfassender Nachhaltigkeitskriterien. Dies wird beispielsweise mit Audits überprüft. Im Gegenzug ist es für Miele selbstverständlich, dass die Anforderungen an die Lieferanten für diese wirtschaftlich stets tragfähig sind.

Nachhaltigkeit setzt – wenn sie ernsthaft betrieben wird – ebenfalls die Bereitschaft voraus, übergreifende Prinzipien und Leitlinien einzuhalten. Aus diesem Grund ist Miele Unterzeichner der Charta der Vielfalt und Mitglied im Global Compact, der UN-Nachhaltigkeitsinitiative für Unternehmen. Bereits seit 2004 bekennt sich Miele zu den zehn Prinzipien des UN Global Compact zu Menschenrechten, Arbeitsstandards, Umweltschutz und Anti-Korruption. Als eines der wenigen deutschen Unternehmen ist Miele zudem bereits seit 2008 nach dem international anerkannten Sozialstandard SA8000 zertifiziert, in der Anwendung ist er sogar schon seit 2004. Heute wird der Sozialstandard – er basiert auf Konventionen der International Labour Organization, der Allgemeinen Erklärung der Menschenrechte und der UN-Kinderrechtskonvention – an allen Werkstandorten eingehalten.

Zu einer integren Unternehmensführung gehört es für Miele zudem, seinen Stakeholdern umfassend Rechenschaft abzulegen, transparent über Fortschritte zu berichten und sich jederzeit an gesteckten Zielen messen zu lassen. Bereits 1996 hat Miele einen ersten umfassenden Umweltbericht veröffentlicht. Der erste Nachhaltigkeitsbericht folgte 2002. Mit genau definierten Mess- und Steuerungsgrößen sowie einer ausführlichen Beschreibung der Ziele gibt Miele alle zwei Jahre detailliert Auskunft zur Nachhaltigkeitsleistung. Die hohe Qualität der Berichterstattung wird auch von Experten gewürdigt: Im renommierten Ranking der Nachhaltigkeitsberichte deutscher Unternehmen des Instituts für Ökologische Wirtschaftsforschung (IÖW) und future e. V. belegte Miele 2016 den zweiten Platz.

3.5 Kontinuität

Für das Familienunternehmen Miele ist nicht zuletzt auch Kontinuität ein leitendes Prinzip und wichtiger Erfolgsfaktor. Im Umgang mit Mitarbeitern, Lieferanten, Kunden und der Gesellschaft möchte Miele ein verlässlicher Partner sein.

Diese Kontinuität zeigt sich beispielsweise im Versprechen an die Miele-Beschäftigten, dass alle freiwilligen Sozialleistungen unabhängig von der aktuellen konjunkturellen Lage aufrechterhalten werden sollen. Diesen Anspruch der Gründerväter haben die nachfolgenden Generationen auch in schwierigen Zeiten nie angetastet.

In Bezug auf seine Geschäftspartner ist es erklärtes Ziel von Miele, langfristige Geschäftsbeziehungen einzugehen. So arbeitet Miele mit zahlreichen Lieferanten schon seit vielen Jahren zusammen. Auch bei der Auswahl der Fachhändler, die Miele-Geräte vertreiben, setzt das Unternehmen seit Anbeginn auf langfristig angelegte Partnerschaften. Um in der Vermarktung das für Miele notwendige Qualitätsniveau zu sichern, werden die Geräte in Deutschland ausschließlich über autorisierte Fachhändler vertrieben, die sich zur Wahrung hoher Standards verpflichten, insbesondere mit Blick auf Sortiment, Warenverfügbarkeit, Beratung und Service. Im Gegenzug unterstützt Miele seine Vertriebspartner in vielfältiger Weise, etwa bei der Gestaltung ihrer Geschäfte, durch Schulung des Verkaufspersonals sowie Anregungen und Material für die Werbung. Durch das Internet haben sich in den vergangenen Jahren allerdings auch in der Hausgeräte-Branche die Vertriebswege stark verändert. Zentrale Anforderungen an Qualität und partnerschaftliche Zusammenarbeit stehen für Miele jedoch nicht zur Disposition. Daher setzt Miele auch hier auf eine qualitätssichernde Autorisierungsstrategie: Webshops stationärer Händler oder reine Online-Versandhändler können sich als Miele-Vertriebspartner autorisieren lassen, müssen aber gleichsam anspruchsvolle, auf den Vertriebskanal Internet abgestimmte Standards erfüllen.

Kontinuität und Verlässlichkeit sind für das Familienunternehmen auch in den Beziehungen mit seinem gesellschaftlichen Umfeld zentrale Werte. Schon für die Firmengründer war es selbstverständlich, dass ihre Verantwortung nicht am Betriebstor endete. Mit Stiftungen und Schenkungen für gemeinnützige Zwecke förderten sie eine Reihe von städtischen Einrichtungen in Gütersloh, z. B. für Kinderbetreuung oder Krankenpflege. Im Jahr 1932 wurde Firmengründer Carl Miele für seine Verdienste als Ehrenbürger der Stadt ausgezeichnet. In der Begründung hieß es: „Wenn die Stadt sich in diesem Zeitraum gedeihlich entwickelt hat, und ihre wirtschaftliche finanzielle Lage auch heute im Verhältnis zu anderen Gemeinden als günstig zu bezeichnen ist, so hat daran die Mielesche Fabrik […] einen nicht zu unterschätzenden Anteil." Aus diesem Engagement der Gründer ist über die Jahrzehnte ein breites gesellschaftliches Engagement erwachsen, das sich v. a. auf die Regionen rund um die Unternehmensstandorte konzentriert. Für die Kommunen, Vereine und Initiativen vor Ort möchte Miele ein verlässlicher Partner sein. Deshalb sollen Projekte möglichst langfristig gefördert werden. Das gesellschaftliche Engagement von Miele erstreckt sich auf die Schwerpunktbereiche Jugend und Familie, Bildung sowie Kultur. Dies gilt nicht nur für das Unternehmen Miele, sondern auch für die gleichnamige Stiftung, die seit 1974 besteht. Während die Miele-Stiftung explizit das Gemeinwohl der Stadt Gütersloh als Förderziel in der Satzung führt, steckt das Unternehmen die Grenzen weiter und wird auch an anderen Werkstandorten aktiv. Bereits seit 1976 finanziert die Miele Stiftung beispielsweise die Gütersloher Ferienspiele für Kinder von 5 bis 17 Jahren. Ebenfalls schon seit vielen Jahren fördert Miele die Westfälische Kammerphilharmonie Gütersloh. Mit Projekten wie diesen möchte Miele einen kontinuierlichen Beitrag zu Attraktivität und Lebensqualität an den Unternehmensstandorten leisten.

4 Fazit: Werteorientierung als Innovationstreiber und Vertrauensbasis

Das Festhalten an klaren Prinzipien ist für Miele seit seiner Gründung ein wichtiges Differenzierungsmerkmal am Markt. Es bildet den Kern eines ganzheitlichen Nachhaltigkeitsverständnisses, das in allen Unternehmensbereichen und von allen Mitarbeitern mit Leben gefüllt wird. Dieses Nachhaltigkeitsverständnis ist jedoch keineswegs statisch, sondern geht mit der Zeit: Als weltweit agierendes Unternehmen muss Miele heute selbstverständlich in anderen Dimensionen denken als noch vor 100 Jahren. Auch die Geschwindigkeit, mit der immer neue Themen auf die Agenda kommen und bearbeitet werden müssen, nimmt stetig zu. Im Umgang mit dieser Dynamik erweist sich die klare Werteorientierung für Miele nicht als bremsend oder blockierend – im Gegenteil. Es hat sich gezeigt, dass in einem festen Wertefundament ein großes Innovationspotenzial steckt. Viele erfolgreiche Produkte oder kostensparende Produktionsverfahren wären beispielsweise nicht entstanden, wenn der Effizienzgedanke für Miele nicht seit jeher so eine hohe Priorität hätte.

Hinzu kommt: Gerade in den letzten Jahren, die von vielen Erschütterungen auf den Finanzmärkten geprägt waren, eröffnen sich neue Chancen für werteorientierte Familienunternehmen. Die Turbulenzen des Markts haben das Vertrauen in die langfristige Stabilität der wirtschaftlichen Akteure erschüttert. Das Festhalten an Werten, die schon seit Jahrzehnten mit dem Unternehmen verbunden sind, kann hier neues Vertrauen schaffen und Zuversicht stärken. Eine solche Haltung, glaubwürdig vertreten und überzeugend gelebt, stärkt Unternehmen nach innen und vermittelt auch den externen Stakeholdern die Gewissheit, als Mitarbeiter, Kunde oder Lieferant bei diesem Unternehmen gut aufgehoben zu sein.

Literatur

Gail E (2014) Corporate social responsibility, in: CSR NEWS. http://csr-news.net/main/?p=49748. Zugegriffen: 15. Nov. 2016

Gensch C-O, Blepp M (2014) Betrachtungen zu Produktlebensdauer und Ersatzstrategien von Miele-Haushaltsgeräten. Öko Institut e. V., Freiburg (Eine Studie im Auftrag der Miele & Cie. KG)

Lin-Hi N (2011) Corporate Social Responsibility: Eine Investition in den langfristigen Unternehmenserfolg? RHI-Diskussion Nr. 18. Roman Herzog Institut, München

Dr. Markus Miele, Jahrgang 1968, ist zusammen mit seinem Partner Dr. Reinhard Zinkann geschäftsführender Gesellschafter der Miele-Gruppe. Vor dem Eintritt in das Gütersloher Familienunternehmen im Jahr 1999 war der promovierte Wirtschaftsingenieur bei dem Autozulieferer Hella tätig. Miele hat an der Universität Karlsruhe studiert und den Doktorgrad an der Universität St. Gallen erlangt. Er ist Vorsitzender des Unternehmerverbands des Kreises Gütersloh sowie Vizepräsident der Industrie- und Handelskammer Ostwestfalen zu Bielefeld. Außerdem gehört er mehreren Aufsichtsräten an, z. B bei der Versicherungsgruppe Ergo. Das 1899 gegründete Unternehmen Miele gilt als weltweit führender Hersteller von Premiumhausgeräten mit 3,93 Mrd. € Umsatz, rund 19.500 Mitarbeitern sowie eigenen Vertriebsgesellschaften oder Importeuren in rund 100 Ländern. Es wurde 1899 gemeinsam gegründet von Mieles Urgroßvater Carl Miele und dessen Partner Reinhard Zinkann. Heute wird die Miele-Gruppe von den beiden geschäftsführenden Gesellschaftern sowie drei familienunabhängigen Geschäftsführern gemeinsam geführt.

STIHL – Management mit Mut und Menschenverstand

Nikolas Stihl

1 Die Familie und ihre Werte seit der Gründung – wie sich Corporate Social Responsibility bei STIHL historisch entwickelt hat

Was heute als Corporate Social Responsibility (CSR) bezeichnet wird, ist etwas, das in vielen Familienunternehmen seit vielen Generationen gelebt wird. Es ist eine Geisteshaltung, die schon auf das frühe Mittelalter zurückgeht. Der ehrbare Kaufmann wusste, dass er nur dann erfolgreich sein kann, wenn er das Vertrauen seiner Kunden nicht täuscht. Der gute Ruf galt als ein zentraler Vermögenswert (Lin-Hi 2015, S. 12). Heute nennt man es Image.

Auch wenn in Familienunternehmen die Verantwortung per se stark verankert ist, so hat doch jedes für sich eine eigene Geschichte. Das Verantwortungsbewusstsein bei STIHL basiert auf dem Bestreben, aus eigener Kraft zu handeln und zu wachsen sowie auch Geschäftspartner und Kunden darin zu befähigen. Diese beiden Grundmotive spielen eine wesentliche Rolle – beim Markenleitbild, bei den Unternehmensleitlinien und bei der daraus resultierenden Nachhaltigkeitspolitik. Sie prägten bereits die Entscheidungen des Gründers, ebenso die seiner Nachfahren, jedoch nicht bewusst strategisch, geschweige denn geplant werbewirksam, sondern aus einer inneren Überzeugung heraus.

1.1 Existenzgründung: das Urprinzip unternehmerischer Verantwortung

Kraft eigener Leistung etwas aufzubauen, das bewog Andreas Stihl, 1926 ein eigenes Ingenieurbüro in Stuttgart zu eröffnen. Damit war er einer der frühen Existenzgründer im vergangenen Jahrhundert. Als studierter Maschinenbauer wollte er etwas bewegen, und

N. Stihl (✉)
Vorsitzender des STIHL Beirates und Aufsichtsrates
Waiblingen, Deutschland
E-Mail: tanja.groeninger@stihl.de

© Springer-Verlag GmbH Deutschland 2018
R. Altenburger und R. Schmidpeter (Hrsg.), *CSR und Familienunternehmen*, Management-Reihe Corporate Social Responsibility,
https://doi.org/10.1007/978-3-662-55618-4_12

zwar die Säge zum Baum. Er wollte „den Menschen die Arbeit mit und in der Natur erleichtern". Das Resultat: eine transportierbare, leistungsfähige Motorsäge. Dank dieser Erfindung mussten die gefällten Bäume nicht mehr erst zum Sägewerk transportiert werden, sondern konnten direkt an Ort und Stelle im Wald bearbeitet werden. Der Erfolg ließ nicht lange auf sich warten und aus dem kleinen Ingenieurbüro wurde rasch eine stattliche Maschinenfabrik.

Wer sich im klassischen Sinn selbstständig macht, d. h. ein auf Wachstum ausgelegtes Unternehmen gründet, übernimmt Verantwortung für sich und für andere. Das Grundprinzip unternehmerischer Verantwortung besteht darin, das zu erhalten, was man selbst aufgebaut hat. Es gehört zu den ureigensten Interessen eines jeden Unternehmers, den Fortbestand der Vermögenswerte für sich und die Familie zu sichern und langfristig zu vermehren.

Auch bei STIHL liegen Kapital und Kontrolle in der Hand der Familie, genau wie Risiko und persönliche Haftung. Letztere übernimmt allein Hans Peter Stihl, persönlich haftender Gesellschafter und ältester Sohn des Unternehmensgründers. Schon aus diesem Grund werden Entscheidungen gründlich überdacht. Hinzu kommen moralische und emotionale Verpflichtungen, die aus gewachsenen Beziehungen resultieren. STIHL beschäftigt Generationen von Familien. Geschäftskontakte gehen z. T. bis auf die Gründerjahre zurück. Das Unternehmen ist dem Stammsitz Waiblingen und den Werken in Deutschland in besonderer Weise verpflichtet. Auf die Unterstützung am Standort und die Loyalität der Menschen vor Ort konnte sich STIHL auch in krisenhaften Zeiten immer verlassen.

1.2 Wachstum aus eigener Kraft: Voraussetzung für Nachhaltigkeit

Wachstum konstruktiv und v. a. aus sich selbst heraus zu gestalten, darin konnte STIHL sich schon früh beweisen. Angesichts des großen Erfolgs der ersten Elektro- und Benzinmotorsägen beschäftigte der Jungunternehmer Andreas Stihl bereits drei Jahre nach der Gründung rund zwei Dutzend Mitarbeiter. Infolge der steigenden Nachfrage musste er sich 1930 nach neuen Fabrikräumen umsehen. Die Entscheidung, die Firma Seitz in Bad Cannstatt zu übernehmen, war klug, denn mit dem Grunderwerb tat er auch der Bank einen Gefallen, die das Anwesen sonst hätte übernehmen müssen. Es war ein Geschäft auf Augenhöhe und ist deshalb erwähnenswert, weil es zum einen viel über das Streben der Familie Stihl nach finanzieller Unabhängigkeit aussagt, zum anderen aber auch über Integrität und Verlässlichkeit. Andreas Stihl musste nicht als Bittsteller auftreten, als er aufgrund der Weltwirtschaftskrise kurz nach dem Kauf in Schwierigkeiten geriet. Die Cannstatter Volksbank unterstützte ihn.

Die Betonung liegt auf „unterstützte", denn Andreas Stihl arbeitete schon seit geraumer Zeit daran, den Absatzrückgängen aus eigener Kraft entgegenzuwirken, indem er neue Märkte im Ausland erschloss. Exporte nach Russland sicherten zumindest für einen Teil der Belegschaft die Beschäftigung. Darüber hinaus knüpfte er Kontakte nach Italien. Das Hamburger Export-Import-Handelshaus Petersen und Schneider übernahm den Motorsägenvertrieb in alle überseeischen Länder und nach Skandinavien. Und ab Mitte der 1930er-Jahre rückten der amerikanische und der kanadische Markt ins Visier.

Um die Beschäftigung weiter zu stabilisieren, begann das Unternehmen in dieser Zeit zusätzlich mit der Herstellung von Waschmaschinen. Werbung und Teilzahlung machten die „Freundin der Hausfrau" zu einem Verkaufserfolg. Nicht zuletzt aber waren es die technischen Entwicklungen im Motorsägenbereich, mit denen sich STIHL aus der Krise heraustüftelte. Eine Erfahrung, die die Innovationskraft des Unternehmens enorm stärkte. Aufgrund dieses Erfolgs musste sich Andreas Stihl nach größeren Räumlichkeiten umschauen. Im Jahr 1938 kaufte er eine Papiermühle in Waiblingen-Neustadt, dem heutigen Stammsitz.

In den Nachkriegsjahren setzte der Unternehmer erneut auf die bewährten Erfolgsfaktoren Produktentwicklung und Erschließung neuer Märkte. Auch die Produktionsanlagen baute er weiter aus. Im Jahr 1960 wandelte Andreas Stihl, der zu diesem Zeitpunkt 64 Jahre alt war, das Unternehmen in eine KG um und beteiligte seine vier Kinder zu gleichen Teilen als Kommanditisten. Hans Peter Stihl und Eva Mayr-Stihl begleiteten zunächst noch unauffällig, dann aber umso prägender die weitere erfolgreiche Entwicklung des Unternehmens. Im Jahr 1978 trat auch der Bruder Dr. Rüdiger Stihl in das Unternehmen ein. Weitere Kommanditistin ist Gerhild Schetter (geborene Stihl). Immer deutlicher bildete sich ein Grundprinzip heraus, das man als umsichtiges Expandieren bezeichnen könnte. Um nur ein Beispiel zu nennen: Die 18 Mio. DM, die zwischen 1960 und 1965 für Investitionen notwendig waren, wurden zur Hälfte aus eigenen Mitteln und langfristigen Krediten finanziert (Schäfer 2006, S. 86). Eva Mayr-Stihl erinnert sich noch deutlich an eine Gesprächsrunde mit den Banken, in der ihr Bruder erklärte, wie er sich die Expansion des Unternehmens vorstellte. Daraufhin machten die Banker exorbitante Vorschläge, wie dies zu finanzieren sei. „Dann werden wir das Tempo drosseln und die notwendige Finanzierung aus eigener Kraft darstellen", so die Antwort der vorsichtigen Finanzchefin (Schäfer 2006, S. 114 f.). Gedrosselt wurde letztendlich der Einfluss der Banken. Die effiziente Verbindung von Expansionsdrang und umsichtiger Finanzplanung, die sich aus den Charakteren der Geschwister ergab, erwies sich als äußerst erfolgreich für das Unternehmen. STIHL ist heute nicht nur weltweit aufgestellt, sondern verfügt zudem über eine Eigenkapitalquote von 70 %. Damit können grundsätzlich alle Investitionen mit eigenen liquiden Mitteln finanziert werden.

Doch nicht nur von den Banken wollte man bei STIHL unabhängig sein. Ziel war es auch, den Vertrieb in die eigenen Hände zu nehmen. Ein erklärungsbedürftiges Produkt wie die Motorsäge bedurfte einer besonderen Vertriebsstruktur, davon waren die Geschwister überzeugt. Das Bindeglied zum Kunden sollte der beratende und servicegebende Fachhändler sein. Um an dieser Strategie festzuhalten, wurden zeitweilige Markteinbußen in Kauf genommen. Darüber hinaus war es Hans Peter Stihl und Eva Mayr-Stihl ein wichtiges Anliegen, die Partner fair zu behandeln. Der 60-jährige Hamburger Exportunternehmer Carl Schneider beispielsweise erhielt zeitweise noch Provisionen dafür, dass er die Vertriebsrechte an STIHL zurückgegeben hatte.

Die Orientierung an dem kaufmännischen Ehrenkodex, Wachstum nicht auf Kosten Dritter zu generieren, ist für die Familie Stihl eine Selbstverständlichkeit. Das schließt neben den Geschäftspartnern und Kunden auch einen nachhaltigen Umgang mit der Umwelt ein. Schon Andreas Stihl wollte den Menschen die Arbeit „in und mit der Natur erleichtern". Diese Aussage beinhaltet ein entscheidendes kleines Wort: „mit". Drei Buchstaben, die mehr bedeuten als die Erfüllung von Umweltschutzbestimmungen. Für den langfristigen Unternehmenserfolg von STIHL ist eine intakte Natur eine unverzichtbare Voraussetzung.

1.3 Vertrauen in die eigene Kraft: die Grundlage für Leistung, Qualität und Zufriedenheit

Den eigenen Fähigkeiten und Fertigkeiten zu vertrauen, darin immer besser zu werden und auch Geschäftspartner und Händler voranzubringen; diese Eigenschaft zeichnet STIHL aus. Auch hierfür wurden die Grundlagen schon in den Gründerjahren geschaffen. Weil die Zulieferer ihm technische Schwierigkeiten bereiteten, fertigte Andreas Stihl von Anfang an alle wesentlichen Komponenten selbst. Nur so konnte er die Qualität erzielen, die er sich vorstellte. An diesem Prinzip hat sich bis heute nichts geändert. Lediglich an den Dimensionen. Aus dem Vertrauen in die eigenen Fähigkeiten ist ein weltweiter Fertigungsverbund entstanden, der eine eigene Magnesiumgießerei in der Eifel, ein Sägekettenwerk in der Schweiz, einen Vergaserhersteller in China und auf den Philippinen, den Gartengerätehersteller VIKING in Österreich sowie zahlreiche Produktions- und Montagewerke auf der ganzen Welt umfasst und darüber hinaus eine Fertigungstiefe von über 50 % aufweist.

Damit einher geht ein zentraler Vorsatz, der übrigens in vielen erfolgreichen Familienunternehmen anzutreffen ist, nämlich, in seiner Nische führend zu sein. Wer Weltmarkt- oder Technologieführer werden will, muss sich fokussieren und vorhandene Stärken kontinuierlich verbessern. STIHL konzentriert sich auf Kernkompetenzen: Entwicklung, Fertigung und Vertrieb von Motorsägen und Motorgeräten, ergänzt durch Betriebsstoffe, Zubehör und persönliche Schutzausstattung.

Ein Unternehmen, das Produkte auf höchstem technischen Niveau herstellt, muss v. a. eines tun: qualifizieren. Sowohl die Mitarbeiter, die die Geräte entwickeln und produzieren, als auch die Vertriebspartner und Fachhändler, die die Geräte vertreiben und warten. Daher haben Ausbildung und Qualifizierung bei STIHL einen hohen Stellenwert.

Die strategische Bedeutung einer eigenen Ausbildung von Fachkräften im Unternehmen erkannte schon der Firmengründer. Bereits 1940 richtete er eine eigene Lehrwerkstatt ein. Heute wird das duale Ausbildungsmodell an allen Standorten des STIHL-Fertigungsverbunds in Kooperation mit Schulen und Hochschulen angeboten. Im Jahr 2013 hat STIHL Brasilien ein eigenes Ausbildungszentrum aufgebaut. Im Februar 2017 begann das Werk als letzter Standort mit der Ausbildung nach dem deutschen System. Rund 300 Absolventen weltweit machen jährlich ihren Abschluss in den verschiedensten Berufen und Ausbildungsprogrammen.

Neben der Aus- und Weiterbildung hat die soziale Absicherung bei STIHL einen hohen Stellenwert. Bereits in den 1930er-Jahren gab es Weihnachtsgeld und eine Unterstützungskasse. Daraus hat sich im Lauf der Jahrzehnte ein ganzes Paket an freiwilligen Sozialleistungen entwickelt, die weit über die tariflichen Regelungen hinausgehen. STIHL möchte Mitarbeiter langfristig beschäftigen und von ihrer wachsenden Erfahrung, ihrer Motivation und von ihren Ideen profitieren. Mit einer hohen Fluktuation erzielt man keine Spitzenqualität, schon gar nicht auf Dauer.

Ähnlich verhält es sich auf Kundenseite. Es wäre wenig zielführend, wenn bestens ausgebildete Ingenieure leistungsstarke und komplexe Geräte entwickeln, die von den Anwendern nicht richtig bedient werden können. Bei der Erschließung des französischen Markts Anfang der 1960er-Jahre schickte STIHL zwei Mitarbeiter zu dem französischen Generalvertreter Béal. Sie schulten die Händler, übernahmen Reparaturen und meldeten Probleme ins Stammhaus. Dieses Prinzip des Vertriebs über den servicegebenden Fachhandel erwies sich als tragfähig und als wesentlicher Erfolgsfaktor für die Unternehmensentwicklung. Heute vertreiben über 45.000 geschulte Fachhändler STIHL-Produkte in über 160 Ländern. Sie beraten, weisen fachgerecht in den Gebrauch der Geräte ein, haben Ersatzteile auf Lager und kümmern sich um die Wartung. Gleichzeitig teilen sie STIHL mit, wenn technische Schwierigkeiten auftauchen. Das sind wertvolle Informationen, die direkt in die Entwicklung neuer Produkte mit einfließen. Am Ende des Qualifizierungszirkels kommt das gesammelte Wissen wieder dem Unternehmen zugute. Diese äußerst nachhaltige Erfolgsmethode stärkt alle Beteiligten.

Die Beziehung zu Mitarbeitern und Partnern aber allein unter wirtschaftlichen Aspekten zu betrachten, würde der Sache nicht gerecht werden. Familienunternehmen pflegen i. d. R. eine gute Beziehung zu ihren Beschäftigten und Geschäftspartnern. Das resultiert aus der engen Verbundenheit mit den Standortgemeinden. Wer in einer Stadt wie Waiblingen (rund 55.000 Einwohner) ein Unternehmen aufbaut, kennt oftmals nicht nur seine Mitarbeiter, Lieferanten und Händler mit Namen, sondern auch ihre Familien. Selbst wenn das Unternehmen wächst, bleibt das Verantwortungsgefühl über Generationen bestehen. Bei STIHL wird nach wie vor großer Wert auf einen persönlichen, respektvollen Umgang und Nähe gelegt. Wenn Mitglieder der Familie Stihl beispielsweise in der Kantine Essen gehen, stellen sie sich mit ihrem Tablett vor der Essensausgabe zwischen Arbeiter und Angestellte. Sie haben das gleiche Essensangebot wie alle anderen auch. Es gibt kein abgetrenntes Restaurant für Gesellschafter, Vorstände oder das obere Management. Das Beispiel verdeutlicht eine grundlegende Haltung: die Nähe zu Mitarbeitern und Geschäftspartnern und der Respekt ihnen gegenüber.

Wer erfolgreich miteinander arbeitet, soll auch gemeinsam feiern. Das ist bei STIHL Tradition und ebenfalls ein Zeichen für die Bedeutung eines guten persönlichen Miteinanders. Mitarbeiter mit 25-, 40- und 50-jähriger Betriebszugehörigkeit feiern mit ihren Angehörigen, den Vorgesetzten, Kollegen, dem Vorstand und der Familie Stihl ihr Jubiläum. Bei 50er-Jubilaren kommt auch der Oberbürgermeister hinzu. Als Anerkennung zahlt das Unternehmen ein Jubiläumsgeld und gewährt einen zusätzlichen Urlaubstag.

Lange Zeit wurde unternehmerische Verantwortung ausschließlich als eine innere Haltung verstanden. Es hatte mehr etwas mit Charakter zu tun als mit offiziellen Leitlinien. Wenn Andreas Stihl Sparmaßnahmen verordnen musste, dann betraf das auch seine eigene Familie. Jede Mark floss, wenn irgend möglich, in den Erhalt des Unternehmens. Und als er 1939 eine Unterstützungskasse einrichtete, dachte er vermutlich nicht an eine Pressemitteilung. „Tue Gutes und schweige darüber", lautete vielmehr die Devise und sie ist symptomatisch für Familienunternehmen. Zum Teil noch heute, obwohl sich langsam ein Bewusstsein dafür zu entwickeln scheint, dass diese unternehmerische Verantwortung gerade in den bewegten Zeiten der Globalisierung eine große Stärke ist.

1.4 Verantwortung bekommt einen Namen: Corporate Social Responsibility

Diese an Nachhaltigkeit und Langfristigkeit ausgerichtete Unternehmenskultur führten die vier Kinder von Andreas Stihl fort. Die Firmenpolitik war durchweg pragmatisch und zielstrebig oder anders ausgedrückt: Es handelte sich um ein Management mit Mut und gesundem Menschenverstand. Nach und nach tauchten moderne Begrifflichkeiten auf wie Corporate Culture, Employer Branding und eben CSR. Die immer komplexer werdenden gesellschaftlichen und globalen Strukturen erforderten Konzepte, um Entscheidungsfindung und Kommunikation zu vereinfachen und gemeinsame Richtlinien festzulegen. Für Unternehmen bedeutete das, sich intensiv mit der eigenen Firmenkultur auseinanderzusetzen – auch für STIHL. Vor der Veröffentlichung der ersten Unternehmenskulturbroschüre im Jahr 1988 beschäftigte sich das Unternehmen intensiv mit den eigenen Werten. Nicht etwa, weil dies modern war, „sondern aus der Überzeugung heraus, dass es uns allen nützlich sein kann, mehr über die ‚STIHL Kultur' zu erfahren" (STIHL Unternehmenskulturbroschüre 1988, S. 2). Neu war demnach nicht die Firmenkultur selbst; neu war der Versuch, sie zu verschriftlichen bzw. zu dokumentieren und damit den Mitarbeitern, allen voran den Führungskräften, eine Orientierungshilfe zu geben. So weiß die Familie Stihl auch nach ihrem Rückzug aus dem operativen Geschäft, dass die Werte des Gründers von Vorstand und Mitarbeitern weiter gelebt werden.

Die 1988 erstmals schriftlich festgehaltenen Unternehmensleitlinien wurden 1999 noch einmal neu aufgelegt, drei Jahre bevor sich die Familie Stihl aus dem operativen Geschäft zurückzog. Ein wichtiger nächster Schritt in Richtung CSR-Leitlinien erfolgte 2005. STIHL bekannte sich am Tag der Menschenrechte (9. Dezember) zum verantwortlichen Handeln gegenüber Mensch und Natur. Die Grundsätze gesellschaftlicher Verantwortung basieren auf dem Global Compact der Vereinten Nationen sowie der International Labour Organization (ILO) und haben für die Unternehmensgruppe weltweit Gültigkeit. Es geht dabei um die Respektierung der Menschenrechte, die Achtung von Grundrechten am Arbeitsplatz, die Ablehnung von Zwangs- und Kinderarbeit sowie von Korruption und

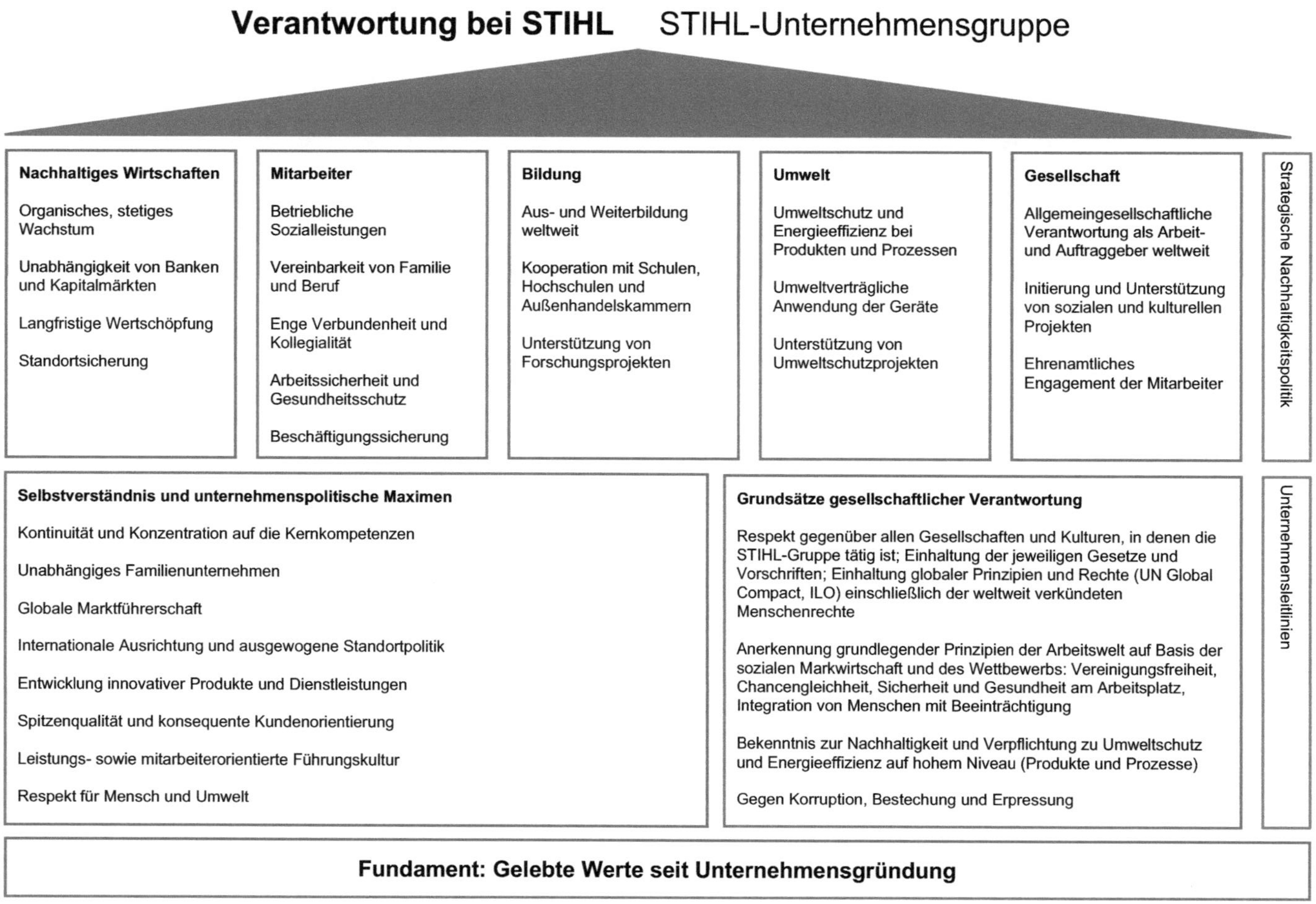

Verantwortung bei STIHL — STIHL-Unternehmensgruppe

Strategische Nachhaltigkeitspolitik

Nachhaltiges Wirtschaften
- Organisches, stetiges Wachstum
- Unabhängigkeit von Banken und Kapitalmärkten
- Langfristige Wertschöpfung
- Standortsicherung

Mitarbeiter
- Betriebliche Sozialleistungen
- Vereinbarkeit von Familie und Beruf
- Enge Verbundenheit und Kollegialität
- Arbeitssicherheit und Gesundheitsschutz
- Beschäftigungssicherung

Bildung
- Aus- und Weiterbildung weltweit
- Kooperation mit Schulen, Hochschulen und Außenhandelskammern
- Unterstützung von Forschungsprojekten

Umwelt
- Umweltschutz und Energieeffizienz bei Produkten und Prozessen
- Umweltverträgliche Anwendung der Geräte
- Unterstützung von Umweltschutzprojekten

Gesellschaft
- Allgemeingesellschaftliche Verantwortung als Arbeit- und Auftraggeber weltweit
- Initierung und Unterstützung von sozialen und kulturellen Projekten
- Ehrenamtliches Engagement der Mitarbeiter

Unternehmensleitlinien

Selbstverständnis und unternehmenspolitische Maximen
- Kontinuität und Konzentration auf die Kernkompetenzen
- Unabhängiges Familienunternehmen
- Globale Marktführerschaft
- Internationale Ausrichtung und ausgewogene Standortpolitik
- Entwicklung innovativer Produkte und Dienstleistungen
- Spitzenqualität und konsequente Kundenorientierung
- Leistungs- sowie mitarbeiterorientierte Führungskultur
- Respekt für Mensch und Umwelt

Grundsätze gesellschaftlicher Verantwortung
- Respekt gegenüber allen Gesellschaften und Kulturen, in denen die STIHL-Gruppe tätig ist; Einhaltung der jeweiligen Gesetze und Vorschriften; Einhaltung globaler Prinzipien und Rechte (UN Global Compact, ILO) einschließlich der weltweit verkündeten Menschenrechte
- Anerkennung grundlegender Prinzipien der Arbeitswelt auf Basis der sozialen Marktwirtschaft und des Wettbewerbs: Vereinigungsfreiheit, Chancengleichheit, Sicherheit und Gesundheit am Arbeitsplatz, Integration von Menschen mit Beeinträchtigung
- Bekenntnis zur Nachhaltigkeit und Verpflichtung zu Umweltschutz und Energieeffizienz auf hohem Niveau (Produkte und Prozesse)
- Gegen Korruption, Bestechung und Erpressung

Fundament: Gelebte Werte seit Unternehmensgründung

Abb. 1 Schaubild Verantwortung bei STIHL

den ressourcenschonenden Umgang mit der Umwelt. Die aktualisierten Unternehmensleitlinien und die Grundsätze gesellschaftlicher Verantwortung fanden Eingang in eine Broschüre und sind bis heute verbindlich.

Doch allein mit einer Broschüre und einem öffentlichen Bekenntnis war es nicht getan. Das Thema CSR verlangte zudem eine strategische Auseinandersetzung, denn es stellte sowohl eine Notwendigkeit als auch eine Chance dar: Notwendigkeit insofern, als globale ethische Standards und Umweltrichtlinien zunehmend auch umgesetzt werden mussten, und Chance, weil ein weltweit aufgestellter Motorsägen- und Motorgeräteherstellung wie STIHL in puncto Nachhaltigkeit und Umweltschutz Maßstäbe setzen kann und muss.

Im Jahr 2012 initiierte der Vorstand die Bildung eines CSR-Leitkreises mit Vertretern aus wichtigen Unternehmensbereichen. Die erste Aufgabe des Leitkreises bestand darin, sich einen Überblick über die Aktivitäten zu verschaffen, die zwar existierten, aber noch nicht vollständig auf den Gesichtspunkt CSR ausgerichtet waren. In einem nächsten Schritt ging es darum, die vielfältigen Einzelmaßnahmen zu optimieren, sie für die gesamte STIHL-Gruppe in eine belastbare Nachhaltigkeitspolitik zu überführen und diese in die Unternehmensstrategie einzubinden. Heute bilden die unternehmenspolitischen Maximen zusammen mit den Grundsätzen gesellschaftlicher Verantwortung die Grundlage der strategischen Nachhaltigkeitspolitik von STIHL (Abb. 1).

1.5 Verantwortung bei STIHL

CSR war demnach der Anstoß von außen, sich mit etwas zu beschäftigen, das bereits über Jahrzehnte gewachsen war: ein überdurchschnittlich hohes Bewusstsein der Verantwortung gegenüber Mitarbeitern, Partnern, Gesellschaft und Umwelt.

Verantwortung bei STIHL ist die Bezeichnung für eine strategisch ausgerichtete Nachhaltigkeitspolitik, die die gesamte STIHL-Gruppe umfasst. Sie ist als Teil des Kerngeschäfts im unternehmerischen Handeln integriert und eng mit der wirtschaftlichen Erfolgsausrichtung des Unternehmens verbunden. Denn Standort- und Beschäftigungssicherung, vollumfängliche Steuerzahlungen, eine solide Ausbildung sowie verlässliche Sozialleistungen gehören für STIHL ebenso zu gesellschaftlicher Verantwortung wie soziales, kulturelles und umweltbezogenes Engagement.

Demzufolge beruht die Definition von Verantwortung bei STIHL primär auf einem wirtschaftlich geprägten und leistungsbezogenen Verständnis. Wohltaten sind zwar gut und wichtig, der unternehmerische Beitrag zugunsten eines allgemeinen gesellschaftlichen Wohlstands aber ist wesentlich nachhaltiger und darüber hinaus respektvoller. Denn reine Wohltätigkeit schafft Abhängigkeit. Im Sinn von Verantwortung geht es aber darum, Menschen zu stärken und mit ihnen das Unternehmen. Das gilt auch in Bezug auf die Umwelt. Wirklich nachhaltig ist nur, was langfristig einem System dient, nicht allein das garnierende, gemeinnützige Sahnehäubchen auf der Spitze.

Gemäß dieser Auslegung ist der CSR-Leitkreis bei STIHL ein Ausschuss, in den sich wichtige Unternehmensbereiche einbringen und konkrete Empfehlungen für nachhaltiges

Wirtschaften abgeben. Der CSR-Leitkreis hat ein umfassendes Nachhaltigkeitsprogramm für das Unternehmen entworfen, setzt es kontinuierlich um und entwickelt es weiter. Wichtige Elemente werden mit der Unternehmensführung abgestimmt. Dabei konzentriert STIHL sich auf fünf Handlungsfelder, die im nächsten Abschnitt ausführlich dargestellt werden: nachhaltiges Wirtschaften, Mitarbeiter, Bildung, Umwelt und Gesellschaft (Abb. 1).

2 Gelebte Verantwortung – fünf Praxisbeispiele

Zuerst die Praxis, dann die Theorie: Viele der nun folgenden Beispiele haben bei STIHL eine lange Tradition. Es handelt sich um CSR-Urgesteine, die bei STIHL existierten, lange bevor der Begriff Popularität erreichte. Andere wiederum sind, angeregt durch den Prozess, auf der Grundlage von CSR-Richtlinien entstanden, so z. B. das ehrenamtliche Engagement der Mitarbeiter in Kooperation mit den SOS-Kinderdörfern. Doch erst nachdem die Projekte und Maßnahmen optimiert und strategisch ausgerichtet waren, hat STIHL sich auch öffentlich damit breiter positioniert.

Nachhaltigkeit ist ein Anspruch, der heute das gesamte Entscheidungs- und Kaufverhalten mitbeeinflusst. Es ist davon auszugehen, dass nachfolgende Generationen dahingehend noch viel aufmerksamer sein werden. Verantwortungsbewusstsein und Glaubwürdigkeit sind Kriterien, an denen Unternehmen von ihren Stakeholdern gemessen werden. Dieses Bewusstsein wirkt auf viele Bereiche: etwa die Rekrutierung von Fach- und Führungskräften, die Arbeitsmotivation innerhalb des Unternehmens, die mediale Berichterstattung, den Absatz – kurzum: Nachhaltigkeit ist zu einem Erfolgsfaktor geworden.

2.1 Erfolgskurs auf lange Sicht: Nachhaltiges Wirtschaften

Praxisbeispiel: Beschäftigungs- und Standortsicherungsvertrag
STIHL setzte seit jeher auf nachhaltigen Unternehmenserfolg. Ein wichtiges Kriterium bei allen großen Entscheidungen ist das der Langfristigkeit. STIHL plant für die Zukunft, nicht für den DAX. Entsprechend der Maxime, die Werner von Siemens einmal treffend formuliert hat: „Für augenblicklichen Gewinn verkaufe ich die Zukunft nicht."

Ziel des Unternehmens ist es, die Wertschöpfung langfristig zu sichern und zu steigern. Als unabhängiges, nicht an der Börse notiertes Unternehmen ist STIHL in der Lage, auf lange Sicht angelegte Strategien zu verfolgen, auch wenn die konjunkturellen Rahmenbedingungen einmal schwierig sind. Das verleiht STIHL eine beständige Handlungsfähigkeit, die das Unternehmen in Form von verbindlichen Zusagen an die Belegschaft weitergibt.

Ein Beispiel ist der Beschäftigungs- und Standortsicherungsvertrag (BuS), mit dem sich STIHL klar zum Standort Deutschland bekennt und der Belegschaft eine Beschäftigungsgarantie ausspricht. Der BuS-Vertrag wurde erstmals 1997 zwischen dem STIHL-

Stammhaus und dem Gesamtbetriebsrat geschlossen, seitdem weiterentwickelt und mehrfach erneuert. Sogar auf dem Höhepunkt der Weltwirtschaftskrise im Jahr 2009 wurde der Stammbelegschaft eine sechsjährige Beschäftigungsgarantie ausgesprochen. Der BuS-Vertrag enthält nicht nur eine Beschäftigungsgarantie, sondern sieht auch hohe Investitionen vor. Um Grundlagen für künftiges Wachstum zu schaffen, investiert das Stammhaus von 2015 bis 2018 rund 300 Mio. € in Deutschland – das höchste Investitionsvolumen an einem Standort in der STIHL-Gruppe.

Mit einer ausgewogenen Beschäftigungs- und Standortpolitik lässt sich Globalisierung sozialverträglich und nachhaltig gestalten. STIHL zeigt, dass wettbewerbsfähige Produktionskosten nicht automatisch Standortschließungen und Stellenabbau zur Folge haben. Auch STIHL muss, um in preissensiblen Märkten die Marktanteile zu halten, kostengünstig produzieren. Das ist in Deutschland nicht möglich. Mit einem eigenen, weltweiten Fertigungsverbund ist das Unternehmen in der Lage, Produkte bzw. Produktgruppen zu verlagern. Beispielsweise fertigt STIHL Geräte für professionelle Anwender in Deutschland, Geräte für Privatanwender werden u. a. in China oder den USA in den STIHL-eigenen Produktionsgesellschaften hergestellt. Die technische Entwicklung findet im Entwicklungszentrum in Waiblingen statt. Diese Gesamtstrategie sichert langfristig Arbeitsplätze in einem Hochlohnland wie Deutschland.

2.2 Partner statt Personal: Mitverantwortliche Mitarbeiter

Praxisbeispiel: Mitarbeiterkapitalbeteiligung
Unternehmerische Verantwortung gegenüber Mitarbeitern heißt bei STIHL, dass die Belegschaft auf das Unternehmen zählen kann. Ein gutes, langfristig und partnerschaftlich angelegtes Miteinander bildet die Grundlage für eine erfolgreiche Zusammenarbeit. Neben einer hohen Arbeitsplatzsicherheit bietet STIHL seinen Beschäftigten freiwillige betriebliche Sozialleistungen, die weit über die tariflichen Vorgaben hinausgehen, flexible Arbeitszeitmodelle, die auch Freiräume für die Betreuung von Kindern und anderen Familienangehörigen ermöglichen, eine allein vom Unternehmen finanzierte, leistungsorientierte betriebliche Altersvorsorge sowie einen umfassenden betrieblichen Gesundheitsdienst. Diese Maßnahmen zeugen von einer über viele Jahre gewachsenen partnerschaftlichen Beziehung zwischen STIHL und seinen Mitarbeitern. Ein Unternehmen, das Generationen von Familien beschäftigt und dessen Belegschaft eine weit über den Durchschnitt hinausgehende Betriebszugehörigkeit aufweist (durchschnittlich 16 Jahre), betrachtet seine Mitarbeiter nicht einfach als Personal. Die Mitarbeiter sind für STIHL Partner, die einen großen Teil zum wirtschaftlichen Erfolg des Unternehmens beitragen.

Deshalb hat STIHL seinen Beschäftigten schon früh die Möglichkeit eingeräumt, sich am Produktivvermögen des Unternehmens zu beteiligen. Im Jahr 1985 wurde die Mitarbeiterkapitalbeteiligung eingeführt. Mittlerweile verfügen 74 % der Beschäftigten über sogenannte Genussrechte. Jedes Jahr können Anteile bis zu einem Nennwert in Höhe von 1350 € von den Mitarbeitern gezeichnet werden. STIHL beteiligt sich daran mit einem

Zuschuss von bis zu 900 €, also zu zwei Dritteln. Je nach Unternehmensgewinn wird der gesamte Betrag mit bis zu 10 % pro Jahr verzinst. Wer sich seit 1985 mit dem Höchstbetrag an diesem Modell beteiligt und dazu auch die jährliche Gewinnbeteiligung inklusive Zinsen genutzt hat, verfügt heute über ein Gesamtkapital von rund 65.000 € – bei einer Eigenleistung von nur 5000 € (Abb. 2).

Für dieses beispielhafte finanzielle Beteiligungsmodell und die partnerschaftliche Unternehmenskultur wurde STIHL von der Arbeitsgemeinschaft Partnerschaft in der Wirtschaft e. V. (AGP) mit dem Preis *AGP Sterne 2013* ausgezeichnet. Einen hohen Anteil an Mitarbeitern am Unternehmensergebnis zu beteiligen, zeugt von einer außergewöhnlich partnerschaftlichen und verantwortungsbewussten Unternehmenskultur. Seit sechs Jahren in Folge schüttet STIHL die maximale zehnprozentige Gewinnbeteiligung aus. Die durchschnittliche Verzinsung seit 1985 liegt bei 8,4 %.

Der Gewinn auf Unternehmensseite ist ebenfalls hoch. STIHL profitiert von einer starken Motivation der Belegschaft, einem außergewöhnlichen Engagement sowie einer

Abb. 2 Mitarbeiterkapitalbeteiligung. (Quelle: Andreas Stihl AG & Co. KG)

hohen Arbeitszufriedenheit in einem offenen, kollegialen Betriebsklima. Dies alles fördert die Identifikation der Belegschaft mit dem Unternehmen.

2.3 Lernen für morgen: Bildung made by STIHL

Praxisbeispiel: duale Ausbildung weltweit
Eine fundierte Ausbildung und hervorragende fachliche Qualifikationen sind nicht nur für die Zukunft eines Unternehmens existenziell, sondern auch für den Standort Deutschland. Mittelständische Familienunternehmen sind nicht selten hoch spezialisiert. Sie stellen Produkte her, die es in dieser Funktion und Qualität nirgendwo sonst auf der Welt gibt. Für sie ist die Rekrutierung qualifizierter Fachkräfte von zentraler Bedeutung, ebenso wie die Gewinnung unternehmerisch und ethisch handelnder Führungskräfte, die die Werte des Unternehmens beachten. Das heißt: Zuerst in Köpfe investieren, dann in Maschinen.

STIHL nimmt seine gesellschaftliche Verantwortung ernst und bildet über Bedarf aus. Das Unternehmen bietet zahlreiche technische und kaufmännische Ausbildungen für Berufseinsteiger an, bildet in Kooperation mit der Dualen Hochschule Baden-Württemberg den akademischen Nachwuchs aus und qualifiziert seine Beschäftigten auf hohem Niveau. Darüber hinaus entwickelt STIHL langfristige Bildungsmaßnahmen zusammen mit Schulen und Hochschulen und unterstützt wissenschaftliche Forschungsprojekte.

Die heutige Ausbildung im STIHL-Ausbildungscenter ist von einem hohen Technologieanspruch geprägt und ganz auf die Zukunft ausgerichtet. Computerized-Numerical-Control(CNC)-Bearbeitung und -Steuerungstechniken gehören ebenso dazu wie die vernetzte Produktion in einer digitalen Welt. Zweimal schon wurde STIHL für seine innovative Ausbildung von der Industrie- und Handelskammer Region Stuttgart ausgezeichnet. Besonders erwähnenswert ist in diesem Zusammenhang die steigende Zahl junger Frauen in den technischen Berufszweigen.

Das duale Ausbildungssystem ist immer noch ein Garant für das Qualitätssiegel *Made in Germany*. Deutschland wird im Ausland um dieses Ausbildungssystem beneidet. Für STIHL ein Grund, nicht nur Maschinen made by STIHL zu exportieren, sondern auch ein entsprechendes Ausbildungsprogramm. So baute das STIHL-Werk in Brasilien 2013 ein eigenes Ausbildungszentrum, zwei Jahre nachdem im chinesischen Qingdao eine duale Lehrlingsausbildung gestartet worden war. Seit Anfang 2017 wird das duale deutsche Ausbildungsmodell an allen Standorten des STIHL-Fertigungsverbunds in Kooperation mit Schulen, Hochschulen und Auslandshandelskammern angeboten.

2.4 Eine besondere Verpflichtung: Umweltschutz

Praxisbeispiel: Bergwaldprojekt e. V.
STIHL bekennt sich zu Nachhaltigkeit auch beim Schutz der Umwelt. Als weltweit führender Hersteller von Motorsägen und Motorgeräten für die Forst- und Landwirtschaft, die

Garten- und Landschaftspflege sowie die Bauwirtschaft trägt STIHL eine besondere ökologische Verantwortung. Das Unternehmen verpflichtet sich zu Umweltschutz auf hohem Niveau und seiner kontinuierlichen Verbesserung – sowohl in den Unternehmensprozessen als auch bei den Produkten.

Da STIHL alle wesentlichen Komponenten selbst fertigt, verfügt das Unternehmen über umfassendes technisches Know-how und eine hohe Fertigungstiefe. Darüber lassen sich ökologische Auswirkungen unmittelbar kontrollieren und beeinflussen. Dies bedeutet Nachhaltigkeit auf hohem Niveau: Diesen Anspruch stellt STIHL auch an seine Produkte. Im STIHL-Entwicklungszentrum arbeiten über 500 Mitarbeiter u. a. daran, den Schadstoffausstoß der Geräte auf ein technisches Minimum zu reduzieren. In den vergangenen zehn Jahren hat STIHL über 500 Mio. € in die Entwicklung schadstoffarmer Motorentechnologie investiert.

Eine intakte Natur schafft unsere Lebens- und Arbeitsgrundlage, das gilt ganz besonders für STIHL – einem führenden Hersteller von Geräten zur Pflege von Wald und Natur. Deswegen sind eine gesunde Natur und wachsende Wälder im ureigenen Interesse des Unternehmens. Die Entwicklung von STIHL ist langfristig an die Nachhaltigkeit von Land- und Forstwirtschaft gekoppelt. STIHL bekennt sich daher ausdrücklich zu diesem Prinzip und unterstützt weltweit Projekte zur nachhaltigen Forstwirtschaft und zum Schutz von Wäldern. Das Prinzip der Nachhaltigkeit gilt selbstverständlich auch für den Regenwald. STIHL erachtet seinen Erhalt weltweit für dringend geboten. Regenwald verdient besonderen Schutz. Eine Nutzung muss minimal bleiben sowie schonend und nachhaltig erfolgen – mit selektivem Holzeinschlag und gezielter Waldpflege. Damit erhält der Wald einen Wert für die Bevölkerung vor Ort und wird gleichzeitig geschützt.

In Deutschland fördert STIHL seit 2006 das Bergwaldprojekt e. V. Der Verein führt im Rahmen des Programms *Waldschule für biologische Vielfalt* deutschlandweit für Schüler und Erwachsene Projektwochen in Kooperation mit Bildungseinrichtungen durch. Die Teilnehmer verrichten eine Woche lang praktische Arbeiten in Naturschutzprojekten, meist in enger Zusammenarbeit mit den örtlichen Forstbehörden oder Nationalparkverwaltungen. Ziel ist es, mit diesen Arbeitseinsätzen die Lebensräume für seltene Tier- und Pflanzenarten zu erhalten. Bei den Teilnehmern entsteht auf diese Weise ein Bewusstsein für Nachhaltigkeit, Biodiversität und den schonenden Umgang mit Ressourcen. Als langfristiger Kooperationspartner unterstützt STIHL das Bergwaldprojekt e. V. mit Sachspenden in Form von Motorgeräten und Werkzeugen, die bei den Naturschutzarbeiten zum Einsatz kommen. Darüber hinaus fördert STIHL die *Waldschule für biologische Vielfalt* mit finanziellen Mitteln.

Das Bergwaldprojekt Waldschule wurde als offizielles Projekt zur Umsetzung der nationalen Biodiversitätsstrategie von der Bundesregierung ausgezeichnet. Das Angebot hat einen klaren Bildungsauftrag und richtet sich an alle Schülerinnen und Schüler ab der achten Klasse. Die Arbeitseinsätze in der praktischen Projektwoche werden im Unterricht vor- und nachbereitet, sodass die Jugendlichen die Bedeutung ihres Engagements einordnen können.

2.5 Mehr als eine Scheckübergabe: Gesellschaftliches Engagement

Praxisbeispiel: SOS-Kinderdorf e. V.
Gesellschaftliches Engagement ist für STIHL ein Teil der unternehmerischen Verantwortung. Die sozialen und kulturellen Projekte, die das Unternehmen mit Geld- und Sachspenden unterstützt, sind bewusst gewählt und in Form von Kooperationen langfristig angelegt – am Stammsitz in Waiblingen ebenso wie an internationalen Standorten. STIHL möchte auch hier in der Region mit eigenen Händen etwas tun. Das Bestreben geht dahin, die Mitarbeiter und ihre Eigeninitiativen mit einzubeziehen, natürlich auf freiwilliger Basis. Das soziale Engagement ist ein Darf, kein Muss.

Umso erfreulicher ist es, wenn dieses Angebot wahrgenommen und von Mitarbeitern getragen wird, wie das bei der Kooperation zwischen dem STIHL-Stammhaus und der Hilfsorganisation SOS-Kinderdorf e. V. der Fall ist. STIHL unterstützt die Organisation mit freiwilligen Arbeitseinsätzen. Zweimal im Jahr rücken STIHL-Mitarbeiter aus, um in den SOS-Kinderdörfern Württemberg und Schwarzwald den Wildwuchs auf dem Gelände mithilfe von STIHL-Geräten wieder in Form zu bringen.

Doch nicht nur durch freiwillige Arbeitseinsätze bringen sich STIHL-Mitarbeiter ein: Anlassbezogen starten sie immer wieder auch Spendenaktionen zugunsten der SOS-Kinderdörfer weltweit. Bei Sofortmaßnahmen im Katastrophenfall, wie beispielsweise dem Erdbeben in Nepal im Jahr 2015, verdoppelt das Unternehmen die Spendensumme der Mitarbeiter. Auf diese Weise kommen respektable Beträge zustande, mit denen sich einiges bewirken lässt. Allein für die Erdbebenopfer in Nepal wurde ein Scheck über mehr als 50.000 € ausgestellt.

Das vielseitige Engagement des STIHL-Stammhauses hat bereits die ersten STIHL-Tochtergesellschaften inspiriert. So beginnt nun auch die STIHL-Vertriebszentrale in Dieburg eine Kooperation mit SOS-Kinderdorf e. V. Die österreichische STIHL-Tochterfirma VIKING unterstützt die Hilfsorganisation mit Produktspenden.

3 Familienunternehmen: Weltmarktführer und Vertrauenschampions

Made in Germany steht für ein Qualitätsversprechen, dem sich Familienunternehmen in besonderem Maß verpflichtet fühlen. In diesem „weltweit nahezu einmaligen Unternehmenstypus" (Haussmann 2012, S. 7) gehen Erfindungsreichtum und Innovationsstärke Hand in Hand mit einem stark ausgeprägten Sinn für solide Wertarbeit und einem hohen Verantwortungsbewusstsein für die Gesellschaft. Familiengeführte und -kontrollierte Unternehmen sind eine stabilisierende und verlässliche Größe in unruhigen Zeiten und eine Basis für Wohlstand, Lebensqualität und Vertrauen in die Zukunft. Man könnte sogar noch weiter gehen: Sie sind ein wichtiger Baustein für ein funktionierendes Miteinander im Arbeitsleben und Vorbild in Sachen nachhaltiger Globalisierung und Weltoffenheit.

Familienunternehmen prägen die deutsche Firmenlandschaft: Mehr als 90 % der Unternehmen sind hierzulande in Familienhand. Dazu gehören kleine und mittlere Betriebe genauso wie ein weltweit aufgestelltes Unternehmen wie STIHL. Laut einer 2014 veröffentlichten Studie des Instituts für Mittelstandsforschung im Auftrag der Stiftung Familienunternehmen haben sie einen Anteil von 53 % an der Gesamtbeschäftigung und einen Anteil von 48 % am Gesamtumsatz in Deutschland (Stiftung Familienunternehmen 2014, S. 20). Ihr Steueraufkommen im Inland liegt deutlich über dem der DAX-Konzerne. Darüber hinaus bilden sie nicht selten über Bedarf aus und schaffen Ausbildungs- und Arbeitsplätze v. a. auch in ländlichen Regionen. Familienunternehmen investieren ihr eigenes Geld, wonach sie umsichtiger planen und Investitionen bevorzugt mit eigenen Mitteln tätigen. Dies ist ein Grund dafür, dass sie die Banken- und Wirtschaftskrise im Jahr 2008 relativ gut überstanden haben. Mehr noch: Im Vergleich zu den nicht familienkontrollierten DAX-Unternehmen haben sie im Zeitraum zwischen 2006 und 2012 die Zahl der Mitarbeiter sogar erhöht (Stiftung Familienunternehmen 2014).

Diese scheinbar nüchterne Faktenlage hat es in sich: Forschungsergebnisse deuten darauf hin, dass Familienunternehmen einen positiven Einfluss auf das soziale Gefüge und die Vertrauensbildung der Menschen haben. Überall dort, wo „die soziale Struktur der Gesellschaft besonders gut funktioniert und von gegenseitigem Vertrauen geprägt ist", befindet sich ein hoher Anteil an Familienunternehmen (Stiftung Familienunternehmen 2014). Vor allem in Zeiten gesellschaftlicher Umbrüche wird Vertrauen zu einer Währung für sozialen Frieden. Nur wenn Menschen Vertrauen in ihr Umfeld und in die eigenen Fähigkeiten haben, können sie Veränderungen mit Zuversicht entgegenblicken. Selbstvertrauen, nicht Selbstschutz, wird darüber entscheiden, wie innovativ und produktiv Familienunternehmen in Zukunft sein werden. Das Vertrauen in die eigenen Fähigkeiten wird ihnen die Kraft verleihen zu wachsen.

Familienunternehmen wie STIHL übernehmen Verantwortung, weil es ihrer inneren Überzeugung entspricht. Wachstum aus eigener Kraft sowie Vertrauen in die eigene Kraft – diese beiden Grundmotive sind in der Unternehmenskultur von STIHL fest verankert. Politik darf diese Kraft nicht überregulieren, sondern sollte sie mit ordnungspolitisch sinnvollen Maßnahmen begleiten.

In den kommenden Jahren wird es in Familienunternehmen darum gehen, die Globalisierung noch stärker zu nutzen – z. B. BRIC- und Next-11-Märkte[1] intensiver zu erschließen, um die eigene Wettbewerbsposition zu behaupten. Digitalisierung und demografischer Wandel werden in den Abteilungen und Vorstandsetagen deutscher Unternehmen ein radikales Umdenken erfordern und große Veränderungen nach sich ziehen. Die Politik muss die Rahmenbedingungen für Unternehmen verbessern und Perspektiven für langfristiges Wachstum eröffnen. Das fördert private Investitionen und stärkt die Wettbewerbsfähigkeit der Unternehmen. Der Staat muss aber auch, und das wird immer dringender, stärker selbst in öffentliche Infrastruktur investieren.

Konkret gesprochen: Familienunternehmen in Deutschland benötigen u. a. eine Erbschaftssteuer, die den Fortbestand eines Unternehmens nicht gefährdet, ein sinnvolles

---

[1] BRIC: Brasilien, Russland, Indien, China; Next 11: Ägypten, Bangladesch, Indonesien, Iran, Mexiko, Nigeria, Pakistan, Philippinen, Südkorea, Türkei, Vietnam.

Einwanderungsgesetz, eine gut ausgebaute Infrastruktur, flexiblere Arbeitsmärkte sowie Kontinuität in der Bildungs- und Integrationspolitik. Wir brauchen ein weltoffenes und aufgeklärtes Klima in Deutschland. Eines, das Türen öffnet und genügend unternehmerischen Handlungsspielraum einräumt. Alles andere schaffen Familienunternehmen aus eigener Kraft.

STIHL im Überblick
Die STIHL Gruppe entwickelt, fertigt und vertreibt motorbetriebene Geräte für die Forst- und Landwirtschaft sowie für die Landschaftspflege, die Bauwirtschaft und den anspruchsvollen Privatanwender. Ergänzt wird die Produktpalette durch das Gartengerätesortiment von VIKING. Die Produkte werden grundsätzlich über den servicegebenden Fachhandel vertrieben – mit 37 eigenen Vertriebs- und Marketinggesellschaften, rund 120 Importeuren und mehr als 45.000 Fachhändlern in über 160 Ländern. STIHL produziert weltweit in sieben Ländern: Deutschland, USA, Brasilien, Schweiz, Österreich, China und auf den Philippinen. Seit 1971 ist STIHL die meistverkaufte Motorsägenmarke weltweit. Das Unternehmen wurde 1926 gegründet und hat seinen Stammsitz in Waiblingen bei Stuttgart. STIHL erzielte 2016 mit 14.920 Mitarbeitern weltweit einen Umsatz von 3,46 Mrd. €.

Allgemeine Hinweise
Die historischen Bezüge im Abschn. 1 basieren auf eigenen Quellen (STIHL Firmenarchiv) sowie auf der von STIHL autorisierten Firmenbiografie STIHL – Von der Idee zur Weltmarke von Waldemar Schäfer, erschienen im Schäffer-Poeschel Verlag in Stuttgart. Alle verwendeten nicht eigenen Quellen werden im Literaturverzeichnis genannt.

Literatur

Haussmann H (2012) Verantwortungsbewusstsein und Nachhaltigkeit – Das Familienunternehmen als Vorbild. Gemini-Report. http://www.helmut-haussmann.de/fileadmin/hhaussmann/dateien/GEMINI_Report_I_Verantwortungsbewusstsein.pdf. Zugegriffen: 2. Dez. 2016

Lin-Hi N (2015) Der Ehrbare Kaufmann: Tradition und Verpflichtung. Industrie- und Handelskammer, Nürnberg

Schäfer W (2006) STIHL – Von der Idee zur Weltmarke. Schäffer-Poeschel, Stuttgart

Stiftung Familienunternehmen (2014) Die volkswirtschaftliche Bedeutung der Familienunternehmen. http://www.familienunternehmen.de/media/public/pdf/publikationen-studien/studien/Studie_Stiftung_Familienunternehmen_Volkswirtschaftliche-Bedeutung_Berichtsband.pdf. Zugegriffen: 2. Dez. 2016

Stiftung Familienunternehmen (2016) Sieben Gründe, warum Familienunternehmen der Gesellschaft nützen. http://www.familienunternehmen.de/sieben-gruende-fuer-familienunternehmen. Zugegriffen: 2. Dez. 2016

STIHL Unternehmenskulturbroschüre (1988)

Dr. Nikolas Stihl wurde am 22. Mai 1960 in Ludwigsburg geboren. Er ist verheiratet und hat zwei Kinder. Der Diplom-Ingenieur promovierte 1997 an der Fakultät für Maschinenbau und Verfahrenstechnik der Technischen Universität Chemnitz. Nach Stationen bei der Mercedes-Benz AG und Arthur D. Little trat er 1992 in die STIHL Unternehmensgruppe ein und übernahm 1993 die Geschäftsführung der Tochterfirma VIKING. Dr. Nikolas Stihl, Gesellschafter der STIHL Holding AG & Co. KG, Waiblingen, hat 2012 den Beiratsvorsitz der STIHL Holding AG & Co. KG und des Aufsichtsrats der STIHL AG übernommen. Damit bleiben die wichtigsten Entscheidungsgremien der STIHL Gruppe und die strategische Führung in Familienhand. Zudem ist es Aufgabe von Dr. Nikolas Stihl, den dauerhaften Verbleib von STIHL im Besitz der Nachkommen des Firmengründers sicherzustellen.

Nachhaltigkeit ist gesellschaftliche Pflicht. Sie braucht eine innere Haltung und die notwendigen Strukturen und Prozesse. Die Otto Group hat beides

Andras Streubig

1 Wo stehen wir?

Glaubt man einigen Protagonisten, dann haben wir irgendwann in den letzten Jahrzehnten bis Jahrhunderten eine geologische Schwelle überschritten: Die vom Holozän zum Anthropozän. Gemeint ist damit eine neue Epoche, in der nicht mehr die Natur, sondern der Mensch die wesentlichen Veränderungen auf dem Planeten verursacht. Noch streitet die Wissenschaft darüber, ob dieser erdgeschichtlich eher kurze Abschnitt wirklich schon als Epoche verstanden werden kann, und falls ja, wann genau diese neue Zeitrechnung begonnen hat: Mit dem Bau der großen Staudämme, der industrialisierten Landwirtschaft mit massivem Einsatz mineralischer Dünger oder z. B. dem deutlichen Anstieg des Wasserverbrauchs weltweit. Allen diesen möglichen Startpunkten gemeinsam ist, dass sie um die Mitte des letzten Jahrhunderts verortet werden können. Für jede mögliche Haltung gibt es inzwischen prominente Fürsprecher, die ihre Argumente austauschen. Und es gibt die, die sich inzwischen aus dieser Debatte zurückgezogen haben, weil sie diese eher für den Ausdruck einer Popkultur denn ernsthafter Wissenschaft halten.

Eins aber ist kaum zu bestreiten: Wir Menschen haben uns inzwischen zur treibenden Kraft der weltweiten Gestaltungs- und Veränderungsprozesse entwickelt. Dabei ist es am Ende egal, ob man dem nun eine eigene geologische Begrifflichkeit geben möchte oder nicht. Dieses menschliche Wirken wiederum hat Folgen für den Planeten: Unsere Erde, die um 2050 bereits Heimat für mindestens 9 Mrd. Menschen sein wird, nähert sich in hohem Tempo der Grenze der eigenen Leistungsfähigkeit. Vier von neun der im Jahr 2009 erstmals vorgestellten sogenannten „planetary boundaries" (Steffen et al. 2015) haben den als sicher vermuteten Bereich bereits verlassen: Kritisch sind demnach besonders die Themen Klimawandel und globale Erwärmung, Verlust der Artenvielfalt, Landnutzung und

A. Streubig (✉)
Norderstedt, Deutschland
E-Mail: andreas.streubig@arcor.de

die globalen Stickstoff- und Phosphorkreisläufe. Damit geht eine 12.000 Jahre währende Periode weitgehender Stabilität zu Ende.

Und auch mit Blick auf die gesellschaftliche Entwicklung gibt es wenig Anlass zum Ausruhen: Zwar galten zuletzt immerhin einige der von der UN im Jahr 2000 verabschiedeten Milleniumsziele als erreicht, u. a. die angestrebte Halbierung der weltweiten Armut und die Verbesserung des Zugangs zu sauberem Trinkwasser für die Ärmsten der Welt. Mehr als drei Viertel der seinerzeit vereinbarten Verbesserungen jedoch wurden in den 16 Jahren seit der Jahrtausendwende nicht realisiert, darunter eine deutliche Senkung der Kinder- und Müttersterblichkeit oder der Stopp der Ausbreitung von HIV.

Niemand wird ernsthaft bestreiten, dass viele Schwellenländer von der wirtschaftlichen Entwicklung im Zuge der Globalisierung profitierten und profitieren. Schaut man auf die Gesamtbilanz, so bleibt aber eine zunehmende Divergenz in Verteilung und Partizipation festzuhalten: Die weiter oben erwähnten Erfolge im globalen Kampf gegen die Armut und für eine Verbesserung der Lebenssituation der Vielen geht einher mit noch größeren Erfolgen bei der Mehrung des Wohlstands der Wenigen: Einer Studie von Oxfam zufolge vereint das reichste Prozent der Weltbevölkerung bereits mehr Besitz auf sich, als die übrigen 99 % (Hardoon et al. 2016). Diese Entwicklung zunehmender materieller Ungleichverteilung ist nicht grundsätzlich neu, ihre Dynamik allerdings erschreckt.

Die objektive Verschärfung der globalen Probleme bringt unkalkulierbare Risiken mit sich, unmittelbar – z. B. durch Verknappung von Ressourcen, Zunahme von Schadensereignissen etc. – wie mittelbar – durch zunehmende Verteilungskonflikte, Turbulenzen von Wirtschafts- und Währungssystemen oder die jüngst zu beobachtende massenhafte und ungesteuerte Migration aus dem Süden nach Nordeuropa. Daraus erwächst langfristig Gefahr für Wirtschaft und Handel in Gesellschaften, denn die meisten der in unserem Wirtschaftssystem bestehenden Wertschöpfungsmodelle brauchen neben Ressourcen- und Versorgungssicherheit auch stabile Gesellschaftsordnungen und Infrastrukturen für ihr Funktionieren.

2 Welche Rolle spielen Unternehmen und ihre Geschäftsmodelle auf dem Weg zu mehr Nachhaltigkeit?

In der Frage nach den notwendigen gesellschaftlichen Akteuren einer nachhaltigeren Entwicklung kommt man an den Unternehmen und ihren Lenkern nicht vorbei. Denn sie agieren nicht im luftleeren Raum: Einerseits bedienen sie sich in ihrer Wertschöpfung ökologischer und gesellschaftlicher Ressourcen, die unverzichtbar sind. Gleichzeitig gehen mit ihren Geschäftsaktivitäten diverse Folgewirkungen einher, positive wie negative; letztere vielleicht unbeabsichtigt, aber zumindest bewusst. Auf der anderen Seite ist die Wirtschaft ein zentraler gesellschaftlicher Akteur, u. a. schafft sie materielle wie immaterielle Güter, beschäftigt Menschen und beeinflusst politische und gesellschaftliche Entwicklungsprozesse. Sie hat wegen dieser zentralen Rolle folgerichtig großen Einfluss: auf Geschäftspartner, Lieferanten und Kunden, auf Mitarbeiter, Politiker, Medien – all jene

Instanzen, die eine wesentliche Rolle bei der Steuerung und Begleitung politischer und gesellschaftlicher Prozesse haben.

Die Forderung nach einem nachhaltigeren und daher verantwortungsbewussten Unternehmertum hat die meisten Unternehmen inzwischen erreicht. Kaum jemand wird die Notwendigkeit eines solchen Bewusstseinswandels noch bestreiten. Denn in Unternehmen akkumulieren sich sowohl die Bedürfnisse, Wünsche und Sehnsüchte von Einzelindividuen und Individuengruppen, als auch die zu Ihrer Befriedigung verfügbaren Mittel und Ressourcen. Dies wiederum verleiht Unternehmen und ihrem Tun eine deutlich größere Wirkung, als sie dem einzelnen Menschen je zuzuschreiben wäre.

Nach dem Ob gerät damit aber eine neue Frage in den Blickpunkt der Nachhaltigkeitsdiskussion: das Was, also die Frage nach der Wesentlichkeit einzelner Handlungsfelder. Was ist zu tun? Und wie dringend? Und gleich danach kommt Wie: Welche Mittel sollen wo eingesetzt werden, um nicht nur effektiv, im Sinn der zu adressierenden Herausforderungen, sondern auch effizient, in der Frage der Balance zwischen Aufwand und Nutzen, zu agieren? Gefühl und Wellenschlag helfen hier kaum weiter, ein modernes Nachhaltigkeitsmanagement muss belastbarere Antworten finden, denn der notwendige Transformationsprozess in Unternehmen und Gesellschaft ist und bleibt ein Kraftakt. Gut ist es da, wenn man die begrenzten Kräfte richtig einsetzt.

3 Wie funktioniert Nachhaltigkeitsmanagement bei der Otto Group?

Bei der Otto Group gibt es hierfür einen Managementprozess, der impACT genannt wird und drei Teilprozesse in sich vereint: zunächst die eigentliche Wesentlichkeitsanalyse, die sich auf quantitative und qualitative Bewertungen stützt. Zusätzlich zu dem seit Langem üblichen Dialog mit den internen und externen Stakeholdern unseres Unternehmens nutzen wir seit zwei Jahren ein Werkzeug namens estell[1], das die zur Otto Group gehörende Systain-Consulting entwickelt hat. Basierend auf dem mathematischen Modell einer erweiterten Input-Output-Rechnung werden hier die Einkaufs- und Vertriebsdaten der Handelsgruppe, z. B. Volumina, Sortimentsstruktur, Beschaffungsmärkte, aber auch Standort- und Transportdaten, mit Statistiken und Bilanzen zu den unerwünschten Umwelt- und Sozialauswirkungen entlang der gesamten Wertschöpfungskette der beschafften und vertriebenen Sortimente verknüpft. Indem diese Schadwirkungen am Ende in Euro bewertet werden (bis auf die sozialen Kategorien), schaffen wir eine Vergleichbarkeit der einzelnen Aspekte. Ergebnis ist ein quantitativer Aufriss der wesentlichen Schadschöpfungen entlang der gesamten Wertschöpfungskette, der uns hilft, das eigene Tun besser zu verstehen und zukünftig geeignete Maßnahmen an den entsprechenden Stellen wirksam werden zu lassen. Ergänzt um das wie bisher erhobene Stakeholderfeedback entsteht daraus eine neue Qualität der bekannten Wesentlichkeitsmatrix, in der sich nun die quantitative Dimension aus estell und die qualitative Bewertung der Stakeholder gegen-

---

[1] Siehe http://estell.systain.com.

überstehen und ergänzen. Dieses Vorgehen ist innovativ, und es hat nicht nur uns, sondern auch andere überzeugt: Stakeholder z. B., mit denen wir in einem dedizierten Stakeholderdialog unser Vorgehen diskutiert und weiterentwickelt haben, und die Bundesregierung, die uns für diesen Ansatz ihren Corporate-Social-Responsibility(CSR)-Preis 2014 verlieh.

Auf diese Relevanzbewertung folgt die Entwicklung von Konzepten und Initiativen, die zur Adressierung der relevanten Themen effektiv und im notwendigen Mitteleinsatz effizient sind. Beispiele hierfür sind das Sozialprogramm der Otto Group, die Klimastrategie mit einem Reduktionsziel von 50 % CO_2 bis 2020 (verglichen zum Basisjahr 2006) und die nachhaltige Textilstrategie, die u. a. eine Umstellung aller Eigen- und Lizenzmarkenartikel aus Baumwolle auf eine nachhaltige erzeugte Baumwolle fordert. Durch estell wissen wir aber auch, dass z. B. mehr als 10 % der gesamten Umweltauswirkungen in der Nutzungsphase bei unseren Kunden entstehen. Hier werden wir in den nächsten Jahren noch stärker aktiv werden, z. B. durch eine stärkere Kundenkommunikation oder entsprechende Sortimentsgestaltung.

Im dritten Schritt erfolgt die Integration der so entwickelten Konzepte in die Corporate-Responsibility-Strategie des Unternehmens und ihre Steuerungsprozesse. Die bei der Zielerreichung gemachten Fortschritte kommunizieren wir im Rahmen unserer Nachhaltigkeitskommunikation intern wie extern. Sie sind darüber hinaus relevant für die Incentivierung des Vorstands der Otto Group.

4 Wie bekommen wir neben Schäden und Risiken auch die Chancen und positiven Beiträge in den Blick?

Mit dem oben beschriebenen Ansatz können wir die unerwünschten Auswirkungen unserer Geschäftstätigkeit und die daraus resultierenden Risiken für unser Geschäftsmodell wirksam verringern. Aber reicht das? Muss Nachhaltigkeit am Ende nicht mehr sein als schlichtes Schadens- und Risikomanagement?

In unserer gelernten Marktlogik müssen Unternehmen ihren Kunden einen direkten Mehrwert schaffen, um eine Existenzberechtigung zu haben. Meine persönliche Überzeugung ist, dass dies auch gesamtgesellschaftlich gelten muss. Die zu beantwortende Frage zum Wert eines Unternehmens ist folglich keine ausschließlich betriebswirtschaftliche mehr, sondern muss um eine volkswirtschaftliche bzw. gesamtgesellschaftliche Dimension erweitert werden: Welchen Mehrwert (ökonomisch, ökologisch, gesellschaftlich) hat das Unternehmen am Ende eines Jahres generiert? Wo wurden nicht nur Risiken und Schäden vermieden, sondern auch per Saldo positive Beiträge zum Gemeinwohl erbracht? Noch ist eine solche Betrachtung denen vorbehalten, die man im positivsten Fall als Vordenker bezeichnet, häufig genug aber auch als Spinner. Zu fest verankert ist der risikogetriebene Blick auf die eigene Nachhaltigkeitslandkarte.

Doch es kommt Bewegung in die Debatte. Inzwischen gibt es – häufig durch die Wissenschaft getrieben – verschiedene Ansätze, stellvertretend sei hier auf die Arbeit von Prof. Dr. Timo Meynhardt an seiner Public-Value-Theorie und deren Umsetzung in eine

Public-Value-Scorecard (2013, S. 79–83) verwiesen, auch die gesellschaftliche Mehrwertstiftung von Unternehmen systematisch zu bewerten und sie damit einem bewussten Management zugänglich zu machen. Noch hat sich keine Denkschule in diesem Diskurs durchgesetzt. Fest steht aber schon jetzt, dass die Erweiterung des klassischen Wertschöpfungsbegriffs um die gesamtgesellschaftliche Dimension von allen gesellschaftlichen Kräften ein Umdenken erfordern wird. Dies gilt zuerst natürlich für die Unternehmen, die zu einer neuen Steuerung ihres Geschäfts kommen müssen. Die Leitfragen ähneln den weiter oben bereits für das klassische Nachhaltigkeitsverständnis angesprochenen nach dem Warum, Was und Wie. Noch dürfte den meisten Unternehmen hierfür das nötige Rüstzeug fehlen, aber das wird sich ändern.

Dieser Paradigmenwechsel macht aber auch vor den Kunden von Unternehmen nicht halt; er betrifft darüber hinaus alle anderen Anspruchsgruppen, wie Politik, Zivilgesellschaft und Akademia gleichermaßen. Alle diese Gruppen werden in ein neues Miteinander kommen müssen. Das wird Zeit und Kraft brauchen, aber ich halte diesen Schritt für naheliegend und vernünftig.

Ein Teil des Texts beruht auf einer früheren Veröffentlichung in „Verantwortung Zukunft – Das Magazin" des FAZ-Fachverlags im Jahr 2015.

Literatur

Hardoon D, Ayele S, Fuentes-Nieva R (2016) An economy for the 1 percent. Oxfam, Oxford

Meynhardt T (2013) Werkzeugkiste: 37. Public Value Scorecard (PVSC). OrganisationsEntwicklung. Zeitschrift Für Unternehmensentwicklung Chang Manag 4:79–83

Steffen W et al (2015) Planetary boundaries: guiding human development on a changing planet. Science. https://doi.org/10.1126/science.1259855

Andreas Streubig war von 1993 bis 2017 für die Otto Group (Hamburg) tätig. Vier ganz unterschiedliche Stationen prägten in dieser Zeit die Laufbahn des ausgewiesenen Corporate-Responsibility-Experten: Nach der Leitung diverser Vertriebsprojekte war er als Senior Manager Consulting in der Internen Unternehmensberatung der Otto Group für die Steuerung von Konzernprojekten zuständig. Als Bereichsleiter Importsteuerung verantwortete er ab Anfang 2005 die Steuerung der weltweiten Importorganisation der Otto Group in den wichtigsten Beschaffungsmärkten, bevor er im Juni 2007 die Position des Bereichsleiters Nachhaltigkeitsmanagement übernahm. In dieser Funktion verantwortete er die Aktivitäten der Otto Group für nachhaltigere Lieferketten und Geschäftsmodelle. Daneben war Andreas Streubig als Geschäftsführer für die operative Steuerung und strategische Ausrichtung der CPI_2 GmbH mitverantwortlich und unterstützt unter anderem als Mitglied das Governance Board von Textile Exchange (TE) und das Konzept 'Erfolg mit Anstand' der Stiftung Club of Hamburg.

Corporate Social Responsibility und Familienunternehmen – Kapsch Group

Georg Kapsch

1 Unser Corporate-Social-Responsibility-Verständnis

„Wir verstehen unter Nachhaltigkeit das Leben unserer Unternehmenswerte und damit die langfristige Verantwortung unseres Unternehmens für ökonomische, ökologische und soziale Gesichtspunkte."

Ohne in diesem Beitrag eine Debatte um die Begriffsdefinition von Corporate Social Responsibility (CSR) führen zu wollen, sei hervorgehoben, dass Kapsch inhaltlich der Interpretation und Definition der Europäischen Union und der Norm ISO 26000 folgt, die die gesellschaftliche Verantwortung von Unternehmen gegenüber der Gesellschaft sowohl in den Auswirkungen gegenüber Gesellschaft und Umwelt sieht als auch in der nachhaltigen Entwicklung des Unternehmens selbst. Hier hat sich das Verständnis von CSR verstärkt in Richtung umfassender Nachhaltigkeit entwickelt. Dies bedeutet, dass es nicht nur um Maßnahmen gegenüber diversen Anspruchsgruppen im breiten gesellschaftlichen Umfeld geht, sondern auch um nachhaltige Unternehmensführung selbst.

CSR ist, wenn nicht nur als Marketinginstrument gedacht, eine wesentliche Führungsstrategie. Deren Aufgabe ist es nicht nur, Instrumente zu entwickeln und anzuwenden, um den Erwartungen aller Interessensgruppen gerecht zu werden. Wir wollen Innovation treiben und uns kontinuierlich verbessern. Erst dann gelingt es auf lange Sicht nachhaltig, zukunfts- und damit lebensfähig zu sein.

Wir untermauern unsere nachhaltige Unternehmensführung durch unseren Wertekodex und die Teilnahme am United Nations Global Compact (UNCG), dem mit 12.000 teilnehmenden Unternehmen weltweit größten Netzwerk für unternehmerische Verantwortung. Damit verpflichtet sich Kapsch zur Einhaltung der zehn Prinzipien des UNCG,

G. Kapsch (✉)
CEO, Kapsch AG
Wien, Österreich
E-Mail: alf.netek@kapsch.net

die die Einhaltung von Menschenrechten, Arbeitsnormen Umweltschutz und Korruptionsbekämpfung umfassen.

Wiewohl allein die börsennotierte Kapsch TrafficCom am UNCG teilnimmt und einen Nachhaltigkeitsbericht veröffentlicht, sieht sich doch die gesamte Kapsch Group mit all ihren Schüsselgesellschaften der nachhaltigen Unternehmensführung verpflichtet. Im aktuellen Geschäftsbericht beziehen wir dazu folgendermaßen Stellung:

„Innovation, Zukunftsorientierung und etablierte Werte eines Familienunternehmens – das sind die tragenden Säulen unserer Unternehmensphilosophie. Wir fühlen uns allen unseren Mitarbeiterinnen und Mitarbeitern ebenso verpflichtet wie unseren Kunden, Geschäftspartnern und Eigentümern. Wir wollen mit unseren Technologien einen Beitrag zur Gestaltung unserer Gesellschaft leisten und achten dabei auf wirtschaftliche, soziale und ökologische Nachhaltigkeit. Auch in unserer gesamten Geschäftstätigkeit berücksichtigen wir Aspekte der Nachhaltigkeit in all diesen Dimensionen und streben dabei kontinuierliche Fortschritte an." (Kapsch Group Geschäftsbericht 2016, S. 18)

Kapsch ist als Spezialist für intelligente Verkehrs- und Mobilitäts- wie auch für Kommunikationslösungen auf sechs Kontinenten vertreten. Als Technologie- und Innovationsträger kommt uns eine hohe Verantwortung im Sinn einer nachhaltigen Entwicklung unserer Produkte und Lösungen zu – gestalten wir mit diesen doch einige der Megatrends unserer globalisierten Gesellschaft mit, wie den Trend hin zu höherer Mobilität. Kapsch trägt einerseits zum Wandel bei, andererseits benötigt eine sich schnell verändernde Gesellschaft auch ein Maß an Stabilität. Diese Beständigkeit erreichen wir unserer Ansicht nach, wenn Menschen Werte wie Verantwortung teilen. Wir bekennen uns als modernes Familienunternehmen mit Tradition zu unserer Verantwortung gegenüber unseren Mitarbeitern, Kunden, Lieferanten, der Gesellschaft und der Umwelt, und wir begegnen all diesen Anspruchsgruppen mit Respekt und Vertrauen.

2 Unsere Motivation

Die Unternehmensstrategie der Kapsch Group ist von der Überzeugung geprägt, dass langfristiger wirtschaftlicher Erfolg nur unter weitreichender Beachtung von sozialen und ökologischen Gesichtspunkten sichergestellt werden kann.

Der Anspruch, ein Familienunternehmen erfolgreich zu führen, das seit 125 Jahren besteht, beinhaltet aus unternehmerischer Sicht ein hohes Maß an langfristigem Denken und Handeln, was wahrscheinlich in so detailliertem, umfassendem und klar definiertem Maß bereits in der Vergangenheit zwar nicht beschrieben, aber dennoch vorhanden war und gelebt wurde.

Wir haben für unser heutiges Engagement also eine Basis in der Haltung unseres Unternehmertums gefunden – trotz vieler, durchaus grundlegender Veränderungen in unserer Geschäftstätigkeit. Das gesellschaftliche Engagement in unserem eigentümergeführten Familienunternehmen ist ein sehr unmittelbares, durch die Person meines Bruders Kari und mich geprägtes und vorgelebtes.

Um CSR im Unternehmen tatsächlich zu leben, bedarf es natürlich des Einsatzes der gesamten Belegschaft für die Werte und Ziele des Unternehmens. Das Topmanagement – das sowohl aus Familienmitgliedern wie aus externen Managern besteht – ist in der Pflicht, die Haltung des Unternehmens vorzuleben und die korrekten Rahmenbedingungen für nachhaltiges Denken und Handeln unserer Mitarbeiter entlang der gesamten Wertschöpfungskette zu befördern.

3 CSR orientiert sich an den Unternehmenswerten

Es sind die Unternehmenswerte, die den Weg weisen, wohin sich das CSR-Engagement von Kapsch rund um den Globus orientiert. Wir haben auch in der Vergangenheit wertorientiert gehandelt, es war aber meine persönliche Initiative im Jahr 2002, dass wir im Zuge der Festlegung einer neuen strategischen Ausrichtung auch Unternehmenswerte und eine Unternehmensphilosophie definiert haben, die die einzigartige Charakteristik eines modernen Traditionsunternehmen beschreiben.

Der Kapsch-Wertekatalog stellt sich wie folgt dar:

Wir – das sind die Mitarbeiter, Führungskräfte, Vorstände und Eigentümer der Kapsch Group.

- **Verantwortung.** Wir verstehen unter Verantwortung das Handeln im Interesse des Unternehmens und der Mitarbeiter, das Tragen von Konsequenzen und das Ergreifen von Initiative.
- **Transparenz.** Wir verstehen unter Transparenz die Offenheit im Umgang mit Information sowie die Nachvollziehbarkeit unserer Entscheidungen und Handlungen durch die tägliche Kommunikation.
- **Respekt.** Wir verstehen unter Respekt die Basis unseres Miteinanders, die gegenseitige Anerkennung unserer Leistungen und der Meinung anderer.
- **Leistung.** Wir verstehen unter Leistung das Ergebnis des Einsatzes und den Erfolg jedes einzelnen Mitarbeiters, der zur Erreichung unserer gemeinsamen Ziele beiträgt.
- **Freiheit.** Wir verstehen unter Freiheit die Nutzung und die Gestaltung definierter Handlungsspielräume und die Erweiterung dieser durch persönliches Engagement.
- **Familie.** Wir verstehen unter Familie das An-einem-Strang-Ziehen, die Stärkung des Zusammenhalts und die gegenseitige Unterstützung.
- **Dynamik.** Wir verstehen unter Dynamik unseren ständigen Willen zur konsequenten Veränderung, um neu gesetzte Ziele zu erreichen.
- **Disziplin.** Wir verstehen unter Disziplin die Einhaltung von Regeln im Zusammenleben und -arbeiten sowie das Handeln in Übereinstimmung mit unseren Werten.

Diese Werte sind es, die auch den von Kapsch definierten Verhaltenskodex prägen, der Grundsätze für ethisches, moralisches und rechtlich korrektes Entscheiden und Handeln unserer Mitarbeiter innerhalb unserer Unternehmensgruppe definiert.

Vieles hat sich gewandelt – in der Gesellschaft wie im Unternehmen. Dennoch bildet die Tradition des Unternehmens auch das Fundament, auf dem wir heute agieren und wofür wir stehen. Hier ein kurzer Abriss der Familiengeschichte unter Berücksichtigung des gesellschaftlichen und unternehmerischen Wandels und der damit verbundenen Aspekte für Nachhaltigkeit und gesellschaftliche Verantwortung.

4 Geschichte des Familienunternehmens Kapsch

Der folgende Abschnitt zur Firmengeschichte greift auf folgende Publikationen zurück: *Kapsch – seit 1892* von kopf.arbeit, Agentur für Geschichte aus dem Jahr 2009 und der Diplomarbeit *Firmengeschichte der Firma Kapsch* von Sabine Schöpf aus dem Jahr 2008.

4.1 Gründergeist

Die Familie Kapsch stammt ursprünglich aus einem kleinen, deutschsprachigen Gebiet in Slowenien, Gotscheerland genannt. Die Eltern des Unternehmensgründers Johann Kapsch, Jakob und Maria Kapsch, schickten den 1845 geborenen Sohn nach Wien in die Mechanikerlehre. Johann Kapsch ging zu dieser Zeit wohl durch eine harte Schule. Später, als er bereits sein Unternehmen erfolgreich führte, wurde über seine Güte berichtet und über das große Augenmerk, das er auf die Ausbildung seiner Lehrlinge legte – wohl ein erster Hinweis auf eine soziale Grundhaltung als Arbeitgeber und sehr wahrscheinlich seinen eigenen Erfahrungen aus der Lehrzeit geschuldet.

Zehn Kinder gingen aus der Ehe mit seiner Frau Theresia, Tochter eines Wiener Milchhändlers, hervor – fünf Mädchen und fünf Buben, von denen einer kurz nach der Geburt verstarb. Das Unternehmen wurde später ausschließlich an die Söhne übergeben.

Zu Ende des 19. Jahrhunderts florierte die wirtschaftliche Entwicklung Wiens. Insbesondere die Industrialisierung versetzte der Stadt nicht nur einen wirtschaftlichen Wachstumsschub, auch die Wiener Bevölkerung nahm rasant zu. In Wien etablierten sich v. a. der Maschinenbau und die Elektroindustrie. In diesem dynamischen Umfeld gründete im Jahr 1892 der 47-jährige Johann Kapsch eine kleine feinmechanische Werkstatt zur Erzeugung von Telegrafen. In der Werkstätte waren zu Beginn 18 Mitarbeiter tätig. Die k.u.k. Post- und Telegraphenverwaltung zählt seit der Firmengründung zu seinen Kunden.

Bei der Firmengründung konnte Johann Kapsch auf die finanzielle Unterstützung der Familie, konkret durch seinen Bruder Jakob, bauen. Familiärer Zusammenhalt und Vertrauen in die Kompetenzen schienen das Unternehmen also schon seit seinem Start zu prägen. Mein Vater Karl Kapsch beschrieb in seiner Festrede anlässlich des 75-jährigen Firmenjubiläums die Haltung und den Leistungsanspruch von Johann Kapsch und seinen Mitarbeitern mit den Worten: „Die Tradition der neugegründeten Firma entsprang einerseits dem Stolz auf die mit ungewöhnlicher Präzision hergestellten Produkte und andererseits dem eisernen inneren Verantwortungswillen, nur erstklassige und einwandfreie Arbeit zu leisten."

Die technische Entwicklung im Land schritt zügig voran; die Telefonie gewann zusehends an Bedeutung und verbreitete sich sukzessive in der gesamten Habsburger Monarchie. Kapsch erkannte diesen Trend und begann sehr früh, sich neben der Fernmelde- nun auch der Fernsprechtechnik zu widmen.

Im Jahr 1904 traten die vier Söhne Johann, Josef, Karl und Wilhelm in das Unternehmen ein. Das Einzelunternehmen Johann Kapsch wurde zu einer Offenen Handelsgesellschaft (OHG) und firmierte unter dem Namen Kapsch und Söhne, Fabrik für Telephon-, Telegraphen- und Präzisionsinstrumentenbau. Alle Söhne wurden davor im Unternehmen handwerklich ausgebildet, mit Ausnahme des jüngsten Sohnes Wilhelm, der an der Universität ein Chemiestudium begann. Trotz strikter Vorstellungen die Ausbildung der Söhne betreffend kamen deren unterschiedliche Talente im Unternehmen gekonnt zum Einsatz.

Der bisherige Firmenstandort im siebten Bezirk stieß an seine Kapazitätsgrenzen. Im Jahr 1913 bezog man das in Meidling errichtete neue Fabrikgebäude am Johann-Hoffmann-Platz 9, das noch heute eindrücklich das Lebenswerk des Johann Kapsch bezeugt. Die Planung der neuen modernen Fabrik stand unter dem Aspekt der Prozessoptimierung und Rationalisierung von Abläufen. Die weiten und lichten Räume der neuen Fabrik sowie modernste Maschinen und Arbeitsinstrumente veränderten gewiss das Arbeitsumfeld der für Kapsch tätigen Menschen positiv.

Mit Beginn des Ersten Weltkriegs fielen die Aufträge aus nicht öffentlicher Hand aus. Da Kapsch zu dieser Zeit auch Technologien für die Staatsbahn wie auch für das Militär lieferte, fiel der Betrieb unter das Kriegsdienstleistungsgesetz und damit unter militärische Aufsicht. Telefon- und Telegrafenanlagen für den Feldbetrieb hielten die Geschäfte für Kapsch am Laufen. Als einträgliches Geschäft erwies sich auch das um Geschosskörper und Zünder erweiterte Leistungsportfolio. Noch während des Kriegs, im Jahr 1916, wurde aus der OHG eine Aktiengesellschaft mit dem Namen Telephon- und Telegraphenfabrik Kapsch & Söhne, deren Vorstand sich aus sechs Mitgliedern zusammensetzte, nur zwei davon waren Mitglieder der Kapsch-Familie. Die geldgebenden Banken sicherten sich mit drei Vertretern im Vorstand eine unübersehbar deutliche Machtstellung im scheinbar in finanzielle Schwierigkeiten geratenen Unternehmen.

Mit dem Kriegsende 1918 zerfiel die österreichisch-ungarische Monarchie und viele österreichische Unternehmen verloren weite Teile ihrer Absatzgebiete. Kapsch gelang es zum Teil, die Geschäftsbeziehungen mit einigen ehemaligen Kronländern aufrechtzuerhalten und auch, in bescheidenem Maß, neue Absatzregionen zu erschließen. Neue Ideen – nun auch wieder für zivile Abnehmer – waren gefragt und Kapsch nahm die einträgliche Produktion von Zinntuben auf. Im Jahr 1921 starb Johann Kapsch und der mittlerweile deutlich gewachsene Betrieb ging in die Hände seiner vier Söhne.

4.2 Eine neue Generation – neue Technologien

Nach dem Ende des Ersten Weltkriegs schritt die Verbreitung neuer Technologien zügig voran. Kapsch war mit der Entwicklung und Fertigung von Radios, die nun auch in Privathaushalten massiv Verbreitung fanden, ganz vorn mit dabei. Im Jahr 1924 wurde die Radio Verkehrs AG (RAVAG) mit Kapsch als Gründungsmitglied ins Leben gerufen. Mit Josip Sliskovic holte sich Kapsch zudem einen ausgezeichneten Radiotechniker an Bord, der, so scheint es aus heutiger Perspektive, mit seinem Innovationsgeist Kapsch zum technischen Vorreiter im Radiosektor beförderte. Mit der Post- und Telegraphenverwaltung verfügte Kapsch über den wichtigsten Kunden am Telefonsektor in Österreich. Wir finden in dieser Zeit ein hohes Maß an Innovationskraft und Erfindergeist im Unternehmen vor. Die Elektroindustrie boomte und Kapsch wuchs in der Zwischenkriegszeit trotz eines generell schwierigen wirtschaftlichen Umfelds auf rund 400 Mitarbeiter im Jahr 1939 an. Das Werk wurde erweitert. Aus der feinmechanischen Werkstätte war ein Unternehmen der Elektroindustrie geworden.

Mit seinem Produktportfolio wurde Kapsch im Zweiten Weltkrieg zu einem wichtigen Betrieb in der Rüstungsindustrie und wuchs bis zu Kriegsende auf 3000 Mitarbeiter an. Der Bedarf der Wehrmacht an Produkten der Nachrichtentechnik war groß. Kapsch fertigte neben eigenen Radioprodukten auch den so genannten Volksempfänger. Der erhöhte Bedarf an Personal in der Rüstungsindustrie wurde in hohem Maß von Frauen abgedeckt. Wiewohl deren Lohn deutlich unter dem der männlichen Kollegen lag, war er dennoch deutlich höher als im Konsumgütersektor oder in der Landwirtschaft. Die Ausbildung von Lehrlingen blieb bei Kapsch stets ein wichtiges Element der Unternehmensführung. Es gab bereits damals eine gut geführte Lehrwerkstätte, in der hohe Qualitätsansprüche und Disziplin vermittelt und erwartet wurden.

Wiewohl Kapsch in Österreich eine bedeutende Rolle in der Rüstungsindustrie im Nationalsozialismus spielte, blieb der Umgang mit den Menschen im Betrieb anscheinend von Humanität und Verantwortungsgefühl geprägt und die Eigentümerfamilie selbst hatte sich nie dem Nationalsozialismus hingegeben. Mein Vater zitierte von einem Balkon eines Hotels aus *Die letzten Tage der Menschheit* (Karl Kraus) und war seit jeher ein deklarierter Antinationalsozialist. So sah es auch ein prominenter Zeitzeuge: Johannes Mario Simmel, später bekannter Bestsellerautor, kam 1942 als Chemieingenieur dienstverpflichtet zu Kapsch nach Wien. Er attestierte in einem späteren Interview mit der Wiener Zeitung den Führungskräften wie den Mitarbeitern Freundlichkeit und Menschlichkeit in dieser durch Grausamkeit geprägten Zeit. Simmel sollte in der Endphase des Kriegs ob seiner jüdischen Abstammung verhaftet werden. Sein Vorgesetzter erfuhr von diesem Vorhaben und verhalf Simmel zur Flucht. Zu Kriegsende wurden die Wiener Werke von Kapsch bombardiert und mehr als die Hälfte der Produktionsstätten dabei vernichtet. Ein Teil der Produktion war bereits vor Beginn der Bombenangriffe auf vier ländliche Standorte verlegt worden. Nach Kriegsende – das Wiener Werk war größtenteils zerstört – wurde der Betrieb langsam wieder aufgenommen. Im Jahr 1946 arbeiteten bereits wieder mehr als 500 Menschen bei Kapsch.

Ende der 1930er-Jahre passte Kapsch seine Statuten und Strukturen an das neue Aktiengesetz an. Johann, Josef und Karl wurden in den Vorstand berufen, Wilhelm fungierte als Vorsitzender des Aufsichtsrats. Die Rollenverteilung schien gut zu funktionieren. Karl galt als Visionär und Stratege. Josef, von der Belegschaft der Gütige genannt, verantwortete Kaufmannschaft und Einkauf. Er setzte die sozialen Akzente, hörte die Sorgen der Mitarbeiter. Bekannt über ihn ist das Verteilen der Jahresprämie im blauen Kuvert oder das Verschenken von Ballkarten unter der Belegschaft – ein Verhalten, das bereits einem heutigen CSR-Verständnis entspricht. Johann verantwortete den Werksbetrieb und agierte dort mit oft gefürchteter Strenge.

Der Wiederaufbau gelang Kapsch ab dem Jahr 1946 v. a. durch einen großen Auftrag der Österreichischen Post im Telefonsegment und mit der Produktion der bekannten, stark mit der Marke Kapsch konnotierten Radios sowie mit der Batteriefertigung. Rund 1000 Mitarbeiter zählte das Unternehmen im Jahr 1950. Übertragungstechnik gewann sukzessive an Bedeutung. Der hohe Qualitätsanspruch, den das Unternehmen seit seiner Gründung verfolgt, äußerte sich u. a. darin, dass im Produktionsprozess so gut wie alles selbst gefertigt wurde. Es gab z. B. eine eigene Schlosserei, Stanzerei, Lackiererei, Galvanik, Versuchswerkstätte, einen Werkzeugbau oder ein Labor. Leistung wurde gefordert und anerkannt. In einigen Bereichen arbeitete man auch im Akkord. Im Jahr 1956 starb Joseph, 1957 Karl Kapsch. Auf dessen Sohn Karl ging die Hauptverantwortung für das Unternehmen über. In der Wiener Pottendorfer Straße kaufte Kapsch 1959 ein neues Werk. Die dort beheimatete Batteriefertigung erforderte den Umgang mit heiklen Materialien, daher wurden die Mitarbeiter jährlich vom Betriebsarzt untersucht.

4.3 Die dritte Generation

Der Tod von Wilhelm und Johann im Jahr 1966 beendete schließlich das Werk der zweiten Generation im Unternehmen. Die Nachfolger standen vor einer schwierige Lage: In den Jahren 1965 und 1966 kam es zu einer Budgetkrise der Post und zu einem massiven Einbruch im Unterhaltungssektor. Dies führte im Jahr 1967 zu einer wirtschaftlichen Krise im Unternehmen. Der Vorstand setzte sich aus den beiden Cousins Karl und dem jungen Wilhelm Kapsch wie aus dem externen Franz Dworzak, zuständig für die Finanzen, zusammen.

Kapsch forcierte den Absatz von Farbfernsehern, in der Telefonie belebte ein Gesetzes- und Technologiewandel den Markt und man setzte klug auf den strategischen Ausbau der Übertragungstechnik. Die Dynamisierung des Markts im Fernmeldesegment führte auch zu dessen Veränderung – nationale wie auch internationale Partnerschaften wurden verstärkt. In den 1960er-Jahren mangelte es in Wien an Arbeitskräften. Kapsch kompensierte diesen einige Zeit mithilfe erweiterter Arbeitszeiten und Personalsuche im umliegenden Niederösterreich und Burgenland. Später entschied sich Kapsch bewusst für einen neuen Standort außerhalb Wiens und fand in Gänserndorf ein bereits bestehendes Betriebsareal, wo bis 1991 Telefonapparate gefertigt wurden. Im Radio- und Fernsehsegment stieg die

Konkurrenz aus dem asiatischen Raum und Kapsch sah sich mit einer unhaltbaren Kostenstruktur im Unternehmen konfrontiert. Auch hatten sich im Unternehmen kleine „Reiche" gebildet, die gegenüber nötigen Veränderungen heftig verteidigt wurden.

Die seit 1953 bestehende Zusammenarbeit mit dem deutschen Unternehmen AEG Telefunken brachte nach dem Entscheid der Österreichischen Bundesbahn (ÖBB) für den flächendeckenden Ausbau des Zugfunks mit einem Riesenprojekt großen Erfolg ein. Ende 1972 war in ganz Österreich der Telefonselbstwählverkehr eingeführt und Kapsch verlagerte seinen Schwerpunkt auf die Amtstechnik. In den 1970er-Jahren machte sich Kapsch zudem einen Namen im Bereich der Flugsicherung; zuerst in Österreich, im Lauf der Jahre folgten Projekte bis hin nach Südafrika oder Brasilien. Nach einem massiven Einbruch im Markt wurde 1973 das Radiogeschäft eingestellt. Im Jahr 1976 folgte mit der Errichtung eines neuen, mobilen Richtverbindungssystems erstmals seit Kriegsende wieder ein Auftrag aus dem militärischen Bereich.

Wichtige Weichen in der strategischen Ausrichtung des Unternehmens wurden 1979 gestellt. Das Unternehmen wurde in Kapsch AG umbenannt, die Batterienfertigung beendet und das Werk in der Pottendorfer Straße geschlossen. Die Post fällte die Entscheidung zum Umstieg auf ein digitales Amtssystem. Zur Durchführung dieses Projekts ging Kapsch eine Kooperation mit der Firma Schrack ein.

Mit Michael Haager und Walter Skorpik wurden 1980 zwei mit dem Unternehmen eng verbundene und erfahrene Personen in den Vorstand berufen. Im Jahr 1981 beschloss die Regierung unter Bundeskanzler Bruno Kreisky die Einführung des digitalen Telefonsystems, das geteilt an die Konkurrenten – auf der einen Seite Kapsch gemeinsam mit Schrack und Northern Telecom, auf der anderen Seite Siemens – vergeben wurde. Dieser Auftrag war für Kapsch wirtschaftlich enorm wichtig. Als Kapsch 1982 vom Bundesheer einen Großauftrag für Panzerfunkgeräte erhielt, übernahm das Unternehmen das ehemalige Eumig-Werk in Fürstenfeld als Produktionsstandort und stellte dort neue Arbeitsplätze bereit.

Ebenfalls im Jahr 1982 brach Karl Kapsch mit der Familientradition, den Töchtern der Familie keine Firmenanteile zuzugestehen, und übergab den Großteil seiner Anteile zu gleichen Teilen an seine Kinder Georg, Elisabeth und Kari. Im Jahr 1985 fällte der Vorstand die Entscheidung, aus dem Unterhaltungssektor wie aus dem Kondensatorengeschäft auszusteigen. Ich selbst bin im Jahr 1982 in das Familienunternehmen eingetreten und habe 1986 im Unternehmen ein internes Projekt zur Veränderung der Firmenkultur ins Leben gerufen, das auch Strukturänderungen mit sich brachte. Unsere Ziele waren ein verbessertes Informationsverhalten, Kostenreduktion, übergreifende Entscheidungskompetenzen, verstärkte Kundenorientierung und eine geänderte Personalpolitik. Dieser von mir initiierte Kulturwandel ging den Weg von einer rein hierarchischen Führung hin zu einer partizipativen. Mein Vater Karl Kapsch schied 1989 aus dem Vorstand aus und ich übernahm erstmals Vorstandsfunktion, nachdem ich 1982 ins Unternehmen eingestiegen war.

4.4 Neuorientierung

Im Jahr 1990 führten wir den betrieblichen Umweltschutz systematisch ins Unternehmen ein. Mit dem Fall des Eisernen Vorhangs expandierte Kapsch sukzessive in diese neuen Märkte, vorrangig im Bereich der Straßenmaut. Wir setzten auf modernste Technologien im Mobil- oder Zugfunkbereich und konnten uns damit gut positionieren. Im Vorstand hatten wir frühzeitig den Trend hin zu erhöhter Mobilität und damit verbunden zu modernen Verkehrsmanagement- und Sicherheitssystemen erkannt. Unsere Hauptgeschäftsfelder waren öffentliche und private Netze sowie Verkehrsleittechnik.

Der Beitritt Österreichs in die Europäische Union im Jahr 1995 war auch für Kapsch von hohem Nutzen hinsichtlich der Internationalisierung des Geschäfts. Österreich führte das Öko-Punkte-System auf der Straße ein – ein Auftrag für Kapsch. In weiterer Folge wurde dieses System von Road-Pricing-Systemen auf Mikrowellentechnologie in- und außerhalb Österreichs abgelöst. Kapsch gewann die Ausschreibung für die im Jahr 2004 in Österreich eingeführte LKW-Maut. Ab Mitte der 1990er-Jahre gewannen wir auch im stark wachsenden Mobilfunkmarkt wichtige Aufträge. In die Global-System-for-Mobile-Communications-Rail(GSM-R)-Entwicklung für ein einheitliches, digitales Kommunikationssystem europäischer Bahnen war Kapsch von Anbeginn eingebunden. Im Jahr 2001 beteiligte sich Kapsch mehrheitlich an der Schrack BusinessCom, was der neuen Tochtergesellschaft die Führung im österreichischen Markt für Nebenstellenanlagen einbrachte.

Ab 1987 kam es zusehends zum Richtungsstreit innerhalb der Familie. Der Haltung, das Bestehende erfolgreich weiterzuführen und von den Ausschüttungen zu profitieren, stand jene des Wandels im Sinn der Änderungen des Markts und der Politik der Akquisitionen unüberwindbar gegenüber. Im Jahr 2000 kaufte ich gemeinsam mit meinen Geschwistern Elisabeth und Kari die Anteile der Cousins auf und wir gingen den Weg der Akquisitionen von und Partnerschaften mit international anerkannten Technologieunternehmen. Nach dem Auskauf der Familie Wilhelm Kapsch startete die von meinem Bruder Kari und meiner Schwester Elisabeth geführte Kapsch Immobilien GmbH mit dem Projekt des „Euro Plaza" Office Parks in Wien Meidling, in dem heute die Firmenzentralen der Kapsch-Gesellschaften wie auch zahlreiche Unternehmen, vorrangig aus der Technologie-, aber auch Konsumgüterbranche, angesiedelt sind. Mein Bruder Kari, der – mit kurzer Unterbrechung – ebenfalls seit dem Jahr 1982 im Unternehmen tätig ist, zog im Jahr 2001 in den Vorstand der Kapsch Group ein.

In den Jahren 2000 und 2001 Jahren kam es in der Technologiebranche zu einer massiven Krise, von der auch Kapsch betroffen war – Sanierung und Kündigungen waren die Folge. Wir mussten uns von 1000 der insgesamt 3000 Mitarbeiter trennen, für einen großen Sozialplan mangelte es an Geld. Für altgediente Mitarbeiter, die von der Kündigung betroffen waren, leisteten wir z. T. individuelle Sonderzahlungen. Das Werk in Fürstenfeld wurde verkauft. In dieser Zeit haben wir zur Verstärkung der internen Kommunikation im Unternehmen ein Online-Forum eingerichtet, das gut angenommen wurde und – meiner Wahrnehmung nach – auch das Vertrauen in das Management stärkte. Wir veränderten die Konzernstruktur in die Gesellschaften Kapsch TrafficCom AG (Verkehrsbereich), Kapsch CarrierCom AG (Netzbetreiber), Kapsch BusinessCom AG (IT-Systemintegration) und Kapsch Components GmbH (Produktion und Logistik). Die Kapsch Holding dient als Dachgesellschaft. Vater Karl starb im Jahr 2001. Mit dem Maut-Auftrag für Österreich im Jahr 2002 und Einzahlungen der Familie aus den Privatstiftungen als Zeichen der Zuversicht in die Zukunft endete die wirtschaftliche Durststrecke für das Unternehmen. Im Jahr 2006 folgte der Maut-Auftrag in Tschechien.

Im Jahr 2002 gingen wir aktiv an die Ausarbeitung des Wertekatalogs (zu Beginn dieses Beitrags angeführt). Franz Semmernegg, aus der Schrack BusinessCom kommend, wurde in der Vorstand der Kapsch AG berufen. Zwischen den Jahren 2002 und 2004 geriet die Kapsch BusinessCom in wirtschaftliche wie auch in interne Turbulenzen. Zu groß waren die Kulturunterschiede zwischen den ehemaligen Schrack- und den Kapsch-Vorständen. Dieser Krise begegneten wir mit dem Austausch der Unternehmensführung und intensiver Integrationsarbeit.

Nach weiteren internationalen Akquisitionen durch die Kapsch TrafficCom erfolgte im Juni 2007 deren Börsengang. Die Internationalisierung unserer Geschäftätigkeit schritt nun zügig voran. Kapsch gewann weitere große Mautprojekte in Polen, Weißrussland und Südafrika; heute können wir in den USA und Australien mit Mautprojekten punkten. Mit der Akquision des Transportationgeschäfts von Schneider Electric haben wir 2016 die Weichen zum Ausbau unseres Geschäfts in Richtung intelligente Mobilitätslösungen gestellt.

Auch im Bahnbereich konnten wir uns als internationaler Anbieter mit neuen Projekten profilieren und verstärken derzeit das Segment Public Transport.

Trotz nun beinahe zehn Jahren Präsenz an der Wiener Börse ist Kapsch in seinem Kern aber ein Familienunternehmen geblieben.

Die Geschichte unseres Familienunternehmens zeigt deutlich die Dynamik im technologischen und gesellschaftlichen Wandel und der damit verbundenen Herausforderungen für Unternehmer wie Arbeitnehmer. Die Geschichte verweist auf eine stets stark mitarbeiterorientierte Haltung der Kapsch-Familie, die im Sinn von Innovation und technischem Fortschritt immer wieder Talente an Bord geholt und gefördert hat, wie auch hohes soziales Verantwortungsbewusstsein als Arbeitgeber gegenüber der Belegschaft gezeigt hat. Kapsch hat seit seinem Bestehen Produkte ent- und weiterentwickelt, die heute noch von Relevanz sind; andere Produkte, z. T. technisch ihrer Zeit lange voraus oder nur temporär für eine kleine Zielgruppe von Nutzen, wurden wieder aus dem Portfolio genommen. Aber man kann klar sagen: Erfindergeist wurde gefördert.

Kundenseitig war und ist die öffentliche Verwaltung seit mehr als 100 Jahren im Fokus der Geschäftätigkeit. Deren technologische Entwicklung hat Kapsch nachhaltig mitgestaltet. Karl Kapsch bei seiner Rede zum 75-jährigen Firmenjubiläum: „Seit seinen Uranfängen im Jahre 1892 ist unser Unternehmen Lieferant der Österreichischen Post- und Telegraphenverwaltung und stolz darauf, mit seiner Produktion an der völkerverbindenden Funktion der Nachrichtentechnik teilhaben zu können." Was Karl Kapsch hier klar hervorstrich ist der gesellschaftlich nachhaltige Nutzen, den die technischen Entwicklungen des Unternehmens hervorbringen. Heute haben sich die Technologien von Kapsch wohl verändert, der Anspruch an langfristigem Nutzen besteht aber nach wie vor.

In den vergangenen 125 Jahren fanden zwei Weltkriege statt, die auch das Unternehmen Kapsch in seinen Grundfesten beeinflussten, indem für die Rüstungsindustrie entwickelt und gefertigt wurde. Ich wage nicht moralisch zu urteilen, aber ohne diese Aufträge hätte das Unternehmen mit dem damals bestehenden Portfolio nicht überleben und das über Jahrzehnte aufgebaute Wissen der Mitarbeiter für die Zukunft nicht weiter nutzen können. Ich hoffe, dass ich selbst nie mit einer solchen Situation konfrontiert sein werde.

Was anhand der Geschichte von Kapsch sichtbar wird, ist der Wunsch, ein Familienunternehmen nachhaltig zu führen, um es an die Kinder und Kindeskinder weitergeben zu können. Wir wissen, dass dieser Fall nur auf einen geringen Teil von familiengeführten Unternehmen zutrifft. Wenn es aber gelingt, ist die Motivation zu nachhaltigem Wirtschaften eine sehr hohe.

5 Unser heutiges Corporate-Social-Responsibility-Engagement

Kapsch ist bei aller Tradition ein Unternehmen der Gegenwart und der Zukunft. In Bezug auf CSR bedeutet das, dass wir uns den heute geltenden Ansprüchen aktiv stellen. Mit der Börsennotierung der Kapsch TrafficCom AG sind wir auch Verpflichtungen in der Berichterstattung unseres wirtschaftlichen und gesellschaftlichen Engagements eingegangen. Insofern unterscheidet sich hier das familiengeführte nicht wesentlich von anderen Unternehmen. Intensiver ist bei uns aber wohl die Entscheidungskraft der Eigentümer in der Akzentuierung des Engagements.

Unsere Nachhaltigkeitsziele und die dafür notwendigen Maßnahmen sind integraler Bestandteil der Unternehmensstrategie und dienen der Absicherung unseres Unternehmenserfolgs. Unter Berücksichtigung der Bedürfnisse unserer wichtigsten Interessengruppen wie Kunden, Mitarbeiter und Öffentlichkeit werden nachstehende Handlungsfelder als vorrangig eingestuft:

- Schonung von Umwelt und Ressourcen sowie aktiver Klimaschutz;
- Absicherung der Innovationskraft;
- Produktverantwortung und Qualitätssicherung;
- Sicherstellung der Wettbewerbsfähigkeit und Profitabilität;
- Integrität und Compliance;
- attraktiver und verantwortungsvoller Arbeitgeber für Mitarbeiter.

Den wirtschaftlichen Erfolg unseres Unternehmens messen wir anhand der Umsatz- und Ertragsentwicklung sowie der Fähigkeit, weiteres Wachstum aus eigener Kraft zu finanzieren. Zur Messung der sozialen und ökologischen Entwicklungen wurden entlang der für uns relevanten Handlungsfelder Indikatoren definiert, die wir durch effektive Maßnahmen kontinuierlich verbessern wollen. Unsere Produkte und Lösungen können nur dann dauerhaft im Wettbewerb bestehen, wenn sie Mehrwert für die Kunden, Endnutzer und letztlich auch Vorteile für Gesellschaft und Umwelt liefern.

Die im Verhaltenskodex festgelegten Grundlagen, Richtlinien und Empfehlungen richten sich an alle Mitarbeiter der Kapsch Group sowie an all jene Personen, die im Namen oder im Auftrag der Unternehmensgruppe handeln. Der Verhaltenskodex impliziert auch die Kapsch-Geschäftspartner, von denen das Unternehmen erwartet, dass diese sich ebenso wie Kapsch selbst an die geltenden Gesetze, Branchenbestimmungen und Vertragsbedingungen sowie an die allgemein anerkannten Standards der sozialen Verantwortung halten.

Die Innovationskraft und das Engagement unserer Mitarbeiterinnen und Mitarbeiter ermöglichen nachhaltige Innovationen, die der Gesellschaft zugutekommen. Ganz besonders begrüßen wir die kulturelle Vielfalt, die unsere Teams weltweit in unser Unternehmen einbringen. Diese Verschiedenheit betrachten wir als Bereicherung und Chance zur Weiterentwicklung des Unternehmens und seiner Menschen.

Seit 26. Juni 2007 notieren die Aktien der Kapsch TrafficCom AG an der Wiener Börse im Prime Market. Im sogenannten VÖNIX, einem österreichischen Nachhaltigkeitsindex, der die Aktien jener Unternehmen abbildet, die hinsichtlich sozialer und ökologischer Leistungen führend sind, ist die Kapsch TrafficCom Aktie seit Juni 2009 vertreten. In den ATX-Global-Player-Index der Wiener Börse wurde die Aktie bereits bei dessen Einführung im Mai 2013 aufgenommen.

Wir verstehen Nachhaltigkeit als kontinuierlichen Prozess und haben in den vergangenen Jahren damit begonnen, alle diesbezüglichen Agenden zu systematisieren. Die Kapsch TrafficCom AG definiert ihre Prozesse in einem integrierten Health-Safety-Security-Environment-Quality(HSSEQ)-Managementsystem. Die Basis dafür bilden Zertifizierungen nach ISO 9001 Qualitätsmanagement (seit 2002) sowie nach Occupational Health and Safety Assessment Series (OHSAS) 18001 Arbeitssicherheitsmanagement und ISO 14001 Umweltmanagement (seit 2005).

Das Zertifikat nach ISO 27001 definiert das notwendige Informationssicherheitsmanagement. Mit ISO 20000 für IT-Servicemanagement wird im Bereich des Projektmanagements und Operations eine hohe Servicequalität sichergestellt.

5.1 Aktiver Dialog mit Interessengruppen

Für den regelmäßigen Austausch mit unseren Interessengruppen nutzen wir eine Vielzahl von Kommunikationswegen. Aktualität, Transparenz und Fairness stehen dabei stets im Vordergrund. Für Kunden sind speziell entwickelte Online-Portale und Service-Hotlines eingerichtet, bestehende und potenzielle Aktionäre werden über die Abteilung Investor Relations betreut. Ein reger Austausch besteht auch mit branchenrelevanten Nichtregierungsorganisationen wie Verkehrsclubs und weiteren Interessenverbänden. Die aktive Einbindung der Mitarbeiter und der Belegschaftsvertreter erfolgt über regelmäßige Informationsveranstaltungen und durch den Einsatz von Online-Medien.

Zur Wahrung der Unternehmensinteressen und um einen aktiven Diskussionsbeitrag zu aktuellen Branchenthemen zu leisten, ist Kapsch Mitglied in zahlreichen Organisationen, z. B. Fachverband für Elektro- und Elektronikindustrie, International Organization for Standardization, International Road Federation, International Transport Forum, Kuratorium Sicheres Österreich, Network of European Metropolitan Regions and Areas, Österreichische Verkehrswissenschaftliche Gesellschaft, World Road Association, und engagiert sich u. a. in der Beratergruppe für intelligente Verkehrssysteme (ITS) der Europäischen Union.

Bei allen Aktivitäten zur Wahrung der Unternehmensinteressen gilt das Gebot der Transparenz und der Einhaltung aller gesetzlichen Bestimmungen. Diese verantwortungsvolle Grundhaltung spiegelt sich auch in der freiwilligen Unterzeichnung des Code of Conduct für Lobbying in Österreich und der Europäischen Union durch die Kapsch TrafficCom AG wider. Sämtliche Lobbying-Tätigkeiten von Unternehmen der Kapsch Group werden nur ab Bekanntgabe der Eintragung in das Lobbying- und Interessenvertretungsregister sowie während einer aufrechten Eintragung ausgeführt.

Die Nähe zu unseren Kunden erachten wir als zentralen Erfolgsfaktor. Sie wird durch unsere Präsenz vor Ort bestimmt, die wir mit Niederlassungen und Repräsentanzen in 44 Ländern sicherstellen. Eine zusätzliche Dimension von Nähe schaffen wir durch intensive wertschätzende Zusammenarbeit mit unseren internationalen Projektpartnern und Kunden sowie durch die bewusste Förderung der regionalen Wertschöpfung. Für eine fundierte Erhebung der Kundenzufriedenheit setzen die vertriebsverantwortlichen Mitarbeiter bewährte Fragebögen ein. In einer anschließenden Analyse der Antworten werden zeitnahe und effektive Maßnahmen zur laufenden Verbesserung der Kundenzufriedenheit definiert und umgesetzt.

Unsere Lieferanten beurteilen wir hinsichtlich ihrer Konformität mit unseren ökologischen Beschaffungskriterien. Lieferanten mit etablierten Umweltmanagementsystemen werden bevorzugt.

5.2 Nachhaltigkeit und soziale Verantwortung in der Geschäftstätigkeit und bei unseren Produkten

Das verstärkte Bedürfnis nach Mobilität verlangt nach zukunftsfähigen intelligenten Verkehrssystemen, die den Ressourceneinsatz reduzieren und die Auswirkungen auf Umwelt und Klima eindämmen. Dieses dynamische Umfeld stellt Kapsch vor neue Herausforderungen, die wir mit unternehmerischem Weitblick und ausgeprägtem Verantwortungsbewusstsein annehmen. Zukunftsfähig zu sein bedeutet für uns auf diesem Weg, die zentralen Aspekte der Nachhaltigkeit als integralen Bestandteil unserer Unternehmensstrategie zu verstehen und daran zu arbeiten, beständig besser zu werden.

Mit unseren Produkten und Lösungen leisten wir einen aktiven Beitrag zur umwelt- und ressourcenschonenden Gestaltung von Verkehrssystemen und damit zu einer nachhaltigen Entwicklung unserer Gesellschaft. Darüber hinaus arbeiten wir auch in unserem eigenen

Wirkungsbereich konsequent daran, unseren Ressourcenverbrauch und etwaige Auswirkungen auf die Umwelt zu minimieren.

Kapsch ist heute vorrangig Anbieter von intelligenten Verkehrssystemen und Informations- und Kommunikationstechnologie. Die aktuellen Markttrends zeigen darüber hinaus eine zunehmende Nachfrage nach intelligenten Mobilitätslösungen. Mit dem Aufbau eines Geschäftsfelds für Intelligent Mobility Solutions werden wir diese Nachfrage gezielt adressieren. Die innovativen Lösungen von Kapsch leisten einen wertvollen Beitrag zum Klimaschutz. Sie ermöglichen es den Verkehrsteilnehmern, rasch, effizient und ressourcenschonend an ihr Ziel zu kommen.

Durch unsere Lösungen sorgen wir auch für mehr Lebensqualität in Städten: Staus und unnötige Fahrstrecken werden vermieden und die Lärmbelästigung wird gesenkt. Im Stadtverkehr regelt Kapsch TrafficCom Zufahrtsberechtigungen und unterstützt die Erhebung von Gebühren für die Straßenbenutzung. Intelligente Systeme erkennen die Ereignisse frühzeitig, multifunktionale Telematikplattformen und videobasierte Verkehrssensoren minimieren das Risiko auf den Straßen. Durch unsere Lösungen und Systeme können bestehende Infrastruktureinrichtungen effizienter genutzt und Umweltbelastungen reduziert werden. Im öffentlichen Verkehr ermöglicht ein Pilotprojekt bei den Linz-Linien z. B. langfristige Maßnahmen zum effizienteren Energieeinsatz, zur Senkung von Betriebskosten und zu höherem Komfort für die Fahrgäste.

Als prägnante Lösungen für ressourcenschonendes Verkehrsmanagement seien zwei Beispiele angeführt: LKW-Platooning erhöht die Sicherheit von LKW-Transporten und verringert den Treibstoffverbrauch. Fahrzeuge, die durch intelligente Technologien miteinander kommunizieren, eröffnen neue Möglichkeiten zur Verbesserung des Verkehrsflusses und des Ressourceneinsatzes, v. a. im Güterverkehr. Die Weigh-In-Motion-Lösung von Kapsch sorgt für höhere Verkehrssicherheit und geringere Straßenabnutzung. Eine Reihe von Sensoren messen, ob Fahrzeuge das zulässige Höchstgewicht überschreiten – und das bei voller Fahrtgeschwindigkeit.

Auch im Produktdesign achten wir auf Nachhaltigkeit: Für das innovative, wie auch auf Nachhaltigkeit ausgerichtete Produktdesign einer On-Board-Unit wurde Kapsch TrafficCom im Mai 2014 mit dem renommierten Red Dot Award ausgezeichnet – und zwar für das innovative Design von Kapsch NEXT, einem Transponder und Kommunikationsgerät für elektronische Mautsysteme, ausgezeichnet. Vierzig internationale Experten haben über 4800 Einreichungen aus 53 Ländern bewertet.

5.3 Umweltbewusstsein im Unternehmen

Wir wollen den Verbrauch von Ressourcen und den Ausstoß von klimarelevanten Emissionen, die mit unserer Geschäftstätigkeit einhergehen, kontinuierlich reduzieren. Der Großteil der klimarelevanten Auswirkungen resultiert aus der Geschäftstätigkeit der Tochtergesellschaft Kapsch Components, die für die Produktion verantwortlich zeichnet, sowie aus dem Fuhrpark der gesamten Unternehmensgruppe.

Zur Sensibilisierung der Mitarbeiter für Aspekte des Klima- und Umweltschutzes wird im Rahmen der internen Kommunikation laufend auf Einsparpotenziale des Ressourcenverbrauchs hingewiesen. Darüber hinaus kommen zur Reduktion der Reisetätigkeit seit mehreren Jahren verstärkt Telepräsenz- und Videokonferenzsysteme zum Einsatz.

Im Rahmen mehrerer Projekte und Initiativen verfolgen wir das Ziel, den unternehmensweiten Ressourcenverbrauch kontinuierlich zu senken. In der Produktion wird dabei v. a. auf die Wiederverwendbarkeit von Rohstoffen und die Verwendung umweltschonender Materialien geachtet. Ein Beispiel hierfür ist die geplante Veränderung der Verpackung für On-Board Units.

Soweit es wirtschaftlich vertretbar ist, geben wir Lieferanten mit einem qualifizierten Umweltmanagementsystem den Vorzug. Wir vermeiden den Einsatz von gesundheitsgefährdenden und umweltschädlichen Arbeitsstoffen bzw. Produkten, die solche Stoffe enthalten. Bei vergleichbarer Qualität und Wirtschaftlichkeit werden lokale Lieferanten bevorzugt, um Transportwege zu minimieren. Auf die Beschaffung von Produkten und Rohstoffen, die nach Verarbeitung bzw. Verwendung als gefährliche Rohstoffe entsorgt werden müssen, wird nach Möglichkeit verzichtet.

Zur Erfüllung der Bestimmungen der sogenannten Registration-Evaluation-Authorization-and-Restriction-of-Chemicals(REACH)-Verordnung wurden in der Kapsch TrafficCom weitreichende Vorkehrungen getroffen. Diese EU-Verordnung verlangt von Unternehmen, die einen chemischen Stoff in Mengen von mehr als einer Tonne pro Jahr herstellen oder importieren, diesen Stoff in einer zentralen Datenbank registrieren zu lassen.

Kapsch TrafficCom war federführend bei der Gründung des Vereins Octopus – RRC Solution beteiligt, der es sich zur Aufgabe gesetzt hat, die Anforderungen aus der REACH-Verordnung, der Railway Industry Substance List (RISL) und der Empfehlung der Organisation für wirtschaftliche Zusammenarbeit und Entwicklung (OECD) zu Konfliktmineralien für kleine und mittelständige Unternehmen in Österreich in einer wirtschaftlich vertretbaren Form abzudecken. So ist es für Mitglieder möglich, kosteneffizient und ressourcenschonend Informationen über ihre Produkte in strukturierter Form zu erhalten und zu verwalten.

5.4 Engagiertes Team – die Mitarbeiter

Im Innenverhältnis ist es dem Unternehmen ein Anliegen, den Mitarbeitern im Sektor Aus- und Weiterbildung ein umfassendes Spektrum an Möglichkeiten zur fachlichen wie auch persönlichkeitsbildenden Entwicklung und Weiterentwicklung zu bieten.

Die Ausbildung von Lehrlingen ist uns auch noch 125 Jahre nach der Unternehmensgründung ein besonderes Anliegen. Heute bietet Kapsch zwei technische und einen kaufmännischen Lehrberuf. Im Schnitt stehen 60 junge Menschen jährlich bei uns in Lehrausbildung. Auch sieben unbegleitete jugendliche Flüchtlinge wurden in Zusammenarbeit mit dem Verein lobby.16 aufgenommen und ausgebildet.

Verschiedene Entlohnungs- und Arbeitszeitmodelle, Prämien für Sonderleistungen, Essenszuschuss, Einzahlung in die Pensionskasse wie auch ein Betriebsarzt im Haus sind Vorteile, die der Belegschaft seit vielen Jahren geboten werden. Im Kapsch Verbesserungsprozess (KVP) finden Mitarbeiter ein Forum, um Verbesserungsvorschläge für das Unternehmen einzubringen, die, sofern die Vorschläge als realisierbar und nutzbringend erscheinen, auch honoriert werden. Kapsch ist sich des Beitrags der Mitarbeiter zum Unternehmenserfolg bewusst und sieht daher auch eine prozentual limitierte Ergebnisbeteiligung vor.

Darüber hinaus werden ein Job-Rotation-Programm, ein maßgeschneidertes Angebot für Nachwuchsführungskräfte sowie jährliche Mitarbeitergespräche angeboten. Gruppenweit ist das Kapsch-Onboarding Connected implementiert, um neuen Mitarbeitern den Einstieg in das Unternehmen zu erleichtern.

Zur Erhebung der Mitarbeiterzufriedenheit und der Feststellung eines diesbezüglichen Handlungsbedarfs wird alle zwei bis drei Jahre eine fundierte Befragung aller Mitarbeiter durchgeführt. Die Befragung erfolgt mithilfe eines standardisierten Fragebogens anonym durch ein externes Institut. Die verantwortliche Human-Resources-Abteilung analysiert die erhobenen Daten und präsentiert sie dem Vorstand. In Management-Workshops werden Maßnahmen zur weiteren Verbesserung der Mitarbeiterzufriedenheit definiert und in weiterer Folge auch deren Wirksamkeit beurteilt.

Frauen für das Unternehmen zu gewinnen und ihnen interessante Berufsperspektiven zu bieten ist uns wichtig. Dazu wurden strategische und operationelle Frauengruppen initiiert, die das Erreichen dieses Ziels unter dem Motto Women@Kapsch unterstützen. Themenfelder wie interner Erfahrungsaustausch, Vernetzung und der Abbau von Barrieren stehen dabei im Fokus. Zur generellen Sicherstellung der Chancengleichheit für Frauen ist zudem ein Gremium für Gleichbehandlung eingerichtet. Kapsch nimmt auch an Programmen zur Frauenförderung in der Technik teil, z. B. an FIT Frauen in die Technik oder FemTech.

Die Vereinbarkeit von Beruf und Familie erleichtern wir u. a. durch flexible Arbeitszeitmodelle. Um den besonderen Zusammenhalt zu fördern, findet jedes zweite Jahr der Kapsch KidsDay statt. Unter dem Motto Meet Kapsch werden die Kinder unserer Mitarbeiter eingeladen, das Unternehmen spielerisch kennenzulernen und an spannenden Unterhaltungsprogrammen teilzunehmen. Das Engagement der Kapsch Group im Bereich Familie wurde durch den Audit berufundfamilie im Oktober 2014 extern bestätigt.

Kapsch nahm zudem an einer Studie der Uni Wien zum Thema Arbeit im Wandel – Erfolgreicher Umgang mit Veränderungen in der Arbeitswelt teil, die sich mit der psychosozialen Belastung am Arbeitsplatz auseinandersetzt. Führungskräften werden laufend Schulungen zur Vermeidung von Burn-out und zur Verbesserung des Managements des Arbeitspensums ihrer Mitarbeiter angeboten.

5.5 Gesellschaftliches Engagement

Im Außenverhältnis unterstützt Kapsch in Anerkennung der soziokulturellen Bedeutung von Kunst und Kultur zeitgenössische Kunst, Bildungsinitiativen und ausgewählte Projekte aus dem sozialen Bereich.

In Übereinstimmung mit den Unternehmenswerten übernimmt Kapsch gesellschaftliche Verantwortung, die weit über ihren operativen Wirkungsbereich hinausgeht. Die Schwerpunkte dieses Engagements gegenüber der Gesellschaft bilden die Gesundheits- und Entwicklungsförderung sowie die Unterstützung von Bildungs-, Kunst- und Kultureinrichtungen. Die Förderung von technischen Bildungseinrichtungen ist Kapsch als technik- und innovationsorientierte Unternehmensgruppe ein besonderes Anliegen. So kooperieren wir mit Schulen und nutzen dort die Chancen, Technik erlebbar zu machen. Zudem treten wir sowohl mit Studierenden als auch mit Studienabgängern der technischen Ausbildungslehrgänge über diverse Initiativen so früh wie möglich in Kontakt. Neben der Technischen Universität Wien und der Fachhochschule Technikum Wien fördert die Kapsch Group seit 2005 auch die Universitäre Gründerservice Wien GmbH, die Jungunternehmer bei der Umsetzung von Ideen zu realisierbaren Geschäftskonzepten begleitet und unterstützt.

Kapsch schätzt und fördert die Arbeit von karitativen Institutionen wie dem Institut zur Cooperation bei Entwicklungs-Projekten (ICEP). Diese unabhängige Privatinitiative leistet – ausgehend von Österreich – einen bedeutenden Beitrag zur globalen Bekämpfung von Armut. Das ICEP unterstützt ausbildungsorientierte Projekte, die die Lebensbedingungen der Menschen in Entwicklungsländern langfristig verbessern. Seit Jahren unterstützen wir auch die Aktivitäten der Ärzte ohne Grenzen, einer international anerkannten und weltweit agierenden Organisation, die medizinisch unzureichend versorgten Menschen hilft. Die Initiative Caritas Socialis lindert die soziale Not von Bedürftigen zu Beginn und am Ende ihres Lebens. Kapsch stellt den Mitarbeitern dieser Initiative die Infrastruktur für eine jährliche Zusammenkunft zur Verfügung. Auf lokaler Ebene unterstützt Kapsch den Sozialdienst Hietzing. Seit 2013 besteht zudem ein Fördervertrag zwischen der St. Anna Kinderkrebsforschung und der Kapsch Group. Unterstützt wird die Forschungsarbeit im Rahmen des Projekts Next Generation Sequencing, dessen Ziel es ist, Informationen über das menschliche Erbgut zu erhalten und damit Erkenntnisse über die genetischen Veränderungen, die mit dem Krankheitsverlauf und der Therapie verbunden sind, zu gewinnen.

Kapsch unterstützt eine Vielzahl zeitgenössischer Kunst- und Kultureinrichtungen bzw. -projekte und tritt auch als Initiator eigener Projekte auf. Seit 1992 unterhält Kapsch eine Generalpartnerschaft mit dem Wiener Konzerthaus. Das Festival Wien modern – ein weltweit renommiertes Festival für zeitgenössische Musik – wird seit 1989 gefördert. Diese beiden Projekte finden auch im Innenverhältnis ihren Niederschlag: Mitarbeiter haben die Möglichkeit, das umfangreiche Angebot zu vergünstigten Preisen in Anspruch zu nehmen.

Die Förderung noch wenig arrivierter Künstler im Bereich der bildenden Kunst ist Kapsch ein besonderes Anliegen. Zwischen 1994 und 2015 legten wir einen Kunstkalender auf und verhalfen jungen Künstlern mit der Kalendergestaltung und einer

Werkausstellung im Rahmen der jährlichen Kalenderpräsentation zu höherer Bekanntheit. Im Jahr 2016 entschieden wir uns für eine Modifikation und gingen eine Kooperation mit dem mumok – Museum Moderner Kunst Sammlung Ludwig – ein. Seit 2016 wird nun der Kapsch Contemporary Art Prize vergeben. Bei der Auswahl fokussiert die Jury auf Künstlerinnen und Künstler, deren Arbeitsmittelpunkt in Österreich liegt und die sich durch besondere künstlerische Leistungen ausweisen – unabhängig von ihrer ethnischen Herkunft und Nationalität.

Dieser Kooperation liegt das rund 25-jährige Engagement von Kapsch zur Förderung moderner Kunst und Kultur nach dem Motto „Der Tradition verbunden – dem Neuen verpflichtet" zugrunde. Moderne Kunst zu fördern ist dabei ein Ausdruck unseres gesellschaftlichen Engagements. Denn Kunst macht unser Leben lebenswert, daher müssen wir die Kunst lebensfähig erhalten.

6 Die Zukunft von Corporate Social Responsibility

Das Verständnis von CSR hat sich in den letzten 15 Jahren gewandelt und kann meines Erachtens als umfassend bezeichnet werden. Lag einst der Fokus noch deutlich auf dem Engagement für Umwelt und Soziales, wurde die nachhaltige Unternehmensführung wie auch die Geschäftätigkeit des Unternehmens selbst, ob es nun Produkte oder Dienstleistungen sind, in die Betrachtung einbezogen. CSR geht heute also an den Kern der Unternehmen, deren langfristige Absicherung im wirtschaftlichen Umfeld und dem gesellschaftlichen Nutzen der Leistungen der Unternehmen, egal ob Produkte, Lösungen, oder Dienstleistungen. Die österreichische Unternehmensplattform für CSR und nachhaltige Entwicklung, respACT Austria, hat eine für uns sehr zutreffende, moderne Definition für den Begriff CSR entwickelt, nämlich als Prozess der „Integration von gesellschaftlichen, ökologischen, ethischen und menschenrechtsspezifischen Interessen in die allgemeine Geschäftätigkeit in enger Einbindung interner und externer Stakeholder" (Respact 2011). Wir sehen den Aspekt der Nachhaltigkeit in der gesamten Wertschöpfungskette an Bedeutung gewinnen. Lieferantenbewertungen und Logistikketten rücken zusehends in das Betrachtungsfeld der Unternehmen hinsichtlich nachhaltigen Wirtschaftens. Diese gesamthafte Betrachtung und das Zusammenspiel von Unternehmen wird künftig an Bedeutung gewinnen. Die unter dem Schlagwort Industrie 4.0 bekannte Entwicklung in Richtung cyberphysischer Abläufe in Produktion und Logistik weist den Weg der Vernetzung, den wir bereits vor einiger Zeit beschritten haben und der auch die gesellschaftliche Entwicklung nachhaltig beeinflussen wird. Wir werden damit auch neue Dimensionen in der CSR eröffnen.

Literatur

Kapsch TrafficCom AG (2016) Wir denken Verkehr in 360°. Nachhaltigkeitsbericht 2015/16. http://www.kapsch.net/ktc/investor_relations/reports/download/Sustainability-report/KTC_Sustainability-Report?lang=de-AT. Zugegriffen: 16. Sept. 2017

KAPSCH-Group (2016) Geschäftsbericht 2015/16 für neue Sichtweisen. KAPSCH-Group, Wien

kopf.arbeit (2009) Agentur für Geschichte im Auftrag der Kapsch AG: Kapsch – seit 1892. kopf.arbeit, Linz

Respact (2011) Mitteilung der Europäischen Kommission zu CSR. https://www.respact.at/site/wasistcsr/article/5506.html. Zugegriffen: 16. Sept. 2017

Schöpf S (2008) Firmengeschichte der Firma Kapsch. Diplomarbeit an der Universität Wien, Wien

Mag. Georg Kapsch, geboren 1959, ist Chief Executive Officer der Kapsch Group, der Kapsch TrafficCom sowie der Kapsch Group Beteiligungsgesellschaft. Darüber hinaus ist er in verschiedenen Funktionen für weitere Unternehmen der Kapsch Group tätig. Georg Kapsch hat ein Studium der Betriebswirtschaftslehre an der Wirtschaftsuniversität Wien abgeschlossen. Seine berufliche Laufbahn begann er 1982 im Bereich Konsumgütermarketing in der Kapsch Group. In den darauffolgenden Jahren war Georg Kapsch im Bereich Marketing Investitionsgüter tätig. Mitglied des Vorstands wurde er im Juli 1989. Seit Oktober 2001 ist er der CEO der Kapsch Group. Im Dezember des Folgejahres übernahm er auch den Vorstandsvorsitz in der Kapsch TrafficCom – Georg Kapsch nahm innerhalb der Industriellenvereinigung verschiedene Funktionen wahr, bevor er im Juni 2012 zum Präsidenten der Industriellenvereinigung Österreich gewählt wurde. Im Jahr 2016 wurde er für eine zweite Amtszeit bestätigt.

Rhomberg Gruppe – In Lebensläufen denken

Hubert Rhomberg

Im Jahr 2016 hat die Rhomberg Gruppe ihr 130-jähriges Jubiläum gefeiert. Das allein ist bereits nachhaltig, denn ohne das Denken in Generationen und die langfristige Perspektive wäre es meiner Familie nicht gelungen, das familieneigene Unternehmen, die heute international tätige und erfolgreiche Rhomberg Gruppe, über einen so langen Zeitraum am Markt zu halten, Menschen Arbeit zu geben und den Wirtschaftsstandort Vorarlberg im Westen Österreichs zu stärken. Aber der Reihe nach …

1 Die Rhomberg Gruppe: Nachhaltig aus Tradition

Die Rhomberg Gruppe mit Firmensitz in Bregenz, Österreich, ist in den Bereichen Bau, Ressourcen und Bahntechnik tätig. Das 1886 gegründete Familienunternehmen in vierter Generation beschäftigt aktuell knapp 3000 Mitarbeitende und unterhält Standorte und Tochterunternehmen in Österreich, der Schweiz, Deutschland, den Niederlanden, Australien, Kanada und Großbritannien. Die Holding-Funktionen werden von meinem geschätzten Kollegen Mag. Ernst Thurnher und mir wahrgenommen.

Im Geschäftsbereich Bau ist die Rhomberg Gruppe als Komplettanbieter tätig und bietet Lösungen und Leistungen für alle Phasen im Lebenszyklus von öffentlichen und privaten Gebäuden. Dieser ganzheitliche Zugang stellt nicht nur eine Optimierung von Kundennutzen und Lebenszykluskosten sicher, sondern ermöglicht auch die Realisierung von Projekten, die die Kriterien der Nachhaltigkeit umfassend erfüllen. Das Leistungsspektrum der Rhomberg Bau reicht von der Planung und Projektentwicklung über (privaten) Wohnbau, öffentlichen und gewerblichen Hoch- und Tiefbau bis zu Umbau, Sanierung und Immobilien- oder Gewerbeparkmanagement. Im Vordergrund stehen benutzerorientierte, ökologisch wertvolle und sozial sinnvolle Lösungen für Wohn-, Arbeits-

H. Rhomberg (✉)
Rhomberg Gruppe / Rhomberg Bau GmbH
Bregenz, Österreich

oder Begegnungsräume. Rhomberg Bau ist dabei sowohl als Total- wie auch als Generalunternehmer tätig, der schlüsselfertige Projekte realisiert. Das Joint Venture Goldbeck Rhomberg ist ein Spezialist für ökonomische, schnelle und flexible Systembaulösungen. Mit der Cree GmbH und der Beteiligung an Sohm Holz Bautechnik ist Rhomberg Bau im Bereich innovativer Techniken mit dem Baustoff Holz tätig.

Im Bahnbereich bietet die Rhomberg Gruppe als Teil der Rhomberg Sersa Rail Group ein nahezu lückenloses Leistungsspektrum in den Bereichen Bahnbau, Ausrüstung und Service an. Das Portfolio des Komplettanbieters Bahntechnik reicht vom Gleisbau, der Gleiserneuerung, -instandhaltung und der Sanierung von Eisenbahntunneln über elektromechanische und -technische Ausrüstung, die Bahnstromversorgung und die Kommunikationstechnik bis hin zu Beratung, Design und Planung, Sicherheits- und Zutrittssysteme, System- und Messtechnik sowie Logistikdienstleistungen. Das Unternehmen punktet dabei mit innovativen Produkten wie Festen Fahrbahnsystemen oder der SLS Sersa Schraubenlochsanierung®. Im Vordergrund stehen kundenorientierte, maßgeschneiderte Lösungen für Nah- und Fernverkehrsbahnen, Güterverkehrsstrecken oder private Infrastrukturen, die als Total- oder Generalunternehmer ausgeführt werden.

In unserer Firmenphilosophie sind die Kriterien der Nachhaltigkeit fest verankert. Wir wollen, dass unser Handeln und v. a. die Ergebnisse unseres Handelns umfassend nachhaltig sind – und zwar im Sinn sozialer, umwelttechnischer und wirtschaftlicher Sinnhaftigkeit. Nachhaltigkeit verstehen wir dabei immer als das Bestreben, die Bedürfnisse der heutigen Generation zu befriedigen, ohne die Chancen der folgenden Generationen zu beschneiden, ihre Bedürfnisse ebenfalls zu befriedigen. Diese Nachhaltigkeit findet sich im Unternehmen bei der ganzheitlichen Lebenszyklusbetrachtung von Gebäuden, dem verantwortungsvollen Umgang mit Ressourcen oder bei der Stärkung des Schienenverkehrs. Darüber hinaus wird in der Gruppe großer Wert auf soziale Aspekte gelegt: Die gelebte Führungskultur orientiert sich an den Grundsätzen der Forderung und Förderung von Mitarbeitenden, die in der hauseigenen Rhomberg-Akademie aus- und weitergebildet werden. Im Geschäftsjahr 2016/2017 (April 2016 bis März 2017) erwirtschaftete die Rhomberg Gruppe im Bereich Bau und Ressourcen einen Umsatz von 278 Mio. €. Die Rhomberg Sersa Rail Group, an der Rhomberg 50 % der Anteile hält, erzielte einen Umsatz von 436 Mio. €.

2 Die Grundlagen

2.1 Familien- und Unternehmenswerte

Wie schon erwähnt, fußt das Selbstverständnis der Rhomberg Gruppe auf einem festen Werteverständnis. Es lässt sich – wie wohl bei den meisten eigentümergeführten Familienunternehmen – nicht von den Werten der Eigentümerfamilie trennen. Dieser Kanon ist verbindlich, er ist in unserer Firmenphilosophie und in unserem Unternehmensleitbild fixiert. Darin orientieren wir uns an der Richtlinie „Klare Werte statt starrer Regeln". Denn eine Firmenphilosophie kann viel bewirken – allerdings nur, wenn sie nicht ausschließlich einschränkt, sondern vorbildhaft dafür sorgt, dass Werte tatsächlich gelebt werden können. Unsere Historie als fairer und verlässlicher Partner wollen wir so mit modernen Ansprüchen in die Zukunft führen.

„Um dies zu gewährleisten, soll die Compliance Richtlinie unser ethischer und rechtlicher Wegweiser sein. Sie enthält grundlegende Regeln für ein faires, offenes und integres Verhalten innerhalb der Rhomberg Gruppe sowie gegenüber unseren Geschäftspartnern, Anbietern und Mitbewerbern. Im Einklang mit der Unternehmensphilosophie soll durch ethische Standards und eine loyale Unternehmens- und Führungsstruktur die Wettbewerbsfähigkeit und Marktposition des Unternehmens nachhaltig gestärkt werden." (Rhomberg Gruppe 2015a)

Konkret sind unsere Werte

- „Menschlichkeit und Wertschätzung
- Vertrauen und Verlässlichkeit
- Transparenz und Fairness
- Mut und Innovation
- Vorbildwirkung und Konsequenz
- Lebenslanges Lernen

Für diese Werte stehen wir. Klar, deutlich definiert und ohne Ausnahme..." (Rhomberg Gruppe 2015b).

Hinzu kommen persönliches Engagement und das Wahrnehmen der Verantwortung, die wir gegenüber der Gesellschaft haben, in der wir leben. Diese Gesellschaft wiederum ist ohne die ehrenamtlichen Tätigkeiten vieler Menschen, ob kulturell oder wirtschaftlich in dieser Art nicht denkbar. Dieser Gedanke wird in der Familie Rhomberg bereits über Generationen weitergegeben und gelebt. Die verschiedenen Engagements unserer Familie, u. a. beim Verkehrsverein Bregenz, in der Jungen Wirtschaft Vorarlberg, in der Bauinnung sowie in der Bundeskammer Wien haben mich geprägt. Wichtig waren Disziplin, Struktur, Respekt und gegenseitige Wertschätzung – alles Dinge, die eben auch in unsere Unternehmungen Eingang gefunden haben.

2.2 Mein Start

Als ich 2002 die Geschäftsführung von meinem Vater Walter-Heinz Rhomberg übernahm, stellte ich mir eine Frage: Was mache ich damit? Was mache ich – und das war, glaube ich, das erste Mal in meinem Leben, dass ich mir die Frage wirklich ernsthaft gestellt habe – mit meinem Leben? Will ich einen Unterschied machen? Und: Kann ich das überhaupt?

Dazu muss man wissen, dass Rhomberg als Bauunternehmen in einer Branche tätig ist, die rund 40 % aller Ressourcen verbraucht und für rund 40 % des Abfallaufkommens und 60 % der Transportbewegungen weltweit verantwortlich ist. Umso sinnvoller ist es, hier tätig zu werden. Hinzu kommt, dass die Branche überwiegend konservativ ist und Innovationen sich daher nur langsam und schleppend durchsetzen. Weiterhin ist zumindest im Baubereich aktuell noch fast jedes Projekt, also Gebäude, ein Prototyp: Alles wird von Grund auf neu geplant, neu gefertigt und neu errichtet. Die Frage, was mit dem Gebäude geschehen wird, nachdem es seinen Dienst versehen hat, wird nicht gestellt, geschweige denn beantwortet. Entsprechend aufwendig, ressourcenintensiv und wenig nachhaltig entstehen Bauwerke heutzutage. Sicher eine weitere Herausforderung ist abschließend die Bürokratie und Reglementierung im Baubereich, etwa bei der Wohnbauförderung, die das Durchsetzen nachhaltiger Ideen zusätzlich erschweren können. Insgesamt ist es also eine spannende Herausforderung, ausgerechnet im Bau einen Unterschied machen zu wollen.

Um das zu können, war es wichtig, solide und nachhaltig aufgestellt zu sein – mehr noch, als es das Unternehmen in seiner langen Tradition sowieso schon war. Dieses Fundament wurde bei Rhomberg zu einem für ein Unternehmen unserer Größe schon sehr frühen Zeitpunkt firmenweit und umfassend in einem intensiven Prozess erarbeitet und schriftlich fixiert. So entstand unser Code of Conduct. Er

„… ist eine Sammlung von Werten und Verhaltensgrundsätzen, die in unterschiedlichsten Umgebungen und Zusammenhängen abhängig von der jeweiligen Situation angewandt werden können bzw. müssen.

Dieser Code of Conduct enthält alle in der Unternehmensgruppe gültigen Richtlinien und Grundsätze für werte- und gesetzeskonformes Verhalten.

Dass diese Verhaltensrichtlinien eingehalten werden, ist sowohl im Interesse des Unternehmens als auch im Interesse des einzelnen Mitarbeitenden, da wir durch die Einhaltung bestimmter Verhaltensregeln das Ansehen und damit unsere Wettbewerbsfähigkeit stärken können.

Unsere Richtlinien basieren auf unserem Unternehmensleitbild sowie der Unternehmensstrategie und enthalten Regeln für ethisch und rechtlich einwandfreies Handeln." (Rhomberg Gruppe 2015b).

Darin definieren wir auch unser Verständnis von Nachhaltigkeit:

„Nachhaltigkeit ist das Fundament unserer Strategie. Dazu gehört auch, dass wir in allem, was wir tun, großen Wert auf die Lebensqualität unserer Mitarbeiter, Kunden und Netzwerkpartner legen.

Unser Leitbild und unsere unternehmerischen Wertvorstellungen geben einen Überblick darüber,

- wer wir sind und woher wir kommen,
- wie wir handeln und welchen Nutzen wir mit unseren Aktivitäten stiften wollen.

Sie zeigen unser Verständnis von Themen wie der unternehmerischen Nachhaltigkeit, der Erwirtschaftung von Gewinn oder der Übernahme von Verantwortung für die Gesellschaft und die Umwelt. Im Jahr 1987 wurde in der UN-Kommission unter der Leitung der früheren norwegischen Ministerpräsidentin Gro Harlem Brundtland eine allgemein gültige, moderne Definition der Nachhaltigkeit vorgestellt: Es gehe darum, im Rahmen einer verantwortungsvollen Handlungsweise den Bedürfnissen der heutigen Generation zu entsprechen, ohne die Möglichkeiten künftiger Generationen zu gefährden, ihre eigenen Bedürfnisse zu befriedigen.

Die klassische Darstellung nachhaltiger Entwicklung berücksichtigt die drei Elemente Soziales, Umwelt und Wirtschaft (Abb. 1). Die Herausforderung für den operativen Bereich auf Unternehmensebene besteht nun darin, Ansätze für die handlungsorientierte Umsetzung dieser Themen zu finden.

Nachhaltigkeit maximiert nie isoliert ein einzelnes Nachhaltigkeitselement, sondern erkennt Auswirkungen, Wechselwirkungen und Abhängigkeiten und sucht eine ganzheitlich optimierte Lösung im Sinne einer dauerhaft tragbaren Entwicklung.

Gruppenübergreifend nutzen wir unsere Möglichkeiten je nach Handlungsspielraum über die thematische Sensibilisierung von Kunden, Partnerfirmen, Mitarbeitern, Subunternehmern oder die Integration von Nachhaltigkeitsvarianten in Angeboten, Planervorgaben und Ausschreibungen." (Rhomberg Gruppe 2015b).

Mit dem Code of Conduct, mit unseren Compliance-Richtlinien – wir waren 2012 übrigens das erste Bauunternehmen in Österreich überhaupt, das sich seine ethische Unternehmensführung von der Österreichischen Gesellschaft für nachhaltige Immobilienwirtschaft (ÖGNI) hat zertifizieren lassen – und darüber hinaus mit unseren Social-Media-Richtlinien, den fixierten Einkaufsbedingungen und unserer Firmenphilosophie haben wir ein solides Fundament geschaffen, um effizient und bewusst verantwortlich wirtschaften zu können. Die wohlformulierten Worte müssen aber natürlich tagtäglich und von jedem einzelnen Mitarbeitenden mit Leben gefüllt werden.

Abb. 1 Die drei Dimensionen der Nachhaltigkeit

3 Nachhaltigkeit konkret: Corporat-Social-Responsibility-Projekte der Rhomberg Gruppe

Bei Rhomberg gibt es nicht die eine Corporate-Social-Responsibility(CSR)-Maßnahme; wir haben auch kein Bündel an Maßnahmen, um Nachhaltigkeit in unserem Geschäft sicherzustellen. Unser Anspruch geht weit darüber hinaus. Wir wollen, dass unser Handeln und v. a. die Ergebnisse unseres Handelns umfassend nachhaltig sind – und zwar im Sinn sozialer, umwelttechnischer und wirtschaftlicher Sinnhaftigkeit. Daher integrieren wir das Thema in jeden Prozess, jede Maßnahme und jede Tätigkeit in jedem unserer Geschäftsfelder. Genau genommen ist daher das gesamte Unternehmen unser CSR-Projekt.

3.1 Nachhaltig im Kerngeschäft

So haben wir beispielsweise für die Planung einer Wohnanlage einen Kriterienkatalog entwickelt, der abgearbeitet werden muss und der die hohe Qualität der Rhomberg-Gebäude sicherstellt. Darin sind Kriterien zum Umweltschutz, zur Energieeffizienz oder zur Nachhaltigkeit allgemein vollumfänglich abgebildet, ohne dass sie explizit als CSR gekennzeichnet sind. Überhaupt gestalten wir unsere Projektplanung so vorausschauend, dass möglichst wenig Ressourcen verbraucht, Gebäude möglichst energie- und umweltschonend betrieben und unsere Bauten um- und rückgebaut werden können. Die Ressourcen, die dennoch benötigt werden, holen wir uns auf möglichst kurzem Weg: Über 76 % des Materials für unsere Vorarlberger Baustellen kamen aus dem Ländle; in der Schweiz liegt die Quote bei 98 %. Wir betreiben unseren eigenen Steinbruch und gewinnen schon heute bis zu 50 % unserer Baustoffe aus recycelten Sekundärrohstoffen. Ein Schwerpunkt in unserem Kerngeschäft Bau liegt auf der guten und umfangreichen Zusammenarbeit mit gemeinnützigen Wohnbauträgern, die wir intensiv bei der Schaffung von leistbarem Wohnraum mit hohem Komfort unterstützen. Seit 1993 baut Rhomberg mit und für die Alpenländische Heimstätte, über 25 Wohnanlagen sind dabei in ganz Vorarlberg entstanden. Nicht minder erfolgreich verläuft die Partnerschaft mit der Wohnbauselbsthilfe (WSH) Bregenz: Allein aktuell ist Rhomberg als Generalunternehmer in fünf Projekten für die WSH aktiv. In den Projekten werden immer wieder neue Standards gesetzt: So hat Rhomberg für die Alpenländische beispielsweise eine Anlage in energiesparender Passivhausqualität errichtet – das erste Gebäude seiner Art in Vorarlberg in Holzbauweise.

Daneben betreiben wir in unseren Bauprojekten immer wieder auch Forschungsarbeit und überprüfen beispielsweise Förderrichtlinien und gesetzliche Regelungen. Aktuell testen wir in einer Wohnanlage in Dornbirn-Wallenmahd verschiedene Möglichkeiten der Be- und Entlüftung (Abb. 2). Dazu sind die drei Baukörper mit insgesamt 53 Wohnungen mit drei verschiedenen Lüftungsoptionen ausgestattet worden. Durch die Analyse von Einsatz und Nutzen soll langfristig erforscht werden, welche Variante für Wohnanlagen des geförderten Wohnbaus zukünftig am sinnvollsten ist. Möglich gemacht wurden die Forschungen durch die ökologische Wohnbauförderung 2015. Demnach ist u. a. die

Rhomberg Gruppe – In Lebensläufen denken

Abb. 2 Wohnanlage Dornbirn-Wallenmahd

kontrollierte Be- und Entlüftung nicht mehr zwingend vorgeschrieben – die immer mit einem recht hohen Aufwand verbunden und v. a. auch sehr wartungsintensiv ist. Im Wallenmahd wird nun der erste Baukörper mit Fensterfalzlüftern, der zweite mit Wandlüftern ausgestattet. Als Referenzobjekt entsteht der dritte Baukörper mit der bislang verwendeten kontrollierten Be- und Entlüftung. Begleitet durch das Energieinstitut werden in ausgewählten Wohnungen Aufzeichnungen gemacht, die Auskunft über die alternativen Belüftungssysteme geben sollen.

Eine andere Wohnanlage hat in dieser Hinsicht allerdings bereits sehr viel mehr Aufsehen erregt. Die Rede ist vom Sandgrubenweg in Bregenz (Abb. 3): Schon in der Konzeptionsphase wählten wir hier neue Wege. Beispielsweise haben wir uns für das sogenannte „Bewusstes Planen" entschieden, haben also zukünftige Bewohner sehr früh in unsere Planungen einbezogen und ihnen eine professionelle Unterstützung bei der Grundrissgestaltung und Materialwahl geboten. Außerdem wollten wir einen spürbaren, positiven Beitrag zur Reduktion des Individualverkehrs leisten. So wurde die Anlage zentral errichtet und den Bewohnern ein ganzes Leistungspaket angeboten: Carsharing, Fahrradservice, Fahrradservicestation, großzügige Fahrradstellplätze, Umgebungsplan mit sämtlichen Einrichtungen des täglichen Bedarfs zur Sensibilisierung der Bewohner, Mobilitätsberatung zur Bewältigung von Arbeits- und Freizeitwegen mit dem öffentlichen Personennahverkehr, Einkaufsservice, Wäscheservice. Das Carsharing wurde mangels Nachfrage nach fünf Jahren eingestellt, heute setzen wir das Angebot in anderen Projekten erfolgreich um. Der Einkaufsservice kam ursprünglich nicht zustande, wurde nun aber auf Initiative von einigen Bewohnern zur Anlieferung von Biolebensmitteln wiederbelebt.

Ein ganz wichtiger Aspekt war es für uns herauszufinden, ob sich der erhöhte finanzielle, materielle und planerische Aufwand für das Passivhaus im Vergleich zum Nied-

Abb. 3 Wohnpark Sandgrubenweg

rigenergiehaus tatsächlich rentiert. Dazu haben wir ein Gebäude als Passivhaus und drei als Niedrigenergiehäuser errichtet und den Wärmeverbrauch sowie die für das Raumklima entscheidenden Faktoren erhoben. Diese reichen von der Temperatur und Luftfeuchtigkeit über die Kohlendioxidkonzentration und Luftstromgeschwindigkeit bis zur Beleuchtungsstärke und elektromagnetischen Strahlung. Parallel dazu wurden die subjektiven Wahrnehmungen und Verhaltensweisen der Bewohner anhand von Fragebögen in regelmäßigen Abständen analysiert. Die Ergebnisse in Kurzfassung: Die Bewohner bestätigten einen sehr hohen Wohnkomfort in beiden Formen des energiesparenden Bauens, einen relevanten Unterschied gab es nicht. Außerdem zeigte sich, dass das Zusammenspiel von Technik und Nutzerverhalten den Energieverbrauch stärker beeinflusste als angenommen. Auf Basis dieser Resultate haben wir Anpassungen vorgenommen und die Studie weiterverfolgt. Und das tun wir immer noch: Erst 2015 griffen wir noch einmal regulierend ein und drosselten den Energieverbrauch weiter. Und wir haben noch immer ein waches Auge auf unsere Nachbarn. Auch so gesehen war das Projekt ein besonders nachhaltiges!

3.2 Holz-Hybrid-Bausystem LifeCycle Tower

Nachhaltigkeit war auch der Ausgangspunkt der bislang visionärsten CSR-Aktivität unserer Unternehmensgruppe: dem weltweit beachteten und hochinnovativen Holz-Hybrid-Bausystem LifeCycle Tower. Spektakulärste Erklärung: Ein Bausystem aus Holz, mit dem Gebäude mit bis zu 30 Stockwerken und einer Höhe von 100 m realisiert werden können!

Vorausgegangen waren zwei Überlegungen: Die Notwendigkeit, Energie und Materialien einzusparen und Ressourcen effizient einzusetzen, hatte ich bereits thematisiert. Hinzu kommt ein wichtiger Trend: Urbanisierung. Lebten 1800 etwa 25 % der Bevölkerung in Städten, betrug der Anteil der Stadtbewohner 2008 nach Ermittlungen des Bevölkerungsfonds der Vereinten Nationen zum ersten Mal in der Geschichte der Menschheit 50 %. Laut Studien der Vereinten Nationen (UN) werden im Jahr 2050 bereits über 75 % der Weltbevölkerung in sogenannten Megacities, also Städten mit mehr als einer Million Einwohnern, leben. Schon heute entfallen über drei Viertel des weltweiten Energiekonsums auf Städte, und ein Großteil der globalen Umweltbelastungen wird durch sie verursacht.

Auf Grundlage dieser Fakten entwickelten wir innerhalb eines mehrjährigen, u. a. vom Bundesministerium für Verkehr, Innovation und Technologie in Österreich geförderten Forschungsprozesses, unsere LifeCycle-Tower(LCT)-Lösung, die auf zwei Pfaden basiert: Bauen mit Holz und Systembau (Abb. 4).

Inspiration und Ansporn war uns dabei Prof. Schmidt-Bleek, der eine Dematerialisierung um den Faktor zehn fordert und mit seinem Konzept des ökologischen Rucksacks einen Indikator dafür entwickelt hat, wie nachhaltig ein Produkt bzw. in unserem Fall ein Gebäude ist. Der ökologische Rucksack misst, wie viel Ressourcen bei Herstellung, Gebrauch und Entsorgung eines Produkts verbraucht werden. Als logische Konsequenz ergab sich für uns, dass wir die Materialien mit sehr großen Rucksäcken durch ressourceneffizi-

Abb. 4 LifeCycle Tower One

entere Materialien ersetzen müssen. Holz, einer der ältesten Baustoffe, ist hier die Lösung. Als nachwachsender Rohstoff ist er in vielen Teilen der Erde verfügbar. Als CO_2-Speicher spielt er eine wichtige Rolle für die weltweite Klimabilanz und hat als Baustoff das Potenzial, das Gebäudegesamtgewicht um 50 % zu verringern. Weitere Vorteile sind seine hohe Festigkeit, hohe Wärmeisolierung und die 100 %-ige Recycelbarkeit. Darüber hinaus bietet der moderne Holzbau konstruktiv und architektonisch eine Vielzahl von neuen Möglichkeiten.

3.2.1 Ein ehrgeiziges Ziel: Mit Holz in die Höhe

Wenn Holz aber in der Stadt zum Einsatz kommen soll, ist es wichtig, damit nicht nur großvolumig zu bauen, sondern auch Hochhäuser zu errichten. Was noch bis vor wenigen Jahren kaum für möglich gehalten wurde, ist heute Realität: Eine ressourceneffiziente Lösung für holzbasierte, mehrgeschossige Gebäude bis zu 30 Stockwerken oder 100 m Höhe. Zur Marktreife gebracht haben wir mit unserer 2010 gegründeten Tochter Cree GmbH (Creative Resource & Energy Efficieny) ein weltweit einsetzbares Holz-Hybrid-System für großvolumige Gebäude, das individuell gestaltet und in kürzester Zeit errichtet werden kann – den LifeCycle Tower.

Green-Building-Standards können auf viele Arten erreicht werden. Oft geschieht das jedoch nur dadurch, dass man Gebäude mit Technik optimiert, um einen nachhaltigen Energiegewinn sicherzustellen. Dies ist unserer Meinung nach aber zu wenig. Um wirklich einen maßgeblichen Schritt in Richtung einer Low-Carbon-Bauindustrie zu gehen, muss das Produkt von der Wiege bis zur Wiege betrachtet werden, und schon bei der Planung muss darauf geachtet werden, welche Stoffe wie eingesetzt werden. Beim Cree-System setzen wir von Anfang an auf „urban mining": Wir kennen Art und Menge der im Gebäude verbauten Materialien und wissen, wie sie am Ende des Gebäudelebenszyklus' wieder verwendbar gemacht werden können. Neu und bisher einzigartig ist dabei der Ansatz, Holz als tragendes und gleichzeitig ungekapseltes, also freiliegendes Element im Hochbau einzusetzen. Die ungekapselte Struktur spart zusätzlich Ressourcen. Sie macht den Baustoff Holz für die Bewohner direkt erlebbar und sorgt für ein gesundheitsförderndes Raum- und Wohnklima.

3.2.2 Höchste Flexibilität durch modulare Systembauweise

Bislang basiert der Städtebau überwiegend auf konventionell gefertigten Prototypen mit komplexer Bauabwicklung. Dies bedingt hohe Baukosten, lange Errichtungszeiten und hohe Planungs- und Ausführungsrisiken. Mit dem Cree-System setzen wir auf Systematisierung und Industrialisierung des Fertigungsprozesses, wie wir ihn z. B. aus der Automobilindustrie seit Jahrzehnten kennen.

Das bis ins Detail durchdachte Holz-Hybrid-Bausystem wird nach Plan vorgefertigt und kann universell eingesetzt werden – als Bürohaus, Hotel oder Wohngebäude, für Gastronomie oder Einzelhandel. Weitere Vorteile der modularen Systembauweise sind:

- Umnutzung und Renovierung werden um ein Vielfaches vereinfacht.
- Die Fassade kann nach den verschiedensten Anforderungen und Wünschen konfiguriert werden und gibt so jedem LCT ein individuelles Aussehen.
- Hohe Flexibilität in der Raumaufteilung, da keine tragenden Trennwände notwendig sind.
- Effiziente, optimal an Standortgegebenheiten anpassbare Energieversorgung (Wärme, Strom), wobei der Fokus auf der Nutzung erneuerbarer Energiequellen liegt (Plusenergie-, Passivhaus- oder Niedrigenergiestandard).

3.2.3 Ressourceneffizienz in großem Maßstab

Mit dem Bau der ersten Projekte in Vorarlberg und darüber hinaus hat Cree bewiesen, dass das System funktioniert und auch in punkto Brandschutz – im Holzbau ein zentrales Thema – genehmigungsfähig ist.

Prototyp ist das 2012 in Dornbirn errichtete achtstöckige Bürogebäude LCT ONE, das der Cree GmbH und weiteren Mietern als Firmensitz dient. Gleichzeitig beherbergt es den LifeCycle Hub, der als eine Art Zukunftsmuseum nachhaltige Lösungen für die Bauwirtschaft präsentiert. Als erstes Kundenprojekt wurde 2012 und 2013 das neue Wasserkraft-Kompetenzzentrum der Vorarlberger Illwerke AG in Vandans, Montafon, im Cree-System errichtet, mit über 10.000 m² Bruttogeschossfläche einer der größten und nachhaltigsten Holz-Hybrid-Bauten der Welt (Abb. 5). Auch bei der Büroerweiterung des Anlagenbauers Wagnertec in Nüziders kam LCT-Technologie zum Einsatz. Mittlerweile ist in Memmin-

Abb. 5 Illwerke Zentrum Montafon

gen, Bayern, das System in einem kombinierten Geschäfts- und Wohnhaus erstmals im Wohnbau eingesetzt worden. Mit dem LCT NEXT werden wir diese Erfolgsgeschichte weiterschreiben. Dabei handelt es sich um ein vorgefertigtes Holz-Hybrid-Gebäude, in dem alle elektrischen Komponenten, die eine Funktion und Aufgabe haben, mit einer IP-Adresse ausgestattet sind. Diese erlaubt es, die Funktionen von 3D-Gebäudemodellen bis hin zu 7D-Facility-Management-Informationen im digitalen Twin zu duplizieren und simulieren.

Das Cree-System zeigt, dass die von der EU 2011 im Ressourceneffizienzprogramm geforderten Ziele realisiert werden können und eine Dematerialisierung um den Faktor zwei bereits heute in der Bauwirtschaft möglich ist. Das clevere System kann als universales Modell weltweit eingesetzt werden und damit einen großen Beitrag zum Übergang zu einer CO_2-armen Wirtschaft leisten. Mit seiner Verbreitung setzt es Impulse für ein wirtschaftliches Wachstum, das intelligent (wissensbasiert und innovativ), nachhaltig (umweltverträglich und dadurch auf lange Sicht nachhaltiger) und integrativ ist (neue, regionale „green jobs" stärken den sozialen und territorialen Zusammenhalt).

Zusammengefasst: Ich bin davon überzeugt, dass mehrgeschossiger Holzbau speziell im urbanen Kontext die Lösung für eine nachhaltige, ressourcenschonende Bauweise ist. Und nicht nur das – doch dazu später mehr.

3.3 Nachhaltig in Arbeitsumfeld, Gesellschaft, Umwelt

Am Arbeitsplatz bieten wir unseren Mitarbeitenden im Rahmen der unternehmenseigenen Rhomberg-Akademie unterschiedlichste Seminare zur fachlichen und persönlichen Weiterentwicklung an – gemeinsam mit anderen Personalentwicklungsaktivitäten wie Lehrlingsausbildung, Schulexkursionen oder Strategiemeetings. Das Angebot unterteilt sich in die Bereiche Technik (fachspezifische Inhalte), Systeme (Rhomberg-spezifische Themen, Qualitätsmanagement), persönliche Weiterentwicklung und, als eigenen Bereich, Nachhaltigkeit.

Zudem haben unsere Personalverantwortlichen ein ausgefeiltes Work-Life-Balance-Paket entwickelt, um Fachkräfte und v. a. Frauen zu gewinnen und als Mitarbeitende halten zu können. Dieses enthält Homeoffice-, Teilzeit- und Telearbeitsmodelle sowie Unterstützung bei der Kinderbetreuung. Eine Kooperation mit dem Vorarlberger Kinderdorf offeriert weitere Hilfe – von der Unterstützung neu zugezogener Mitarbeiter über Mediation und Coaching bis hin zu Paar- oder Schuldnerberatung. Darüber hinaus leisten wir in den Bereichen Gesundheit und Sicherheit freiwillig und gern weit mehr als gesetzlich vorgeschrieben: So werden sämtliche Mitarbeiter direkt am Einführungstag umfassend in den Punkten Gesundheit am Arbeitsplatz und Arbeitsplatzsicherheit geschult, inklusive Besuch der Betriebsärztin und des Sicherheitsbeauftragten am Arbeitsplatz. Regelmäßig gibt es Intranetbeiträge zu Gesundheitsthemen; die Betriebsärztin kümmert sich aktiv um umfassenden Impfschutz – auch direkt auf den Baustellen. Eine Kooperation mit einem Fitnessstudio animiert zu sportlicher Aktivität, darüber hinaus werden Kochkurse angeboten. Last but not least: Täglich stehen unseren Mitarbeitenden Äpfel zum freien Verzehr zur Verfügung.

Zudem verfolgt Rhomberg, neben der Umsetzung von Klassikern wie dem Sponsoring lokaler Vereine oder dem Engagement in und für Vereine und Genossenschaften, ein weiteres, visionäres Zukunftsprojekt: die Ringstraßenbahn Unteres Rheintal. Hier ist es das Ziel, eine nachhaltige, kundenorientierte und zeitgemäße Mobilität für die Menschen in der Region um Bregenz und Dornbirn zu schaffen – mit unserem Know-how als Bauunternehmen und Bahntechnikspezialist. Das Projekt gilt dabei als Chance für die Regionalentwicklung sowie als alternativer Weg zur Milderung der Verkehrsprobleme im genannten Ballungsraum. Aktuell stehen die Chancen so gut wie selten zuvor, dass aus dieser Vision Wirklichkeit werden kann.

4 Der Erfolg

Zahlreiche Ehrungen und Auszeichnungen für die Rhomberg Gruppe, ihre Projekte und ihre Akteure zeigen uns immer wieder, dass wir auf dem richtigen Weg sind. So wurden wir beispielsweise als erstes österreichisches Bauunternehmen für unsere ethische Unternehmensführung ÖGNI-zertifiziert. Erst im vorvergangenen Jahr wurde diese Zertifizierung bestätigt.

Im Jahr 2016 erhielten wir zum zweiten Mal den „Great Place to Work"-Preis für unsere Qualitäten als Arbeitgeber, seit langen Jahren gehören wir zu den familienfreundlichsten Betrieben des Landes Vorarlberg; 2015 schließlich wurden wir für unser ganzheitliches CSR-Engagement mit dem TRIGOS-Award ausgezeichnet. Weitere Ehrungen waren der VCÖ-Mobilitätspreis, der Sustainable Entrepreneurship Award (SEA), ecodesign oder der Energy Globe Award for Sustainability.

5 Das nächste Level: Bauen 4.0

Ich hatte es schon angesprochen: Unser LCT-Bausystem ist erst der Auftakt einer völlig neuen, wesentlich nachhaltigeren Art des Errichtens von Gebäuden. Weltweit findet ein kultureller, ökologischer und ökonomischer Veränderungsprozess statt, bei dem Arbeiten, Wohnen und Leben für die Menschen nur mit innovativen Technologien und ökologischen Konzepten zu bewältigen ist. Wenn es um die Planung und Gestaltung der Veränderung der menschlichen Lebensräume geht, sind Architektur und Bauwirtschaft gefordert. Lediglich bestehende Prozesse zu modernisieren und beispielsweise den klassischen Bauablauf zu digitalisieren – was heutzutage noch viel zu oft unter Building-Information-Modelling (BIM) verstanden wird – reicht dafür nicht aus. Vielmehr muss das Bauen, wie wir es heute kennen, völlig neu gedacht werden. Ziel ist es, eine digitale Plattform zu kreieren, auf der alle relevanten Informationen zu Bauprojekten, behördlichen Vorgaben, Baumaterialien, Bauteilen, Baubeteiligten gesammelt werden, verfügbar sind und gemeinschaftlich weiterentwickelt und erweitert werden. Das hat Auswirkungen auf alle Beteiligten: Handwerker, Planer, Architekten, Behörden, Dienstleister, Bauunternehmer, Kunden – und v. a. die Holzindustrie. Denn Holz wird, als elementarer Bestandteil eines Holz-Hybrid-Bausystems, der wichtigste Baustoff in dieser neuen Welt des Bauens.

Im Bau herrscht heute nach wie vor der Prototypenbau vor. Das heißt, jedes Gebäude wird von Grund auf neu geplant. Bereits gesammelte Erfahrungen aus Referenzprojekten fließen praktisch nicht ein und gehen dadurch verloren. Andere Industriezweige, allen voran die Automobilindustrie, sind dem Bau deutlich voraus: Fahrgestell, Motoren und Karosserie sind hier standardisiert, modular und können so schnell, kostengünstig und ressourcenschonend hergestellt werden. Durch verschiedene Ausstattungsmerkmale, die Farbgebung oder die Materialwahl lässt sich das Auto dennoch individualisieren und auf spezifische Bedürfnisse anpassen. Mithilfe eines Car-Konfigurators kann sich der Kunde schon vorab sein Wunschmodell zusammenstellen und sogar auf Knopfdruck bestellen. In naher Zukunft wird der Hauskauf genauso laufen: Der Bauherr stellt sich sein Gebäude am Rechner zusammen, begeht es einmal mit der 3D-Brille, um die Details und die Einrichtung zu planen, und bestellt dann per Mausklick. So weit sind wir zwar noch nicht. Aber das ist nur eine Frage der Zeit.

Und diese Zeit wird schneller kommen, als wir glauben. Dies liegt auch am logarithmischen Denken des Menschen: Um die Welt in einem Jahr zu antizipieren, müssen wir nicht ein Jahr in die Vergangenheit schauen, sondern zehn. Vor allem durch die technische Entwicklung und die Digitalisierung verkürzen sich Entwicklungsschritte immens. Die Zeit für Bauen 4.0 ist daher genau jetzt: Durch Holz- bzw. Holz-Hybrid- und Systembau sind die Voraussetzungen und die beste Ausgangsposition geschaffen worden für den nächsten Schritt. Treiber dabei sind „sharing" und „open innovation".

Dreh- und Angelpunkt des neuen Bauens wird eine interdisziplinäre, digitale, lebendige Plattform sein. Eine Art kybernetischer Tisch für alles, was die Themen Planen, Errichten und Betreiben von Gebäuden betrifft. Darauf finden sich sämtliche Informationen, Kontakte, Produkte, Formulare und Fallbeispiele aus der Welt des systematischen Holz-Hybrid-Baus. Und sie wird sich stetig weiterentwickeln: Jedes neu entwickelte Bauelement, jedes erfolgreich abgeschlossene Projekt, jeder neue Produzent, Architekt oder Planer bereichert die Plattform, füllt sie mit Wissen und macht so zeitgleich alle Beteiligten des kybernetischen Tischs schlauer. Wissen ist zukünftig so kein Hoheitsgut mehr, sondern kollektiver Besitz zum Wohl und zugunsten des Holzbaus und aller Beteiligter.

Die Plattform wird in verschiedene Projekträume aufgeteilt sein. So gibt es Länderbereiche, in denen die behördlichen Auflagen und Genehmigungsrichtlinien hinterlegt sind. Es existieren virtuelle Begegnungsflächen für Architekten oder Planer, in denen sie sich treffen, austauschen und virtuelle Firmen gründen können. Es gibt Produktshops, in denen die zur Verfügung stehenden Bauelemente hinterlegt sind – inklusive sämtlicher Informationen zu Materialien, Kosten, ihrem ökologischen Fußabdruck und den Kontaktdaten der Hersteller weltweit. Außerdem wird es Toplisten geben, die sich auf Basis von Feedbacks und Kundenbewertungen errechnen, beispielsweise die besten Projekte, darunter finden sich dann auch die verwendeten Elemente und die beteiligten Hersteller, die besten Holz-

Architekten, die besten Tragwerksplaner oder die besten Brandschutzexperten. All dieses Wissen, alle Erfahrungen und alle Kontakte auf der Plattform stehen allen Nutzern zur Verfügung. Zeitlich und räumlich unbegrenzt.

Vom bisherigen Bauprozess werden wir uns verabschieden, eine baubegleitende Planung wird es nicht mehr geben. Sie wird schlichtweg überflüssig. Dafür wird der Anspruch an den Architekten im Vorfeld höher: soziokulturell, städtebaulich, planerisch. Im Schiffsbau läuft es schon heute so, in der Automobilbranche auch: Die Konstrukteure und Designer einer Yacht oder eines Kreuzfahrtschiffs haben nach der Abgabe ihrer Pläne an die Werft keine Einflussmöglichkeiten mehr. Wozu auch: In der Werft läuft das Schiff dann einfach die vorher definierte und 100-fach bewährte Prozesslinie entlang. Die Funktionen eines Architekten und eines Bauplaners werden sich verändern. Neue Mitspieler werden hinzukommen – aus der IT, aus dem Community-Management, aus anderen, bislang völlig branchenfremden Bereichen. Nennen wir es das Uber-Prinzip der Baubranche: Die Regeln werden neu definiert. Und wir wollen und werden mit dabei sein. Das sind wir unserem Unternehmen schuldig, seinen Mitarbeitenden, der Gesellschaft und unserem Wirtschaftsstandort. Vor allem aber sind wir es der Umwelt und den nachfolgenden Generationen schuldig. Ganz im Sinn der Nachhaltigkeit!

Literatur

Rhomberg Gruppe (2015a) Compliance Richtlinie (August 2015)

Rhomberg Gruppe (2015b) Code of conduct (aktuelle Fassung April 2015)

Bmst. DI Hubert Rhomberg wurde am 6. Dezember 1967 geboren und leitet als Geschäftsführer in vierter Generation die Geschicke der international tätigen Rhomberg Gruppe. Nach dem Diplom-Ingenieursstudium an der Technischen Universität Wien arbeitete er drei Jahre lang bei der Strabag in Linz und Wien, bevor er 1998 seinen Weg im Familienunternehmen mit der Leitung der Abteilung für Tiefbau und dem Ausbau des Bereichs Bahntechnik begann. Nebenbei erweiterte er sein praktisches Unternehmerwissen durch ein Nachdiplomstudium in Unternehmensführung an der Hochschule für Wirtschafts-, Rechts- und Sozialwissenschaften sowie Internationale Beziehungen (HSG) St. Gallen. Seine operative Tätigkeit ergänzt Rhomberg durch die aktive Beteiligung an Forschungsprojekten wie dem „LifeCycle Tower" und Vorträge zu Themen wie Nachhaltigkeit, Mobilität oder Digitalisierung.

Gelebte Verantwortung: Spannungsfeld Industrie und Nachhaltigkeit bei der KNAPP AG

Tanja Knapp und Katrin Pucher

1 Unternehmensprofil

Die KNAPP AG ist ein international tätiges Unternehmen im Bereich Lagerlogistik und Lagerautomation und zählt zu den Weltmarktführern unter den Anbietern intralogistischer Komplettlösungen und automatisierter Lagersysteme. Mit einer Exportquote von rund 97 % liefert KNAPP seine maßgeschneiderten intralogistischen Gesamtlösungen weltweit aus und betreut Kunden auf allen bewohnten Erdteilen. Die Kernkompetenzen des Unternehmens umfassen Entwicklung, Planung, Installation sowie Nachbetreuung und kontinuierliche Beratung.

1.1 Ausrichtung auf Kernbranchen

Zu den Kernbranchen des Unternehmens zählen Healthcare, Fashion, Retail, Food Retail sowie Industry. In diesen Branchen hat KNAPP kontinuierlich Erfahrung, Expertise und Know-how aufgebaut und setzt diese ein, um Mehrwert und Investitionssicherheit für seine Kunden zu generieren. Historisch hat KNAPP seine Wurzeln in der Pharmabranche: Dadurch verfügt KNAPP über einzigartiges Wissen, um aktuelle Anforderungen an Qualität, Flexibilität, Geschwindigkeit und Effizienz in maßgeschneiderte Lösungen zu übersetzen. KNAPP-Kunden aus allen Kernbranchen profitieren von der Erfahrung und der Innovationskraft des Unternehmens.

T. Knapp (✉)
KNAPP AG
Hart bei Graz, Österreich

K. Pucher
KNAPP AG, Head of Integrated Management System, Corporate Responsibility & Communications
Guenter-Knapp-Str. 5–7, 8075 Hart bei Graz, Österreich

© Springer-Verlag GmbH Deutschland 2018
R. Altenburger und R. Schmidpeter (Hrsg.), *CSR und Familienunternehmen*, Management-Reihe Corporate Social Responsibility,
https://doi.org/10.1007/978-3-662-55618-4_16

Mit den Konzepten rund um das *zero defect warehouse,* das *low complexity warehouse* und das *omnichannel warehouse* stellt KNAPP Lösungen zur Verfügung, die auf die aktuellen Anforderungen der Kernbranchen eingehen und sich flexibel mitbewegen und mitwachsen.

1.2 Starkes internationales Netzwerk

Vom Hauptsitz in Hart bei Graz in Österreich aus spannt sich das Netzwerk der KNAPP AG – bestehend aus rund 35 Standorten weltweit – um den ganzen Globus. Über 3300 Mitarbeiter – davon rund 2200 in Österreich – arbeiten täglich daran, die Unternehmensvision *Mach KNAPP zum Inbegriff für Logistik* zu verwirklichen.

Die KNAPP AG ist auf allen bewohnten Kontinenten vertreten: zu den wesentlichen Absatzmärkten zählen Europa sowie Nord- und Lateinamerika, aber auch in Asien, Australien und Afrika konnte das Unternehmen in den letzten Jahren seine Präsenz weiter stärken und wichtige neue Kunden gewinnen. Die KNAPP-Gruppe setzt auf internationale Präsenz und stärkt kontinuierlich die bestehenden Niederlassungen in den USA, Südamerika, Asien und Australien, um immer nahe an den Kunden und ihren Bedürfnissen zu sein.

Die internationale Ausrichtung des Unternehmens und die Fokussierung auf einige Kernbranchen wirken sich stabilisierend auf das gesamte Unternehmen aus – wirtschaftliche Schwankungen einzelner Märkte werden dadurch ausgeglichen. Ziel der KNAPP-Gruppe ist es, in den bestehenden Märkten und Kernbranchen weiterhin an der Spitze zu bleiben, aber ebenso kontinuierlich neue Märkte – auch abseits der Intralogistik – zu erschließen.

1.3 Erfolgsfaktor Innovation

Nicht nur am Puls der Zeit, sondern immer einen Herzschlag voraus: Die KNAPP AG setzt sich intensiv mit aktuellen und künftigen Trends der Intralogistikbranche sowie mit Konsumentenbedürfnissen auseinander und lässt diese Erkenntnisse in Produktinnovationen und -weiterentwicklungen einfließen. Innovation, Forschung und Entwicklung spielen demnach eine wichtige Rolle im Unternehmen – rund 7 % des Umsatzes werden jährlich in Forschung und Entwicklung investiert.

1.4 Verantwortung übernehmen

Als nachhaltig ausgerichtetes Unternehmen ist sich KNAPP der Verantwortung gegenüber Kunden, Gesellschaft und Umwelt bewusst und steht im regen Austausch und Dialog mit allen Stakeholdern. KNAPP verfügt über ein integriertes Managementsystem. Das Unternehmen unterzieht sich regelmäßigen Zertifizierungsaudits und ist in den Bereichen Qualitätsmanagement (ISO 9001), Arbeits- und Gesundheitsschutz (OHSAS 18001) sowie Umweltmanagement (ISO 14001) zertifiziert.

1.5 Partner der Industrie

Neben strukturellen Maßnahmen – wie beispielsweise dem Ausbau des Headquarters, der Stärkung des Niederlassungsnetzwerks sowie strategischen Akquisitionen – stehen v. a. der fortdauernde Ausbau des Dienstleistungsportfolios und der Kundendialog im Vordergrund, um noch gezielter auf Kundenbedürfnisse eingehen zu können und die Rolle als bevorzugter Partner der Industrie weiter zu festigen. In diesem Bereich geht KNAPP u. a. mit Forschungsprojekten rund um das Thema Industrie 4.0 neue Wege, die auch auf Pfade abseits der Intralogistik führen.

2 Familie Knapp und ihre Werte seit der Gründung – Leitlinien des gesellschaftlichen Engagements

Im Jahr 1952 gründet Ing. Günter Knapp sein Einzelunternehmen im Bereich Mechanikgewerbe. Zu seinen ersten Erfindungen zählen ein Ölbrenner, eine Krapfenbefüllmaschine, eine Milchpumpe, Aufzüge und Senkrechtförderer.

Getrieben vom Erfindergeist entsteht in den 1960er-Jahren die Vision, einen Kommissionierautomaten für den Pharmagroßhandel zu entwickeln. Für den Moment bleibt es bei der Idee, der Markt ist dafür noch nicht reif. Für den österreichischen Pharmagroßhändler Herba Chemosan baut Günter Knapp in Graz eine einfache Förderanlage und beschließt, sich verstärkt auf die Pharmabranche zu spezialisieren.

In den 1970er-Jahren boomt der Pharmamarkt, es folgen erste Aufträge aus dem Ausland und die Installation einer Förderanlage und eines Doppelpaternosters in Deutschland. Die Spezialisierung auf die Pharmabranche erfordert viel Aufwand für Forschung und Entwicklung. Die rasche Auslieferung von Artikeln im Pharmagroßhandel wird immer wichtiger – die Elektronik muss stark verbessert werden. Bereits 1978 gelingt die erste erfolgreiche Installation von Computern: Mikroprozessoreinheiten an den einzelnen Stationen der Förderanlage übernehmen die Steuerung der Behälter. Damit ist der Grundstein für eine präzise und schnelle Auftragsbearbeitung gelegt.

In den 1980er-Jahren holt Günter Knapp die Idee seines Kommissionierautomaten wieder aus der Schublade, denn der Markt ist jetzt bereit. Die Steuerung der Automaten wird von Mikroprozessoren übernommen. In der Folge wird der Kommissionierautomat nun auch für andere Branchen adaptiert, beispielsweise für Textilien, Kosmetika und Bücher.

Im Jahr 1989 wird das Unternehmen – unter Beteiligung weiterer Miteigentümer, die jedoch nur Minderheitsanteile halten – in eine GmbH umgewandelt. Nach dem Ableben von Günter Knapp werden Manager mit der Geschäftsführung betraut. Seither halten Mitglieder der Familie Knapp (einschließlich einer Privatstiftung) 70 % der Aktien, weitere 30 % hält ein strategischer Partner.

Die 1990er-Jahre sind geprägt von Wachstum und Fortschritt, forciert werden Teil- und Speziallösungen für den Pharmagroßhandel; in weiteren Branchen tritt KNAPP als Systemlieferant auf. KNAPP baut Kompetenz im Software und Steuerungsbereich systematisch aus und das erste WMS geht bei einem Kunden in Deutschland in Betrieb.

Im Jahr 2009 wird die bisherige Gesellschaftsform in KNAPP AG umbenannt. Damit richtete sich das Unternehmen strategisch auf weiteres dynamisches Wachstum aus und forciert als neues Geschäftsmodell die Generalunternehmerschaft. Seit 2010 setzt die KNAPP AG als Solution-Provider einen weiteren Fokus auf umfassende Serviceleistung und die Kernbranchen Healthcare, Fashion, Retail, Food Retail und Industry (Abb. 1).

Neben den Unternehmenswerten wächst durch die starke Beteiligung der Familie Knapp (Abb. 2) im Aufsichtsrat ein weiterer Wert – nämlich Familyness – als Teil der Unternehmenskultur.

„Die Familyness von Familienunternehmen (Habbershon und Williams 1999) ergibt sich aus der konstruktiven Interaktion zwischen der Familie, dem Unternehmen und ihren Mitgliedern selbst. Sie zeigt sich im Unternehmen u. a. durch eine besondere Verbundenheit und Loyalität der Mitarbeitenden, einer spezifischen Kultur des Vertrauens und der besonderen Leistungsbereitschaft der Mitarbeiter und der Führungskräfte". (Dr. Alexander Schmidt 2015)

Tanja Knapp, Aufsichtsrätin in zweiter Generation und Enkelin des Firmengründers Ing. Günter Knapp, verbindet den Begriff „Familyness" mit der Metapher des Baums. Tief verwurzelt durch den Pioniergeist des Großvaters Günter Knapp stellt sich der Baum den Veränderungen und Herausforderungen der Zukunft. Der Stamm und die Äste sollen wachsen durch gelebte Kommunikationskultur, in der Platz geschaffen wird für den direkten Dialog zwischen allen Stakeholdern, und einer ausgeglichenen Konflikt- und Fehlerkultur, die stets den Fortschritt und die Weiterentwicklung im Vordergrund sieht. Durch die Akquise neuer Standorte und den Eintritt in neue Märkte sollen Blätter gedeihen, die durch ein kontinuierliches Dranbleiben, die Früchte des Baums wachsen lassen.

Das Zusammenhalten der Aktien und das Auftreten in der Hauptversammlung mit einer gemeinsamen Stimme sichern den nachhaltigen Einfluss der Familie und geben dem Management Planungssicherheit. Sparringspartner des Vorstands zu sein bedeutet für Tanja Knapp, im Dialog dafür zu sorgen, dass eine Struktur der Balance und Harmonie gefunden und in der Folge aufrecht gehalten wird.

Besonders in Zeiten starken Wachstums besteht die Gefahr, dass diese Balance verloren geht. Das betrifft die gesamte Unternehmensstruktur, wo sowohl Kopf- als auch Dezentralisationslastigkeit vermieden werden muss. Es gilt quasi die Wurzeln und die Krone des Baums in Balance zu halten. Und hier spielt der eigentliche Gedanke der Nachhaltigkeit mit hinein, nämlich dem Wald nur so viel Holz zu entnehmen, dass er sich auf natürliche Weise wieder regenerieren kann. Familie Knapp sieht es als ihre Verantwortung, das Un-

Gelebte Verantwortung: Spannungsfeld Industrie und Nachhaltigkeit bei der KNAPP AG 235

Abb. 1 Innovation aus Tradition 2016

ternehmen weg vom Shareholder-Value- zu einem Stakeholder-Value-orientiert geführten Unternehmen zu entwickeln, in dem mittel- und langfristige Ziele verfolgt werden.

Familyness bedeutet für Tanja Knapp Engagement und Herzblut einer Unternehmerfamilie sowie verlässliche Partnerschaften mit z. T. langjährigen Kunden, Mitarbeitern, mit der Gesellschaft, der Umwelt und den Lieferanten. Die Summe all dessen bereitet den

Abb. 2 Familie Knapp 2016

Boden für ein gesundes, organisches und nachhaltiges Wachstum, sodass auch noch nachfolgende Generationen der Familie Knapp, aber auch Mitarbeiter mit ihren Familien einen gesunden Baum vorfinden, an dem Blätter sprießen und Früchte heranreifen.

3 Gelebte Corporate Social Responsibility bei KNAPP

3.1 Corporate-Social-Responsibility-Strategie

In einschlägiger Literatur lässt sich kein Unterschied zwischen den Begriffen Corporate Responsibility (CR) und Nachhaltigkeit festmachen. Die Abb. 3 dient als Empfehlung für ein einheitliches Verständnis bei KNAPP. Die strategische Ausrichtung wird durch eine CR-Strategie definiert, die abgeleiteten Maßnahmen werden durch das Nachhaltigkeitsmanagement ausgeführt. Die Nachhaltigkeitsstrategie wird aus der Konzernstrategie abgeleitet und gibt den Niederlassungen einen Handlungsrahmen für die Umsetzung von CR in deren Einflussbereichen vor. Zur Messung und Kontrolle der Strategieumsetzung dienen nach innen CR-Key-Performance-Indikatoren und nach außen ein Nachhaltigkeitsbericht.

Abb. 3 Corporate-Social-Responsibility-Logo 2012

Als Mitglied der heimischen Wirtschaft, Gesellschaft und Umwelt ist sich KNAPP der besonderen Verantwortung gegenüber Natur und Mensch bewusst. Das Prinzip der Nachhaltigkeit sowie ökologische und soziale Grundsätze bilden integrale Bestandteile der Unternehmensstrategie und somit das Fundament der täglichen Entscheidungsprozesse.

3.2 Corporate-Social-Responsibility-Mission

KNAPP legt größten Wert auf ökonomische, ökologische und soziale Integrität in allen Geschäftsbereichen. Die Geschäftspolitik orientiert sich an den Prinzipien der Stakeholder-Values: Dabei wird der Erfolg des Unternehmens nicht nur an wirtschaftlichen Faktoren wie dem Gewinn gemessen, sondern auch an Faktoren wie der Kundenzufriedenheit und den Auswirkungen auf Umwelt und Gesellschaft.

Um allen Stakeholder-Anliegen gerecht zu werden, betrachtet KNAPP Nachhaltigkeitsthemen immer aus einem mehrdimensionalen Blickwinkel. Die drei Bereiche ökonomisch, sozial und ökologisch werden jeweils für die drei Stakeholder Kunde, Mitarbeiter und Gesellschaft betrachtet. Aber auch nach den drei Normenzertifizierungen, nach ISO 9001 und 14001 und OHSAS 18001.

3.2.1 Verantwortlichkeiten und Governance

Die KNAPP AG hat eine integrierte Governance-Struktur für Nachhaltigkeitsagenden geschaffen, um die strategische Steuerung und die operative Umsetzung im gesamten Konzern eng miteinander zu verzahnen. Die Gesamtverantwortung für Nachhaltigkeit liegt beim Vorstand der KNAPP AG. So stellt der Konzern sicher, dass Nachhaltigkeitsaspekte verbindlich in alle unternehmerischen Tätigkeiten integriert werden und unterstreicht damit sein Bekenntnis zu gesellschaftlichem Engagement und Verantwortung.

3.2.2 Handlungsfelder

Im Mittelpunkt der Nachhaltigkeitsstrategie steht das mehrdimensionale Nachhaltigkeitslogo, das die drei Säulen Ökonomie, Soziales und Ökologie bzw. die drei Stakeholder Kunde, Mitarbeiter und Gesellschaft widerspiegelt. Das Thema Strategie und Management bildet den Rahmen für die sechs Handlungsfelder (Abb. 4). Diese sind auf der ökonomischen Säule Kunden und Produkte sowie Lieferkette und Versorgung, auf der sozialen Säule Mitarbeiter und Führung sowie Kommunikation und Kooperation und auf der ökologischen Säule Gesellschaft und Engagement sowie Umwelt und Energie.

3.3 Corporate Social Responsibility in der Praxis

Nachhaltigkeit ist seit vielen Jahren ein wesentlicher Bestandteil der Unternehmenskultur und Basis wirtschaftlichen Handelns. Im Lauf der Jahre wurden Mitarbeitermaßnahmen gesetzt und eine Vorreiterrolle bei der Entwicklung ressourcenschonender Systemlösungen eingenommen. Im März 2011 wurde eine Stabstelle eingerichtet, die zentral alle Nachhaltigkeitsagenden – sowohl auf Mitarbeiter-, als auch Kundenseite – steuert und kommuniziert. Als Rahmen wurde zeitgleich die ISO 14001 am Standort Hart bei Graz implementiert, deren Fokus von Anfang an über die Ökologie hinausging.

Seit 2011 wurden zahlreiche Maßnahmen gestartet, die als fixer Bestandteil der gelebten CSR-Strategie bei KNAPP verstanden wurden.

3.3.1 Kunden und Produkte

Ziel der nachhaltigen Intralogistik ist die Schaffung umweltgerechter, ressourceneffizienter und sozial verträglicher Logistikprozesse sowie die Herstellung eines Gleichgewichts von ökonomischer und ökologischer Effizienz zur Schaffung eines nachhaltigen Unternehmenswerts.

KiDesign – attraktives Arbeitsplatzdesign

Die Anforderungen an moderne Distributionszentren sind vielfältig: explosionsartig wachsendes Artikelspektrum, steigende Ansprüche an Geschwindigkeit und Qualität sowie steigendes Auftragsvolumen mit kleiner Losgröße stellen eine große Herausforderung dar. Auch soziale Aspekte, wie die Alterung der Gesellschaft oder langfristigere Mitarbeiterbindung bringen zusätzliche Herausforderungen. Es gilt, monotone, schwere Arbeiten – Heben, Bücken, Strecken – zu reduzieren und gleichzeitig die Effizienz in der Auftragsbearbeitung zu steigern und Fehlerraten zu senken, um eine hohe Ausliefer- und Servicequalität zu erreichen.

KNAPP befasst sich seit mehr als zehn Jahren intensiv mit diesen Themen und setzt seit Langem erfolgreich seine Arbeitsplatzserie Pick-it-Easy ein. An den Arbeitsplätzen der Pick-it-Easy-Serie steht der Mensch im Mittelpunkt. Aufbauend auf jahrelanger Erfahrung hat KNAPP – zusammen mit dem TÜV Rheinland und dem arbeitsmedizinischen Institut Graz – das intelligente KiDesign für die Pick-it-Easy-Arbeitsplatzfamilie entwickelt (Abb. 5). Mit den Ware-zur-Person-Arbeitsplätzen der Pick-it-Easy-Serie gelingt die Vereinigung von Effizienz, Ergonomie, Präzision und zukunftsorientierter Arbeitsplatzgestaltung im industriellen Umfeld.

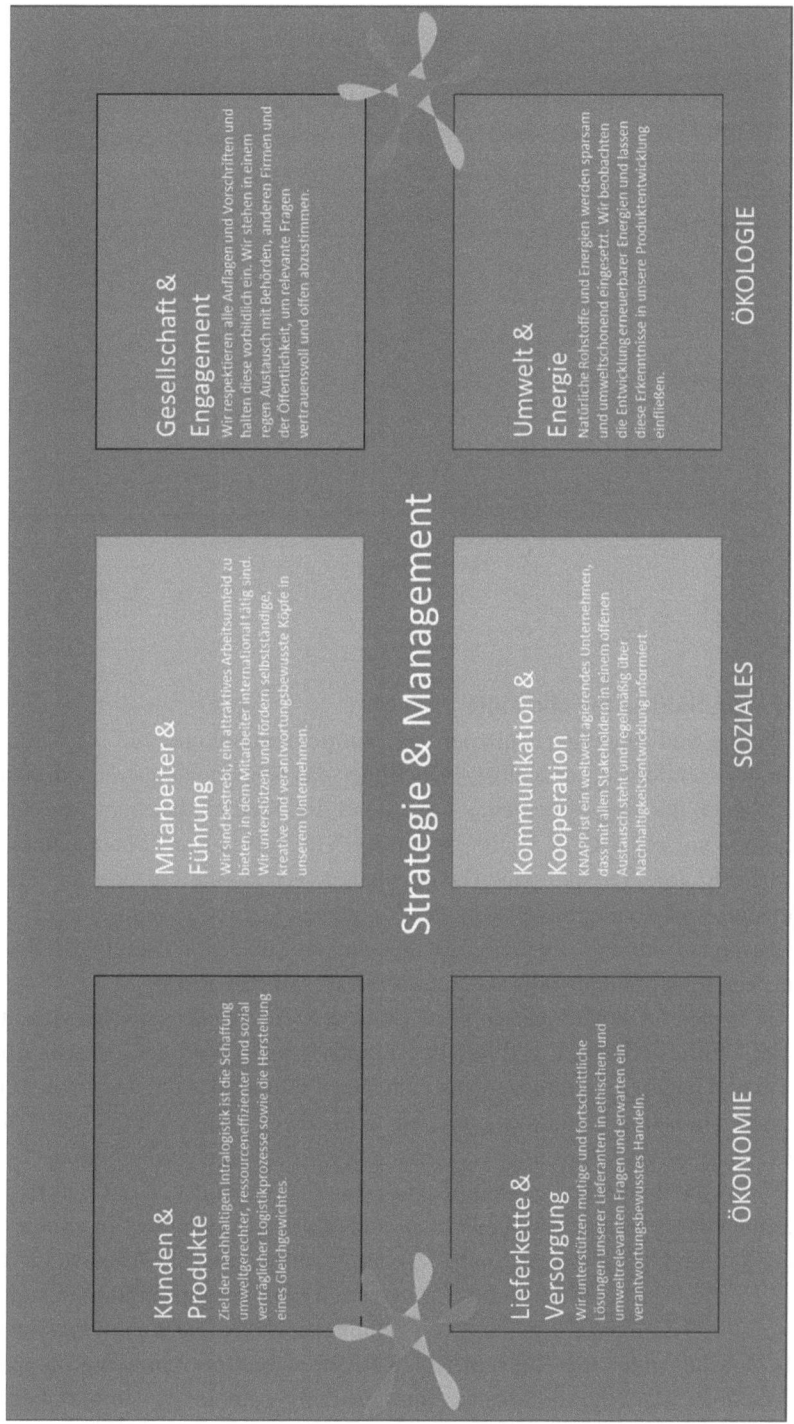

Abb. 4 Corporate-Social-Responsibility-Handlungsfelder 2014

Abb. 5 Arbeitsplatzdesign 2010

all-in shuttle – ein Shuttle für alle Fälle

KNAPP ist Pionier und führender Anbieter von Shuttle-Technologie und hat damit eine Revolution in der Intralogistik ausgelöst. Galt früher das Regalbediengerät – in dem ein Roboter alle Ebenen des Regals bediente – als Stand der Technik, hat heute die Shuttle-Technologie, allen voran das OSR Shuttle™ von KNAPP diesen Rang übernommen. Das Besondere an der Shuttle-Technologie? Der sogenannte Horizontaltransport und der Vertikaltransport sind voneinander entkoppelt: Pro Regalebene fährt ein Shuttle, das Behälter und Kartons auslagert und diese an einen Hochleistungslift übergibt. Dadurch ist das System schneller, effizienter und ausfallssicherer als ein Regalbediengerät.

KNAPP hat in den letzten 15 Jahren seine Shuttle-Technologie weiterentwickelt und die Familie der Shuttles erweitert, z. B. um das YLOG-Shuttle, das über Lifte die Ebenen wechseln kann und sogar über Schienen aus dem Regal fährt. Oder um das Open Shuttle, ein freifahrendes Transportsystem, das gar keine Schienen benötigt, mit Global-Position-System (GPS) navigiert und mit seiner Umgebung per Sprachsignal kommuniziert.

Doch nicht nur die Technologie allein macht es aus, es kommt v. a. auf den richtigen Einsatz an. Seine volle Effizienz entfalten die Shuttle-Systeme mit dem all-in-shuttle-Konzept. Als all-in shuttle übernimmt ein Shuttle-System mehrere zentrale Prozesse im Lager, z. B. das Lagern von Waren, Puffern und Sequenzieren von fertigen Aufträgen zum Versand und das zeitlich optimierte Versorgen von Kommissionierbereichen mit den richtigen Artikeln. Mit dem all-in-shuttle-Konzept legt KNAPP sein Motto „making complexity simple" auf die Welt der Shuttle-Systeme um. „Making complexity simple" bedeutet,

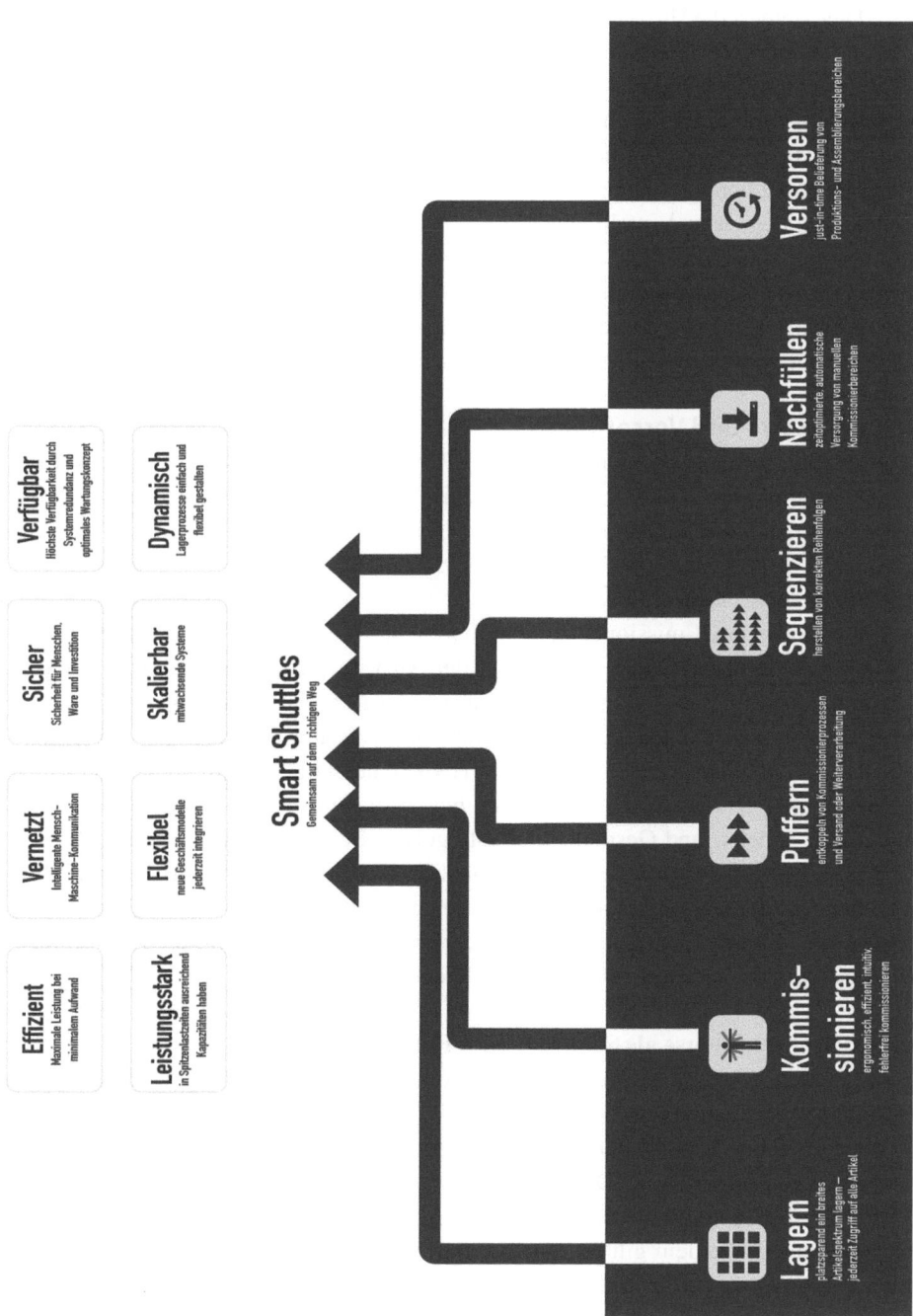

Abb. 6 Shuttle-Prozess 2016

Komplexität beherrschbar machen: Mit dem all-in shuttle gelingt es, die Vielfalt der Prozesse im Lager zu vereinfachen und zu verdichten und mit einer Technologie zu erfüllen. So sorgt das all-in shuttle für schlanke Prozesse entlang der gesamten Supply Chain (Abb. 6). Dies steigert die Effizienz und Wirtschaftlichkeit und senkt den Platz- und Energiebedarf des Lagers. Um Energiebedarf und Kosten weiter zu senken, sind alle wesentlichen Komponenten der Shuttles standardmäßig mit Energierückspeisemodule ausgerüstet, die die Bremsenergie direkt in das System zurückspeisen. Eine maßgeschneiderte Steuersoftware für die Shuttle-Systeme ermöglicht ein intelligentes Energiemanagement und maximale Leistung bei minimalem Energie- und Kostenaufwand. Durch intelligente Ein- und Auslagerstrategien und intelligentes Routenmanagement werden die Fahrwege der Shuttles optimal ausgenutzt. Die flexiblen YLOG-Shuttles und Open Shuttles verfügen auch über Hochleistungsakkumulatoren und Superkondensatoren, die bei jedem Übergabevorgang an Lift oder Fördertechnik aufladen und den Shuttles eine Extraportion Energie mit auf den Weg geben.

3.3.2 Lieferkette und Versorgung

Im Gesamtgefüge eines international agierenden Unternehmens wie KNAPP nehmen Einkauf und Customer Service eine wichtige strategische Position ein und leisten einen wertvollen Beitrag zu Umweltschutz und Ressourcenschonung.

Supplier-Code-of-Conduct

Um Transportzeiten und Emissionen zu minimieren, greift KNAPP großteils auf ein Netzwerk von regionalen Lieferanten zurück. Bei der Auswahl der Lieferanten legt KNAPP größten Wert auf die Verwendung von hochwertigen Materialien und ressourcenschonender Fertigung sowie erstklassige Arbeitsbedingungen und gerechte Entlohnung der Mitarbeiter. Außerhalb Österreichs produziert KNAPP ausschließlich in Ländern, die diese Anforderungen erfüllen und in denen strenge Auflagen in den Bereichen Qualität, Umwelt sowie Arbeits- und Gesundheitsschutz gelten. Bei der Auswahl der Lieferanten stellt KNAPP höchste Ansprüche an Preis, Qualität und Service mit dem Ziel, weltweit den gleichen Qualitätsstandard anbieten zu können. Im Bewusstsein dieser Qualitätsansprüche ist das erklärte Ziel des Global Procurement, weltweit zu besten Konditionen einzukaufen und neue Einkaufsmärkte zu erschließen.

Das zero defect warehouse als Schlüssel zum Erfolg

Die grundsätzliche Verfügbarkeit einer Ware wird heute nicht mehr infrage gestellt. Heute geht es um Service: Pünktlichkeit, Fehlerfreiheit, Verfolgbarkeit und Kosten einer Serviceleistung sind nun entscheidende Faktoren zur Kundenzufriedenheit. Der Schlüssel zum Erfolg liegt heute also im Detail. Zusätzlich stellen wachsende Artikelzahlen und steigende Anforderungen an die Flexibilität von Prozessen hohe Ansprüche an ein modernes Lagersystem. Außerdem gilt es, eine attraktive Arbeitsumgebung für Mitarbeiter zu schaffen, um diese langzeitig an das Unternehmen zu binden.

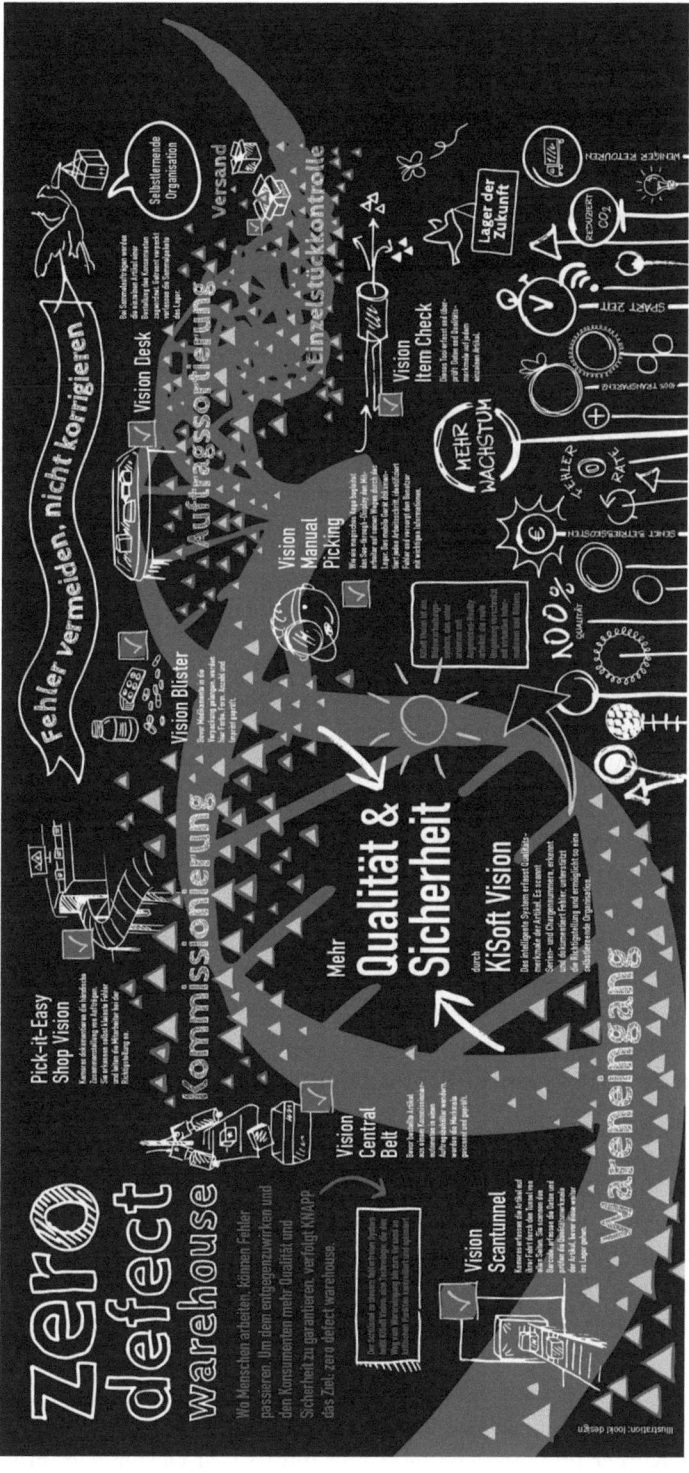

Abb. 7 Zero-defect-warehouse-Wimmelbild 2015

Eine noch flexiblere, wirtschaftlichere und vor Allem fehlerfreie Intralogistik steht damit mehr denn je im Zentrum der Aufmerksamkeit. Diese Anforderungen machen einen neuen Denkansatz notwendig, der die Kunden- und Mitarbeiterzufriedenheit steigert, Kosten senkt und die Wirtschaftlichkeit des Systems steigert. Mit seinem zero-defect-Konzept hat KNAPP einen neuartigen Zugang zu den Anforderungen unserer Zeit geschaffen.

Im zero defect warehouse setzt KNAPP auf Qualitätskontrolle und Richtigstellung direkt im Prozess (Abb. 7). Denn: je später ein Fehler erkannt wird, desto zeit- und kostenintensiver ist die Richtigstellung. Vorausgesetzt, der Fehler wird überhaupt erkannt. Durch die automatische Kontrolle im Prozess wird maximale Qualität bei optimaler Effizienz sichergestellt. Zusätzlich schafft das zero defect warehouse ein modernes Arbeitsumfeld, in dem Mensch und Maschine Hand in Hand arbeiten. Mitarbeiter erhalten sofort Rückmeldung über die Qualität ihrer Arbeit. Das senkt die Kosten und steigert die Zufriedenheit der Mitarbeiter. Damit trägt das zero defect warehouse zum Aufbau einer selbstlernenden Organisation bei. Zusätzlich werden branchenspezifische rechtliche Anforderungen – 100-Prozent-Kontrolle oder Track & Trace – mithilfe des zero defect warehouse optimal erfüllt.

Schlüsseltechnologie im zero defect warehouse ist die Vision-Technologie zur Bilderkennung- und Bildverarbeitung. Für jeden zentralen Prozess im Lager stellt KNAPP eine maßgeschneiderte Lösung aus der Vision-Produktpalette zur Verfügung und schafft so transparente und fehlerfreie Prozesse entlang der gesamten Supply-Chain.

Die Vision-Technologie findet auch im wachsenden Service- und Dienstleistungsbereich Einsatz: Smart-Worker-Anwendungen wie WebEye oder ivii.assist eröffnen vielseitige Einsatzmöglichkeiten und eine neue Dimension von Mobilität, Flexibilität und Qualität im Service. Über eine Datenbrille vernetzt sich ein Servicetechniker in der Anlage mit einem Techniker oder einem ganzen Team von KNAPP. Mithilfe von moderner Augmented-Reality-Technologie sehen die KNAPP-Techniker, was der Servicetechniker vor Ort sieht und können präzise Anweisungen geben oder sogar Bild- und Videomaterial zur Verfügung stellen. Mithilfe der Smart-Worker-Anwendungen werden räumliche und zeitliche Distanzen geschlossen – die Wartung oder Fehlerbehebung aus der Ferne gelingt schneller und ohne unnötigen Verbrauch von sozialen, ökonomischen und ökologischen Ressourcen. Auch außerhalb der Intralogistikwelt finden diese Lösungen Einsatz, beispielsweise zur Unterstützung in der Hochseeschifffahrt oder auf Bohrinseln.

3.3.3 Mitarbeiter und Führung

Die Unternehmenswerte Zuverlässigkeit, Mut, Offenheit, Wertschätzung und Kreativität prägen das Leitbild von KNAPP. Um zu verdeutlichen, dass die Ziele nur gemeinsam durch den Beitrag jedes Einzelnen umgesetzt werden können, ist die KNAPP Umweltpolitik in der Wir-Form formuliert.

KNAPPvital
Durch Bewegung, bewusste Ernährung und Behaglichkeit am Arbeitsplatz wird die Harmonie zwischen Körper und Geist gestärkt und führt so zu Gesundheit, erhöhter Leis-

tungsfähigkeit und allgemeinem Wohlbefinden. Die Marke KNAPPvital steht für die Entwicklung von Präventionsprogrammen und gezielten Gesundheitsprojekten sowie für die Integration von Kultur- und Genussveranstaltungen in das bestehende Personalentwicklungsprogramm. Mit diesen Aktivitäten soll das körperliche und geistige Wohlbefinden der Mitarbeiter gesteigert werden, damit sie ihre gesamte Energie entfalten und mit voller Konzentration und Motivation ihrer Arbeit nachkommen, aber auch ihre Freizeit entspannt genießen können. Weiterhin wird besonderer Wert auf energiefördernde Erholungsplätze gelegt: Ein nach den Gesichtspunkten von Feng Shui geplantes Werksrestaurant in Hart bei Graz lädt Mitarbeiter in der Mittagspause zum Energietanken und Genießen ein. Spezielle Lichtkompositionen sowie darauf abgestimmte Musik verwandeln das Restaurant in eine Oase des Wohlfühlens. In den Bürogebäuden wird den Mitarbeitern Granderwasser angeboten, um die Reserven wieder aufzufüllen. Darüber hinaus steht der KNAPPvital-Raum für Trainingseinheiten und Veranstaltungen zur Verfügung.

KNAPP Kinderwelt
Seit Herbst 2013 befindet sich direkt am angrenzenden Firmenareal die betriebliche Kinderbetreuung KNAPP Kinderwelt. Erwähnenswert sind flexible Öffnungszeiten, die sich an die Arbeitszeiten der Mitarbeiter anpassen, die Begrenzung der Ferienzeit auf lediglich drei Wochen im Sommer und ein zusätzliches Betreuungsangebot im Sommer für Schulkinder. Die Kinderwelt wurde 2015 bereits vergrößert und bietet mittlerweile Platz für bis zu 80 Kinder im Alter von null bis sechs Jahren. Betrieben wird die Einrichtung durch einen externen Partner und kann bei Verfügbarkeit auch von Kindern aus der Gemeinde besucht werden. Im Sommer werden Kindertage angeboten, an denen die Sprösslinge der Mitarbeiter die Möglichkeit haben, einen Tag lang die Arbeitswelt ihrer Eltern kennenzulernen. Neben der Besichtigung des Arbeitsplatzes gibt es eine kindertaugliche Führung in die Welt der Intralogistik, eine Feuerwehrübung, eine Kinderolympiade und viel Platz für Spaß.

3.3.4 Kommunikation und Kooperation
Als Partner der Industrie steht die KNAPP AG mit all ihren Stakeholdern in einem offenen Dialog, sieht sich als fixen Bestandteil der Region und nimmt ihre Pflichten hier sehr ernst. Durch Kooperationen wird ein breitgefächertes Netzwerk über die nationalen Grenzen gesponnen.

Spenden und Sponsoring
Spenden und Sponsoringaktivitäten sind Teil der gesellschaftlichen Verantwortung und des Engagements, dementsprechend legt das Unternehmen darauf Wert, dass Spenden transparent und nach einheitlichen Grundsätzen vergeben werden. Die KNAPP AG beteiligt sich jährlich an diversen gemeinnützigen Aktivitäten, deren Vergabe nach den Sponsoringrichtlinien erfolgt. Bevorzugt werden gemeinnützige Organisationen in der Region, in denen auch die Niederlassungen tätig sind. Mit dem gesellschaftlichen Engagement konzentriert sich die Firma auf soziale und humanitäre Anliegen, Bildung und Wissenschaft

sowie Mitarbeiteraktionen. Hier liegt der Fokus auf von Mitarbeitern initiierten Sozialprojekten, gemeinschaftlichen Aktivitäten, Unterstützung von Mitarbeitern in Notsituationen sowie Teambuilding im sozialen Kontext. Neben dem Unternehmen engagiert sich auch die Familie Knapp für Mitarbeiter in Notsituationen.

Corporate Volunteering and Citizenship
Die jüngste Säule, in der seit einiger Zeit vermehrt Initiativen gestartet werden, ist das unternehmerische Engagement gegenüber sozialen Einrichtungen und der lokalen Gesellschaft. Mitarbeiter aus dem Betrieb unterstützen – begleitet durch einen Netzwerkpartner – Projekte, die im Alltag der sozialen Einrichtungen sonst zu kurz kommen. Im Vordergrund stehen dabei die von den Teams zur Verfügung gestellte Arbeitskraft und Zeit, und nicht der monetäre Aspekt. Zur Unterstützung der Region wird am Standort in Hart bei Graz ein Bauernladen durch einen regionalen Partner betrieben, der die Mitarbeiter wöchentlich mit regionalen Produkten versorgt. Das Produktsortiment ist umfangreich und stammt von verschiedenen kleineren Bauern aus der Region.

3.3.5 Gesellschaft und Engagement
Die KNAPP AG nimmt ihre Rolle als Mitglied der heimischen Wirtschaft und Gesellschaft sehr ernst und engagiert sich bei zahlreichen Projekten. Daneben unterstützt die KNAPP AG Aktionen und Initiativen aus sozialen und kulturellen Bereichen.

Lehrlingsausbildung
Fachkräfte im eigenen Haus auszubilden und zu fördern hat bei KNAPP hohen Stellenwert. Im Jahr 2017 feiert das Unternehmen nicht nur sein 65-jähriges Firmenbestehen, sondern auch 25 Jahre Lehrlingsausbildung. KNAPP ist staatlich ausgezeichneter Ausbildungsbetrieb und bildet laufend rund 50 Lehrlinge in den Bereichen Mechatronik, Maschinenbau und Informationstechnik aus. Zusätzlich zum klassischen Lehrabschluss stehen den Lehrlingen mit dem Erwerb der Berufsmatura auch alle Türen zu höheren Bildungseinrichtungen offen. Aufgrund der internationalen Ausrichtung des Unternehmens haben Lehrlinge auch die Möglichkeit, Auslandserfahrung zu sammeln. Durchschnittlich verbleiben über 80 % der Lehrlinge nach ihrer Ausbildung im Unternehmen – viele nehmen im Lauf ihrer Karriere leitende Positionen ein. Neben der qualitativ hochwertigen Lehrlingsausbildung legt KNAPP Wert auf soziale Kompetenz und fördert diese durch praxisbezogene Projektarbeiten. Mit dem Projekt *Die Chance* bietet KNAPP langjährigen, engagierten Mitarbeitern ohne abgeschlossene Ausbildung die Möglichkeit, ihren Lehrabschluss nachzuholen. So wirkt KNAPP dem Facharbeitermangel durch Förderung und Weiterbildung ihrer Mitarbeiter aktiv entgegen und beweist, dass Motivation und lebenslanges Lernen immer zum Erfolg führen.

Zusammenarbeit mit alpha nova
Seit März 2015 läuft die Zusammenarbeit mit alpha nova, einem Unternehmen, das Menschen mit Behinderung und anderen Beeinträchtigungen bei einem selbstbestimmten Le-

ben mitten in der Gesellschaft unterstützt. Fünf bis sechs Klienten von alpha nova übernehmen – bestmöglich abgestimmt auf den Grad ihrer jeweiligen Einschränkung – Tätigkeiten am gesamten Firmenareal. KNAPP möchte mit dieser Kooperation soziale Verantwortung wahrnehmen. Es ist erklärtes Ziel, den Kolleginnen von alpha nova einen Zugang zur Arbeitswelt zu ermöglichen und sie bestmöglich in den Arbeitsalltag zu integrieren. Umgekehrt leisten die Kollegen von alpha nova in unterschiedlichsten Tätigkeitsbereichen einen wertvollen Beitrag zur Entwicklung der KNAPP AG. In ihren Verantwortungsbereich fallen zurzeit die gesamte Mülllogistik am Standort, das Auffüllen der Äpfel-Kartons und der Nachschub von Kopierpapier und Toner zu den Multifunktionsgeräten an 50 Standorten am Firmengelände.

3.3.6 Umwelt und Energie

Bereits bei der Entwicklung der Lagerlogistik-Systeme achtet KNAPP auf die Auswahl umweltschonender Rohstoffe und Zukaufteile. Somit garantiert KNAPP seinen Kunden nicht nur energieeffiziente, sondern auch umweltfreundlich produzierte Anlagen.

Produktion nach höchsten Standards

In den Fertigungshallen auf dem rund $125.000\,\text{m}^2$ großen Firmenareal am Standort Hart bei Graz spielt der schonende Umgang mit den Ressourcen eine große Rolle. Zur Optimierung der Energieeffizienz werden z. B. Fertigungshallen mithilfe der Maschinenabwärme beheizt.

Der Jahrespulverbedarf der Beschichtungsanlagen von KNAPP ist enorm: Mit der Menge von 40 t Pulver könnten 35 Fußballfelder eingefärbt werden. Eine Pulverrückgewinnungsanlage stellt sicher, dass kein Pulver verschwendet wird: Der Pulververlust pro Jahr liegt bei weniger als einem Prozent. Das Pulver, das für die Beschichtung der Anlagenteile verwendet wird, ist wasserlöslich und nicht toxisch. Die Pulverrückgewinnung sowie die Wasseraufbereitung beim Beschichtungsprozess wurden mit Umweltpreisen ausgezeichnet.

Energieeinsparungen

Wesentlicher Bestandteil der Umweltpolitik ist eine kontinuierliche Verfolgung und Verminderung des Ressourceneinsatzes an den produzierenden Standorten. Besonderes Augenmerk wird hier auf den Einsatz der Energietreiber Strom, Fernwärme und Gas gelegt. Im Zug des Energieeffizienzgesetzes wurde im Facility-Management ein erweitertes Schulungsangebot initiiert, um darauf aufbauend Einsparungspotenziale zu ermitteln. Dazu zählt der Austausch der konventionellen Beleuchtung auf lichtemittierende Dioden (LED), das automatisierte Abschalten der Abkantpressen in Pausenzeiten, das Isolieren von Fernwärmeübergabestationen, die Reduktion des Wärmeverlusts in den Technikräumen oder der Kauf von Elektro-PKW für die Wegstrecken im Raum Graz als Ersatz für Dieselfahrzeuge. Gerade im Bereich von Energieeinsparungen bedarf es einer regelmäßigen Sensibilisierung der Mitarbeiter, um das Bewusstsein zu schaffen, dass jeder einzelne einen Beitrag leisten kann.

3.4 Corporate Social Responsibility in der Kommunikation

„Tue Gutes und sprich darüber" so Georg-Volkmar Graf Zedtwitz-Arnim im Jahr 1961, natürlich ohne zum damaligen Zeitpunkt die aktuelle CSR-Bewegung und ihre Public-Relations-Aktivitäten voraussagen zu können. In Bezug auf CSR gilt für die KNAPP AG die Prämisse der Kommunikation im Sinn von Information, mit einer hohen Ernsthaftigkeit und Transparenz den Stakeholdern gegenüber. Erstmals wurde 2011 ein Nachhaltigkeitsfolder für die CeMAT – die Weltleitmesse für Intralogistik und Supply-Chain-Management in Hannover – veröffentlicht, der neben der CSR-Strategie auch konkrete Maßnahmen beschrieb. Auch ein Nachhaltigkeitsclip, ein selbsterklärendes Animationsvideo zu den CSR-Aktivitäten, wurde erstellt. Die KNAPP AG als nicht börsennotiertes Unternehmen hat sich dazu entschlossen, derzeit auf eine Berichterstattung nach Global-Reporting-Initiative(GRI)-Standards zu verzichten und beschränkt sich darauf, die mit Kennzahlen belegten CSR-Inhalte jährlich in den Geschäftsbericht einfließen zu lassen.

4 Ausblick in die Zukunft – Gesellschaftliches Engagement und Verantwortung des Familienunternehmens in der Zukunft

Für die Zukunft sieht Tanja Knapp den Erhalt eines durch den Aufsichtsrat gesteuerten Familienunternehmens. Die Familie und auch die Unternehmensführung fühlt sich der langjährigen Stammmannschaft und jenen jungen Mitarbeitern, die die künftige Stammmannschaft bilden werden, verpflichtet, da der Wert des Unternehmens durch sie abgebildet wird. Das setzt sich bis zum Topmanagement fort, das mit bewährten Mitarbeitern aus den eigenen Reihen besetzt wird.

Wesentlich dabei bleibt die Idee der Nachhaltigkeit, nämlich dem Baum nicht maximalen Gewinn zu entnehmen, sondern diesen langfristig im Sinn eines organischen Wachstums gedeihen zu lassen, im Gegensatz zu kapitalgetriebenen Unternehmen, wo der Personalbedarf je nach Auftragslage zu- oder abnimmt und das Prinzip „hire and fire" dominiert.

Als Familienunternehmen ist KNAPP ständig bestrebt, Auftragsschwankungen nicht durch Ab- und Aufbau von Mitarbeitern zu regulieren, sondern die bewährte und bestens qualifizierte Stammmannschaft zu behalten und kontinuierlich auszubauen.

Familiengesteuerte Unternehmen haben engeren Bezug zur Heimat; ob nun das Sponsoring des örtlichen Fußballvereins oder zahlreiche andere Möglichkeiten, jedenfalls ist das Interesse des familiengesteuerten Unternehmens für die nähere Umgebung fest im Bewusstsein verankert. Kapitalgesteuerte Unternehmen legen darauf keinen Wert.

KNAPP möchte auch weiterhin das selbstständig unternehmerische Denken der Mitarbeiter verstärken, deswegen wird kontinuierlich in Aus- und Weiterbildungsprogramme oder Bonitätssysteme zur Mitarbeiterbeteiligung investiert.

KNAPP wird auch weiter an CSR-Programmen arbeiten, um die Bedürfnisse aller Interessengruppen stets frühzeitig zu erkennen.

Für die Generationenfolge, also dem Gedeihen des Baums, ist die Familie Knapp bestrebt, das Unternehmen mehrheitlich in Familienhand zu halten und die strategische Ausrichtung über den Aufsichtsrat zu steuern. Mit hoher Flexibilität wird dafür Sorge getragen, dass der Baum nicht entwurzelt, sondern über Generationen zum Lebensraum vieler Menschen wird.

Literatur

Schmidt A (2015) http://www.osb-i.com/de/blog/wie-viel-familyness-hat-ihr-unternehmen-0. Zugegriffen: 25. Sept. 2016

Weiterführende Literatur
KNAPP AG (2009) Einreichunterlagen Gesundheitspreis. KNAPP AG, Hart bei Graz (Internes Dokument)
KNAPP AG (2012) Nachhaltigkeitsfolder. Wir machen uns auf den Weg. KNAPP AG, Hart bei Graz (Publikation)
KNAPP AG (2014 V1) Datenblatt zero defect warehouse. Hart bei Graz. Publikation
KNAPP AG (2015a) Datenblatt Vision Manuel Picking. KNAPP AG, Hart bei Graz (Publikation)
KNAPP AG (2015b) Geschäftsbericht Netzwerke. KNAPP AG, Hart bei Graz (Publikation)
KNAPP AG (2015 V2) Datenblatt Pick-it-Easy. Hart bei Graz. Publikation
KNAPP AG (2016) Geschäfts- und Nachhaltigkeitsbericht der KNAPP AG 2015/16 „Neue Dimensionen". KNAPP AG, Hart bei Graz (Publikation)
KNAPP AG (2016 V1) Smart Shuttles. Hart bei Graz. Publikation

Mag. Tanja Knapp, geboren 1973, ist Psychotherapeutin und Aufsichtsrätin der KNAPP AG. Tanja Knapp hat ein Diplomstudium der Pädagogik und ein psychotherapeutisches Propädeutikum an der Karl-Franzens-Universität Graz 1994 abgeschlossen. Darüber hinaus folgten Ausbildungen zur Verhaltenstherapeutin, Hypnotherapeutin, Schematherapeutin, Paar - und Sexualtherapeutin an Instituten in Salzburg und Hamburg sowie die Aufsichtsratsakademie in Wien. Neben ihrer Tätigkeit als Psychotherapeutin am Institut für Psychosomatik und Verhaltenstherapie (IPVT) und ihrer eigenen Praxis in Graz seit 2001 ist sie seit 2012 als Aufsichtsrätin der KNAPP AG tätig. In dieser Rolle übernimmt Tanja Knapp laufende Reisetätigkeit zu den Tochterunternehmen weltweit, Projektbezogene Referenz-und Kundenbesuche und nimmt an branchenspezifischen Fachmessen teil.

Mag. Katrin Pucher, geboren 1986, ist Leiterin der Abteilung für Integriertes Management System, Corporate Responsibility and Communications in der KNAPP AG. Katrin Pucher studierte Betriebswirtschaftslehre an der Karl-Franzens-Universität Graz und schloss ihr Masterstudium International Business 2009 ab. Der erste Kontakt mit der KNAPP AG erfolgte noch während des Studiums und sie implementierte 2011 das Thema Sustainability und Umweltmanagement. Im Jahr 2014 übernahm Katrin Pucher neben den bisherigen CSR- und Communications-Agenden die Abteilung für Integriertes Management System, das die drei Managementsysteme Qualität, Arbeits- und Maschinensicherheit und Umwelt abbildet. Im Rahmen ihrer CSR-Aktivitäten gewann die KNAPP AG Preise als frauen- und familienfreundlichster Betrieb Steiermark 2013, den Primus 2014 für Unternehmenskultur und den Trigos 2015 für CSR.

VAUDE: Unternehmertum neu definiert – global, fair, grün und innovativ

Antje von Dewitz und Lisa Fiedler

Das Familienunternehmen VAUDE mit 500 Mitarbeitern aus Tettnang entwickelt, produziert und vertreibt Outdoor-Ausrüstung wie funktionelle Bekleidung, Rucksäcke und Taschen, Schuhe, Schlafsäcke, Zelte und Campingzubehör. Gegründet wurde VAUDE 1974 von Albrecht von Dewitz in einem Dorf bei Tettnang und wird seit 2009 von seiner Tochter Antje von Dewitz geführt.

Das Unternehmen befindet sich auch in zweiter Generation zu 100 % in Familienbesitz der Familie von Dewitz. Es ist damit eines der wenigen verbliebenen inhabergeführten mittelständischen Unternehmen in der Outdoorbranche, die sich durch einen dynamischen Konzentrationsprozess auszeichnet.

VAUDE steht mit seinen Produkten für Bergsportkompetenz, Innovation und den verantwortungsvollen Umgang mit Mensch und Natur. VAUDE berücksichtigt dabei nicht nur das eigene Unternehmen, sondern übernimmt Verantwortung in der gesamten Lieferkette und setzt sich aktiv für die Erhöhung von Nachhaltigkeitsstandards in und außerhalb der Branche ein.

Die Lieferkette von Outdoorprodukten und so auch die von VAUDE ist komplex, international weit verzweigt und birgt etliche potenzielle ökologische und soziale Herausforderungen. Branchenüblich wird der Großteil der Produkte von externen Produzenten hauptsächlich in Asien produziert und durch VAUDE vertrieben. Diese erste Stufe der Lieferkette ist v. a. durch Herausforderungen im Bereich faire Sozialstandards gekennzeichnet. Die zweite, VAUDE vorgelagerte Stufe der Wertschöpfungskette bilden die Materialhersteller. Diese Stufe ist im Hinblick auf Nachhaltigkeit v. a. durch ökologische Herausforderungen geprägt.

VAUDE nimmt diese Herausforderungen an und hat sich zum Ziel gesetzt, Schritt für Schritt und ganz systematisch seine gesamte Lieferkette zu durchleuchten, um si-

A. von Dewitz (✉) · L. Fiedler
VAUDE Sport
Tettnang, Deutschland

cherzugehen, dass ein Produkt bis ins kleinste Detail umweltfreundlich und unter guten Arbeitsbedingungen produziert wird.

Im Jahr 2015 wurde VAUDE zu Deutschlands nachhaltigster Marke gekürt. Mit dieser Auszeichnung des Deutschen Nachhaltigkeitspreises wurde VAUDE auf höchster Ebene für die konsequent verfolgte Nachhaltigkeitsausrichtung als auch die kontinuierliche Weiterentwicklung geehrt. Entscheidend ist dabei, dass VAUDE das Thema Nachhaltigkeit nicht nur an bestimmten Stellen umsetzt, sondern ganzheitlich im gesamten Unternehmen verankert hat. Die kontinuierliche Weiterentwicklung ist bei VAUDE heute selbstverständlicher Bestandteil des täglichen Geschäfts von der Führungsetage bis hin zum einzelnen Mitarbeiter.

VAUDE beweist durch seinen unternehmerischen Erfolg im ansonsten nur sehr schwach wachsenden europäischen Outdoormarkt, dass eine innovativ nachhaltige Ausrichtung auch ein wesentlicher wirtschaftlicher Erfolgsfaktor ist.

1 Gemeinwohlorientiertes Wirtschaftsverständnis und ambitionierte Unternehmensvision

Der Erfolg des derzeitigen globalen Wirtschaftssystems beruht zu oft auf sozialer Ausbeutung und Zerstörung der Umwelt. Der Standpunkt von VAUDE ist klar: Die Privatwirtschaft hat einen bedeutenden Einfluss auf die ökologischen, sozialen und wirtschaftlichen Bedingungen. Um langfristig den Erhalt unseres Planeten sicherzustellen und soziale Ungleichheit zu beseitigen, ist ein Leitbild für unternehmerisches Handeln notwendig, das in der gesamten Lieferkette Verantwortung für Mensch und Natur übernimmt.

Wir nehmen diese Verantwortung ernst: Unser Verständnis von Unternehmertum ist am Gemeinwohl orientiert. Das bedeutet, dass wir durch unser Tun einen positiven Beitrag zu einer lebenswerten Welt für Mensch und Umwelt leisten möchten. Als inhabergeführtes Unternehmen streben wir den langfristigen Erhalt des Unternehmens für zukünftige Generationen an und entsprechen somit dem Grundprinzip der ökonomischen Nachhaltigkeit. VAUDE lebt davon, dass seine Kunden Freude und Erholung in der Natur finden. Wir sehen uns deshalb als Unternehmen in der Verantwortung, uns aktiv für den Schutz und die Erhaltung der Natur einzusetzen.

Die Unternehmensvision von VAUDE drückt die ambitionierte strategische Ausrichtung des Unternehmens aus (VAUDE 2017):

„Als nachhaltigster Outdoorausrüster Europas leisten wir einen Beitrag zu einer lebenswerten Welt, damit Menschen von morgen die Natur mit gutem Gewissen genießen können. Wir setzen weltweit Zeichen und Standards in Sachen Nachhaltigkeit."

VAUDE möchte objektiv und messbar zeigen, dass es als mittelständisches deutsches Familienunternehmen mit einer komplexen und globalisierten Lieferkette möglich ist, nachhaltig und ökonomisch erfolgreich zu wirtschaften.

Dieses Verständnis von Unternehmertum ist ambitioniert und geht einher mit zahlreichen Herausforderungen und Investitionsbedarfen insbesondere für Familienunternehmen. Mittelständische Unternehmen haben im Vergleich zu Großkonzernen eingeschränkte finanzielle und personelle Ressourcen. Darüber hinaus sind Einflussmöglichkeiten auf Geschäftspartner und Lieferanten aufgrund eines geringen Umsatz- und Auftragsvolumens reduzierter. Die Erwartungen an inhabergeführte Unternehmen hinsichtlich Verantwortungsübernahme sind im Vergleich zu börsennotierten Unternehmen größer, da der Inhaber mit seinem guten Namen für das Unternehmen steht.

VAUDE sieht in seiner strategischen Ausrichtung aber auch die deutliche Chance, sich vom Wettbewerb zu differenzieren und ökonomisch erfolgreich zu wirtschaften.

2   Fair und grün in Strategie und im Alltagsgeschäft

Nachhaltiges Wirtschaften kann nur durch die konsistente Interaktion individueller Maßnahmen und Ziele erfolgreich erreicht werden. Die Unternehmensstrategie von VAUDE basiert auf einem holistischen und allumfassenden Ansatz. Nachhaltigkeitsaspekte sind dabei voll und ganz in die Unternehmensstrategie integriert, es existiert keine Nachhaltigkeitsstrategie parallel zu einer wirtschaftlichen Strategie. VAUDE sieht Nachhaltigkeit nicht nur als einen Teil der Unternehmensphilosophie und der Kommunikationsstrategie, sondern als globale Priorität. Umweltschutz und soziale Gerechtigkeit sind komplett im Unternehmensführungsprozess verankert.

Nachhaltigkeit hat viele Aspekte und Herausforderungen für ein Unternehmen mit einer globalen und komplexen Lieferkette. Ein erfolgreiches Nachhaltigkeitsmanagement zeichnet sich durch die beiden Kriterien Vollständigkeit und Wesentlichkeit aus. Diese liegen dem VAUDE Ecosystem zugrunde (Abb. 1). Es beschreibt die systematische Verankerung aller Nachhaltigkeitsaktivitäten und -maßnahmen in der unternehmerischen Tätigkeit am Firmenhauptsitz in Tettnang und entlang des gesamten Produktlebenszyklus.

Handlungsfelder am Firmenhauptsitz sind beispielsweise klimaneutrales Wirtschaften und soziale Verantwortung für Mitarbeiter. Wesentliche Aspekte der Nachhaltigkeit des Produktlebenszyklus von VAUDE-Produkte reichen von langlebigem und zeitlosem Design, nachhaltigen Materialien, umweltfreundlicher und fairer Produktion über Vertriebsthemen bis hin zum umweltfreundlichen Gebrauch und Pflege und der Entsorgung des Produkts.

VAUDE stellt somit sicher, alle wesentlichen Aspekte und Themen der sozialen und ökologischen Verantwortung am Firmenhauptsitz und in der kompletten Lieferkette zu identifizieren und zu adressieren.

Operativ verankert sind Nachhaltigkeitsaktivitäten und -maßnahmen im interdisziplinären Nachhaltigkeitsteam. Dies setzt sich aus Mitarbeitern aus den verschiedenen Fachabteilungen zusammen. Nachhaltigkeit wird also nicht losgelöst in einer isolierten eigenen Abteilung bearbeitet, sondern ist in allen relevanten Abteilungen im Unternehmen im Alltagsgeschäft verankert. Die Leitung des Teams hat der Geschäftsleiter für Vertrieb und Nachhaltigkeit.

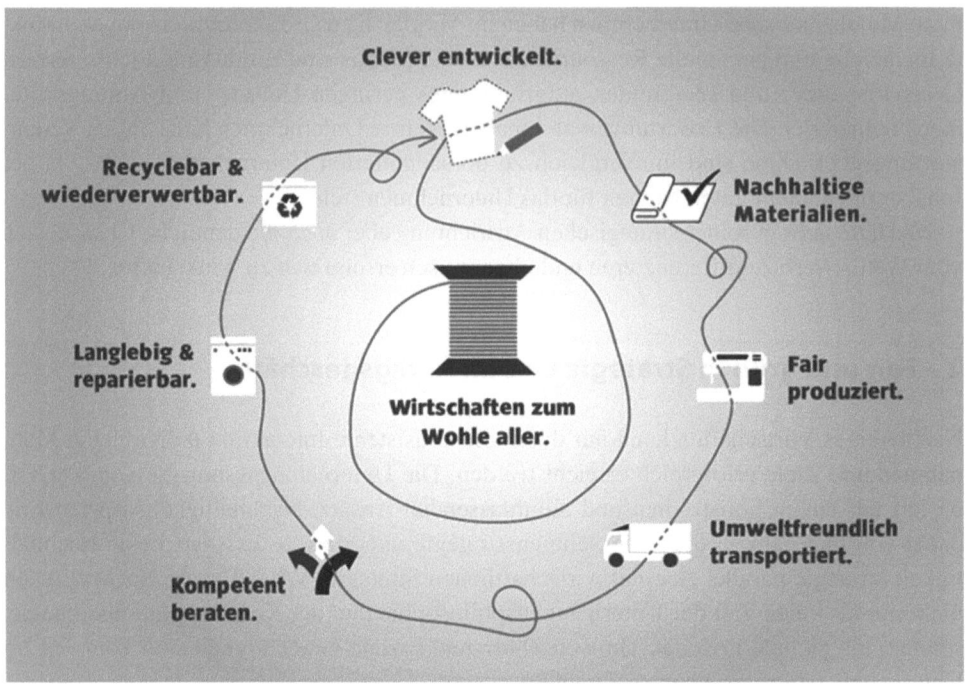

Abb. 1 VAUDE Ecosystem

VAUDE misst seine Nachhaltigkeitsleistung kontinuierlich und konsequent. Die gesteckten Ziele sind mit konkreten Zielwerten und Zeithorizonten definiert. Die regelmäßige Auseinandersetzung mit dem Zielerreichungsgrad gewährleistet einen kontinuierlichen Weiterentwicklungs- und Verbesserungsprozess.

Ziele und Zielwerte mit Nachhaltigkeitsbezug leitet VAUDE zum Großteil aus Anforderungen und Kennzahlen externer Nachhaltigkeitsstandards ab und nutzt diese zur Messung und Steuerung der Nachhaltigkeitsleistung. Dieses Vorgehen gewährleistet die Wesentlichkeit unserer Zielsetzung.

3 Klimaneutral und gute Arbeitsbedingungen am Firmenhauptsitz

Seit 2008 hat VAUDE ein zertifiziertes Umweltmanagementsystem nach dem Eco-Management and Audit Scheme (EMAS) mit jährlich festgelegten Umweltzielen und geht damit weit über die gesetzlichen Anforderungen hinaus.[1] Zusätzlich erstellt das

---

[1] Das EMAS gehört zu den umweltpolitischen Instrumenten der Europäischen Union. EMAS ist ein Umweltmanagementsystem, das Unternehmen hilft, betrieblichen Umweltschutz fest in allen Unternehmensprozessen zu verankern. Über eine externe Umweltbetriebsprüfung wird jährlich der

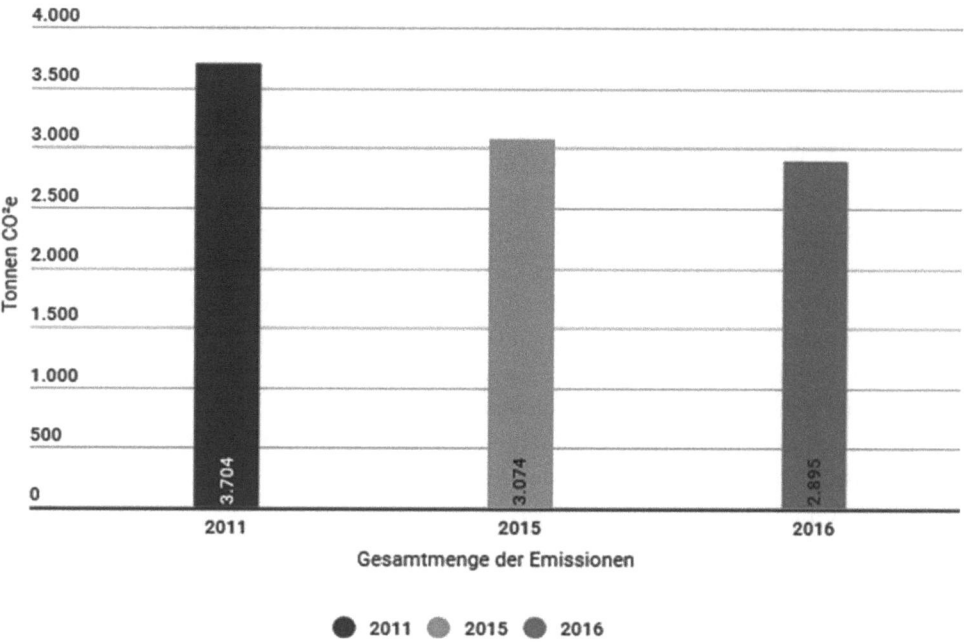

Abb. 2 Emissionen pro Tonne fertiger Produkte

Unternehmen seit fünf Jahren eine Klimabilanz und reduziert kontinuierlich seine Emissionen (Abb. 2). Alle nicht vermeidbaren Emissionen werden durch ein Gold-Standard[2]-zertifiziertes Klimaschutzprojekt der Non-Profit-Organisation myclimate kompensiert. Der Firmenhauptsitz in Tettnang und die am Standort produzierten Produkte sind somit klimaneutral.

VAUDE steht für die Vereinbarung von Beruf und Privatleben und bietet seinen Mitarbeitern viele Bausteine an, die dies erleichtern. Dazu gehören beispielsweise das Kinderhaus mit einer altersgemischten Gruppe und einer Krippe, flexible Teilzeitmodelle und Homeoffices. Die Maßnahmen zeigen Wirkung: VAUDE beschäftigt ungefähr 40 % Frauen in Führungspositionen und hat eine Teilzeitquote von 43 %.

Gesundheitsförderung ist für VAUDE eine Selbstverständlichkeit: Wir verfolgen einen ganzheitlichen Gesundheitsmanagementansatz, der von gesundem Essen in der eigenen Biokantine über Prävention durch Sport bis hin zu Büroausstattung nach ergonomischen Grundregeln reicht.

Großteil aller veröffentlichten Umweltdaten kontrolliert und überprüft, ob diese Daten korrekt sind und das Unternehmen seinem eigenen Anspruch gerecht wird.

[2] „Das Qualitätslabel *Gold Standard* für Klimaschutzprojekte in Entwicklungsländern wurde 2003 vom World Wide Fund For Nature (WWF) und anderen Umweltverbänden entwickelt. Bislang können nur Projekte, die auf erneuerbare Energie oder die Steigerung der Energieeffizienz setzen, das Siegel erhalten" (WWF 2016).

4 Strenge Bewertungskriterien für VAUDE Green-Shape-Produkte

Bis heute gibt es keinen Maßstab, kein fertiges Bewertungssystem, kein Zertifikat für nachhaltige Outdoorprodukte, schon gar kein einheitliches, international und für alle VAUDE-Produktgruppen gültiges. VAUDE setzt deshalb als Pionier in diesem Bereich auf ein eigenes Bewertungssystem: Green Shape (Abb. 3).

Green-Shape-Produkte erfüllen einen strengen Kriterienkatalog, vom Design der Produkte über die Materialauswahl, die Produktion, den Gebrauch und die Pflege bis zum Recycling und der Entsorgung der Produkte. Bestehende externe Standards wie das bluesign® system und die Fair Wear Foundation[3] (FWF) sind Teil der Kriterien Umweltschädliche Technologien und Verfahren wie fluorcarbonhaltige Oberflächenbehandlung werden strikt und konsequent ausgeschlossen.

VAUDE hat es in den vergangenen Jahren geschafft, den Anteil der Green-Shape-Produkte konsequent zu erhöhen; 90 % der Bekleidungskollektion für Sommer 2017 sind Green-Shape-Produkte.

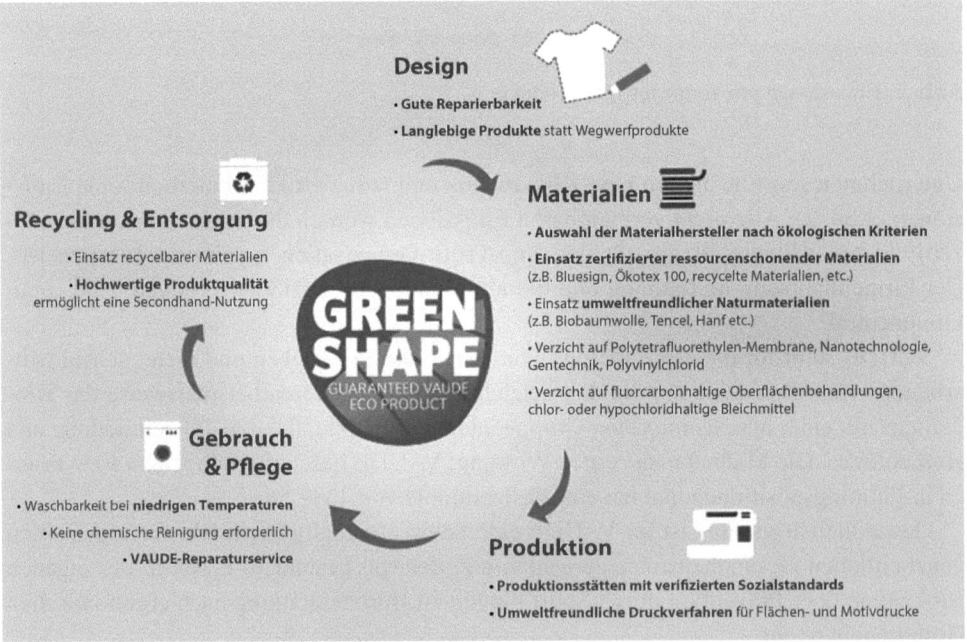

Abb. 3 Die VAUDE-Green-Shape-Kriterien

---

[3] Die Fair Wear Foundation ist eine internationale Multistakeholderorganisation, die sich für die Verbesserung der Sozialstandards in der textilen Lieferkette einsetzt (http://www.fairwear.org/).

5 Herausforderung Verantwortungsübernahme in der gesamten Lieferkette

Um sicherzugehen, dass ein Produkt bis ins kleinste Detail umweltfreundlich und unter guten Arbeitsbedingungen produziert wird, ist es notwendig, die komplette Lieferkette mit allen Stoffen, Kleinteilen, Fertigungsprozessen und Arbeitsbedingungen zu durchleuchten.

Dies ist eine besondere Herausforderung für VAUDE. Branchenüblich werden die vorgelagerten Fertigungsstufen wie Materialherstellung (Tier 2) und Produktion (Tier 1) durch eigenständige Unternehmen durchgeführt. Das bedeutet, dass wir hier nur einen indirekten und limitierten Einfluss haben. Dies gilt insbesondere für die Materiallieferanten mit denen VAUDE auch keine direkte Geschäftsbeziehung hat.

Erschwerend kommt hinzu, dass VAUDE als mittelständisches Familienunternehmen eine ähnlich komplexe Lieferkette im Vergleich zu Großkonzernen, aber nur einen Bruchteil an finanziellen und personellen Ressourcen zur Verfügung hat.

Um diese Herausforderungen erfolgreich zu meistern, setzt VAUDE auf langfristige Partnerschaften auf Augenhöhe, auf Überzeugung und Motivation, auf Know-How-Aufbau und -Unterstützung sowie auf Kooperationen mit Experten und Mitbewerbern.

5.1 Hohe Standards bei Produzenten

Gemeinsam mit externen Partnern hat VAUDE in den vergangenen Jahren hohe soziale und ökologische Standards in den Produktionsbetrieben aufgebaut. VAUDE ist seit 2010 Mitglied der FWF und hat 2015 nach konsequenter Arbeit mit den Produzenten das Ziel, den Leader-Status zu erhalten, erreicht. Das bedeutet, dass mindestens 90 % des Produktionsvolumens durch die FWF auditiert wird und mindestens 75 % im Brand-Performance-Check (BPC) der FWF erreicht werden. Der BPC ist die unabhängige Bewertung, wie das Mitgliedsunternehmen der FWF an der Verbesserung der Arbeitsbedingungen in der Lieferkette arbeitet und ob es die Anforderungen der Mitgliedschaft erfüllt.

Im Jahr 2016 waren bei VAUDE 100 % der Produzenten im Monitoring. Damit geht das Unternehmen weit über die Anforderungen der FWF hinaus. Beim BPC 2016 hat VAUDE 89 % erreicht. Wir haben somit die Sicherheit, dass bei unseren Produzenten der Kodex der FWF und somit faire Sozialstandards eingehalten werden (Abb. 4).

In den vergangenen Jahren hat VAUDE darüber hinaus seine Produzenten im Bereich Schadstoffmanagement geschult. Gemeinsam mit den Produzenten haben wir eine Risikoanalyse der Lieferkette durchgeführt und individuelle Maßnahmenpläne zur Verbesserung der Einhaltung unserer Liste mit Substanzen, deren Verwendung wegen ihrer potenziellen Schädlichkeit streng geregelt oder ganz verboten ist, erarbeitet. Wir haben dadurch erreicht, dass unsere Produzenten deutlich mehr für das Thema sensibilisiert sind und weniger Abweichungen von dieser Liste auftreten.

Abb. 4 „Code of Labour Practices" der Fair Wear Foundation. (Mit freundl. Genehmigung Fair Wear Foundation 2016)

5.2 Ambitioniertes Pilotprojekt für umweltfreundliche und faire Materialherstellung

In den vorgelagerten Stufen der Produktion, beispielsweise der Spinnerei, Weberei oder Färberei, sind die Fertigungsschritte oft sehr ressourcenintensiv und umweltbelastend. Daher ist es VAUDE ein wichtiges Anliegen, auch hier hohe Standards umzusetzen.

Der Großteil der Materiallieferanten und der Materialien von VAUDE ist schon jetzt nach dem weltweit strengsten Textilstandard für Umwelt- und Verbraucherschutz, dem bluesign® system, zertifiziert. Das System funktioniert ähnlich wie ein ökologisches Reinheitsgebot: Es sind nur Materialien zugelassen, die weder Mensch noch Umwelt belasten.

Allerdings sind nicht alle Materialien und Zutaten in bluesign®-Qualität auf dem Markt verfügbar und wir haben festgestellt, dass textilchemisches Fachwissen in der textilen Lieferkette nicht immer vorhanden ist. Darüber hinaus weist das bluesign® system Lücken bei Sozialstandards und beim Thema Vorsorgeprinzip auf. So setzt das bluesign® system auf die beste verfügbare Technologie und schließt dabei die Verwendung umstrittener Substanzen wie die persistente, bioakkumulative und toxische Chemikalie Polyfluorcarbon nicht grundsätzlich aus.

Um unserer Verantwortung in der gesamten Lieferkette gerecht zu werden, sehen wir daher die Notwendigkeit ein Managementsystem aufzubauen, das über das bluesign® system hinausgeht. VAUDE hat 2015 das zweijährige Pilotprojekt *Umweltmanagement in der textilen Lieferkette* ins Leben gerufen. Das Projekt unterstützt die VAUDE-Materiallieferanten darin, nachhaltig systematischen betrieblichen Umweltschutz einzuführen oder weiter zu verbessern. Ziel ist die Sensibilisierung und Befähigung ausgewählter Materiallieferanten von VAUDE in den asiatischen Beschaffungsmärkten (z. B. Vietnam, China, Taiwan), sodass wir gemeinsam immer höhere Umweltstandards in unserer Lieferkette umsetzen können. Wenn die Lieferanten ein Verständnis und ein Bewusstsein für die Schadstoffvermeidung und den Umweltschutz entwickeln, setzen sie dies nach unserer Erfahrung auch gründlich um. Das ist ein langfristig angelegter, nachhaltiger Ansatz, der viel besser funktioniert als die reine Kontrolle der Produkte (Abb. 5).

Um die Teilnehmer für das Projekt zu gewinnen, war es notwendig, ihnen die Sinnhaftigkeit und den positiven Mehrwert wie beispielsweise Wettbewerbsfähigkeit, Mitarbeitermotivation, Senkung der Betriebskosten oder Verbesserung der Lebensbedingungen aufzuzeigen. Mit den teilnehmenden Materiallieferanten deckt VAUDE etwa 80 % des Materialbedarfs ab.

Der Fokus des Projekts liegt auf der Befähigung und dem Wissensaufbau seitens der Materiallieferanten. Deshalb hat VAUDE zunächst mithilfe eines Fragebogens eine Bestandsaufnahme zum betrieblichen Umweltschutz und Sozialstandards durchgeführt. Basierend auf dieser Selbsteinschätzung der Materiallieferanten wurde ein Schulungskonzept mit externen Experten ausgearbeitet. Gemeinsam mit diesen schult VAUDE die Teilnehmer intensiv in den Bereichen Umwelt-, Energie-, Chemikalien-, Abfall-, und Arbeitssicherheitsmanagement sowie Sozialstandards. Darüber hinaus erhält jedes teilnehmende Unternehmen eine individuelle Maßnahmenliste mit Zeitplan und Umsetzungshinweisen. Bei der Durchführung der Maßnahmen unterstützen das VAUDE-Qualitätsmanagement sowie die begleitenden externen Experten.

Das Bundesministerium für wirtschaftliche Zusammenarbeit und Entwicklung (BMZ) unterstützt im Rahmen des Programms develoPPP.de der Deutschen Entwicklungsgesellschaft (DEG) das Projekt finanziell. Ohne diese Unterstützung wäre ein solch umfangreiches und kostenintensives Projekt für uns als mittelständisches Familienunternehmen nicht realisierbar.

Gemeinsam mit Experten aus der Politik, der Outdoorbranche, der Forschung sowie Fachjournalisten hat VAUDE im Rahmen eines Stakeholderdialogs das Projekt evaluiert und Weiterentwicklungsmöglichkeiten diskutiert. Die Ergebnisse des Austauschs fließen in die Fortführung der Arbeit von VAUDE. Nach der zweijährigen Projektphase plant VAUDE den Ansatz auf seine gesamte Lieferkette auszurollen.

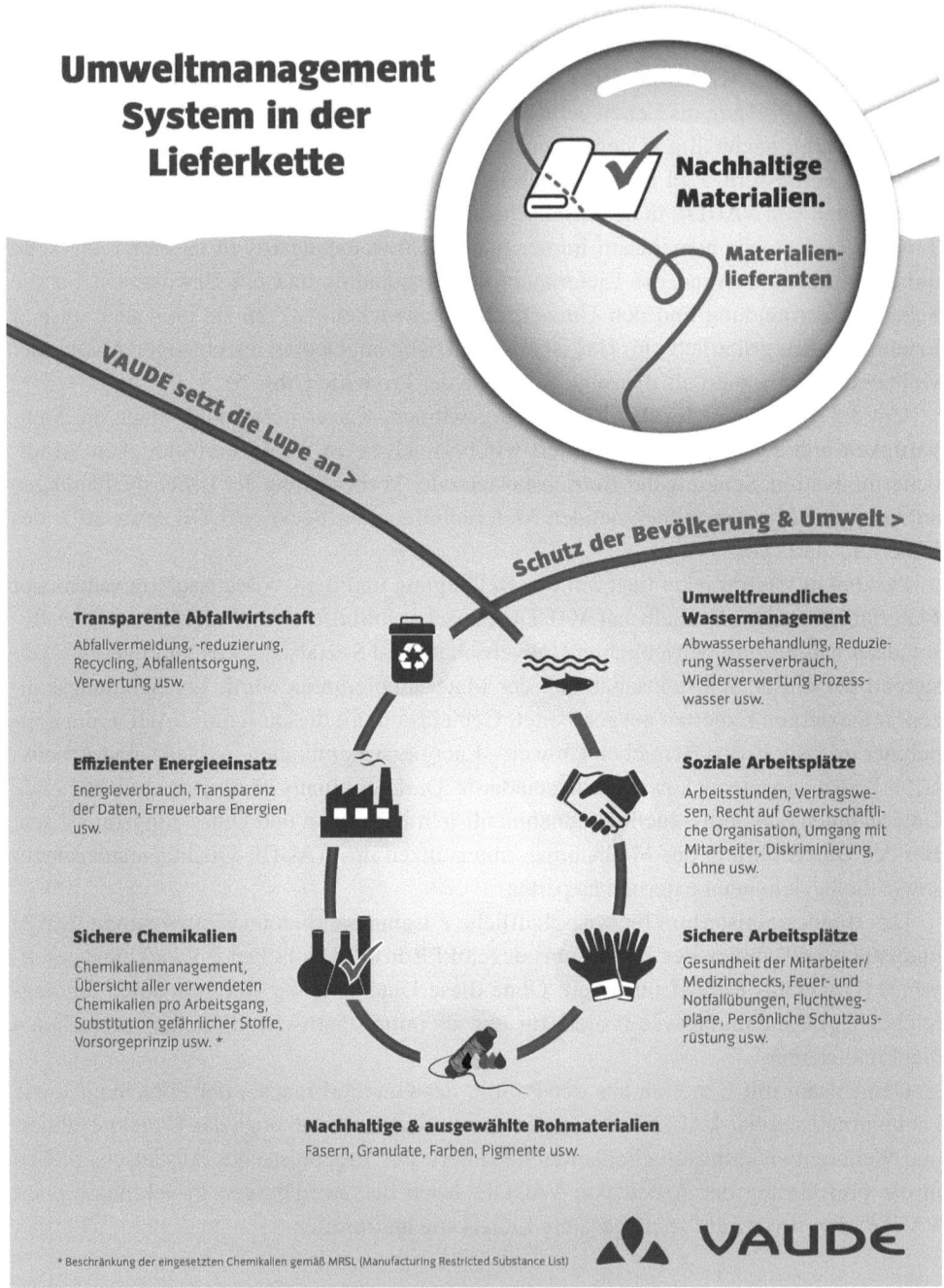

Abb. 5 Umweltmanagement in der textilen Lieferkette

6 Politisch aktiv für eine nachhaltige Textilindustrie

VAUDE setzt sich nicht nur für strenge Standards innerhalb des Unternehmens und der Lieferkette ein, sondern ist auch politisch aktiv für die Verbesserung der sozialen, ökologischen und ökonomischen Rahmenbedingungen in der Textilbranche. Deshalb ist VAUDE im Herbst 2014 als Gründungsmitglied dem Bündnis für nachhaltige Textilien[4] beigetreten.

Die Ziele des Textilbündnisses stimmen mit den VAUDE-Unternehmenszielen überein. Aus der Erfahrung wissen wir aber, dass es für uns als mittelständisches Familienunternehmen extrem schwierig ist, die Rahmenbedingungen in der Textilherstellung allein zu verändern. Wir haben uns daher immer für ein gemeinsames Vorgehen der gesamten Branche und für politische Unterstützung eingesetzt.

VAUDE arbeitet aktiv im Textilbündnis in der Arbeitsgruppe zur Entwicklung eines Review-Prozesses mit, der die Umsetzung, Überprüfung und Berichterstattung gemeinsam definierter Maßnahmen gewährleisten soll.

Darüber hinaus spricht VAUDE sich für die staatliche Förderung nachhaltiger Unternehmen aus. Umweltfreundliche Materialien und faire Produktion bringen i. d. R. höhere Kosten als konventionelles Wirtschaften mit sich. Diese Kosten trägt der Hersteller und sie wirken sich auch auf den Marktpreis des Produkts aus. Die durch konventionell hergestellte Materialien und Produktion verursachten negativen ökologischen und sozialen Auswirkungen hingegen werden nicht vom Verursacher, sondern von der von den Arbeitnehmern durch geringe Löhne oder der Natur im Herstellungsland, durch Abwässer und ähnliches getragen und sind nicht in den Marktpreis eingepreist.

Um nachhaltiges Wirtschaften im Wirtschaftssystem zu etablieren, bedarf es aus unserer Sicht angepasster staatlicher Rahmenbedingungen und Anreizsysteme. Dazu zählen rechtliche Vorteile wie beispielsweise Steuererleichterungen für nachhaltige Unternehmen. Zudem ist es sinnvoll, negative Auswirkungen ihrem Verursacher zuzuordnen, der dann für die Kosten aufkommt.

7 Wirtschaftlich erfolgreiches Gesamtsystem

VAUDE schätzt seine Mehrkosten für umweltfreundlich und fair hergestellte Produkte, für Umweltmanagement und guten Arbeitsbedingungen auf etwa 10–15 %. Wie schafft es das Unternehmen dennoch wirtschaftlich erfolgreich zu sein?

VAUDE erzielt stabile und gesunde Finanzkennzahlen. In den vergangenen fünf Jahren ist VAUDE beispielsweise stärker im Umsatz gewachsen als der europäische Outdoor-

---

[4] Im Textilbündnis bündeln Bundesregierung, Textil- und Bekleidungsindustrie, Handel, Gewerkschaften und Zivilgesellschaft ihren Sachverstand und ihre Kräfte mit dem Ziel, international anerkannte Umwelt- und Sozial-Standards in der gesamten Wertschöpfungskette der Textilproduktion besser als bisher in die Praxis umzusetzen (VAUDE 2017).

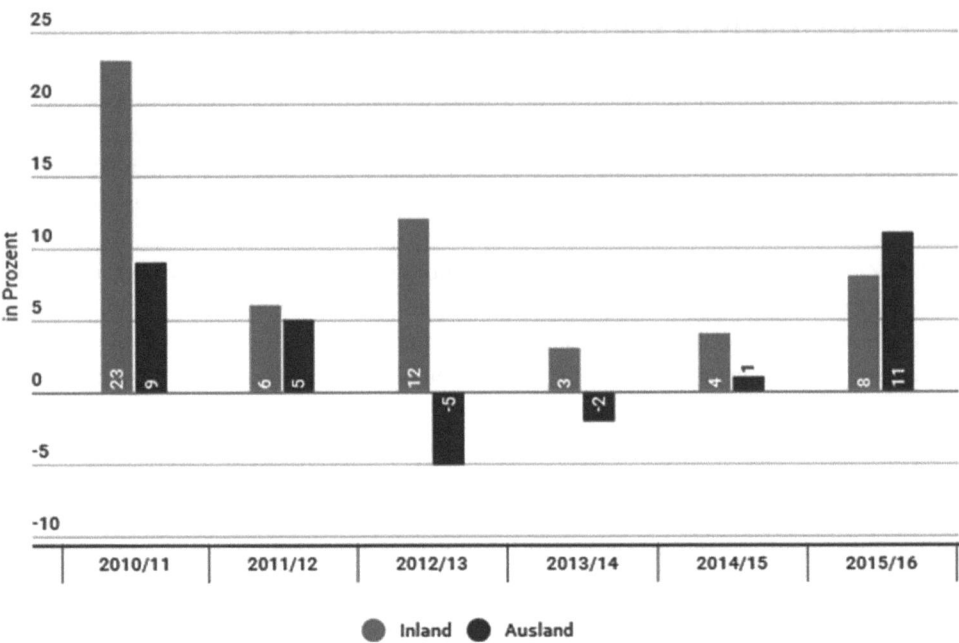

Abb. 6 Wachstumsraten des europäischen Outdoormarkts (EOG) im Vergleich zu VAUDE (nur EOG-Länder)

markt (Abb. 6) und wir konnten unsere Eigenkapitalquote von 36 % im Jahr 2013 auf 48 % im Jahr 2016 erhöhen (VAUDE 2017).

Wir sind davon überzeugt, dass faires und ökologisches Wirtschaften ökonomischen Erfolg nicht ausschließt. Im Gegenteil, durch unseren unternehmerischen Erfolg zeigen wir, dass Nachhaltigkeit ein wirtschaftlicher Erfolgsfaktor ist und zu einem Alleinstellungsmerkmal werden kann.

Die ganzheitliche und durchgängige Ausrichtung auf ein Wirtschaften im Einklang mit Mensch und Natur ist Grundlage für eine kontinuierliche, lebendige Weiterentwicklung der Vertrauenskultur und der selbstwirksamen Organisation des Unternehmens sowie für die Entwicklung innovativer und zukunftsweisender Produkte und Dienstleistungen.

Das ehrliche Engagement für eine transparente, faire und grüne Lieferkette minimiert Geschäfts- und Qualitätsrisiken und stärkt unsere Position als fairer und verlässlicher Partner gegenüber Geschäftspartnern. Auf der Seite der Kunden und Konsumenten festigt es die Markenidentität und sichert uns weiterhin die Vorreiterrolle in Sachen Nachhaltigkeit. Das Unternehmen wird als starke, vertrauensvolle und sympathische Marke wahrgenommen.

Auch unsere Ansätze zur Vereinbarkeit von Beruf und Privatleben zahlen sich unternehmerisch gesehen aus: VAUDE hat eine niedrige Fluktuations- und Krankheitsquote. Zudem wird VAUDE als attraktiver Arbeitgeber geschätzt und hat dadurch kaum Personalbeschaffungskosten trotz nahezu Vollbeschäftigung in der Branche und Region.

Die Markenbekanntheit und das positive Markenimage von VAUDE werden durch zahlreiche Auszeichnungen und eine intensive Berichterstattung zu unserem Nachhaltigkeitsengagement in der allgemeinen Presse und der Fachpresse gestärkt.

Literatur

Fair Wear Foundation (2016) http://www.fairwear.org/. Zugegriffen: 17. Okt. 2017

VAUDE (2017) Nachhaltigkeitsbericht. http://nachhaltigkeitsbericht.vaude.com/. Zugegriffen: 17. Okt. 2017

WWF (2016) Ein Standard für waldbezogene Klimaschutzprojekte. http://www.wwf.de/themen-projekte/waelder/wald-und-klima/standards-fuer-schutzprojekte/. Zugegriffen: 17. Okt. 2017

Antje von Dewitz ist Geschäftsführerin des Outdoor-Ausrüsters VAUDE. Nach ihrem Studium der Wirtschafts- und Kulturraumstudien war sie bei VAUDE zunächst als Produktmanagerin, später als Marketingleiterin tätig. Im Jahr 2009 übernahm sie die Geschäftsführung.

Lisa Fiedler ist in der Stabstelle für Unternehmensentwicklung tätig und Mitglied des CSR-Teams bei VAUDE. Sie hat Volks- und Betriebswirtschaft mit den Schwerpunkten Entwicklungsökonomik und nachhaltige Entwicklung studiert.

Biogena – ein Familienunternehmen mit Begeisterung für Werte- und Kultur-Management

Albert Schmidbauer und Julia Ganglbauer

1 Die Biogena-Story

Alles begann mit einer Idee in einem Kopf, mit den Gedanken eines Unternehmers. Dr. Albert Schmidbauer setzte sich in der Anfangsphase mit der realisierbaren Idee auseinander, etwas Größeres zu erschaffen, nicht nur für Einzelne, vielmehr für möglichst viele Menschen. Die Idee wuchs und wuchs, getrieben von der Vision, ein Produkt, eine Technologie und/oder eine Dienstleistung voranzutreiben, ja genau diese eine Idee zu verwirklichen. Dass aus genau dieser Idee heraus eine Interessengemeinschaft, das mittelständische inhabergeführte Familienunternehmen Biogena und daraus wiederum die Biogena-Gruppe, eine Unternehmensgruppe mit aktuell fünf Marken, entstand, konnte zu Beginn rein der Unternehmensgründer visualisieren. Denn wenn alles in einer Hand und einem Kopf ganz nah beisammen liegt, nämlich beim Unternehmer selbst, ist die Vision zwar fast immer detail- und facettenreich abgestimmt, aber fast nie 1:1 verschriftlicht. „Versuch und Irrtum dominierten die ersten Phasen der Unternehmensentwicklung", so Albert Schmidbauer zur Anfangsphase des Familienunternehmens. Wesentlichste Differenzierungsmerkmale der Marke Biogena gehen aktueller denn je mit Qualität, Verantwortungsübernahme, Wissen, starken Unternehmenswerten und einer außergewöhnlichen „corporate culture" einher.

Nun, wofür steht Biogena aktuell im Jahr 2017? Wertvolle Inhaltsstoffe, optimale Dosierung und höchste Qualität lauten die drei Zauberworte, wenn es um das Biogena-Produktportfolio aus über 260 Mikronährstoffpräparaten und Nahrungsergänzungsmitteln

A. Schmidbauer (✉)
Biogena-Gruppe
Strubergasse 24, 5020 Salzburg, Österreich

J. Ganglbauer
Biogena-Gruppe
Salzburg, Österreich

geht. Die Produkte von Biogena erfüllen alle diese Eigenschaften und noch viel mehr: Sie werden in Österreich hergestellt und sind der Gesundheit zuliebe frei von jeglichen Hilfs- und Zusatzstoffen. Ebenso leistet das Unternehmen durch vielfältige Mehrwertangebote, u. a. mit über 270 jährlichen Vortragsimpulsen, Seminaren und der eigenen Ausbildung, dem MikronährstoffCoach® sowie in den Bereichen Prävention und Gesundheitsvorsorge durch die Biogena-Präventionszentren und einem Netzwerk aus über 9000 Partnerärzten und -therapeuten einen wesentlichen Beitrag zum 3. Nachhaltigen Entwicklungsziel *Gesundheit und Wohlergehen* der Vereinten Nationen.

Sicherlich einzigartig ist die Ausrichtung der Biogena-Unternehmenskultur nach den Unternehmenswerten, die der Eigentümer und geschäftsführende Gesellschafter mit der Gründung initiierte und im Lauf der letzten Jahre forcierte. Zudem wurde das Augenmerk bereits kurz nach der Gründung auf ISO-Standards und Qualitätsmanagement entlang der Wertschöpfungskette gelegt, um stabile Prozesse und Abläufe zu etablieren. Was mit Lieferantenbewertungen und ISO 22000 begann, wurde zu einem professionell integrierten ökosozialen Managementsystem nach ISO 22000, ISO 14001 und Eco-Management and Audit Scheme (EMAS) sowie den Prinzipien der ISO 26000.

Biogena etablierte sich schon früh nach der Unternehmensgründung als Premiumpartner für Ärzte und Therapeuten, ebenso erhielten die Biogena-Produkte das Gütesiegel des LEFO-Instituts. Noch im Jahr 2006 wurde der Qualitätsanspruch in der Wissensvermittlung mit der Biogena-Akademie um einen wichtigen Baustein erweitert. Ärzte, Therapeuten sowie Biogena-Konsumenten erhalten im Rahmen dieser Einrichtung seither die Möglichkeit, sich im Bereich Mikronährstoffe hochkompetent fortzubilden und zu vernetzen.

Die Eröffnung des ersten Biogena-Stores in Wien im Jahr 2009 war ein starker Impuls für die weitere Unternehmensentwicklung. Es folgten über die Jahre Stores in Graz, Salzburg, Linz, Natternbach, Frankfurt am Main, Freilassing, Klagenfurt und München sowie der erste Flagship-Store in Wien. Biogena versteht sich nun nach und nach als Retailer und öffnete sich über die Jahre immer stärker dem Konsumenten, auch via Webshop.

Das 2007 formierte Biogena-Wissenschaftsteam – es besteht mittlerweile aus zahlreichen akademisch ausgebildeten Experten aus verschiedenen Fachbereichen – betreibt intensive Forschungsarbeit und befasst sich mit der Optimierung wie der Neuentwicklung von Produkten und Konzepten. Im Jahr 2016 schrieb Biogena erneut Geschichte. Das Familienunternehmen hat sich in seinem Inneren weiterentwickelt und spiegelt dies nun auch mit dem neuen Design nach außen. Dieser Big Bang des Marken-Relaunches mit völlig neuem Branding und klarer Ausrichtung – „fantastisch leben" – wurde der Öffentlichkeit am 12.05.2016 präsentiert. Seinen Wurzeln bleibt das Unternehmen dabei treu: Die Rezepturen und die Qualität der Mikronährstoffpräparate bleiben weiterhin rein, kompromisslos und einzigartig.

Nach dieser kurzen Skizze der Gründungs- und Anfangsphase ist die Statusaufnahme aktuell wie folgt: Biogena orientiert sich strategisch am 2015 veröffentlichten dritten nachhaltigen Entwicklungsziel der Vereinten Nationen Gesundheit und Wohlergehen. Konkret verfolgt Biogena die Vision, als international anerkannter Player mit vielfältigen Mehrwertangeboten einen wesentlichen Beitrag im Bereich Gesundheit und Wohlergehen zu leisten. Diese Basis der strategischen Ausrichtung nutzt das Unternehmen zur konsistenten Weiterentwicklung des Geschäftsmodells und zum dynamischen Netzwerkaufbau. In der wertegeladenen Biogena-Community sind alle Stakeholder willkommen, aus primärer Sicht die rund 250 Mitarbeiter, über 9000 Partnerärzte und -therapeuten, ein Vielfaches an Konsumenten der Biogena-Produkte, die zahlreichen Lieferanten, Kooperationspartner und gesundheitsorientierten Menschen mit vielfältigem Hintergrund und Interesse am Wissenstransfer. Ziel des inhabergeführten Familienunternehmens ist es, Produkte und Dienstleistungen zu entwickeln, die im Bereich Diagnostik, Prävention und Gesundheitsförderung wirken. Denn Wissen, Qualität und Verantwortung machen Biogena zum starken Partner in puncto Mikronährstoffe, Diagnostik und Gesundheitsvorsorge, so die Mission der Wissenscompany. Dabei ist über die Jahre vieles an werteorientierter Organisationsentwicklung geschehen, teils bewusst und strukturiert, teils intuitiv. Aktuell durchläuft Biogena einen Wandel – Transformation genannt – ganz nach dem Credo „Wie wir uns selber ändern, so ändern sich die Dinge". So werden die fünf Kernwerte des Unternehmens – Vertrauen, Verantwortung, Wertschätzung, Mut und Leistung – nach und nach mit beobachtbarem Verhalten erfüllt und an Ritualen wie beispielsweise sprechenden Wänden oder Werte-Challenges sichtbar, spürbar und erlebbar. Doch woher kommen die fünf Unternehmenswerte und wer ist die treibende Kraft dahinter?

2 Die Rolle des Unternehmers

Die Rolle des Unternehmers kann in der vorliegenden Fallstudie über Biogena mit der Rolle des Eigentümers und des geschäftsführenden Gesellschafters gleichgesetzt werden. Gerade in der Anfangsphase entwickelte sich aus der Person bzw. Persönlichkeit und der persönlichen Wertehaltung des Unternehmers Orientierung sowohl für interne Stakeholder, wie Mitarbeiter, als auch für weitere Stakeholdergruppen, wie Konsumenten, Lieferanten und sonstige Kooperationspartner. Der Unternehmer, so die Biogena-Erfahrung, prägt das Unternehmen bzw. lädt die Unternehmens-DNA mit seinen Wertevorstellungen, seinem beobachtbaren Verhalten sowie seinen Zielen und Intentionen auf. Die Unternehmenswerte sind klar in der Rolle des Eigentümers verankert (Glauner 2013). Die Wertehaltung des Unternehmers geht somit unmittelbar in die kulturelle Identität des Unternehmens über. Dass konsequente Vorbildwirkung und ständiges Erleben wie Beobachten dies fördern, war Albert Schmidbauer in starkem Bewusstsein und wurde entsprechend widergespiegelt.

Operativ gesehen erfolgte der Informations- und Wissenstransfer zu den ersten Biogena-Mitarbeitern, intern Biogenas genannt, in der Anfangsphase direkt und ohne Umwege. Unabdingbare Flexibilität stand und steht nach wie vor an der Tagesordnung – mit zunehmender Mitarbeiterzahl durchaus auch Chaos, das durch kurze Kommunikationswege und viel gemeinsames Arbeiten immer wieder in den Griff zu bekommen war.

Mit steigender Unternehmensgröße und Wachstum wurden die direkten Berührungspunkte zwischen dem Unternehmer und den Stakeholdern etwas geringer. Hintergrund war u. a. auch die Etablierung einer zweiten Führungsebene und die Stärkung der Führungskultur mit mehreren Verantwortlichen bzw. Fachexperten. Immer im Fokus stand die zu etablierende Vertrauenskultur. In dieser ersten Phase der Verantwortungsübergabe und in der Folge bei jeder weiteren Gelegenheit gab und gibt der Unternehmer seine Führungsprinzipien und Grundhaltungen intuitiv weiter. Beispielsweise entsprang der Recruiting-Prozess bei Biogena aus der persönlichen Wertehaltung des Unternehmers – das Unternehmen suchte nach Persönlichkeiten, die sich mit den Unternehmenswerten identifizieren und zum Biogena-Team passen. Nach wie vor ist der Kulturcheck ein wesentliches Element und der „cultural fit" die Basis des erfolgreichen Onboarding-Prozesses, der mittlerweile in der Verantwortung der internen Human-Resource-Businesspartner und der jeweiligen Führungskräfte liegt. Mit der Vorbildwirkung einhergehend wurden nach und nach Leitbilder samt Vision und Mission verschriftlicht und kommuniziert. Die Forscher Felden und Hack erwähnen passend zu den Erfahrungswerten bei Biogena, dass generell eher wenige Familienunternehmen, speziell in der Gründungsphase, ihre Wertehaltungen verschriftlicht haben. Obwohl das Management im Unternehmen eine vage bis konkrete Vorstellung von den Wertehaltungen und Zielen des Unternehmens hat, spielen sich die Leitbilder noch in der unbewussten, nicht verschriftlichten Bewusstseinssphäre ab. Sobald die niedergeschriebenen und finalisiert vorliegenden Werte, Vision und Mission an die entsprechenden Stakeholdergruppen kommuniziert werden, kann vom normativen Management gesprochen werden (Felden und Hack 2014). Wie bei vielen Gründerunternehmen hatte dieses auch bei Biogena seinen Ursprung in der Wertewelt und der Vision des Unternehmers Albert Schmidbauer.

Nach wie vor ist er der identifizierbare Eigentümer, der eine aktive Rolle als geschäftsführender Gesellschafter einnimmt und als klarer Ansprechpartner für das Biogena-Management gilt (Goebel 2015). Durch seine Prinzipien und Werte, aber auch sein unermessliches Commitment zu Biogena und die große emotionale Verbundenheit sorgt er als prägender Gestalter für Orientierung, Vertrauen und somit auch Stabilität. Für einen Schub an Klarheit, bezogen auf stabile Eigentümer- und v. a. Managementstrukturen, aber auch für die Aufteilung von Ressorts hat ein mit Ende November 2015 umgesetzter Schritt, die Bestellung des Geschäftsführerteams, geführt.

Dass den Geschäftsführern und Führungskräften – abgeleitet von der Bedeutung des Eigentümers – ebenso eine wesentliche Vorbildfunktion obliegt, beruht auf ihren Positionen und ihren Einflussnahmemöglichkeiten. Durch ihr werteorientiertes Verhalten setzen sie einen unabdingbaren Maßstab für die Organisation. Auch liegt es am gesamten Leitungs- und Führungsteam, die Lernfähigkeit der Unternehmung zu fördern. Nur ein zum Unternehmen passendes Zusammenspiel aus fachlichen, sozialen und persönlichen Kompetenzen baut eine einzigartige Werte- und Kulturklammer auf und stabilisiert sie (Homma et al. 2014) – aus Biogena-Sicht ist dies ein wichtiger Schlüssel zur Sicherung der Zukunftsfitness.

3 Die Werte- und Kulturklammer zur Sicherung der Zukunftsfitness

Aus Sicht der Autoren reicht das Leitbild des ehrbaren Kaufmannes mit zunehmender Unternehmensgröße nicht mehr aus. Vielmehr wird eine Verankerung zwischen den sozioemotionalen Werten und der Unternehmenskultur notwendig, damit diese auch ohne direkten Kontakt mit dem Unternehmer selbst wirken können und dem täglichen Tun die notwendige Orientierung und Verbindlichkeit geben. Die persönlichen Wertevorstellungen des Unternehmers finden sich zwar nach wie vor in der Kultur- und Werteklammer des Unternehmens und bilden gewissermaßen den Kern, sind jedoch nicht mehr einzige Quelle der Orientierung. Mit diesem für die Zukunftsfähigkeit eines Unternehmens sehr wichtigen Schritt beginnt auch die Entwicklung einer CSR-orientierten Unternehmensführung in einem Familienunternehmen. Biogena besetzt dabei den Begriff der Werte- und Kulturklammer für sich wie folgt: „Unsere Werte- und Kulturklammer umfasst alle Gesellschaften der Biogena-Gruppe. Die konsistente Integration der Biogena-Werte in das tägliche Tun ist die Basis des Miteinanders. Denn Vertrauen, Verantwortung, Wertschätzung, Mut und Leistung wirken als konsequente Haltung, um die Dinge füreinander zu tun."

Das mittelständische Unternehmen Biogena sieht sich sowohl als Unternehmen als auch als Mitgestalter der Gesellschaft und zielt darauf ab, aus unternehmerischer wie gesellschaftlicher Sicht Mehrwert zu schaffen (Schmidpeter 2016). Demnach steht Biogena mit ganzheitlicher Wertschöpfung, wobei die Unternehmenskultur klar als ein wesentlicher Faktor der Wertschöpfung gesehen wird (Glauner 2016), in der Verantwortung, gesellschaftsrelevante Themen, wie Gesundheit und Wohlergehen, Familienvereinbarkeit, Bildung und soziale Gerechtigkeit, proaktiv zum Thema zu machen. Dabei ist die adaptive Unternehmenskultur ein bedeutsames Tool, um auf wirtschaftliche wie gesellschaftliche Veränderungen reagieren zu können. Denn die fünf Kernwerte Vertrauen, Verantwortung, Wertschätzung, Mut und Leistung sollen sich in allen Gedanken, Aktivitäten und Entscheidungen widerspiegeln und die Biogenas zu einer gegenwartsorientierten Lebenshaltung veranlassen. Als Wissenscompany mit Begeisterung für die Zukunft lässt sich Biogena gern auf die Kernwerte ein und zu Weitblick und Umsetzungsorientierung inspirieren. Für den österreichischen Marktführer ist eindeutig, dass er nicht nur in Forschung und Entwicklung einen 360-Grad-Blickwinkel einnimmt, sondern sich auch tagtäglich für andersartige Charaktere, Kulturen und Megatrends begeistert.

Weiterhin ist es Zielsetzung der Biogena-Gruppe, alle unternehmerischen Herausforderungen unter dem gemeinsamen Dach der Biogena-Werte- und Kulturklammer zu bewältigen und durch ständige Weiterentwicklung in diesem Bereich überdurchschnittliche Standards zu erreichen bzw. einen eigenen Biogena-Standard zu kreieren.

Wenn Vertrauen, Wertschätzung, Verantwortung, Leistung und Mut in die unternehmerische DNA übergegangen sind, braucht das Unternehmen aus Biogena-Sicht weniger Regeln und Vorgaben. Grund für diese Annahme ist, dass jedem Mitarbeiter die Normen und gelebten Werte in jeder Situation und jederzeit im Bewusstsein sind, um im Sinn der Unternehmensstrategie handeln zu können und zu dürfen. Mit dieser selbstbewussten

Haltung werden einerseits die Biogena-Gruppe, andererseits auch all ihre Mitglieder ihre vollen Potenziale entfalten können. Denn genau darauf zielt Biogena mit der Kultivierung der Werte- und Kulturklammer ab:

> *Wir wollen wie selbstverständlich nach den Sternen greifen, das Unmögliche wagen und Außergewöhnliches erreichen – für eine Welt mit mehr Gesundheit und Wohlergehen.*

Der gemeinsame Biogena-Wertekanon spiegelt sich zudem in der UN-Global-Compact-Mitgliedschaft wider: Biogena setzt sich für Menschenrechte, Arbeitsplatzbedingungen, Umweltschutz und Korruptionsbekämpfung ein. Genauso konkret positioniert sich das Unternehmen gegen menschenwidrige Bedingungen, gegen Tierquälerei, gegen Diskriminierung und gegen nationalsozialistische Überzeugungen. Jeder bei Biogena übernimmt Verantwortung für das eigene wertebasierte Tun, ganz im Bewusstsein, dass alles seine Konsequenzen hat.

Nicht nur die Ausrichtung auf die gemeinsame Werte- und Kulturklammer bilden den Biogena-Spirit, dazu trägt auch bei, dass das Unternehmen seine Community von innen nach außen bildet, Vielfalt bzw. „diversity" als Chance sieht und sensibel auf Veränderungen des unternehmerischen Umfelds eingeht (Homma et al. 2014).

In letzter Zeit ist in Literatur und Wissenschaft verstärkt von einer Renaissance des ehrbaren Kaufmanns die Rede, also von einem Leitbild, dessen Ursprung im Kaufmannsethos italienischer Händler des 11. und 12. Jahrhunderts und später dann im Städtebund der Hanse liegt. Dieses Leitbild ist einerseits geprägt von gewissen wirtschaftlichen wie kaufmännischen Fähigkeiten und andererseits von einem inneren und äußeren Ehrbegriff (Brink 2013). Ein ehrbarer Kaufmann gilt auch heute noch als ehrlich, verbindlich im Wort, vorbildlich im Handeln, ist sich den langfristigen Folgen seines unternehmerischen Wirkens bewusst und übernimmt Verantwortung für sein unmittelbares Umfeld und die Gesellschaft (Kuttner und Oswald 2013). Der feste Charakter des ehrbaren Kaufmanns, der sich u. a. an Tugenden wie Sparsamkeit, Redlichkeit und Gerechtigkeit orientiert, bewahrt ihn vor unüberlegten Handlungen und stärkt das Vertrauen und die Glaubwürdigkeit (Schwalbach und Klink 2012). Das Leitbild des ehrbaren Kaufmanns überschneidet sich in vielen Punkten mit der Corporate-Social-Responsibilty(CSR)-Diskussion auf Mikroebene, d. h. auf der Ebene des Unternehmers. Das umfassende CSR-Verständnis geht jedoch weit über die persönlichen Wertevorstellungen des Unternehmers hinaus und betrifft die Mesoebene, also die Ebene des Unternehmens als Organisation, und deren Rolle im politischen Kontext. Das Leitbild des ehrbaren Kaufmanns ist nicht obsolet geworden. Gerade im Bereich der klein- und mittelständischen Unternehmen, deren Unternehmensleitung häufig mit dem Eigentümer ident ist, ist diese Haltung eine wichtige Grundvoraussetzung, die jedoch in die Unternehmensstruktur überführt werden muss, also von der Mikro- über die Mesoebene hin zur integrativen selbstlernenden Organisation in Sachen gesellschaftlicher Verantwortung (Kuttner und Oswald 2013). Im Zusammenhang mit dem Reifegradmodell von CSR wäre das Konzept des ehrbaren Kaufmanns unter CSR 1.0 einzuordnen (Walker 2013). Eine gut in der Organisation verankerte Kultur- und Werteklammer vertritt den Unternehmer und garantiert die Zukunftsfähigkeit des Unternehmens, weil die Organisation in einem viel geringeren Ausmaß von der Einzelperson abhängig ist und damit auch eine wichtige Funktion in der Phase des Generationswechsels oder eines Eigentümerwechsels erfüllt (Schmidbauer 2015).

Auch nach Überzeugung von Biogena treiben Unternehmenswerte allgemein die Generierung von Zielsetzungen an und können als Basis für wirtschaftliches Handeln gesehen werden. Die Abb. 1 skizziert die Werteprägung durch den Unternehmer in der Frühphase sowie jene in der Reifephase des Unternehmenszyklus.

Grundsätzlich besitzt jeder Mensch ein individuell besonderes Wertegerüst, geprägt durch Sozialisierungsfaktoren und der individuellen Persönlichkeitsausrichtung. Außerdem besitzt jedes Familienunternehmen zeitlich stabile Werte, die i. d. R. objekt- und situationsunabhängig sind und (meist durch die Rolle des Eigentümers) sozial übermittelt werden. Die Persönlichkeit des Unternehmens mündet in die sogenannte Unternehmenskultur, die über einen gewissen Zeitraum heranwächst und die gemeinsamen Wertehaltungen der Organisation durch aktives Verhalten, Interaktionen und Artefakte, wie Symboliken, Rituale oder Sprache, widerspiegelt. Durch die individuelle Unternehmenskultur verfügt jedes Unternehmen über die Chance, sich von anderen Unternehmen klar abzugrenzen, und gewinnt dadurch an Einzigartigkeit. Sie stiftet Identität und Sinn für die Unternehmensmitglieder aber auch für die Community des Unternehmens, weist Handlungsaufträge auf und gibt letztendlich generelle Orientierung zur Richtung des Unternehmens. Die „corporate culture" beinhaltet durch das auf den Unternehmenswerten basierende beobachtbare Verhalten auch die Normen der Organisation. Diese erkennen Außenstehende zwar nicht zwingend und unmittelbar, sie zeigen sich jedoch im Verhalten der Mitglieder der Organisation, v. a. in Krisenzeiten bzw. bei Unstimmigkeiten und der Auswahl von Lösungsansätzen. Durch die stetige Kultivierung der Werte- und Kulturklammer erhält das Unternehmen eine einzigartige Ressource – seine höchst spezifische Identität, ein Unikum an Charakterzügen und somit Sinn für die Mitglieder des Unternehmens (Felden und Hack 2014). Hermanni (2016) beschreibt die Unternehmenskultur auch sinnbildlich als kulturellen Mantel des Unternehmens, der sich an Umfeld- und Umweltbedingungen adaptiert und mit dem Unternehmen mitwächst. Die Unternehmenskultur unterstützt die Organisationsmitglieder mit zur Organisation passenden Denk- und Verhaltensweisen, gibt Vorstellungen, Ideale und die Form des Umgangs miteinander vor und seine vielzähligen sich mit dem Unternehmen identifizierenden Persönlichkeiten unterstützen die visionsgemäße Entwicklung der Organisation. Eine entsprechende Werte- und Kulturklammer ist somit Bindeglied zwischen Unternehmen und den Mitarbeitern, sorgt trotz natürlicher Fluktuation für interne Kontinuität und beflügelt gemeinsame Glaubenssätze und Verhaltensweisen (Felden und Hack 2014). Dass diese Faktoren zusätzlich zu den Möglichkeiten der modernen Arbeitswelten bei Biogena – mit z. B. einem Ja zur flexiblen Arbeitszeit- und Arbeitsplatzgestaltung, zu allen Standards, die einen Arbeitsplatz der Zukunft ausmachen, samt Gestaltungsspielräumen und der Stärkung von Eigenverantwortung – auch die Reputation als attraktiven Arbeitgeber („employer branding"; Bartz und Schmutzer 2014) und vertrauensvollen Partner stärken, ist ein zusätzlicher Benefit in

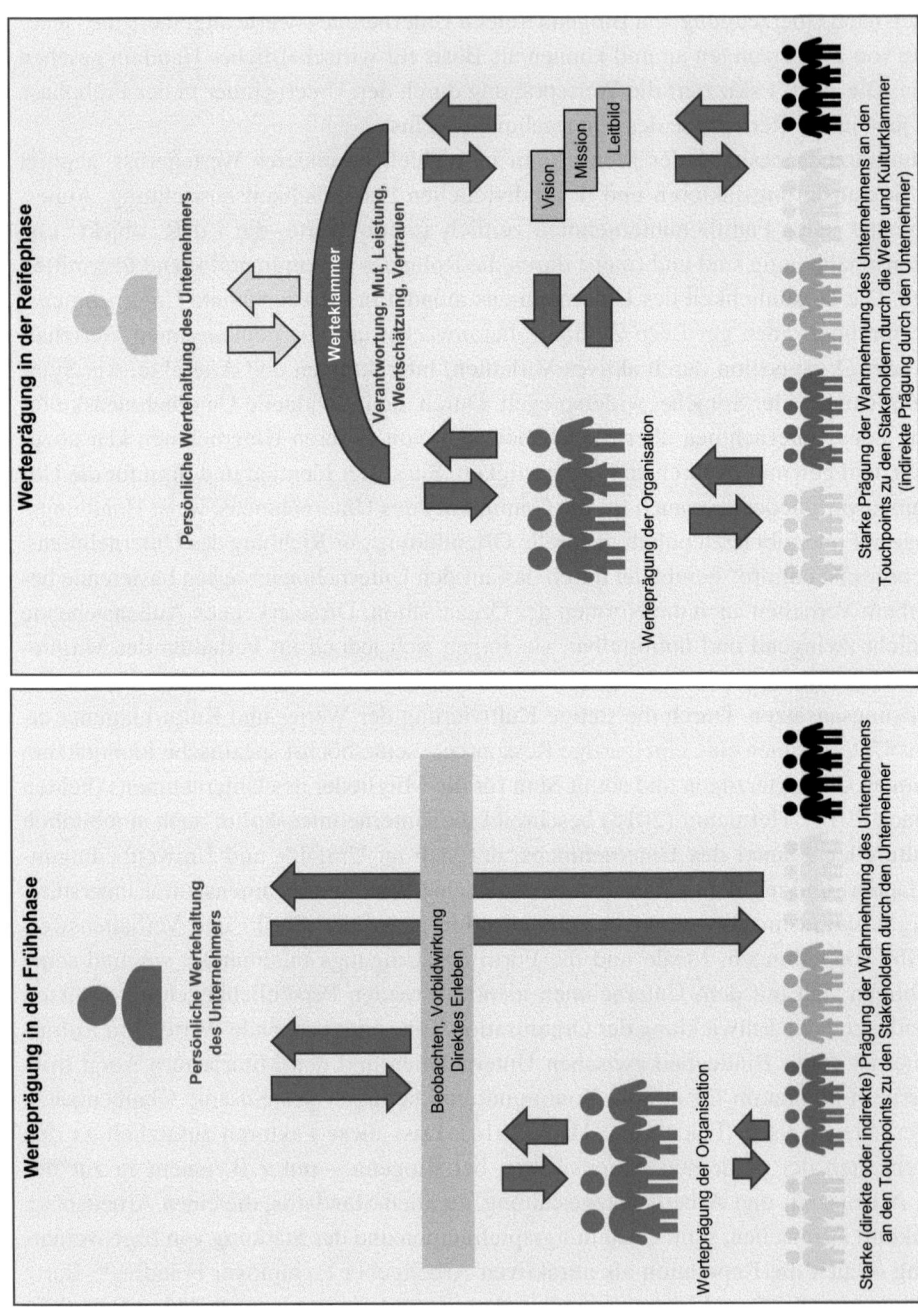

Abb. 1 Direkte versus indirekte Werteprägung. (Aus Schmidbauer 2015)

Zeiten von Fachkräftemangel und einer in der Gesellschaft wahrnehmbaren Tendenz zu Vertrauensverlust.

Ein durch Statistik belegter Punkt ist die Verteilung der Familienunternehmen in Österreich nach Eigentümergenerationen aus dem Jahr 2013. Die Grafik der KMU Forschung Austria in Abb. 2 zeigt, dass sich der größte Anteil an Familienunternehmen nach wie vor in der ersten Generation befindet. Dies veranlasst die Autoren zur Hypothese über mögliche Hürden im Generationswechsel und legt dar, dass der Generationswechsel von Familienunternehmen, v. a. von jenen mit zunehmender Unternehmensgröße, nicht selten mit spezifischen Schwierigkeiten und Change-Intensität verbunden ist – wie Theorie und Praxis oftmals aufzeigen.

Hintergrund dazu liefert wiederum die KMU Forschung Austria mit der Verteilung der Familienunternehmen in Österreich nach Beschäftigtenzahl aus dem Jahr 2013 (KMU Forschung Austria Statista 2015b):

- 88 % der Unternehmen mit 2–9 Beschäftigten,
- 78 % der Unternehmen mit 10–49 Beschäftigten,
- 63 % der Unternehmen mit 50–249 Beschäftigten,
- 46 % der Unternehmen mit 250 und mehr Beschäftigten.

Die Autoren stellen auf Basis der vorliegenden Statistik zu österreichischen Klein- und Mittelbetrieben und der Erfahrung aus der Praxis die These auf, dass eine wirksame Werte- und Kulturklammer ein Familienunternehmen der ersten Generation besser in die zweite Generation bringen kann; gemeinsame Werte, Normen und Artefakte den Generationswechsel also unterstützen, mit Stabilität, Orientierung und Sinn behaften sowie grundsätzlich wachstumsfördernd und ganzheitlich erfolgsunterstützend wirken.

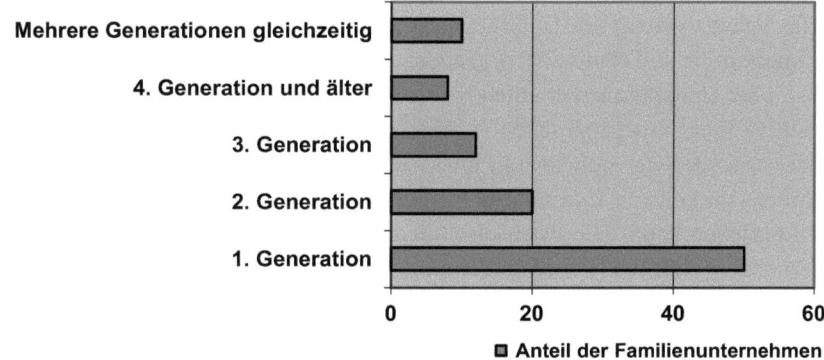

Abb. 2 Verteilung der Familienunternehmen in Österreich nach Eigentümergenerationen im Jahr 2013. (Aus KMU Forschung Austria Statista 2015c)

4 System Unternehmen versus System Familie

Neben den beiden Systemen Unternehmen und Familie trifft auch die erweiterte Sicht auf die vier Dimensionen Familie, Eigentum, Führung und Unternehmen auf Biogena zu. Diese vier Dimensionen sind permanent miteinander verwoben und stehen in Wechselwirkung zueinander (Wimmer 2011).

Zuerst zur Sicht des dualen Systems Unternehmen versus Familie, das durch die dritte Komponente Eigentum in einen Handlungszusammenhang gebracht werden kann: Aus dem Charakteristikum Eigentum bzw. Inhaberschaft entsteht per se unternehmerische Verantwortungsübernahme, die eine Familie und ein Unternehmen auf besondere Art meist langfristig miteinander verbindet. Dadurch entwickelt sich die Familie zur Unternehmerfamilie weiter, das Unternehmen parallel zum Familienunternehmen. Beide Systeme, Unternehmerfamilie wie Familienunternehmen, können sich quasi koevolutionär und prozessual weiterentwickeln, was die Identität des jeweils gegenüberliegenden Systems mehr oder minder stark mitkonzipiert. Dadurch entsteht ein systemischer Organismus und Identität und Werte nehmen ihren Anfang (Poensgen 2016). Ein Familienunternehmen kann meist vielzählige Elemente, konkret Wertehaltungen, der Unternehmerfamilie kultivieren, die die Allgemeinheit und das Familienunternehmen als familiär und authentisch wahrnehmen. Das Familienunternehmen kann die ebenso meist von der Unternehmerfamilie adaptierten Abläufe und strukturellen Elemente langfristig in selbigen koevolutionären Prozess inkorporieren. Durch diese mögliche Symbiose wird der Unternehmerfamilie eine besondere Aufgabe bzw. Verantwortung zuteil. Bezüglich Verantwortung sei erwähnt, dass v. a. zur Rolle des Unternehmers im Familienunternehmen eine besondere soziale Verantwortung hinzukommt, die sich auch als besonders starkes Commitment oder emotionale Verpflichtung zeigt. Diese Verantwortung wirkt sich bidirektional aus: In Richtung Familienunternehmen entsteht das Commitment hin zu optimalen Strukturen und Rahmenbedingungen für das Unternehmen und seine Stakeholder, wirtschaftliche Erfolge, gesellschaftliches Engagement, grob zusammengefasst, langfristige ganzheitliche Leistung bzw. Werteschaffung für das Unternehmen. Gleichbedeutend mit diesem Handlungsauftrag ist die Verantwortung des Unternehmers gegenüber seiner Unternehmerfamilie. Die Unternehmerfamilie soll ebenso als prägendes stabiles Vorbild, das mit dem Unternehmen mitwächst, über Generationen erhalten bleiben und dient dem Unternehmen als wichtigste kompetitive Ressource, sozusagen als Rückgrat. Der Unternehmer steht somit vor der großen Herausforderung, sich sowohl innerhalb seiner Familie als auch innerhalb seines Unternehmens und dessen Community zu engagieren, wobei die Community aus beiden Systemen bestehen kann. Die wechselseitigen Impulse zwischen den Systemen Familie und Unternehmen schenken dem Familienunternehmen Vitalität und zukunftsfähigen Entwicklungsspielraum. Auch die emotionale Verbundenheit mit beiden Systemen sollte hier angesprochen werden. Sie kann sich durch Loyalität und ein starkes persönliches Engagement sowie Selbstverpflichtung positiv auszeichnen. Ebenso kann sie sich beispielsweise durch fehlende Identifikation mit einem der beiden Systeme oder bestehendes Konfliktpotenzial negativ auswirken. Wichtig ist das Bewusstsein des Unternehmers, mit dem er die

Systeme durch aktives Tun oder Unterlassen steuern und mitunter gezielt primär beeinflussen und so, je nach Persönlichkeit und emotionaler Intelligenz, wirksame Dynamiken kreieren kann (Wimmer 2011).

Ergänzt werden kann die Anschauung der drei Systeme Eigentum, Unternehmen und Familie um die Führungskomponente. Mit der Zielsetzung des langfristigen Fortbestands und der Kontinuität kann Führung im gestaltenden Familienunternehmen mit dem Begriff der Stewardship(-Theorie) in Verbindung gebracht werden. Dieser Zugang geht mit dem Menschenbild des „self-actualizing man" einher. Es definiert sich dadurch, dass das Individuum neben finanziellen Zielen auch nichtfinanzielle Größen, wie z. B. soziale Werte, eine altruistische Haltung und Selbstverwirklichung, an den Tag legt und dadurch intrinsisch motiviert ist (Stietencron 2013). Zielgrößen des Unternehmers auf individueller wie unternehmerischer Ebene werden durch diese Eigenschaften kongruent, da sich der Unternehmer des Familienunternehmens mit der Rolle maximal identifiziert. Miller et al. (2008) weisen auf den möglichen Konnex zwischen Stewardship-Theorie und Familienunternehmen hin: „Family firms [...] exhibit much care about continuity, community and connection [...] specifically, about the long term preservation and nurturing of their business and its markets, the fostering of talent and effective deployment of employees, and an emphasis on growing and sustaining relationships with clients."

Passend dazu möchten die Autoren den Managementansatz von Biogena – die CSR-orientierte Unternehmensführung – veranschaulichen: Die Grundprämisse – 100 % österreichisches und inhabergeführtes Familienunternehmen – lässt Biogena seiner Wertekultur unabhängig und selbstbestimmt folgen. CSR-orientierte Unternehmensführung geht mit einem klaren Commitment zum dritten nachhaltigen Entwicklungsziel der Vereinten Nationen *Gesundheit und Wohlergehen* einher, umfasst die modernen Arbeitswelten, die Familienvereinbarkeit, die ausgeprägte Konsumentenorientierung mit hohem Qualitätsanspruch, das durch ein integriertes Managementsystem professionalisierte Umweltengagement, die gesellschaftliche Verantwortung sowie faire Betriebs- und Geschäftspraktiken. Werte- und Kulturmanagement bilden die Basis eines authentischen CSR-Managements. Die Biogena-Standards – u. a. Transparenz, ethisches Verhalten, Achtung der Stakeholderinteressen, der internationalen Verhaltensstandards sowie der Menschenrechte – entsprechen den Prinzipien der ISO 26000. Grundsätzlich pflegt Biogena offene, zielorientierte und wertschätzende Mitarbeiterbeziehungen, fördert flexible Arbeitszeit- und Arbeitsplatzmodelle, Fortbildungs- und Weiterentwicklungsmöglichkeiten, Potenzialentfaltung und Mitarbeiterbeteiligung. Mit einem über 80%igen Frauenanteil (auch auf Führungsebene) setzt Biogena den Megatrend „female shift" bereits in die Praxis um und damit ein grundlegendes gesellschaftspolitisches Zeichen.

Generell zeigen die Führungsprinzipien eines – in Anlehnung an Kurt Lewin – gestaltenden Unternehmens oftmals einen direkt-kooperativen Führungsstil, so die Conclusio der Wirtschaftskammer Österreich nach einer Analyse von Familienunternehmen im Jahr 2013 (KMU Forschung Austria 2013). Dieser wird, wie bereits angesprochen, von den Kernwerten des Unternehmens stark beeinflusst, da letztere sich klar auf die Unternehmens- wie Mitarbeiterführung auswirken. Der direkt-kooperative Führungsstil charakterisiert sich u. a. durch Mitarbeitereinbindung, selbstständiges Arbeiten, Vertrauenskultur, linearen Informationstransfer zu allen Mitarbeitern und den Verlust von Kontrollinstanzen. Die Entscheidungshoheit bezüglich strategisch relevanter Themenfelder liegt beim Unternehmer selbst.

Auch dies lässt Schlüsse auf die modernen Arbeitswelten von Biogena zu und veranschaulicht sich in der Praxis wie folgt: Vertrauen statt Kontrolle. Die Führungskultur bei Biogena orientiert sich ganz klar an den Kernwerten Vertrauen, Verantwortung, Wertschätzung, Mut und Leistung. Demnach sieht das Familienunternehmen Führungskräfte als Coaches, die Teams und Individuen situativ-partizipativ führen, eine authentische Vorbildfunktion und die Rolle der Begleiter, Ermutiger und Haltungsvermittler einnehmen. Achtsamkeit für zwischenmenschliche Belange aufbringen, Wissen und Erfahrungen proaktiv teilen und Feedback leben sind Grundelemente der Führungsprinzipien bei Biogena. Es liegt auch in der Verantwortung von Führungskräften, klare Prozesse und Strukturen sicherzustellen und Entscheidungen zu treffen. Unsere Vorstellungen einer Biogena-Führungskraft greifen auf folgende Grundzutaten zurück: Leadership, emotionale Intelligenz, Dynamik und uneingeschränktes Vertrauen.

Summa summarum hat das System Familie relevante Auswirkungen auf das System Unternehmen. In der Realisierung der umsetzbaren Familienvereinbarkeit bei Biogena liegt erneut ein gesellschaftspolitisches Anliegen. Einerseits legen die flexiblen Arbeitszeit- und Arbeitsplatzkonstellationen, so die Biogena-Erfahrung, den Grundstein für die Vereinbarkeit von Familie und Beruf, andererseits bedarf es auch einer offenen und toleranten Grundhaltung, die mit einer Reihe von visionären Maßnahmen einhergeht, um Privat- und Berufssphäre sinnvoll zu verbinden. Mit dieser Ansicht ist das Unternehmen seit 2013 auch Träger des staatlichen Gütezeichens berufundfamilie und wurde 2016 mit dem Vollzertifikat ausgezeichnet. Allgemein versucht Biogena mit hartnäckigem Engagement, die Belastung durch individuelle private und berufliche Anforderungen zu minimieren, dabei die Resilienz des Individuums zu erhöhen und zwei scheinbar getrennte Welten zu verbinden und in Balance zu bringen, sodass für Menschen aller Generationen Mehrwert entsteht. Diese Ansätze skizzieren das Biogena-Verständnis zum Megatrend Work-Life-Blending (Zukunftsinstitut 2015).

Biogena-Maßnahmen zur Familienvereinbarkeit sind beispielsweise der Kinderbetreuungscheck für die Sommerferien, der allen Mitarbeitern ebenso zur Verfügung steht wie individuelle Karenz- und Pflegeangebote. Kleine Erdenbürger sind im Open Space bei Biogena herzlich willkommen und absolut keine Seltenheit. Die modern interpretierte Vereinbarkeit von Familie und Beruf ist „empowerment", das das Familienunternehmen in jeglicher Art begrüßt, „diversity" kann gelebte Wirklichkeit sein. Diese strategische Ausrichtung der Unternehmenspolitik forciert die Einzigartigkeit des Individuums und fördert kreative Ideen und Lösungsansätze. Die Heterogenität in den Biogena-Teams wird als klarer Vorteil für die Herangehensweise von Problemlösungen gesehen. Denn ausgeprägte soziale Kompetenz, Empathievermögen, analytisches Vorgehen und Dynamik sind die Weichensteller für emotionale Intelligenz bei Biogena.

Ein weiteres Anliegen ist die gezielte Chancengleichheit innerhalb des Systems Unternehmen: Diese wird bewusst gefördert. Ein Beispiel dafür ist die ausgewogene Bestellung von weiblichen wie männlichen Geschäftsführern Ende des Jahres 2015. Auch zeigt sie sich im Verhalten und den Entwicklungs- und Umsetzungsspielräumen aller Biogenas, gleich welchen Geschlechts, Alters, welcher Herkunft oder welchen kulturellen Hintergrunds.

5 Conclusio: Ein chancenorientierter Zugang pro Familienunternehmen

Biogena zählt sich zu den die Zukunft aktiv gestaltenden (KMU Forschung Austria 2013) Familienunternehmen, charakterisiert durch eine positive Geschäftsentwicklung mit einem Umsatzwachstum von 20–25 % in den letzten sechs Jahren und einem Mitarbeiterwachstum von 85 Arbeitsplätzen von Januar 2011 bis Januar 2016. Zudem treffen die Eigenschaften Dynamik, Flexibilität, Agilität und Reagibilität klar auf die Biogena-Identität zu und zählen zu den Zukunftsstellhebeln. Biogena ist in seiner ökonomischen Haltung wachstumsorientiert und veränderungsbereit, ganz im Sinn einer lernenden Organisation. In der CSR-orientierten Unternehmensführung gepaart mit einer starken Werte- und Kulturklammer sieht Biogena die größten Vorteile. Stabile Beziehungen, Loyalität und strategische Unternehmensplanung (Leistungserbringung von Financials wie Non-Financials) sowie rasche Entscheidungsfähigkeit und Umsetzungsorientierung sprechen für die Wettbewerbsfähigkeit des Familienunternehmens. Sowohl die Akquisition von neuen Konsumentengruppen, die Erschließung neuer Märkte als auch die konsequente Weiterentwicklung der Produkte und Services von Biogena unterstützen die Internationalisierungsstrategie im Zeitalter der Digitalisierung.

An diesen Merkmalen wird für Biogena deutlich, dass Familienunternehmen im Gegensatz zu nicht inhabergeführten Unternehmen meist fundiertere Wachstumschancen und dank zahlreicher teils bereits angeführter Charakteristika Performancevorteile mit sich bringen können. Ein klar identifizierbarer Eigentümer und Klarheit in der Managementstruktur geben ein gerechtes Maß an Orientierung und Sicherheit. Loyalität zum Unternehmen sowohl vonseiten der Mitarbeiter als auch der Konsumenten gewährleistet Stabilität, wobei diese den strukturierten Aufbau von Stakeholderbeziehungen und die authentische Beziehungspflege voraussetzt.

Aus kritisch-konstruktiver Sicht von Biogena müssen Familienunternehmen aber auch Hürden überwinden, um ihre Geschäftsmodelle nachhaltig sicherzustellen, worauf die Autoren im Folgenden eingehen:

Beispielsweise sind die gesetzlichen Rahmenbedingungen für die flexible Arbeitszeit- und Arbeitsplatzgestaltung eine der wesentlichsten Hürden eines Familienunternehmens, haben diese doch meist ein Mehr an Flexibilität und Reagibilität in ihrer DNA verankert. Hier sieht Biogena einen wesentlichen Reformbedarf seitens Interessensvertreter und Gesetzgeber.

Ebenso spricht sich das inhabergeführte Unternehmen klar für eine Bürokratieminimierung am Wirtschaftsstandort Österreich aus. Derzeit lähmende Faktoren und die bürokratische Komplexität für mittelständische Unternehmen könnten sich spürbar verbessern, indem beispielsweise Betriebsanlagengenehmigungen einfacher abgewickelt und Lohnnebenkosten realisierbar gesenkt werden.

Auch appelliert Biogena an die jeweiligen Interessensvertretungen und den Gesetzgeber, CSR-orientierten Unternehmen wirtschaftlich relevante Vorteile zu setzen, begonnen bei der Kreditvergabe, über steuerliche Anreize, Begünstigungen bei Betriebsansiedelungen bis hin zum Förderwesen. Harte Fakten zeigen, dass z. B. weniger Krankenstandstage oder eine bessere Umwelt- und Ressourceneffizienz dem Unternehmen wie der Gesellschaft Win-Win-Situationen bescheren. Die Entwicklung eines entsprechenden Anreizsystems für CSR-orientierte Unternehmen fördert die Wettbewerbs- und Innovationsfähigkeit. Immerhin bestehen laut Wirtschaftskammer Österreich rund 90 % der österreichischen Unternehmen aus Familienunternehmen laut EU-Definition, die österreichische Regionen und darüber hinaus die Republik Österreich durch ihr Engagement kulturell wie gesellschaftlich prägen (KMU Forschung Austria 2013).

Laut KMU Forschung Austria Statista 2015 wurden im Jahr 2013 86 % der österreichischen Familienunternehmen durch Banken finanziert, die damit meistgewählte Finanzierungsquelle waren. Dagegen liegt der Anteil an staatlichen Finanzierungsförderungen zu gleichen Parametern bei nur etwa 5 % (KMU Forschung Austria Statista 2015a). Dies zeigt die Banklastigkeit und Abhängigkeit von Banken hinsichtlich der Finanzierung von Familienunternehmen und lässt die kritische Frage offen, inwieweit Unternehmensbewertungen CSR-Kriterien grundsätzlich – und Produkt- und Dienstleistungsinnovationen im Speziellen – fair gewichten bzw. wo hier das Optimierungspotenzial in der Bewertung CSR-orientierter Unternehmen zu deren Finanzierbarkeit liegen würde.

Ein weiteres notwendiges Entwicklungsfeld für die gesetzlichen Gegebenheiten aus Biogena-Sicht ist der Umgang mit Asylwerbern. Bewilligungsverfahren sollten beschleunigt werden, um eine raschere Integration in den Arbeitsmarkt und somit auch ein würdevolles Leben entsprechend der Menschenrechte als unabhängige Teilnehmer der Gesellschaft zu ermöglichen.

Die bereits angesprochenen Punkte zeigen exemplarisch und ohne Anspruch auf Vollständigkeit den gesellschaftspolitischen Tatendrang des mittelständischen Familienunternehmens Biogena, das nach Generationenmodell am Übergang von der dritten auf die vierte Generation einzuordnen ist. Denn dieses Modell erkennt an, dass CSR-orientierte Unternehmen bereits ab der dritten Generation politische und gesellschaftliche Systeme und Rahmenbedingungen mitgestalten und kooperative Wirtschaftssysteme fordern müssen. Als integrativer Bestandteil der unternehmerischen DNA führt CSR der vierten Generation – als intelligenter Managementansatz, der humanen und ethischen Werten folgt, – effizient wie effektiv zu einem gegenseitigen Mehrwert für das Unternehmen wie die Gesellschaft (Walker 2016).

Notwendig wird aus Sicht von Biogena gerade in den derzeitigen gesellschaftlich volatilen Zeiten ein Schulterschluss von Unternehmen, der Zivilgesellschaft und der Politik.

Unternehmen reagieren auf Erwartungen und Bedürfnisse, benötigen allerdings an die Realität und Praxiserfordernisse angepasste gesetzliche Rahmenbedingungen und sinnvolle Förderungsmechanismen, um wiederum die Politik als starker Lobbypartner und Sprachrohr der Gesellschaft unterstützen zu können. So wird aus einem Familienunternehmen ein Zukunfts- und Chancengenerator für die nächsten Generationen.

Literatur

Bartz M, Schmutzer T (2014) New World of Work. Warum kein Stein auf dem anderen bleibt. Trends – Erfahrungen – Lösungen. Linde, Wien

Brink A (2013) Die Wiedergeburt des Ehrbaren Kaufmanns. In: Forum Wirtschaftsethik – online Zeitschrift des dnwe. www.forum-wirtschaftsethik.de. Zugegriffen: 7. Dez. 2013

Felden B, Hack A (2014) Management von Familienunternehmen. Besonderheiten – Handlungsfelder – Instrumente. Springer, Wiesbaden

Glauner F (2013) CSR und Wertecockpits. Mess- und Steuerungssysteme der Unternehmenskultur. Springer, Berlin Heidelberg

Glauner F (2016) Werteorientierte Organisationsentwicklung. Sieben Thesen zu den ethischen und ökonomischen Grundlagen einer nachhaltigen Unternehmensorganisation. In: Schram B, Schmidpeter R (Hrsg) CSR und Organisationsentwicklung. Springer Gabler, Berlin Heidelberg, S 141–160

Goebel L (2015) Familienunternehmen – ein krisenresistenteres und zukunftsfähigeres Modell? In: Fahrenschon, al (Hrsg) Mittelstand – Motor und Zukunft der deutschen Wirtschaft. Springer, Wiesbaden, S 45–52

Hermanni AJ (2016) Unternehmenskultur. In: Hermanni (Hrsg) Business Guide für strategisches Management. Springer, Wiesbaden, S 241–247

Homma N, Bauschke R, Hofmann L (2014) Einführung Unternehmenskultur. Grundlagen, Perspektiven, Konsequenzen. Springer Gabler, Wiesbaden

KMU Forschung Austria (2013) Familienunternehmen in Österreich. Status Quo 2013. Auftraggeber: Wirtschaftskammer Österreich – wirtschaftspolitische Abteilung. www.wko.at/Content.Node/Interessenvertretung/Standort-und-Innovation/Familienunternehmen_in_Oesterreich.pdf. Zugegriffen: 3. Jan. 2017

KMU Forschung Austria Statista (2015a) Finanzierungsquellen der Familienunternehmen in Österreich im Jahr 2013. de.statista.com/statistik/daten/studie/305763/umfrage/finanzierungsquellen-der-familienunternehmen-in-oesterreich/. Zugegriffen: 2. Jan. 2017

KMU Forschung Austria Statista (2015b) Verteilung der Familienunternehmen (i. e. S.)* in Österreich nach Beschäftigtengrößenklassen im Jahr 2013. de.statista.com/statistik/daten/studie/305694/umfrage/verteilung-der-familienunternehmen-in-oesterreich-nach-beschaeftigtengroessenklassen/. Zugegriffen: 2. Jan. 2017

KMU Forschung Austria Statista (2015c) Verteilung der Familienunternehmen in Österreich nach Eigentümergenerationen im Jahr 2013. de.statista.com/statistik/daten/studie/305784/umfrage/verteilung-der-familienunternehmen-in-oesterreich-nach-eigentuemergenerationen/. Zugegriffen: 2. Jan. 2017

Kuttner A, Oswald G (2013) Den Ehrbaren Kaufmann leben – Eine Strategie für die Zukunft. In: Heinrich (Hrsg) CSR und Kommunikation. Unternehmerische Verantwortung überzeugend vermitteln. Springer, Berlin, S 45–49

Miller et al (2008) Stewardship vs. stagnation: an empirical comparison of small family and non-family businesses. J Manag Stud 45(1):50–78

Poensgen R (2016) Systemische CSR-Organisationsentwicklung. In: Schram S (Hrsg) CSR und Organisationsentwicklung. Springer Gabler, Berlin Heidelberg, S 193–204

Schmidbauer A (2015) Corporate Social Responsibility und Unternehmenserfolg. Eine Bestandsaufnahme unter besonderer Berücksichtigung der österreichischen KMU. LIT, Wien

Schmidpeter R (2016) CSR als strategischer Ansatz der Organisationsentwicklung. In: Schram B, Schmidpeter R (Hrsg) CSR und Organisationsentwicklung. Springer Gabler, Berlin, Heidelberg, S 89–100

Schwalbach J, Klink D (2012) Der Ehrbare Kaufmann als individuelle Verantwortungskategorie der CSR-Forschung. In: Schneider, Schmidpeter (Hrsg) Corporate Social Responsibility. Verantwortungsvolle Unternehmensführung in Theorie und Praxis. Springer, Berlin, Heidelberg, S 219–240

von Stietencron P (2013) Zielorientierung deutscher Familienunternehmen. Der Zusammenhang zwischen Familieneinfluss, Zielorientierung und Unternehmenserfolg. Springer Gabler, Wiesbaden

Walker T (2013) Der Stakeholderansatz als Fundament der CSR-Kommunikation. In: Heinrich (Hrsg) CSR und Kommunikation. Unternehmerische Verantwortung überzeugend vermitteln. Springer, Berlin, S 65–77

Walker T (2016) Integrative Organisationsentwicklung. In: Schram, Schmidpeter (Hrsg) CSR und Organisationsentwicklung. Springer Gabler, Berlin Heidelberg, S 205–217

Wimmer R (2011) Die Zukunft des Change Management. Zeitschrift Für Organisationsentwicklung 4:16–20

Zukunftsinstitut (2015) Dokumentation megatrend new work. Zukunftsinstitut GmbH, Frankfurt am Main

Dr. Albert Schmidbauer, geschäftsführender Gesellschafter und Eigentümer der Biogena-Gruppe, hat das Unternehmen zunächst als Idee entwickelt und Schritt für Schritt verwirklicht. Heute führt er das Unternehmen gemeinsam mit einem kompetenten Team nach den Prinzipien der CSR- und werteorientierten Unternehmensführung.

Julia Ganglbauer, MSc ist seit August 2015 bei der Biogena-Gruppe tätig. Als CSR-Managerin betreut sie die Bereiche CSR, Werte und Kultur, als Geschäftsführerin die Biogena Stores Österreich wie Deutschland. CSR ist für sie State of the Art des modernen Managements, die konsistente Integration der Biogena-Werte- und -Kulturklammer in das tägliche Tun als Basis des Miteinanders.

Das Hotel Hochschober – Mit und für Menschen

Karin Leeb

> *Es ist eine meiner Überzeugungen, dass man für das Gemeinwohl arbeiten muss und dass man sich im selben Maße, in dem man dazu beigetragen hat, glücklich fühlen wird*
> *(Gottfried Wilhelm Leibniz, 1646–1716).*

Der Begriff Corporate Social Responsibility (CSR), wie wir ihn heute verstehen, war Hans und Hilde Leeb, die 1929 den Grundstein für das heutige Hotel Hochschober legten, noch nicht geläufig. Sehr wohl bewusst war ihnen, dass sie als Unternehmer Verantwortung tragen. Für das Unternehmen, für das Umfeld, für ihre Familie und sich selbst. Das Bewusstsein, Verantwortung in der Gegenwart und für die Zukunft zu tragen und für die eigenen Werte einzustehen, zieht sich wie ein roter Faden durch die Geschichte des Hotels Hochschober – und durch die Geschichte von Familie Leeb.

1 Der Mikrokosmos Hochschober

Im Jahr 2012 erschien unter dem Titel *Jahresringe erzählen – Wie der Hochschober meine Liebe und mein Leben wurde* die Biografie von Barbara Leeb. Sie erzählt darin nicht nur ihre eigene Geschichte, sondern auch die des Hotels Hochschober, ein wertvolles Geschenk an ihre Kinder und für alle, die mit dem Hochschober verbunden sind. In diesem Buch kommt auch ihre Tochter Karin Leeb zu Wort, die das Hotel Hochschober gemeinsam mit ihrem Mann Martin Klein seit 2003 führt:

„Als wir 2002 beschlossen hatten, heim auf die Turracher Höhe zu kommen, damit der Hochschober der Hochschober bleibt, bekamen wir nicht selten vom ‚schweren Erbe' und den ‚großen Fußstapfen' zu hören. Die Verantwortung war uns, aus heutiger Sicht,

K. Leeb (✉)
Hotel Hochschober
9565 Turracher Höhe, Österreich

nicht in ihrer ganzen Tragweite bewusst. Was sicher auch gut war. Einen Schuss Naivität und Unbedarftheit braucht es für eine derartige Entscheidung. Und das starke und sichere Gefühl, das Richtige zu tun und mit dem Herz hinter dem ganzen Projekt zu stehen.

Verantwortung für die Menschen und das große Drumherum empfinden wir über weite Teile des Weges als Freude. Wenn Ideen aufgehen und wir damit Menschen berühren, da bekommen wir sehr viel zurück. Natürlich gibt es auch Tage, die nicht so positiv verlaufen. Wir haben auf unserem Weg gelernt, auch mit solchen Aufgaben an uns selbst zu wachsen. Ja, es kommt vor, dass Gäste bitter enttäuscht werden oder negative Zahlen uns im Nacken sitzen, das kennt jedes Unternehmen. Wir motivieren uns und gehen weiter unseren Weg. Es geht darum, immer wieder sicheren Tritt zu fassen, auch wenn wir, wie andere, manchmal ins Straucheln kommen.

Was meine Mutter im Hinblick auf den Hochschober als ‚Mikrokosmos' beschreibt, ist für mich ein lebender Organismus. Das Haus, das geprägt ist von allen Menschen, die hier seit Jahrzehnten und Generationen ein und aus gehen. Jeder hat ein Stück von sich hiergelassen oder – im besten Fall – gute Impulse für sein Leben mit nach Hause genommen. Genau von diesen Geschichten lebt dieser Organismus.

Was für mich den Hochschober unverwechselbar macht: Das sind die gelebten Werte und Regeln, die das Miteinander möglich machen. Das Miteinander von Gästen, Mitarbeitern und Unternehmerfamilie, das Miteinander der Generationen und unterschiedlicher Lebensmodelle. Dieser ‚Hausbrauch' wurde nicht in einem ‚Mission & Vision Statement' niedergeschrieben, sondern er wird seit Generationen gelebt. Viele Menschen, die unser Haus betreten, spüren den Unterschied. Weil sie selbst ähnliche Werte leben und bereit sind, sich auf uns einzulassen. Mit einem Blick, der bereit ist, unter die Oberfläche zu gehen.

Und noch etwas macht für mich den Hochschober aus: die Offenheit und die Neugierde für fremde Kulturen – bei aller regionalen Verwurzelung in der Region. Fremdes nicht der Exotik willen, sondern damit wir von diesen Kulturen lernen können, ich denke da an Rituale wie die Hamam-Waschung oder die Tee-Zeremonie. Oder die Standfestigkeit und Flexibilität wie im Yoga-Weg.

Der Hochschober öffnet Türen und bietet Möglichkeiten für ein erfülltes Leben: Kreativität im Malkurs erfahren, Bildung und Lesevergnügen in der Literatur finden, gesunde Ernährung ausprobieren, ohne verzichten zu müssen. In Zeiten großer gesellschaftlicher und globaler Veränderungen möchten wir ein sicherer und verlässlicher Ort sein, wo die Menschen Kraft tanken können für die vielfältigen Herausforderungen in ihrem Leben und wo Werte noch Werte sind."

2 Das Hotel im Porträt

Das Hotel Hochschober zählt als 4-Sterne-Superior-Hotel zu den besten Hotels in Österreich. Es steht auf der 1763 m hohen Turracher Höhe in Kärnten. Vor dem Hotel erstreckt sich der Turracher See. Lärchen- und Zirbenwälder und die sanftschwingenden Kuppen der Nockberge umgeben das Hotel. Ganz in der Nähe liegen Almen wie aus dem Bilderbuch, der malerische Grün- und Schwarzsee, mystische Moore und wildromantische Gebirgstäler.

Das Hotel beherbergt 115 Zimmer und Suiten. Rund 100 Mitarbeiter, davon die im Branchenvergleich weit überdurchschnittliche Zahl von etwa 25 Lehrlingen, sind ganzjährig beschäftigt und zu Konditionen, die deutlich über dem Branchendurchschnitt liegen.

Seit der Wintersaison 2011/2012 betreibt das Hotel Hochschober zudem als Pächter die AlmZeitHütte bei der Bergstation der Panoramabahn auf der Turracher Höhe. Mit der Pachtübernahme wurde die Hütte modernisiert und um eine große Sonnenterrasse erweitert. Zehn Mitarbeiter sind auf der Hütte im Einsatz. Zum Hotel gehören außerdem die Vastlhütte am Sam, die rund eine Gehstunde vom Hotel entfernt liegt und regelmäßig bewirtschaftet wird, sowie die etwas näher zum Hotel gelegene, derzeit verpachtete Karlhütte am Grünsee.

Das Hotel Hochschober trägt zahlreiche Auszeichnungen, u. a. den TRIGOS für die 2003 ins Leben gerufene Mitarbeiterakademie (2008), den Sonderpreis Employer Branding – verliehen im Rahmen des österreichischen KNEWLEDGE-Staatspreises (2010), den Gala-Spa-Award für das innovative Spa-Konzept (2011) sowie zwei European Health & Spa Awards (2014 und 2015).

Im Jahr 2016 reihte das renommierte Magazin *GEO Saison* das Hotel Hochschober unter die 100 besten Hotels und unter die zehn schönsten Wellnesshotels in Europa. Das Gourmetmagazin *Falstaff* kürte den Hochschober zum Neueinsteiger des Jahres. Der Freizeit-Verlag Landsberg (D) zeichnete das Hotel mit der renommierten Wellness Aphrodite in der Kategorie Beauty & Treatment aus. Diese Auszeichnung wird seit 14 Jahren für herausragende Leistungen an Hotels im deutschsprachigen Europa vergehen. Außerdem reihte das Magazin *Connoisseur Circle* den Hochschober unter die 222 besten Hotels in Österreich und auf Platz eins in der Kategorie Spa-Hotels.

3 Aus der Geschichte

Im Jahr 1929 eröffneten Hans und Hilde Leeb auf der Turracher Höhe den Gasthof Hochschober. Wanderer hatten die Turracher Höhe entdeckt und legten den Grundstein für erste touristische Aktivitäten. Die Leebs bauten 1933 aus und erweiterten ihr Angebot um 20 Betten. Im Jahr darauf vernichtete ein Brand alles. Doch 1936 feierten Hans und Hilde Leeb die Wiedereröffnung. Zu jenem Zeitpunkt beherbergte das Haus bereits 65 Betten.

Nach den Kriegswirren und der Besatzungszeit musste das Haus Anfang der 1950er-Jahre abermals von Grund auf renoviert werden; 75 Betten zählte das Hotel nun. Im Krieg fiel der einzige Sohn von Hans und Hilde Leeb. Als ihren Nachfolger wählten sie ihren Neffen Peter Leeb aus, den sie adoptierten. Peter Leeb absolvierte eine Tourismusausbildung und sammelte im Ausland Erfahrungen, u. a. auf den Bermudainseln. Er kam 1962 zurück und gestaltete die Geschicke des Hochschobers mit.

Im Jahr 1967 heirateten Peter Leeb und Barbara Seebacher, die ihre Ausbildung im Hochschober absolviert hatte. Die beiden führen das Hotel Hochschober als kongeniales Team in die Zukunft. Peter Leeb initiierte in den 1960er-Jahren den Einbau eines Hallenbads, damals eine Seltenheit in österreichischen Hotels. In den 1970er-Jahren kam eine Sauna dazu; 1986 ging der höchstgelegene Außenpool in den Alpen in Betrieb und 1995 eröffnet das damals weltweit erste beheizte See-Bad und weckte international Aufmerksamkeit. Seit 1998 bereichert der erste Hamam der Alpen das Angebot. Im Jahr 2005 feierte der Chinaturm seine Eröffnung, ein Bauwerk, das anfangs nicht nur Zustimmung fand.

Zu jener Zeit, als der Chinaturm eröffnet wurde, hatten Peter und Barbara Leeb ihre Verantwortung in einem vorbereiten und extern moderierten Prozess bereits an die nächste Generation übergeben. Karin Leeb und ihr Mann Martin Klein leiten seit 2003 den Hochschober. Neu entstanden sind seither beispielsweise die Mitarbeiterakademie, die Kindervilla und der Jugendclub, das Basislager – laut Medien „der wohl schönste Skistall Österreichs", das Wortreich – die rund 4000 Bücher umfassende Bibliothek mit Lesesalon, der Spielraum, der Musikturm, Panorama-Saunen und das Kristall-Spa. Die Kaminhalle und ein Großteil der Zimmer wurden renoviert und in einem eigens für das Hotel Hochschober entwickelten Stil neu gestaltet. Seit 2013 können Gäste bei allen Mahlzeiten Gerichte aus der klassischen Linie oder vegane Alternativen wählen.

Bereits in den 1990er-Jahren wurde das Energiekonzept auf neue Beine gestellt, das Entsorgungskonzept in den 2000er-Jahren. Ziel ist es, den Ressourcenverbrauch im Rahmen des Möglichen auf einem vertretbaren Niveau zu halten. Berücksichtigen muss man dabei, dass ein Hotel, das auf fast 1800 m Höhe liegt, naturgemäß höhere Heizkosten hat als ein Betrieb im Tal. Zudem benötigen Wellnesseinrichtungen einen entsprechenden, wenn auch steuerbaren, Energieaufwand. Seit 2010 engagiert sich das Hotel für die Gemeinwohlökonomie.

4 Verrückte Ideen und stille Wunder

Ein Blick zurück zeigt: Die besondere Lage auf der Turracher Höhe erforderte schon immer besondere Ideen. Auffallend ist, wie Familie Leeb dabei ans Werk ging und geht. Keinesfalls sind es Moden oder Trends, die aufgegriffen werden. Vielmehr ist es stets gelungen, persönliche Interessen und Vorzüge des Standorts in Angebote zu verwandeln, die bei den Gästen von Beginn an Anklang finden.

So versteht sich Familie Leeb seit drei Generationen als Gastgeber aus Leidenschaft und mit Liebe zum Detail. Fest verwurzelt in der Region und gleichzeitig selbst begeisterte Reisende, unterwegs auf der Suche nach Erlebnisideen für das, was Menschen im Urlaub ganz besonders suchen: Sinn und Glück. In vielerlei Hinsicht gilt das Hotel Hochschober als Pionier und Wegbereiter.

- **Das See-Bad:** Peter Leeb, selbst begeisterter Schwimmer, träumte beispielsweise davon, öfter im Turracher See schwimmen zu können. Doch dieser Bergsee erreicht selbst im Hochsommer selten mehr als 18° Wassertemperatur. Durch einen Zufall wurde er auf einen Artikel aufmerksam, in dem von der Möglichkeit, ein Bad zu beheizen, die Rede war. Von diesem Zeitpunkt an dauerte es rund zehn Jahre, bis die richtigen Partner und die optimale Umsetzung gefunden und die Genehmigungen eingeholt waren. Die Eröffnung des 25 m langen und 10 m breiten See-Bads, damals das erste seiner Art weltweit, wurde 1995 gefeiert.
- **Der Hamam**, 1998 als erster Hamam in den Alpen eröffnet, entstand nach vielen Reisen in den Orient, die Peter und Barbara Leeb zum Teil zu zweit, zum Teil mit der ganzen Familie unternommen hatten. Die Badekultur gefiel ihnen ganz besonders. Einen solchen Ort der Reinigung und Erfrischung wollten sie auch für ihre Gäste einrichten. Wiederum ein Projekt, das einer langen Planung bedurfte. Weil die Realisierung so authentisch wie möglich gelingen sollte, waren beim Einbau und der Ausstattung Unternehmen aus der Türkei involviert. Die Kunst der Hamam-Waschung lernen Hochschober-Mitarbeiter von einem in der Türkei ausgebildeten Hamam-Meister.
- **Der Chinaturm:** Reisen nach China weckten bei Familie Leeb die Wertschätzung für die chinesische Teekultur. Also keimte die Idee, ein Teehaus auf der Turracher Höhe zu errichten. Ein abenteuerliches Projekt, an dem ein Architekt aus China sowie Handwerker aus China mitwirkten. Nach langjähriger Planung und herausfordernden Bauarbeiten eröffnete der vierstöckige Chinaturm schließlich im Jahr 2005. Um die Mitarbeiter mit China und der Kultur des Landes vertraut zu machen, fand vorbereitend 2004 eine Studienreise für alle Abteilungsleiter statt. Eine in Wien lebende Chinesin und Tee-Expertin weihte interessierte Mitarbeiter in die Kunst der chinesischen Teezeremonie ein, an der Gäste mehrmals wöchentlich teilnehmen können.
- **Das Wortreich:** Aus Karin Leebs Leidenschaft fürs Lesen und die Literatur entstand das Wortreich. Aber auch aus dem Bewusstsein heraus, dass zu einem Berghotel im klassischen Sinn einfach eine Bibliothek gehört. Seit der Eröffnung des Wortreichs im Jahr 2010 finden im Rahmen von Literatur am Berg regelmäßig Lesungen und Kamingespräche statt. Rein wirtschaftlich betrachtet ein Luxus – für die Gäste jedoch eine willkommene Abwechslung und auch in Literatenkreisen genießt das Hotel mittlerweile einen guten Ruf.
- **Die Musik:** Fixpunkt im Hotelprogramm ist außerdem Musik am Berg. Familie Leeb war immer schon der Musik verbunden. Martin Klein widmet sich in seiner Freizeit dem Komponieren und Musizieren. Livemusik führt zweimal in der Woche durch den Abend, Harfenmusik erklingt beim Sonntagsfrühstück. Jedes Jahr im Juli ist das Hotel Schauplatz von Konzerten und musikalischen Wanderungen.

5 Philosophie und Werte

HochschoberN lautet die Philosophie des Hauses, die Vertrautes und Exotisches, Sinnliches und Praktisches, Entspannendes und Anregendes vereint. Unter dem Motto HochschoberN möchte der Hochschober seine Gäste zum Reisen verführen. Von einem besonderen Ort zum nächsten. Durch Räume und Zeiten, durch Regionen und Kulturkreise.

Gleichzeitig legt das Hotel Hochschober Wert auf ein Miteinander auf Augenhöhe, das nach bestimmten Regeln funktioniert. Dazu schrieb einst das Wirtschaftsmagazin *trend*: „Das Hochschober am Turracher See ist weltweit unverwechselbar. Auch in der Qualität seiner Widersprüche. Es ist innovativ und stur, avantgardistisch und nostalgisch, liebevoll und anmaßend. Es vergöttert seine Gäste, verlangt den Göttern aber auch Opfer ab." Mit diesen „Opfern" waren Regeln gemeint, die Gästen mittlerweile gut vertraut sind, wie beispielsweise das Handy- bzw. Telefonierverbot in den öffentlichen Bereichen, die höfliche Stille in den Ruhebereichen, die Beachtung der bademantelfreien Zonen.

Auf nachhaltiges und verantwortungsbewusstes Wirtschaften legt das Hotel Hochschober seit seiner Gründung Wert. Für einen Familienbetrieb eine Selbstverständlichkeit, befinden die Leebs. Denn was die eine Generation schafft, ist die Grundlage für die nächste Generation. Strategische Bedeutung gewann das Thema in den 2000er-Jahren.

Den ersten Nachhaltigkeitsbericht legte das Hotel 2009 vor. Seit 2014 dokumentiert das Hotel seine Aktivitäten in einer Gemeinwohlbilanz, die das ökologische, soziale und gesellschaftliche Engagement abbildet. Im Jahr 2014 war das Hotel Hochschober das erste Hotel in Österreich, das eine solche Bilanz erstellte.

6 Die Gemeinwohlbilanz

Im Herbst 2010 hörte Karin Leeb auf einer Nachhaltigkeitskonferenz Christian Felber über die Gemeinwohlökonomie referieren. Sofort hat sie die Idee fasziniert, dass soziales Engagement ebenso wie verantwortungsvoller Umgang mit den Energieressourcen belohnt statt bestraft werden sollte. In vieler Hinsicht deckt sich der Ansatz der Gemeinwohlökonomie mit den Hochschober-Grundsätzen: gelingende Beziehungen als Basis des persönlichen und unternehmerischen Erfolgs, Verantwortung für die Umwelt und nachfolgende Generationen sowie Verantwortung gegenüber den Gästen im Sinn der Produkte und Dienstleistungen, die das Hotel entwickelt und anbietet.

Wichtig war darüber hinaus dieser Aspekt: Die Werte eines Unternehmens, die Werte des Hochschober und auch die seiner Partner spielen eine zentrale Rolle in der Gemeinwohlökonomie. Die Gemeinwohlbilanz ist das Instrumentarium, diese Werte abzubilden und nach außen hin sichtbar zu machen. Denn es sind genau diese Werte, die das Unternehmen Hochschober ausmachen und die das Hotel auch ein Stück weit seinen Gästen und Geschäftspartnern mitgeben möchte.

Die Gemeinwohlökonomie versteht sich als ganzheitliche Systemalternative – als ein möglicher nächster Schritt für Unternehmen. In der Gemeinwohlbilanz stellen Unternehmen detailliert dar, was sie in ihrem Kerngeschäft für die Gesellschaft tun. Der Hochschober ist seit 2010 ein Pionier der Initiative Gemeinwohlökonomie (GWÖ) und setzt sich damit für ein Umdenken in der Wirtschaft ein.

Die Gemeinwohlbilanz geht weit über die Inhalte eines CSR-Berichts hinaus. Sie ist ein Bewertungsinstrument, das ein Unternehmen anhand von 20 Indikatoren durchleuchtet. Diese Durchleuchtung und Bewertung mithilfe eines definierten Punktesystems nimmt ein Unternehmen zunächst selbst vor. Im nächsten Schritt folgt ein externes Audit, das sämtliche Angaben sehr genau unter die Lupe nimmt. Wo Fakten und einleuchtende Begründungen fehlen, gibt es Punkteabzüge. Ziel dieser Bilanz ist die möglichst transparente Selbstdarstellung eines Unternehmens. Mithilfe dieser Bilanz lässt sich auch sehr gut nachzuvollziehen, wo ein Unternehmen gerade steht und in welchen Bereichen es Verbesserungspotenziale gibt.

7 Die Hochschober-Gemeinwohlbilanz

Für die erstellte Gemeinwohlbilanz gibt es am Ende ein Testat von einem externen Audit. Dieses weist Bilanzpunkte auf. Bewertet werden das Beschaffungsmanagement, die Arbeitsqualität und Gleichstellung, die gerechte Verteilung von Erwerbsarbeit und Einkommen, die Ethik der Kundenbeziehungen sowie die gemeinwohlorientierte regionale Verteilung. Bewertet werden außerdem die ökologische und soziale Gestaltung von Produkten und Dienstleistungen sowie der Umgang mit Menschen. Eine Arbeit, die Mut zur Offenheit und Transparenz erfordert. Hier ging das Hotel Hochschober im Bereich der Gastronomie und Hotellerie neue Wege.

7.1 Die wesentlichen Eckpunkte und Werte der Bilanz

Die Gemeinwohlbilanz beleuchtet Werte wie die Menschenwürde, Solidarität und Gerechtigkeit, die ökologische Nachhaltigkeit und Transparenz sowie die Mitbestimmung. Sie befasst sich auch mit den Berührungsgruppen: Lieferanten, Mitarbeiter, Kunden und dem gesellschaftlichen Umfeld. In der Gemeinwohlökonomie wird stets in Gendersprache gesprochen.

- **Mit und für Menschen:** Arbeitsbedingungen – beispielsweise eine echte 5-Tage-Woche, richtige Gehaltsspreizung (Gleichstellung zwischen Männern und Frauen), intensive interne Kommunikation, Transparenz und Mitbestimmung sorgen im Hotel Hochschober für eine nachweislich ausgezeichnete Mitarbeiterzufriedenheit. Innerbetriebliche Transparenz und Demokratie sind auch zentrale Werte für die Weiterentwicklung von Betrieb und Mitarbeitern.
- **Wissen und Motivation:** Als Mitglied der Best-Alpine-Wellness-Hotels (in Summe sind es derzeit 19 familiengeführte 4- und 5-Sterne-Hotels) verpflichtet sich das Hotel

Hochschober, zusätzlich zu den eigenen Aktivitäten die hohen Arbeitsplatzstandards und -kriterien dieser Hotelgruppierung einzuhalten. Aus- und Weiterbildungsmaßnahmen koordiniert seit 2003 die Hochschober-Mitarbeiterakademie. Die Mitarbeiter profitieren außerdem vom umfangreichen Best-Alpine-Wellness-Hotels-Weiterbildungsprogramm. Gemeinsam wird an der Bildung einer Arbeitgebermarke gearbeitet – auch, um den Branchenstandard zu heben und zu verbessern.

Die **Hochschober-Mitarbeiterakademie** bietet Pflichtmodule und Fachschulungen an. Pflichtmodul für neue Mitarbeiter ist Hochschober- & Turrachkunde. Dabei erfahren die Mitarbeiter alles Wesentliche über das Hotel, seine Geschichte, die Philosophie und lernen die unmittelbare Umgebung kennen. Geplant sind weitere Pflichtschulungen, abgestimmt auf die jeweiligen Abteilungen, z. B. ein Check-In-/Check-Out-Modul für die Mitarbeiter an der Rezeption, eine Allergene-Schulung für die Küche sowie eine 4-Sterne-Superior-Service-Schulung im Restaurant.

Im Bereich Fachschulungen sind es entweder erfahrene Mitarbeiter, die Lehrlinge bzw. Kollegen schulen, oder es werden externe Trainer beauftragt bzw. externe Seminarangebote besucht. Die Palette reicht von Barrista-Kursen bis zu Social-Media-Workshops.

Die Mitarbeiterakademie bietet außerdem Kurse unter dem Motto Kreative Freizeitgestaltung an, z. B. HipHop-Workshops, Styling und Typberatung oder Sprachkurse.

Einen wichtigen Stellenwert nimmt im Rahmen der Mitarbeiterakademie die Lehrlingsausbildung ein. Jeder neue Lehrling bekommt einen Paten oder eine Patin zur Seite gestellt. Dabei handelt es sich um einen Lehrling aus einem höheren Lehrjahr, der als erster Ansprechpartner zur Verfügung steht. Jedes Jahr wird ein Lehrlingssprecher gewählt, der an der wöchentlichen Abteilungsleiter-Kadersitzung teilnimmt. Darüber hinaus gibt es einmal im Monat eine eigene Lehrlingskaderbesprechung.

Das Ausbildungsprogramm der Best-Alpine-Wellness-Hotels bietet fachspezifische Kurse und Schulungen für Lehrlinge, Fachkräfte und Abteilungsleiter. Ein eigenes Programm befasst sich z. B. mit der Ausbildung zum Kids-Coach.

Im Rahmen des gruppenübergreifenden Human-Resources-Managements und um die Attraktivität von Tätigkeiten in der Hotellerie zu unterstreichen, haben die Best-Alpine-Wellness-Hotels die Initiative Superhelden des Jahres ins Leben gerufen. Einmal im Jahr wählt jedes Best-Alpine-Wellness-Mitgliedshotel aus dem Kreise der eigenen Mitarbeiter den Superhelden. Bei einer gemeinsamen Veranstaltung werden die Helden gefeiert und auf die Bühne geholt.

- **Wertschöpfung, die in der Region bleibt:** Als größter Arbeitgeber in der Gemeinde ist der Hochschober in der Region ein wichtiger Wirtschaftsfaktor. Wo möglich, arbeitet das Hotel daher eng mit Partnern aus der Umgebung zusammen. Tradition und gewachsene Beziehungen über Generationen hinweg haben einen hohen Stellenwert. Wichtig ist es dem Hotel auch, seine Kunden zu kennen – und umgekehrt. So entsteht eine Vertrauensbasis, die sich über Jahre entwickelt hat.

Rund 90 % der Lebensmittel, davon wiederum sind rund 40 % biozertifiziert, bezieht das Hotel von Lieferanten aus Kärnten und den benachbarten Bundesländern. So bleiben die Wertschöpfung in der Region und die Transportwege kurz.

Neubau- und Umbauarbeiten werden generell mit Handwerkern aus der Region umgesetzt. Nach den Bauarbeiten haben die Mitwirkenden die Möglichkeit, die vollendeten Arbeiten bei einem Urlaub zum Selbstkostenpreis zu begutachten und zu erleben. So schließt sich ein Kreislauf, der allen zugutekommt.

- **Natur und Umwelt eng verbunden:** Seine Energie bezieht das Hotel schon seit 1997 aus dem Biomasseheizwerk auf der Turracher Höhe. Jährlich werden so 700.000 l Heizöl gespart. Stromspitzenüberwachung und Stromhauptschalter in allen Zimmern tragen seit 1992 bei, den Energieverbrauch gering zu halten.

  Die Abfallentsorgung ist seit dem Umbau 2009 auf dem neuesten Stand. Abfallvermeidung und Mülltrennung werden regelmäßig geschult. Mit den Lieferanten wird darauf geachtet, Mehrweg- statt Einmalgebinde zu verwenden. Den Restmüll komprimiert eine hochmoderne Müllpresse.

  Die Reinigungsmittel, die auf den Etagen und in den Zimmern verwendet werden, sind zu 95 % abbaubar. In der Küche, im Restaurant und im Wellnessbereich ist dies aufgrund der Hygienevorschriften nicht möglich.

  Das im Jahr 2009 initiierte und wissenschaftlich begleitete Seesaibling-Projekt im Grünsee hat sich erfolgreich entwickelt. Mittlerweile ist der Grünsee wieder zum Lebensraum für Seesaiblinge geworden. Frische Seesaiblinge aus eigener Produktion bereichern die Speisekarte des Hotels.

  Seit 2015 spart die mit der Hirter Brauerei und dem Logistikunternehmen Puik eingegangene Kärntner Allianz pro Jahr rund 250 LKW-Fahrten auf die Turracher Höhe. Das Logistikunternehmen versorgt das Hotel Hochschober mit so gut wie allen Getränken und bündelt somit die Getränkelieferungen.

- **Viel Engagement für die Gesellschaft:** Die Unternehmerfamilie fördert seit jeher gemeinnützige Organisationen und lokale Vereine. Unterstützt werden beispielsweise der Kindergarten, die Volksschule sowie die freiwillige Feuerwehr im Ort. Im SOS Kinderdorf Moosburg wirken Hochschober-Lehrlinge regelmäßig beim Tag der offenen Tür sowie bei weiteren Anlässen mit und mixen Smoothies für einen guten Zweck. Die Erlöse des letzten Hochschober-Flohmarkts kamen der Caritas-Flüchtlingshilfe zugute. Brauchbares, nicht mehr benötigtes Mobiliar und Einrichtungsgegenstände werden generell nicht entsorgt, sondern kommen einer möglichst sinnvollen Weiternutzung zu. Die Eigentümerfamilie wie auch Mitarbeiter absolvierten und absolvieren Brückenschlag-Einsätze bei verschiedenen sozialen Institutionen.

- **Ethisches Finanzwesen:** Das Hotel Hochschober engagiert sich außerdem bei der Gründung der ersten alternativen Bank Österreichs, der Bank für Gemeinwohl. Das Hotel hat sich als Genossenschafter beteiligt, um auch in diesem Punkt ein Zeichen zu setzen. Die künftige Bank soll in weiterer Folge Kredite an jene Unternehmen vergeben, die eine Gemeinwohlorientierung aufweisen.

8 Der weitere Weg

Aktuell beschäftigt sich das Hotel mit der Erstellung der Gemeinwohlbilanz in der Version 5.0. Zum ersten Mal sind alle Abteilungen in diesen Prozess eingebunden. Zahlen aus den einzelnen Bereichen werden gesammelt, Arbeitsabläufe diskutiert und im Plenum sowie in den Abteilungen vorgestellt. So ist es möglich, das gemeinwohlorientierte Denken bis auf die Ebene der Lehrlinge zu transportieren und im ganzen Haus Bewusstsein zu schaffen, wie bedeutend der Beitrag des Hotels Hochschober für das Gemeinwohl ist.

8.1 Jahre Hochschober – ein Blick in die Zukunft

Wie soll sich das Hotel Hochschober in den nächsten Jahren und Jahrzehnten entwickeln? Welche grundsätzlichen Richtungen sollen eingeschlagen werden? Das kürzlich erstellte und von allen Abteilungen gemeinsam erarbeitete Leitbild definiert die zentralen Eckpunkte:

Wir sind für unsere Gäste das begehrteste hochalpine und ganzjährig geöffnete Urlaubsziel. Seit Generationen und für Generationen widmen wir uns den Themen Zeit für die Familie, Zeit für mich und dich, Hinaus in die Natur und die Kunst des Schönen. Wir verführen zu Reisen zu fremden Kulturen und sind gleichzeitig stark verwurzelt in der Region. Wir geben unseren Gästen Impulse für ein erfülltes Leben.

Der Hochschober ist bekannt für seine einzigartigen Leuchttürme, das wohlig-warme See-Bad, den authentischen Hamam, den Chinaturm und das Wortreich. Diese Attraktionen werden laufend mit neuem Leben gefüllt und weiterentwickelt.

Wir streben nach höchster Dienstleistungsexzellenz für unsere Gäste. Dabei versuchen wir stets, Wünsche und Sehnsüchte vorwegzunehmen und unsere Gäste damit zu überraschen. Die Ausrichtung unseres Angebots auf ein internationales Publikum ist unser Ziel.

Gemeinsam mit unseren Mitarbeitern halten wir das Niveau unserer Motivation hoch. Wir wollen miteinander sprechen und nicht übereinander reden. Wir sind stolz auf unseren Hochschober. Als starke Arbeitgebermarke sind wir für die besten unserer Branche attraktiv. Wir kommunizieren offen und transparent unsere gemeinsamen Ziele. Die Errichtung eines Mitarbeiterwohnhauses ist unser Ziel.

Die Eigentümer Karin Leeb und Martin Klein arbeiten frühzeitig an einer Strategie, um der nachfolgenden Gastgebergeneration ein gut bestelltes Haus zu übergeben.

Im Zusammenspiel von Gast, Mitarbeiter und Eigentümerfamilie sind gelingende Beziehungen die Basis für unseren Erfolg. Dabei behalten wir bei allen unseren Entscheidungen stets unsere Lieferanten, unsere Finanzpartner und unser gesellschaftliches Umfeld im Blick. Wir orientieren uns an den Prinzipien der Gemeinwohlökonomie und achten auf Regionalität, Ökologie und soziale Verantwortung.

Auch in der Zukunft sind wir ein innovatives Hotel, das seine Hard- und Software laufend weiterentwickelt. Wir spüren Trends und Entwicklungen in der Gesellschaft vorzeitig auf und setzen diese in unseren Angeboten um. Harmonische Details und Perfektion sind im Hochschober für jeden Gast spürbar.

Die Grundstücksreserven nützen wir in den nächsten Jahren, um das runde Gesamtangebot im Hochschober abzusichern. Wir wollen das Hotelareal von parkenden Autos befreien, das Spa um ein Spa-Bistro erweitern, zum Norden hin eine Speisemöglichkeit im Freien schaffen und See-Chalets in Premiumlage errichten. Die Karlhütte am Grünsee wird zum Alm-Erlebnis.

Wir nützen alle technologischen Weiterentwicklungen am Markt, um das hohe Niveau an Hard- und Software im Hochschober zu halten. Dies betrifft die Kommunikation mit dem Gast sowie die interne Kommunikation.

9 Zahlen und Fakten

(Stand: Herbst 2016)

Zimmer/Betten	115/209
Öffnungstage pro Jahr	312–319
Nächtigungen pro Jahr	Rund 60.000
Vollbelegstage	287–297
Auslastung	±92 %
Preisdurchsetzung	100 %[a]
Nationenmix (Basis Winter 2015/16)	62 % Österreich 30 % Deutschland 7,5 % restliches Europa 0,5 % nicht europäische Länder
Mitarbeiter im Jahresschnitt	110–112, davon rund 25 Lehrlinge
Investitionen pro Jahr	2–3 Mio. €

[a]Das Hotel gewährt keine Nachlässe auf die publizierten Preise und verkauft seine Zimmer ausschließlich direkt bzw. über ein eigenes Online-Buchungstool. Das Hotel Hochschober zählt zu den wenigen Betrieben, die nicht über Online-Travel-Agencies (OTA) verkaufen

Karin Leeb leitet mit ihrem Mann Martin Klein seit 2003 und in dritter Generation das Hotel Hochschober auf der Turracher Höhe in Kärnten. Zu ihren Aufgabenbereichen zählen das Marketing, die Kommunikation, die Finanzen sowie die CSR-Aktivitäten. Sie ist Mitglied des Business Frauen Centers Kärnten und seit 2010 Botschafterin der Gemeinwohl-Ökonomie. Außerdem ist sie Mutter von zwei Kindern. Karin Leeb absolvierte das Tourismus-Kolleg und den Universitätslehrgang für Tourismus in Innsbruck. Sie arbeitete im Bereich Marketing und Public Relations (PR) für verschiedene Unternehmen und Hotelgruppierungen in Österreich und Deutschland.

Von der Ökologie zur Nachhaltigkeit – Gesellschaftliche Verantwortung bei den Möbelmachern

herwig Danzer

1 Die Entstehungsgeschichte

Als die Möbelmacher 1988 von einem Studenten für Politik, Soziologie und Germanistik und einem befreundeten Schreinermeister (Abb. 1) als reine Massivholzschreinerei gegründet wurden, lag der Fokus auf ökologischen Aspekten wie der Verweigerung von Spanplatten und Kunstharzlacken. Im Lauf der Jahre erweiterten sich die Anforderungen und die Möbelmacher wollten nicht nur die Wohngesundheit, Umweltfreundlichkeit und Langlebigkeit ihrer Produkte kommunizieren, sondern auch deren Einsatz für regionale Wirtschaftskreisläufe, attraktive Arbeitsplätze und das Engagement für Lebensqualität in der Hersbrucker Alb. Ökologische Betriebe strebten schon damals nach Nachhaltigkeit. Auch wenn dieser Begriff in der Bedeutung der „sustainability" im Bericht an den Club of Rome *Die Grenzen des Wachstums* schon 1972 entstand, war er Ende der 1980-Jahre noch nicht als Wirtschaftsweise etabliert; gleichwohl hatten Geschäftsführer nie ausschließlich den ökologischen Aspekt im Visier, denn ohne Ökonomie und soziale Verantwortung hätten gerade diese Betriebe nicht existieren können.

Den aktuell stark strapazierten Begriff der Nachhaltigkeit verwenden die Möbelmacher in der Zwischenzeit ganz bewusst, weil er aus „ihrer" Holzwirtschaft kommt und weil sie der bekannte Autor zu Nachhaltigkeitsthemen, Ulrich Grober („Die Entdeckung der Nachhaltigkeit"; Abb. 2) während einer Lesung dazu ermutigte: „Denn wer, wenn nicht die Möbelmacher sollten die wahre Bedeutung dieses Begriffes pflegen," argumentierte Grober anhand des von ihnen geprägten Begriffs der „Waldschöpfungskette" und so mauserte sich die inzwischen nicht mehr kleine Schreinerei mit rund 15 Mitarbeitern zum Vorreiter für Nachhaltigkeit, was zahlreiche Anerkennungen mit sich brachte.

h. Danzer (✉)
Die Möbelmacher
Unterkrumbach 39, 91241 Kirchensittenbach, Deutschland
E-Mail: herwig.danzer@die-moebelmacher.de

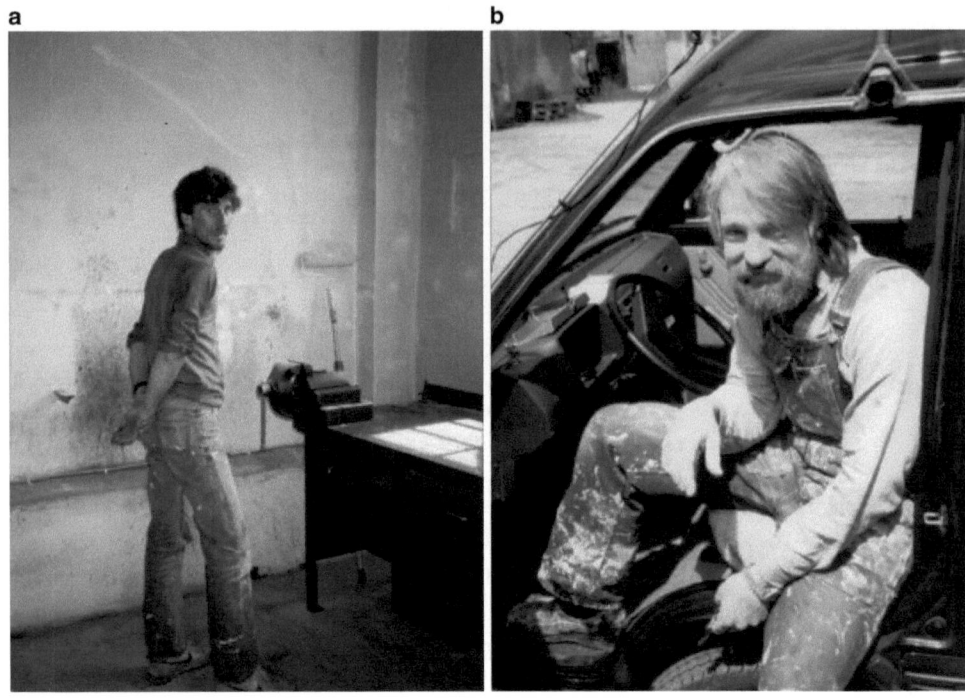

Abb. 1 Von 1988 bis 2015 Kompagnons: Gunther Münzenberg (**a**) und herwig Danzer (**b**)

Abb. 2 Ulrich Grober hat zuletzt wieder bei seiner Lesung bei den Möbelmachern gefordert, dass die Möbelmacher den Begriff Nachhaltigkeit pflegen sollten

- 1998 Heimatpreis der Volks und Raiffeisenbanken (Die Möbelmacher 1998)
- 2003 Nachhaltigkeitspreis der Stadt Nürnberg mit Faber-Castell und Lammsbräu (Die Möbelmacher 2003a)
- 2003 Ernennung zum Umweltbotschafter Bayerns (Die Möbelmacher 2003b)
- 2005 Platz eins bei der Nachhaltigkeitsanalyse von Oekom Research (Die Möbelmacher 2005a)
- 2005 Öffnung des ersten Handwerkerblogs im Internet namens Nachhaltigkeitsblog (Die Möbelmacher 2005b)
- 2007 Auszeichnung mit dem Thalhoferpreis der Innung für das Gesamtmarketing (Die Möbelmacher 2007)
- Der Beitrag im Buch Corporate Citizenship in Deutschland über das Engagement der Möbelmacher aus wissenschaftlicher Sicht (Backhaus-Maul H et al. 2008)
- 2010 Deutscher lokaler Nachhaltigkeitspreis (Die Möbelmacher 2010a)
- 2015 Bei den fünf Finalisten des Thalhoferpreises zum Thema Nachhaltigkeit (Die Möbelmacher 2015)

Die Ziele der Möbelmacher wurden im Jahr 2003 während einer Selbstbewertung nach dem um den Nürnberger Nachhaltigkeitsansatz erweiterten European-Foundation-for-Quality-Management(EFQM)-Modell gemeinsam so definiert (Abb. 3):

Der Slogan *Alles Gute zum Einrichten* steht für die Ziele der Möbelmacher. Als überschaubares Handwerksunternehmen streben wir mit unserem wohngesunden und qualitativ führenden Einrichtungskomplettservice nach Zufriedenheit und Begeisterung bei Kunden, Mitarbeitern und der Gesellschaft. Nachhaltiges Wirtschaften bedeutet neben der Verwirklichung unserer ökologischen, ökonomischen und sozialen Anforderungen an einen ganzheitlich ausgerichteten Betrieb auch die Förderung der regionalen Wirtschaftskreisläufe besonders bei der Holznutzung und des Bewusstseins für Qualität, Individualität und Regionalität. Ständige Verbesserungen von der Möbelgestaltung bis hin zu den Betriebsabläufen sollen die Freude an unserer attraktiven Arbeit erhalten und die Zukunft des Betriebs auf Generationen sicherstellen.

Nach dieser Leitlinie werden seither Maßnahmen geplant, Entscheidungen gefällt und nach neuen Wegen gesucht, wie ein positiver Einfluss auf die Entwicklung einer Region mit dem geschäftlichen Erfolg verbunden werden kann.

Abb. 3 Das Möbelmacherteam im Jahr 2003 beim European-Foundation-for-Quality-Management(EFQM)-Workshop

2 Ökologische Möbelfertigung durch konsequente Neubauten weiterentwickeln

Die durchgängig ökologische Fertigung von Massivholzmöbeln war damals weniger Marketingkonzept als vielmehr die persönliche Überzeugung der Eigentümer, und auch heute noch entspricht die Kompromisslosigkeit bei der Materialwahl eher dem Selbstverständnis der Firma als dem expliziten Wunsch aller Kunden, die immer wieder mal fragen, ob das wirklich alles massiv sein muss. Aber Glaubwürdigkeit entsteht am besten durch Vorbild und so errichteten die Möbelmacher im Jahr 1997 einen ökologischen Gewerbebau, der alle damaligen Erkenntnisse des umweltfreundlichen Bauens in sich vereinte.

2.1 Der Neubau

Grundidee war eine Halle für Fertigung, Büro und Ausstellung, für die nur wohngesunde Materialien verwendet werden, also solche, die die Möbelmacher auch beim Bau von Einfamilienhäusern empfehlen würden (Abb. 4). Denn interessierten Bauherrn kann man nicht Naturfarben und ökologisches Dämmmaterial ans Herz legen, wenn das eigene Gebäude aus Sparsamkeitsgründen mit billiger Industrieware gestrichen oder mit Mineralwolle statt ökologisch gedämmt wurde.

Angenehmes Arbeitsklima entsteht in einer Werkshalle in Holzbauweise (Abb. 5) durch massive Holzdielenböden und Deckenstrahlungsheizkörper, aber auch durch eine Architektur, die viel Tageslicht nach innen und den Blick in die Natur nach draußen ermöglicht. Die eigenen Holzabfälle beheizen das gesamte Gelände und die Trockenkammern, die Streuobstwiese versorgt das Team mit angenehmer Atmosphäre und Vitaminen

Abb. 4 Das 1997 nach ökologischen Richtlinien errichtete Firmengebäude mit Büro, Ausstellung und Fertigung

Von der Ökologie zur Nachhaltigkeit

Abb. 5 In der lichtdurchfluteten Halle fühlte sich auch das Bayerische Fernsehen beim Drehen eines Lehrfilms mit unserem Auszubildenden wohl

und das große Holzlager ermöglicht die Perfektionierung der Möbelfertigung auf 100 % Holz aus der Region. Um vermeintliche Skandalmeldung zu vermeiden oder Engpässe bei bestimmten Holzarten durch Zukauf lösen zu können, werden nach außen nur 95 % Holz aus der Region kommuniziert, aber bisher waren es bis auf eine Ausnahme immer 100 %.

Und noch einen wichtigen Aspekt hatte das neue Gebäude: In der Ausstellung können die Möbelmacher jetzt auf rund 1000 Quadratmetern nicht nur Massivholzmöbel zeigen,

Abb. 6 In der Ausstellung werden nicht nur Möbel verkauft, sondern auch Kochkurse und unterschiedliche Workshops abgehalten

sondern die komplette Einrichtung mit Küchengeräten, Beleuchtung, Matratzen, Polstermöbeln und Vorhängen (Abb. 6). Sie entwickelten sich dank ihrer Planungskompetenz immer mehr zum Kompletteinrichter, auch für ganze Häuser und Hotels.

3 Die regionale Waldschöpfungskette

Auch hier ist die Motivation die Schaffung einer einzigartigen Waldschöpfungskette vom Wald bis zum Kunden (Die Möbelmacher 2010b), und viele Maßnahmen zielen in der Folge darauf ab, Kunden auf die Vorteile regionaler Wirtschaftskreisläufe – nicht nur in der Holzbranche – aufmerksam zu machen. So gab es in der Vergangenheit schon abendfüllende Veranstaltungen (Die Möbelmacher 2008; Abb. 7) zusammen mit der Forstbetriebsgemeinschaft Nürnberger Land, aber auch öffentliche Informationsveranstaltungen zum Baumfällen (Die Möbelmacher 2016a) und v. a. ganz viele Videos über den Weg des Holzes (Die Möbelmacher 2017a). Der ist bei den Möbelmachern lückenlos dokumentiert, weil nach der Anlieferung des Rundholzes das Entrinden der Stämme, das Sägen der Bretter mit der mobilen Bandsäge, das Stapeln, das Lagern und das Trocknen in den beiden selbst entwickelten Trockenkammern komplett am eigenen Gelände erfolgt (Abb. 8).

Vermutlich weckte aber auch die freundliche Aufnahme der Möbelmacher in dem kleinen Dorf Unterkrumbach im Sittenbachtal den Wunsch, das dort erwirtschaftete Geld so weit wie möglich auch im Tal auszugeben und dadurch einen kleinen Beitrag für die Lebensqualität einer Region zu leisten. So muss der im Vergleich zum normalen Einkauf im Holzhandel ungleich höhere Aufwand des eigenen Holzmanagements mit der deut-

Abb. 7 Veranstaltung nach dem Vorbild des Weltcafés zum Thema *Der kurze Holz-Weg* gemeinsam mit dem Bayerischen Rundfunk und dem Initiativkreis Holz aus der Frankenalb im Jahr 2008

Abb. 8 Die komplette Waldschöpfungskette am eigenen Gelände

lich besseren Qualität, der Einbeziehung aller Gewerke als Freunde, der Begeisterung der Kunden oder einfach nur mit einem angenehmeren Gefühl gegengerechnet werden. Und sollte all das keine exorbitanten Gewinne versprechen, so scheint dieses Alleinstellungsmerkmal als Wettbewerbsvorteil doch die Zukunft in einer sehr schwierigen Branche sicherzustellen.

4 Möbeloberflächen aus Naturharzölen

Neben ausgasenden Holzwerkstoffen wie Spanplatten oder Werkstoffen aus mitteldichten Faserplatten (MDF), ist v. a. die Oberflächenbehandlung der Möbel immer wieder ein Anlass für leider nur kurz aufwallende Skandale. Wenn Wohnraummessungen ergeben, dass Anstriche ganze Wohnhäuser unbewohnbar machten, dann müssen sich ganzheitlich denkende Einrichter über alle Materialien Gedanken machen, die sie für Kunden einsetzen. So wurde schon bei der Firmengründung festgelegt, dass bei den Möbelmachern nur wohngesunde Materialien zum Einsatz kommen; aber v. a. die Oberflächenbehandlung passiert ausschließlich mit Naturfarben, für die Volldeklarationen vorliegen, also eine genaue Auflistung aller im Öl verwendeten Zutaten.

Zusätzlich führt die langjährige Zusammenarbeit mit Herstellern wie der Firma Livos oder baubiologischen Instituten und deren physikalischen Messtechniken zu einem Erfahrungsschatz, den die Möbelmacher auch beratend an die Kunden weitergeben (Abb. 9). So können sie sensiblen Menschen wissenschaftliche Daten zur Verfügung stellen und bei

Abb. 9 Messen statt vermuten: Die Zusammenarbeit mit wissenschaftlichen Instituten lässt fundierte Aussagen zum gesunden Wohnen zu

der Einrichtung von Kinder-, Schlaf- oder auch Hotelzimmern sicher sein, dass alles für die Gesundheit der Kunden getan wurde.

Aber das ist nur ein Aspekt der geölten Oberflächen. Neben der angenehmen Haptik, ist vor allem die Pflegeleichtigkeit im täglichen Gebrauch oft kaufentscheidend. Genau dazu forschen die Möbelmacher ständig nach verbesserten Materialien und Arbeitstechniken, um besonders Küchen und Fußböden auch für nicht ökologisch interessierte Menschen attraktiv zu machen. Testreihen mit Kaffee, Mineralwasser, Rotwein, Roter Bete und dem Permanentmarker von edding® münden immer wieder in kleine Detailverbesserungen, die dem Kunden später die Massivholzmöbel noch sympathischer machen (Abb. 10).

Abb. 10 Für die Oberflächentechnik mit Naturharzölen wird auch weiterhin ständig getestet und geforscht

5 Das regionale Musterhaus

Aus der Zusammenarbeit mit der Forstbetriebsgemeinschaft und anderen befreundeten Handwerkern, die in die Gründung des Initiativkreises Holz aus der Frankenalb mündete, ergab sich die Idee, die eigenen Forderungen nach Regionalität auch für alle nachvollziehbar in einem Pilotprojekt zu verwirklichen. So entstand das Holzhaus der Familie Danzer direkt neben der Möbelmacherhalle im Jahr 2001 mit der Maßgabe, dass alle verwendeten Baumaterialien im Umkreis von 100 km hergestellt wurden und alle Handwerker aus dem Initiativkreis oder der Nachbarschaft kommen (Abb. 11).

Die Presse begleitete das regionale Musterhaus (Die Möbelmacher 2002) von der Planung bis zu den ersten Besichtigungen, was nachweislich die Akzeptanz regionaler Wirtschaftskreisläufe aber auch die Bekanntheit der Möbelmacher erhöhte (Abb. 12). Sogar in der Wochenzeitung *Die ZEIT* wurde darüber berichtet (Die Möbelmacher 2010c). Gleichzeitig können sie seitdem nicht nur in der Ausstellung, sondern auch im regionalen Musterhaus zeigen, wie sich Massivholzmöbel anfühlen und welche Atmosphäre die Kompletteinrichtung aus einer Hand vermittelt. So verbinden sich Werte wie einfühlsame Architektur, gesundes Wohnklima im Holzhaus, Funktionalität und Ästhetik der Einrichtung, aber auch Gastfreundschaft und Kochveranstaltungen mit Regionalität. Ein Ziel, dass für alle Beteiligten auch wirtschaftliche Vorteile brachte.

Abb. 11 Das regionale Musterhaus der Familie Danzer (2002), das nur mit Materialien und von Handwerkern aus der Region errichtet wurde und als Wohn- und Ausstellungsfläche genutzt wird

Abb. 12 Presserummel rund ums regionale Musterhaus

6 Erster Tag der Regionen als Meilenstein

Der Höhepunkt für das langjährige regionale Engagement der Möbelmacher war der erste Tag der Regionen 1998, den sie gemeinsam mit dem Naturschutzzentrum Wengleinpark aus der Taufe hoben (Abb. 13). In der Zwischenzeit wird diese erstmals am Gelände in Unterkrumbach veranstaltete Regionalmesse mit Direktvermarktern und allem, was in der Region interessant ist, von der Regionalbewegung e. V. in ganz Deutschland veranstaltet; damals war der Gedanke noch neu. herwig Danzer lud zusammen mit Geschäftsführer Dipl. Ing. agr. Rainer Wölfel nicht nur die Lebensmittelerzeuger und die Forstwirtschaftler ein, sondern auch das Dehnberger Hoftheater aus der Nachbarschaft und das neu gegründete Convivium von Slow Food Nürnberg und veranstaltete eine Podiumsdiskussion mit regionalen Akteuren und Politikern (Abb. 14).

Daraus entwickelten sich in den folgenden Jahren viele gemeinsame Projekte vom Initiativkreis Holz aus der Frankenalb über Heimat auf'm Teller (Heimat aufm Teller e. V. 2017) bis hin zu zahlreichen Messeauftritten, bei denen zusätzlich zu den Möbelmachern immer auch die Partner drum herum kommuniziert wurden. Von Slow Food, der maßgeblich von herwig Danzer mit initiierten Cittaslow Hersbruck (Die Möbelmacher 2001) bis zu den zahlreichen Köchen und Politikern, die in den Kochshows der Möbelmacher auftraten.

Von der Ökologie zur Nachhaltigkeit 303

Abb. 13 Meilenstein für die Regionalentwicklung in der Hersbrucker Alb: der erste Tag der Regionen in der Werkstatt der Möbelmacher 1998

Abb. 14 Podiumsdiskussion mit den Protagonisten regionaler Wirtschaftskreisläufe 1998

7 Nachhaltiges Wirtschaften am Beispiel der Massivholzküche

Natürlich besteht auch eine Küche der Möbelmacher aus einzelnen geölten Schränken, die zu einer funktionalen Küche gemeinsam montiert und mit modernsten Geräten ausgestattet werden (Abb. 15). Und doch ist einiges anders, denn gerade anhand der Küchen lässt

Abb. 15 Ute und herwig Danzer in der aktuellen Showküche mit digital bedruckten Glasfronten

sich der ganzheitliche Ansatz der fränkischen Einrichter beispielhaft beschreiben. Küchen haben sich in den letzten 25 Jahren zum wichtigsten Standbein der Kompletteinrichter entwickelt. Dabei wurden die Unterschiede der Materialien – Massivholz vs. Spanplatte – bereits beschrieben, im Folgenden wird auf die Aspekte der technischen Weiterentwicklung und der Kundenkommunikation eingegangen.

7.1 Technische Küchenentwicklung im Haus und mit Partnerbetrieben

Die wichtigste innovative Küche wurde im Jahr 2000 zunächst für einige Messen, aber am Ende für das regionale Musterhaus gefertigt (Abb. 16). Damals ergänzte man auf Ute Danzers Wunsch die Massivholzfronten mit solchen aus Edelstahl und stellte die Kochinsel in ein vom Partnerschlosser eigens geschweißtes Gestell aus dem gleichen Material. Die bis heute fortschreitende Individualisierung jeder einzelnen Küche führte insbesondere durch die einige Jahre später entstehende Glastechnik zu immer neuen Varianten, von denen der Fotodruck hinter Glas die auffälligste und originellste ist. So sprechen Kunden oft von der Mohnblumen-, der Erdbeer- oder der Rotweinküche, weil sich die auf der Homepage gezeigten Fotos einprägen.

Die neueste Showküche in der Ausstellung wurde 2016 gemeinsam mit einem Granitverarbeiter entwickelt, der auf Wunsch der Möbelmacher erstmalig heimischen Granit aus Bayern verarbeitete und daraus die Fronten und Arbeitsplatten in nur 1 cm Stärke fertigte (Abb. 17).

Von der Ökologie zur Nachhaltigkeit

Abb. 16 In der ersten Showküche werden im regionalen Musterhaus auch Kochsendungen mit Spitzenköchen aufgezeichnet

Abb. 17 Die erste Küche mit Granitfronten aus Bayern aus fränkischem Rüster

Aber auch mit den Geräteherstellern von der großen Firma Miele bis zu kleinen Manufakturen sind die Möbelmacher im regen Austausch. So hat der Miele Geschäftsführer Reinhard Zinkann selbst auf einen persönlichen und im Nachhaltigkeitsblog veröffentlichten offenen Brief von herwig Danzer geantwortet: Zinkann teile seine Vorliebe für den Druckdampfgarer und koche selbst damit, Miele wird ihn deshalb – entgegen vieler Ankündigungen von Vertreterseite – weiterhin im Programm lassen (Abb. 18).

Die Fachwelt war erstaunt, wie auch von der Tatsache, dass der erste Sous-vide-Einbauthermalisierer von Komet – ein Gerät, mit dem vakuumierte Speisen bei niedriger Temperatur im Wasserbad gegart werden – in jener Granitküche in der Möbelmacherausstellung integriert wurde (Abb. 19). Die Firma Jaksch, Hersteller von kombinierten Tepan-Yaki- und Induktionskochfeldern, lieferte den Möbelmachern schon 2008 zum 20-jährigen Jubiläum einen Prototyp zum Testen, alle erarbeiteten Verbesserungsvorschläge wurden in der ersten Serie verwirklicht.

Einigen Kunden waren Induktionskochfelder suspekt (Die Möbelmacher 2011) und die Plastiktüten zum Sous-vide-Garen beunruhigten, also haben die Möbelmacher Labore

Abb. 18 Chief Executive Officer von Miele antwortet auf den offenen Brief und Beitrag im Nachhaltigkeitsblog

Abb. 19 Prototyp des ersten Einbauthermalisierers zum Sous-vide-Garen in der neuen Showküche

und Messtechniker bekannter Institute mit der Prüfung beauftragt und die Ergebnisse im Nachhaltigkeitsblog veröffentlicht. Jetzt kann jeder aus diesen Daten selbst seine Schlüsse ziehen und fundierte Entscheidungen fällen.

Weil Danzer ständig experimentell kocht und das gesamte Küchenteam auf der steten Suche nach Verbesserungen ist, werden die einzeln für die computergesteuerte Maschine programmierten Schränke ständig weiterentwickelt, von der Öffnungsmöglichkeit aller unteren Schubladen mit dem Fuß, über perfektionierte Einteilungen für die Gewürze des befreundeten Biolieferanten Sonnentor – die auf Wunsch auch mitgeliefert werden – bis zur Einschubmöglichkeit für den großen Bräter von Miele im Backofenhochschrank.

7.2 Küche mit Kunden

Ute Danzers schon oben erwähnte Küche war die erste, die die Möbelmacher für Kochshows beim Bayerischen Fernsehen auf der Verbrauchermesse Consumenta im Jahr 2000 aufbauten (Abb. 20). Dort erlernte Danzer von Fernsehmoderatoren, die auch schon bei eigenen Veranstaltungen in Unterkrumbach auftraten, viele Jahre jeweils neun Tage in täglich bis zu fünf Kochshows das Moderieren.

Die Stars waren dabei meist regionale Sterne- und Spitzenköche, aber auch Alfons Schubeck und Ralf Zacherl (Abb. 21) gaben sich in Möbelmacherküchen den Kochlöffel in die Hand. Parallel dazu absolvierte Danzer eine Ausbildung als Ernährungsexperte (Die Möbelmacher 2003c) und moderierte auch die Kochshows der Biomesse Grüne Lust

Abb. 20 Alfons Schubeck auf der Consumenta 2000 auf der Möbelmacherbühne beim Bayerischen Fernsehen

(Die Möbelmacher 2006) und der BIOerleben (Die Möbelmacher 2016b) am Nürnberger Hauptmarkt.

Mit einer lange Zeit in Abu Dhabi und Syrien lebenden Schulfreundin und Kundin von zwei Küchen gab es viele Besuche und regen Austausch zur arabischen Küche, was 2009 zu einem Kochbuch und ihrem in der Zwischenzeit sehr bekannten Foodblog www.eintopfheimat.com (Eintopfheimat 2017; Abb. 22) führte. Das ist vielseitig mit dem Nachhaltigkeitsblog verlinkt und stellt quasi das internationale Pendant zur Regionalität in Unterkrumbach dar.

Abb. 21 Kochshow mit Ralf Zacherl auf der Grünen Lust 2005

Von der Ökologie zur Nachhaltigkeit

Abb. 22 Food-Bloggerin Barbara Steinbauer Grötsch bei der gemeinsamen Kochshow auf der Messe

Küchenkunden profitieren von den gesammelten Erfahrungen, denn bei Beratungsgesprächen wird immer auch gekocht (Abb. 23) und genau in diesen Momenten lernt man die Lebensqualität der von den Möbelmachern zu über 95 % eingebauten Kochinseln oder Kochhalbinseln zu schätzen. Viele können sich in ihrem kleinen Raum keine Insel vorstellen, sie erklären, dass sie keinen Dampfgarer und keinen Tepan Yaki bräuchten und

Abb. 23 Zur Küchenplanung gehört auch immer das gemeinsame Kochen

sie seien ja wegen des Holzes da, nicht wegen Fronten aus Glas. Manchmal sind es dann deren Kinder, die das Braten von selbstgehobelten Kartoffelchips am Tepan Yaki unbedingt auch zu Hause wollen, es sind häufig Frauen, die die Zubereitung von Nudeln, Reis und Gulasch im Druckdampfgarer zu schätzen lernen und Männer entdecken den Reiz des perfekten Steaks im Vakuumverfahren. So bietet erst das gemeinsame Kochen die Chance, den echten Nutzen von bisher unbekannten Geräten einschätzen zu können.

Beim zweiten Gespräch haben schon viele Kunden eigene Lebensmittel zum Ausprobieren ihrer eigenen Lieblingsrezepte in der Möbelmacherküche dabei und die Küchenzeichnungen entstehen dabei nebenbei freihändig mit Bleistift auf weißem Papier ganz ohne Computer (Abb. 24).

Viele Kunden kommen von weit weg, aus Berlin, Allgäu, Köln oder Halle, und sie übernachten im benachbarten Hotel in den von den Möbelmachern eingerichteten Zimmern. Am zweiten Tag können sie die vielen Fragen abarbeiten, die nach dem gemeinsamen Planungsabend nachts noch entstanden sind. Dank des akribisch arbeiteten Küchenteams bekommen diese Kunden zum vereinbarten Wunschtermin eine perfekte Küche, die nach zwei Montagetagen bekochbar ist und keine weiteren Anreisen benötigt.

Danach steht das Team ein Leben lang für ergänzende Beratungen, Umbauten oder Umzüge zur Verfügung. Besonders bei Massivholzküchen führt ein Umzug zu überraschend perfekten Ergebnissen, weil es keinen Unterschied zwischen Sicht- und Korpusseiten gibt.

Abb. 24 Viele Freihandzeichnungen entstehen während des ersten Gesprächs

7.3 Gemeinsames Kochen bei den Werkstatt-Tagen, dem Tag der Küche oder des Schreiners

Die Unterkrumbacher Werkstatt-Tage finden im Jahr 2018 bereits zum 20. Mal statt. Das Rahmenprogramm besteht ursprünglich aus klassischen Konzerten heimischer Orchester (Abb. 25), aber auch Jazz, Lesungen mit bekannten Autoren wie Uwe Timm, Herbert Rosendorfer oder Deutschlands renommiertesten Literaturkritiker Denis Scheck, der auch schon Kochworkshops begleitet hat. Sie sind der Versuch, an drei Tagen ein vielseitiges Programm für jeden Geschmack in der ausgeräumten für bis zu 300 Personen bestuhlten Werkstatt zu bieten. Immer wichtiger werden dabei tagsüber die Kochworkshops, bei denen in der Zwischenzeit Möbelmacherkunden nahezu selbstständig das Programm bestimmen (Abb. 26).

Der Einkauf der Lebensmittel hat dabei missionarische Züge entwickelt, denn es wurde schon ein ganzer Ochse aus dem Hutangerprojekt an drei Tagen ganz unterschiedlich von verschiedenen Köchen von der Nase zum Schwanz verarbeitet. Die Weideschweine stammen von Danzers Schulfreund, der als hochbezahlter Manager im Lebensmittelbereich den Bauernhof seines Onkels in der Nachbarschaft übernommen hat. Die Fischzucht Rau ist Mitglied im Verband Heimat auf'm Teller e. V., dessen Entstehungsgeschichte auf den Tag der Regionen 1998 in Unterkrumbach zurückgeht. Auch für alle anderen Lebensmittel werden Empfehlungen und Prospekte weitergegeben, denn wer wertvolle Lebensmittel zu schätzen weiß ist auch für besondere Küchenideen offen.

Die kochenden Kunden führen spannende Gespräche, es wurden sogar schon Küchenliefertermine untereinander getauscht und es entsteht eine Community, die sich auf die

Abb. 25 Volle Werkstatt (350 Gäste) beim internationalen Gitarrenfestival Hersbruck, viele Jahre zu Gast in der auf- und ausgeräumten Fertigungshalle der Möbelmacher

Abb. 26 Kochworkshops mit kochenden Kunden

regelmäßigen Treffen am Tag der Küche im September oder dem Tag des Schreiners im November freut. Manche schreiben über ihre Sous-vide-Kocherfahrungen Beiträge ins Nachhaltigkeitsblog und auch Danzer versucht, die versammelte Koch- und Lebensmittelkompetenz der Allgemeinheit zur Verfügung zu stellen. Dazu dreht er mit der Spitzenköchin Diana Burkel eigene Kochsendungen unter dem Titel www.kocheinrichtung. de oder erklärt die einfachsten Rezepte in der Serie *Einfach Kochen* (Die Möbelmacher 2017b). Diese soll in Zukunft auch um Sendungen zusammen mit den Kindern von Kunden ergänzt werden, denn wer im Ernährungsreport 2017 lesen muss, dass immer mehr Deutsche auf Tiefkühlkost zurückgreifen, wird versuchen, schon die Kinder zum richtigen Kochen zu motivieren. An Kochinseln, bei denen beim gemeinsamen Kochen die Arbeit zur Freude wird, gelingt das am leichtesten.

7.4 Küchen und Kommunikation

Unterkrumbach (106 Einwohner) liegt neben Hersbruck im Nürnberger Land und bietet keinerlei Laufkundschaft, weshalb die Möbelmacher großen Aufwand in die Neukundenakquise, aber auch in die Kundenpflege stecken müssen. Seit 1997 erhalten alle eingetragenen Kunden, aktuell sind das etwa 5500, das Jahrbuch der Möbelmacher kostenlos per Post (Die Möbelmacher 2016c; Abb. 27). Auf 52 Seiten zeigen rund 150 Fotos und viele redaktionelle Texte die Arbeit des letzten Jahres; gleichzeitig können es die Kunden als Jahreskalender an die Wand hängen (Abb. 28).

Abb. 27 Das Jahrbuch Nr. 21 ist auch immer ein kleiner Nachhaltigkeitsbericht

Nach einer externen Umfrage der Marktforscher des Forschungswerks tun dies bis zu 29 % der Kunden tatsächlich. Finanziert wird dieses für eine Schreinerei kommunikative Mammutprojekt mit den Werbekostenzuschüssen der Lieferanten für Matratzen, Polstermöbel und Küchengeräte und den Anzeigen von befreundeten Betrieben aus der Region aller Gewerke. Mindestens genauso wichtig ist der monatliche Newsletter (4500 Abonnenten; Die Möbelmacher 2017c), der zusätzlich auch als zeitsparendes zweiminütiges Video angeboten wird (Die Möbelmacher 2017d). Hier werden die Veranstaltungen beworben, aktuelle Projekte und die Sonderangebote aus der Ausstellung vorgestellt und auf diesem Weg häufig auch verkauft.

Die Neukundenakquise passiert neben persönlicher Empfehlung und anschließendem Blick auf die Webseite meist über das Internet, wobei das Nachhaltigkeitsblog seit 2005 mit seinen 2300 Beiträgen nicht nur wegen dessen positivem Einfluss auf die Suchmaschinen einen wichtigen Raum einnimmt (Abb. 29).

> Die Möbelmacher aus Unterkrumbach bei Hersbruck wollen mit dem Dialog in diesem Weblog von Kunden, Freunden und Fremden lernen und das Bewusstsein für regionale Wirtschaftskreisläufe und verantwortliches Handeln stärken.

Die Homepage ist normale Werbung, aber durch den persönlichen Schreibstil im Blog erkennt man, wie die Möbelmacher ticken und erfährt eine Menge Insiderinformationen vom Chef, der Sekretärin, der Praktikantin oder von Gastautoren. Das Bespielen anderer Social-Media-Kanäle wie Facebook, Youtube oder Twitter nutzt alle Fotos für das Jahrbuch oder Beiträge und Videos im Nachhaltigkeitsblog, um zusätzliche Glaubwürdigkeit und Reichweite zu erzielen. Auf diesem Weg wird auch die angebotene Möbelmachermöbelrücknahme organisiert, denn auf Facebook angebotene 20 Jahre alte und nachgeölte

Abb. 28 Das aufgeklappte DINA4-Format des Jahrbuchs wird an die Wand gehängt

Betten sieht man das Alter nicht an. Und meist freute sich bisher innerhalb weniger Stunden ein Student über ein Schnäppchen von den Möbelmachern. Interessanterweise ist für die zurückgebenden Kunden dabei die Weiterverwendung des wertvollen Möbels viel wichtiger als die Höhe der Gutschrift für die neuen Möbel. Kunden bestellen etwas Neues, weil sie wissen, dass sich über das Alte jemand freut. In einem Fachartikel mit dem Titel Die Möbelmacher zeigen wie's geht (Die Möbelmacher 2010d) wurden sie als „virtuose Spezialisten aller Social Media Kanäle" bezeichnet.

Abb. 29 Das Nachhaltigkeitsblog war im Jahr 2005 das erste im Handwerk

7.5 Rechnet sich Nachhaltigkeit?

Natürlich kann ein Handwerksbetrieb nicht messen, ob er mehr oder weniger verkaufen oder verdienen würde, wenn das Konzept geändert würde. Einerseits lassen sich Möbel und Küchen aus billigerem Material leichter verkaufen, andererseits fiele das Alleinstellungsmerkmal Massivholzküche aus heimischem Holz weg. Zum Jahrbuch der Möbelmacher gibt es immer auch einen Fragebogen, der seit 20 Jahren die Kaufargumente der Kunden abfragt. Dabei hat sich der Begriff Nachhaltigkeit stets etwas nach oben geschoben, allerdings noch immer hinter Holz aus der Region, Beratung und Ökologie, was darauf hindeutet, dass die Möbelmacher ohne ökologische und nachhaltige Ausrichtung die jahrzehntelang aufgebauten Kundenwünsche wohl nicht erfüllen könnten. Aber solange das Team von einer ganzheitlichen Nachhaltigkeitsphilosophie überzeugt ist, stellt sich diese Frage nur akademisch. Ein wichtiges Argument für das Fortsetzen der Nachhaltigkeitstradition sind die angenehmen Kunden der Möbelmacher, die die gleichen Werte teilen und die den Preis dafür nachvollziehen können. Bisher konnten die Möbelmacher knapp 30 Jahre alle Löhne und die Investitionen bezahlen und auch in der Zukunft werden neue Maßnahmen in diese Richtung geplant. So wird dieser kleine Text wohl dem nächsten Jahrbuch ergänzend beiliegen, denn nach der Empfehlung einer Arbeitsgruppe der Ohm-Universität in Nürnberg sollten die Möbelmacher weiterhin ihren Stakeholdern statt eines offiziellen Nachhaltigkeitsberichts eher redaktionell aufbereitete Nachhaltigkeitsinformationen in der schon eingeführten Kalenderform anbieten. Außerdem soll die geplante Photovoltaikanlage ab Mitte 2017 rund 50 % des Strombedarfs decken, der Rest ist natürlich Ökostrom.

8 Wissenschaftliche Anerkennung langjähriger Arbeit

Über diese Social-Media-Aktivitäten werden die Möbelmacher auch immer von Universitäten oder Instituten gefunden, die nach Praxisbeispielen für nachhaltiges Wirtschaften suchen (Abb. 30). Als geprüfter EFQM-Assessor bringt Danzer seine Erfahrungen im Qualitätsmanagement und v. a. im nachhaltigen Wirtschaften bei Kongressen und Podiumsdiskussionen ein und es werden auch Aktionen der Bayerischen Staatsregierung begleitet – wie z. B. ein Pilotprojekt zur Stakeholderanalyse (Die Möbelmacher 2016d). In zahlreichen Büchern und Fachzeitschriften werden die Besonderheiten der Möbelmacher erwähnt oder deren eigene Beiträge veröffentlicht (Die Möbelmacher 2017e). Danzer nimmt auch Einladungen zu Gastvorlesungen oder Vorträgen an; vielleicht findet sich ja auch auf diesem Weg einmal ein Nachfolger, der nachhaltiges Einrichten in die nächste Generation weiterträgt und sich als neuer Besitzer im regionalen Musterhaus wohlfühlt.

Abb. 30 Vorlesung über Social-Media-Themen an der Ohm-Universität in Nürnberg

9 Nachfolger gesucht

Zu den wichtigsten Aspekten der Nachhaltigkeit zählt die Erhaltung des Betriebs, der Arbeitsplätze und der Serviceleistungen für die Kunden (Abb. 31). Bei der Betriebsgründung im Jahr 1988 vereinbarten Gunther Münzenberg und herwig Danzer, dass Münzenberg nur bis zum 60. Geburtstag arbeiten will, lieber sogar schon früher aufhören möchte. Über ein Jahr wurde deshalb die Übergabe der Betriebshälfte geplant und so sorgfältig vorbereitet, dass der Steuerberater von der „harmonischsten Betriebsübergabe, die er jemals gesehen hat" sprach. Die Handwerkskammer, Steuerberater Michael Boos und die Hausbank waren wesentlich daran beteiligt. Durch den einvernehmlichen Ausstieg konnten die Möbelmacher in Spitzenzeiten oder bei besonderen Problemen auch weiterhin mit der Hilfe des ehemaligen Geschäftsführers rechnen. Alle Details der Betriebsübergabe (wer übernimmt seine Aufgaben?) wurden auch per Jahrbuch und Newsletter nach Außen kommuniziert (Die Möbelmacher 2016e), so gab es keine Verwunderung oder Verängstigung bei Kunden und Anspruchsgruppen.

Im Januar 2016 führten Ute und herwig Danzer mit der Gründung des Kernteams die Firma in eine neue Ära, die aufgrund von gemeinsamen Entscheidungen, großer Transparenz und Flexibilität schon jetzt eine neue Arbeitsatmosphäre bietet (Abb. 32). Gemeinsam und mit viel Weiterbildung soll in den nächsten Jahren investiert und verbessert werden, um die Firma so zukunftssicher aufzustellen, dass auch der Ausstieg von Ute und herwig Danzer in 10–15 Jahren reibungslos vonstattengeht. Ob der Nachfolger oder die Nachfolgerin aus den eigenen Reihen, der Schreiner-, der Einrichtungs- oder der Architekturbranche stammen, oder völlige Quereinsteiger sind, ist dabei nicht entscheidend. Wichtig ist, dass sie gemeinsam mit allen Mitarbeitern und angenehmen Kunden Freude an einer spannenden und erfüllenden Arbeit am Standort Unterkrumbach haben (Abb. 33).

Bis dahin freuen sie sich schon auf die nächsten Unterkrumbacher Werkstatt-Tage vom 23. bis 25. Juni 2017, bei der die berühmte Konzertreihe Fränkischer Sommer am Freitag zu Gast sein wird; beim Kochworkshop am Samstag wird das thematisierte Abendessen für die Kinogäste bereitet. Denn aus einem großen Schüler- und Freundeskreis rund um den Kult-Deutschlehrer und Filmemacher Richard Siebenbürger ist ein großartiger – und

Abb. 31 Die Möbelmacher – das Team

Abb. 32 Das Team der Möbelmacher schlägt im Jahr 2016 neue Wege ein

Abb. 33 Das Gelände am 6. Januar 2017

hoffentlich bald preisgekrönter – Kinofilm *Dolores* entstanden. Dessen Regisseur wird von einer bekannten Fernsehmoderatorin, einem Winzer für Premiumsekt, einem Theatermaler, jener erwähnten Food-Bloggerin und vielen Mitstreitern aus dem Schulumfeld in einem kultigen Galaabend unterstützt. Es bleibt spannend in Unterkrumbach.

Literatur

Backhaus-Maul H, Biedermann C, Nährlich S, Polterauer J (Hrsg) (2008) Corporate Citizenship in Deutschland. Bilanz und Perspektiven. VS, Wiesbaden

Die Möbelmacher (1998) Bayerischer Heimatpreis. http://www.die-moebelmacher.de/firma/auszeichnungen/heimatpreis.html. Zugegriffen: 10. Okt. 2017

Die Möbelmacher (2001) Slow City Hersbruck – die erste Cittaslow außerhalb Italiens. http://www.die-moebelmacher.de/produkte/kueche/slowcitycittaslow.html. Zugegriffen: 10. Okt. 2017

Die Möbelmacher (2002) Sie hätten gerne Möbel von uns, brauchen aber erst ein Haus dazu? Kein Problem. http://www.die-moebelmacher.de/produkte/holzhausbau.html. Zugegriffen: 10. Okt. 2017

Die Möbelmacher (2003a) Der Nachhaltigkeitspreis der Stadt Nürnberg 2003. http://www.die-moebelmacher.de/firma/auszeichnungen/nachhaltigkeitspreis.html. Zugegriffen: 10. Okt. 2017

Die Möbelmacher (2003b) Ernennung zum Umweltbotschafter durch Umweltminister Werner Schnappauf. http://www.die-moebelmacher.de/firma/auszeichnungen/umweltbotschafter.html. Zugegriffen: 10. Okt. 2017

Die Möbelmacher (2003c) Zwei Möbelmacher sind geprüfte Ernährungsexperten. http://www.die-moebelmacher.de/produkte/kueche/ernaehrungsexperten.html. Zugegriffen: 10. Okt. 2017

Die Möbelmacher (2005a) Nachhaltigkeitsanalyse von Oekom Research bescheinigt Möbelmacher Platz eins im Corporate Responsibility Rating für den Win-Kongress auf der Bundesgartenschau. http://www.nachhaltigkeitsblog.de/2005/05/nachhaltigkeitsanalyse-von-oekom-research-bescheinigt-moebelmachern-platz-eins-im-corporate-responsibility-rating-fuer-den-win-kongress-auf-der-bundesgartenschau.html. Zugegriffen: 10. Okt. 2017

Die Möbelmacher (2005b) Das Nachhaltigkeitsblog der Möbelmacher. http://www.nachhaltigkeitsblog.de/. Zugegriffen: 10. Okt. 2017

Die Möbelmacher (2006) Die Grüne Lust und die Möbelmacher – ein tolles Team seit dem Jahr 2002. http://www.die-moebelmacher.de/aktuell-ab-2014/veranstaltungen/gruenelust06.html. Zugegriffen: 10. Okt. 2017

Die Möbelmacher (2007) Thalhoferpreis 06/07. http://www.die-moebelmacher.de/firma/auszeichnungen/thalhoferpreis.html

Die Möbelmacher (2008) Der kurze Holz-Weg. http://www.die-moebelmacher.de/aktuell-ab-2014/veranstaltungen/derkurzehozweg08.html. Zugegriffen: 10. Okt. 2017

Die Möbelmacher (2010a) Der Deutsche Lokale Nachhaltigkeitspreis 2010. http://www.die-moebelmacher.de/firma/auszeichnungen/lokaler-nachhaltigkeitspreis.html. Zugegriffen: 10. Okt. 2017

Die Möbelmacher (2010b) Die regionale Waldschöpfungskette. http://www.die-moebelmacher.de/firma/vombaumzutisch.html. Zugegriffen: 10. Okt. 2017

Die Möbelmacher (2010c) Die ZEIT über das regionale Musterhaus der Möbelmacher. http://www.nachhaltigkeitsblog.de/2010/12/die-zeit-uber-das-regionale-musterhaus-der-mobelmacher.html. Zugegriffen: 10. Okt. 2017

Die Möbelmacher (2010d) Was für ein schönes Interview über die Social Media Arbeit der Möbelmacher. http://www.nachhaltigkeitsblog.de/2010/10/was-fuer-ein-schoenes-interview-ueber-die-social-media-arbeit-der-moebelmacher.html. Zugegriffen: 10. Okt. 2017

Die Möbelmacher (2011) Neue Messungen von Induktionskochfeldern. http://www.nachhaltigkeitsblog.de/2011/11/neue-messungen-von-induktionskochfeldern.html. Zugegriffen: 10. Okt. 2017

Die Möbelmacher (2015) Bewerbung zum Thalhoferpreis 2016 – Vorausdenken – Nachhaltig handeln. http://www.nachhaltigkeitsblog.de/2016/06/bewerbung-zum-thalhoferpreis-2016-vorausdenken-nachhaltig-handeln.html. Zugegriffen: 10. Okt. 2017

Die Möbelmacher (2016a) Unsere Buche – Wie die Forstbetriebsgemeinschaft faires Holz garantiert und die Waldschöpfungskette bei den Möbelmachern vervollständigt wird. http://www.nachhaltigkeitsblog.de/2016/12/unsere-buche-wie-die-forstbetriebsgemeinschaft-faires-holz-garantiert-und-die-waldschoepfungskette-bei-den-moebelmachern-vervollstaendigt-wird.html. Zugegriffen: 10. Okt. 2017

Die Möbelmacher (2016b) BIO erleben Nürnberg: Kochshows von den Möbelmachern. http://www.die-moebelmacher.de/aktuell-ab-2014/veranstaltungen/bioerleben-nuernberg.html. Zugegriffen: 10. Okt. 2017

Die Möbelmacher (2016c) „20 Jahre in Unterkrumbach" heißt der Infokalender Nr. 21, das Jahrbuch 2017. http://www.die-moebelmacher.de/aktuell/kalender.html. Zugegriffen: 10. Okt. 2017

Die Möbelmacher (2016d) Pilotprojekt „Stakeholderanalyse" im Rahmen des Nachhaltigkeitsmanagements mit Umweltministerin abgeschlossen. http://www.nachhaltigkeitsblog.de/2016/10/pilotprojekt-stakeholderanalyse-im-rahmen-des-nachhaltigkeitsmanagements-mit-umweltministerin-abgeschlossen.html. Zugegriffen: 10. Okt. 2017

Die Möbelmacher (2016e) Newsletter 122: Neujahresglück, Wein-Buchhalter, Giovanni, Garderobe und Skizzen. http://www.nachhaltigkeitsblog.de/2016/01/newsletter-122-neujahresglueck-wein-buchhalter-giovanni-garderobe-und-skizzen.html#cra-36928579397. Zugegriffen: 10. Okt. 2017

Die Möbelmacher (2017a) Rund ums Holz aus der Region. https://www.youtube.com/playlist?list=PL_X6m95BD5KgzQs4GIqQ6dh-VxE5A3Gg8. Zugegriffen: 10. Okt. 2017

Die Möbelmacher (2017b) Stolze Gockel am Tag der Küche aus Massivholz 2017. http://www.nachhaltigkeitsblog.de/einfach-kochen. Zugegriffen: 10. Okt. 2017

Die Möbelmacher (2017c) Newsletter. http://www.nachhaltigkeitsblog.de/newsletter. Zugegriffen: 10. Okt. 2017

Die Möbelmacher (2017d) Newsletter der Möbelmacher. https://www.youtube.com/playlist?list=PL_X6m95BD5KiLsSoQRSORROscxbMVkXu6. Zugegriffen: 10. Okt. 2017

Die Möbelmacher (2017e) Thema: Presse – über uns. http://www.die-moebelmacher.de/firma/presse0.html. Zugegriffen: 10. Okt. 2017

Eintopfheimat (2017) Koch dich durch Holland und die Welt. https://eintopfheimat.com/. Zugegriffen: 10. Okt. 2017

Grober U (2013) Die Entdeckung der Nachhaltigkeit. Antje Kunstmann, München

Heimat aufm Teller e. V. (2017) Heimat zum Reinbeißen. http://www.heimat-aufm-teller.de/. Zugegriffen: 10. Okt. 2017

Initiativkreis Holz aus der Frankenalb (2017) Aktuelles. http://www.initiativkreis-holz.de/iniholzhome/aktuelles.html. Zugegriffen: 10. Okt. 2017

herwig Danzer wurde 1962 in Nürnberg geboren und studierte nach dem Abitur Germanistik, Soziologie und Politik. Bereits als Schüler baute er parallel dazu in der Waschküche der Mutter einen Handwerksbetrieb auf, den er am 18. Geburtstag als GbR anmeldete. Im Jahr 1988 gründete er gemeinsam mit dem vom Drachenfliegen bekannten Schreinermeister Günther Münzenberg die Möbelmacher, in denen er die Bereiche Marketing und Verkauf aufbaute. Er absolvierte Ausbildungen zum European-Foundation-for-Quality-Management(EFQM)-Assessor und zum Ernährungsexperten, wurde zum Umweltbotschafter Bayerns ernannt und gewann zahlreiche Preise für Nachhaltigkeit, Marketing und Management. Er organisiert Kochshows für den Bayerischen Rundfunk und andere Veranstalter, hält Vorträge für Verbände und Firmen und war für seine Heimatstadt Hersbruck Mitinitiator der ersten Cittaslow außerhalb Italiens. Seit 1997 erscheint jährlich sein 48-seitiges Jahrbuch, 2005 gründete er das Erste Weblog im Handwerk, das Nachhaltigkeitsblog, in dem auch der monatliche Newsletter mit Video erscheint. Seit 2016 ist er alleiniger Geschäftsführer und leitet mit seiner Frau Ute und dem Kernteam die Geschicke der Möbelmacher. Aus alter Tradition wird Danzers Vorname herwig mit kleinem „h" geschrieben.

Anregungen zur selbständigen CSR-Entwicklung in Kleinstunternehmen und Ein-Personen-Unternehmen

Wolfgang Keck

1 Können Unternehmen zu klein für Corporate Social Responsibility sein?

Ob und inwiefern sich die Corporate-Social-Responsibility(CSR)- und Nachhaltigkeitsorientierung aufgrund der Größe von Unternehmen unterscheidet, wird in der Fachwelt häufig kontrovers diskutiert. Häufiger jedoch werden Kleinstunternehmen und insbesondere Ein-Personen-Unternehmen immer noch schlicht vom CSR-Diskurs ausgeschlossen. Die Argumentation lautet meist, dass Kleinstunternehmen zu sehr in ihrem Alltagsgeschäft verstrickt sind, als sich mit strategischen und dazu noch globalen Themen wie CSR auseinander zu setzen. Allerdings zeigen Erfahrungen mit größeren mittelständischen Unternehmen und Konzernen, dass mehr Beschäftigte und mehr Abteilungen nicht unbedingt zu mehr und besserer CSR-Strategie und Umsetzungsbereitschaft führen müssen, v. a. genau dann, wenn die Notwendigkeit für eine nachhaltige und werteorientierte Unternehmensführung nicht gesehen werden will. Dass Kleinstunternehmen aufgrund ihrer Größe einen blinden Fleck für Verantwortung im Sinn von CSR haben, deckt sich nicht mit meinen praktischen Erfahrungen und Tätigkeiten. Im Gegenteil dazu erlebe ich in Trainings und Weiterbildungen zu CSR v. a. bei den anwesenden Kleinstunternehmen oft eine persönliche Überzeugung und unmittelbare Veränderungsbereitschaft, die für eine Orientierung des eigenen Handelns gleichermaßen an gesellschaftlichen, ökologischen und ökonomischen Werten erforderlich scheinen. Das Konzept CSR kann gerade für eigentümergeprägte Kleinstunternehmen und Ein-Personen-Unternehmen mithilfe der übersichtlichen Zuordnungen in die klassischen vier Handlungsfelder einer CSR-Konzeption (Arbeitsplatz, Markt, Umwelt, Gemeinwesen) zur besseren Strukturierung und als Brücke zwischen familiären und wirtschaftswissenschaftlichen Wertewelten dienen. Der

W. Keck (✉)
keck kommuniziert! was etwas bewegt
Charlottenburger Str. 90, 13086 Berlin, Deutschland

© Springer-Verlag GmbH Deutschland 2018
R. Altenburger und R. Schmidpeter (Hrsg.), *CSR und Familienunternehmen*,
Management-Reihe Corporate Social Responsibility,
https://doi.org/10.1007/978-3-662-55618-4_21

individuelle Weg, auf der Basis der vier CSR-Handlungsfelder eine Verantwortungs- und Nachhaltigkeitsorientierung im eigenen Handeln und Unternehmen auszuprägen, wird bislang noch selten für Kleinstunternehmen aufbereitet. Wenn schon die Größe von Unternehmen zur Beurteilung eines professionellen Umgangs mit Unternehmensverantwortung herangezogen wird, soll an dieser Stelle lediglich der Vollständigkeit halber ein Hinterfragen erlaubt sein: Können Unternehmen zu groß werden, um CSR umzusetzen?

2 Nicht-CSR als Ausgangspunkt zum CSR-Weg

Für eigentümergeprägte Kleinstunternehmen wie auch für Familienunternehmen im größeren Mittelstand ist es oft charakteristisch, das eigene Wertebewusstsein und gesellschaftliches Engagement nicht PR-trächtig in den Vordergrund zu stellen. Bescheidenheit gehört nicht selten zum Selbstanspruch von Unternehmern und lässt sich an zahlreichen Biografien bekannter und unbekannter Persönlichkeiten ablesen. Bescheidenheit kann allerdings auch dazu führen, im Selbstbild weniger die Stärken (hier v. a. die Frage: Was macht mich besonders nachhaltig und verantwortlich?) zu erkennen, sondern eher auf Schwächen (hier: Was macht mich unnachhaltig und unverantwortlich?) zu fokussieren, die daraufhin als Ausgangspunkt für einen Entwicklungs- und Verbesserungsprozess gelten. Dieser Annahme folgend, lässt sich zu Beginn einer Auseinandersetzung mit CSR das Eis gerade bei Kleinstunternehmen oft einfacher brechen, wenn man selbstkritisch der Frage folgt: „Wo ist mein Unternehmen am meisten unnachhaltig?"

Eine Arbeitshilfe hierfür kann die Tab. 1 sein. Sie eignet sich insbesondere auch für Ein-Personen-Unternehmen sowie dazu, mithilfe einer Bearbeitung durch alle Beschäftigten im Kleinstunternehmen eine Ergebnissammlung zum Status quo über CSR- und Nachhaltigkeitslücken zu erhalten.

Sobald eine 15-Punkte-Checkliste der Unnachhaltigkeit vorliegt bzw. im wechselseitigen Austausch mit den Beschäftigten ausgehandelt wurde, kann entlang der festgestellten CSR-Schwächen ein Fahrplan aus der Unnachhaltigkeit entwickelt und eingesetzt werden. Ein kontinuierlicher Verbesserungsprozess bzw. ein entsprechendes CSR-Qualitätsmanagement lässt sich unterstützen, indem die Checkliste in regelmäßigen Abständen, gegebenenfalls jährlich oder halbjährlich erneut auf den Prüfstand gestellt wird.

Für den eher wahrscheinlichen Praxisfall, dass sich Unternehmen, egal ob Kleinstunternehmen oder größer, nicht in der Lage sehen, sämtliche 15 festgestellten Unnachhaltigkeiten gleichrangig und gleichzeitig zu behandeln, hilft ein einfaches Verfahren aus der Workshoppraxis: Teilnehmende in einer CSR-Strategierunde vergeben eine bestimmte und für alle gleichermaßen begrenzte Anzahl an Punkten individuell auf die einzelnen Kriterien, die sie als wesentlich und prioritär einstufen.

Ein Fahrplan aus der Unnachhaltigkeit kann auch einem Schaubild folgen, das weiter unten als Der Weg zum CSR-Unternehmen beschrieben wird. Das Schaubild ist in der Seminarreihe *CSR unternehmen!* durch die GILDE-Wirtschaftsförderung der Stadt Detmold entstanden und wurde v. a. im Zeitraum 2012–2014 an zahlreichen Orten bundesweit bei

Tab. 1 15-Punkte-Checkliste der Unnachhaltigkeit

Unnachhaltigkeit in der Unternehmensführung
1.
2.
3.
Unnachhaltigkeit gegenüber Mitarbeitern und/oder mit der eigenen Arbeitskraft
4.
5.
6.
Unnachhaltigkeit im Markt (z. B. Produkte, Dienstleistungen, Kunden, Einkauf)
7.
8.
9.
Unnachhaltigkeit mit Umwelt und Ressourcen (z. B. Energiebedarf, Mobilität, Büromaterial)
10.
11.
12.
Unnachhaltigkeit im sozialen Umfeld (z. B. Nachbarn, Gemeinde/Standort)
13.
14.
15.

betriebsübergreifenden Qualifizierungen mit kleinen und mittleren Unternehmen diskutiert und angewendet.

Die Abb. 1 zeigt einen Regelkreis, der für die Erarbeitung einer eigenen CSR-Strategie herangezogen werden kann. Der Regelkreis nimmt seinen unternehmensspezifischen Ausgangspunkt bei der Bestimmung eines Status quo, was CSR und Nachhaltigkeit betrifft. Die nächsten Schritte bestehen dann darin, Ziele für einen Soll-Zustand von CSR und Nachhaltigkeit zu definieren, diese in geeigneten Maßnahmen umzusetzen, darüber zu kommunizieren und das Erreichte zu bewerten, um schließlich erneut mit einer Bestandsaufnahme – quasi auf höherem Niveau – zu beginnen.

Eine alternative Möglichkeit, anstelle der beschriebenen 15-Punkte-Checkliste der Unnachhaltigkeit zu einer konstruktiv-kritischen Bestandsaufnahme zu finden, bietet die klassische Strengths-Weaknesses-Opportunities-Threats(SWOT)-Analyse, angewendet auf Fragestellungen von CSR und Nachhaltigkeit im eigenen Kleinstunternehmen. So beschreiben Teilnehmer in einer CSR-Strategierunde entlang von vier Feldern Stärken, Schwächen, Chancen und Risiken des eigenen Unternehmens in puncto CSR und Nachhaltigkeit. SWOT-Analysen können den Vorteil haben, anders als bei der geschilderten Unnachhaltigkeitsliste, ein eher ausgewogenes Bild über den Zustand von Verantwortungsthemen im Unternehmen herauszustellen. Außerdem lässt sich diese Methode unproblematisch anpassen und beispielsweise verfeinern, wenn eine Arbeitsgruppe die

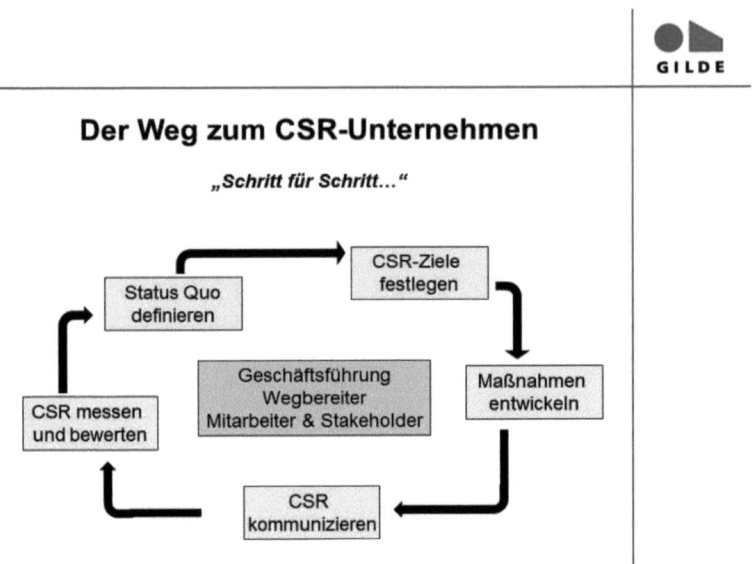

Abb. 1 Der Weg zum CSR-Unternehmen

CSR-Merkmale des Unternehmens anhand mehrerer aufeinanderfolgender Einzelanalysen beschreibt, etwa erstens eine SWOT-Analyse zum CSR-Handlungsfeld Arbeitsplatz erstellt, zweitens eine weitere Analyse des CSR-Handlungsfelds Markt folgen lässt, drittens die Umweltaspekte und viertens den Resonanzraum des Gemeinwesens erforscht.

Eine Anregung für Kleinstunternehmen, die sich trotz oder gerade wegen ihrer Unternehmensgröße mit einem standardisierten Nachhaltigkeitsbericht befassen wollen, kann es sein, SWOT-Analysen entlang der angestrebten Berichtsstruktur anzulegen. Hierfür bietet beispielsweise der Deutsche Nachhaltigkeitskodex (DNK) mit seinen vier Bereichen eine mittelstandsorientierte Vorlage. Die vier Bereiche, die eine DNK-Entsprechenserklärung über das eigene Nachhaltigkeitsmanagement des Unternehmens abbildet, sind Strategie, Prozesse, Umwelt und Gesellschaft. Erwartungsgemäß sind Kleinstunternehmen von der seit 2017 EU-weit geltenden CSR-Berichtspflicht nicht betroffen. Sie müssen nicht über CSR berichten, aber sie können es durchaus freiwillig tun, um beispielsweise branchenbezogene Wettbewerbsvorteile und Alleinstellungsmerkmale zu erzielen. Außerdem erlaubt ein strukturiertes Reporting über die eigene Nachhaltigkeitsleistung, diese auch nachweisbar zu verbessern und weiterzuentwickeln. Sofern ein CSR-Bericht allerdings eher auf externe Effekte der Unternehmenskommunikation abzielt, können Kleinstunternehmen und Ein-Personen-Unternehmen gegebenenfalls einfacher, doch ebenso wirkungsvoll auf ein schriftlich formuliertes Unternehmensleitbild zurückgreifen. Das Leitbild lässt sich konsequent an den Nachhaltigkeitssäulen Ökonomie, Ökologie, Soziales oder auch den vier CSR-Handlungsfeldern Arbeitsplatz, Markt, Umwelt und Gemeinwesen ausrichten. Kurz: Manch ein Unternehmensleitbild reicht als Nachhaltigkeitsbericht der Kleinsten.

3 Den CSR-Weg mit und zu anderen hin beschreiten

Ein Weg zum CSR-Unternehmen lässt sich ohne Blick auf andere kaum einschlagen. Denn mit den vielfältigen Themen, die sich aus der Analyse des Status quo entlang von CSR-Handlungsfeldern ergeben, verbinden sich jeweils dazugehörige Anspruchsgruppen. Gemeint sind Personen oder Gruppen, die mit Nachhaltigkeitsthemen in einer Verbindung stehen oder zumindest von sich glauben, dies zu tun. Themen, die sich beispielsweise im CSR-Handlungsfeld Arbeitsplatz aufzeigen, betreffen i. d. R. Mitarbeiter mitsamt der eigenen Person als Inhaber. Themen, die im CSR-Handlungsfeld Markt relevant sind, hängen meist mit Abnehmern oder Lieferanten zusammen. In der CSR-Literatur werden solche Personen oder Gruppen als Stakeholder bezeichnet. Sie haben Ansprüche an das Unternehmen und sind direkt oder indirekt von der Unternehmenstätigkeit betroffen.

Die Abb. 1 zeigt zunächst die wesentlichen unternehmensinternen Stakeholder auf, wie Geschäftsführung, Wegbereiter im Sinn von Unterstützern der CSR-Strategie und Mitarbeiter im Sinn einer breit getragenen Unternehmensverantwortung, die als Voraussetzung für eine Etablierung von CSR in der Unternehmenskultur gelten kann. So ist unabhängig von Branche und Unternehmensgröße eine Führungsspitze, die CSR glaubwürdig vertritt, Anker für das Verantwortungskonzept des gesamten Unternehmens. Um betriebliche Prozesse stabil an CSR auszurichten, braucht es zusätzlich Wegbereiter in den Funktionsbereichen. In der Unternehmenskultur angekommen ist CSR aber erst dann, wenn Mitarbeiter erreicht und in aktiven Rollen mit einbezogen werden. Ein-Personen-Unternehmen sind hierbei die kleinste eigenständige Wirtschaftseinheit: Unternehmensführung, Wegbereiter und Mitarbeiter handeln hier als ein und dieselbe Person. Darüber hinaus steht diese einzelne Person in direkter Berührung mit seinen unmittelbaren (externen) Stakeholdern.

Unternehmen fragen sich bei der Erarbeitung ihrer Nachhaltigkeitsorientierung und CSR-Strategie entsprechend:

- Wer sind unsere wichtigsten Anspruchsgruppen?
- Welche Interessen und Forderungen haben diese Anspruchsgruppen an uns?
- Wie begegnen wir diesen Ansprüchen und gegebenenfalls Zielkonflikten?

Ausgehend von diesen drei Fragen lässt sich auch für Kleinstunternehmen und Ein-Personen-Unternehmen beispielsweise im Brainstorming einer CSR-Strategierunde auf einfache Weise eine sogenannte Stakeholderanalyse umsetzen und als Mindmap darstellen.

Klarheit über die individuellen CSR-Themen und CSR-Anspruchsgruppen im Kleinstunternehmen zu gewinnen, schließt im Regelkreis Der Weg zum CSR-Unternehmen die Analysephase ab und führt zu einem Status quo als Ausgangspunkt eines Prozesses in Richtung mehr CSR und Nachhaltigkeit. In der Folge lassen sich Ziele und Maßnahmen als weitere Schritte im CSR-Regelkreis ableiten. Für eine Priorisierung kann auch in dieser Phase das bereits oben beschriebene Punktevergabeverfahren nützlich sein. In der Regel legen auch Kleinstunternehmen für Ziele und Maßnahmen ein eigenes System fest, in dem sie mindestens herausstellen, welche Person(en) für welche Maßnahmen mit welchem Zeitumfang bzw. bis wann für die Umsetzung, Kommunikation und Kontrolle verantwortlich ist bzw. sind. Mit der Erreichung gesteckter Ziele und der Umsetzung von entsprechenden Maßnahmen ändert bzw. verbessert sich i. d. R. der neue Status quo im Unternehmen, weshalb bildlich gesprochen ein CSR-Regelkreis immer wieder aufs Neue durchlaufen werden sollte. Schließlich wird Nachhaltigkeit im Common Sense nicht als Zustand bewertet, sondern als Prozess, der dauerhaft nachgehalten werden muss. Nachhaltigkeitsberichte werden in diesem Sinn zu Fortschrittsberichten. Positiv für die Entscheidung, das eigene Unternehmen systematisch entlang von Nachhaltigkeitsanforderungen zu führen, kann in diesem Zusammenhang erwähnt werden, dass kaum ein Unternehmen, so klein oder einfach es auch gestrickt sein mag, beim Punkt der Unternehmensverantwortung/CSR bei null beginnt.

Der Status quo von CSR und Nachhaltigkeit eines Unternehmens wird von den unterschiedlichen Stakeholdern i. d. R. verschieden bewertet. Selbst Stakeholder, die sich vermeintlich einer bestimmten Gruppe zuordnen lassen, können im echten Leben anderer Meinung sein. Auch in einer stark wertegeprägten Unternehmerfamilie mit langer Tradition ist keineswegs sicher oder auch nur davon auszugehen, dass alle Mitglieder dieselben Werte auch leben. Unterschiedliche Haltungen führen zu unterschiedlichen Bewertungen von Sachlagen, Umständen, Entwicklungen, Verfahrensweisen, Verantwortlichen, Produkten etc. CSR muss immer wieder neu definiert werden und das am besten nicht im Alleingang, damit überhaupt eine breitere Akzeptanz geschaffen werden kann. Mit einer zunehmenden Professionalisierung des CSR- und Nachhaltigkeitsmanagements verbunden, hat sich in den letzten Jahren das Strategieinstrument einer Wesentlichkeitsanalyse (auch Materialitätsanalyse) v. a. in großen und größeren Unternehmen verbreitet. Die Wesentlichkeitsanalyse ist im Kern eine Befragung von Stakeholdern im und außerhalb des Unternehmens, die auf einer bestimmten Skala die Bedeutung von CSR-Themen einschätzen. Als Matrix dargestellt, leiten Unternehmen aus ihren Wesentlichkeitsanalysen mitunter ihr komplettes Nachhaltigkeitsprogramm ab.

Die Frage zu beantworten, ob eine Befragung von Anspruchsgruppen im Sinn einer Wesentlichkeitsanalyse den Kleinstunternehmen oder gar Ein-Personen-Unternehmen schwerer oder leichter fällt als großen Unternehmen, die hierfür meist Beratungsgesellschaften zuschalten, soll an dieser Stelle dem Leser selbst überlassen bleiben. Kritisch jedoch sollten die recht häufig auftretenden Stimmen hinterfragt werden, die es vorziehen, eine solche Einbindung von Stakeholdern nur größeren Unternehmen vorzubehalten. Auch Kleinvieh soll sauberen Mist machen, könnte man meinen.

4 CSR kommunizieren

Ein wiederholter Blick auf Abb. 1 verdeutlicht, dass CSR kommunizieren als nächster Schritt auf die Maßnahmen folgt. Dies ist sicherlich in einem Modell wie dem Regelkreis

Tab. 2 Einfaches CSR-Kommunikationskonzept für Kleinstunternehmen

Unsere Botschaft (A)	___ wollen wir
gegenüber	___ kommunizieren
und diese Medien/Kanäle	___ nutzen, um
folgendes Ergebnis	___ zu erreichen.
Unsere Botschaft (B)	___ wollen wir
gegenüber	___ kommunizieren
und diese Medien/Kanäle	___ nutzen, um
folgendes Ergebnis	___ zu erreichen.
Unsere Botschaft (C)	___ wollen wir
gegenüber	___ kommunizieren
und diese Medien/Kanäle	___ nutzen, um
folgendes Ergebnis	___ zu erreichen.

als Orientierung zutreffend, sollte jedoch in der Praxis keineswegs überbewertet bzw. zu statisch behandelt werden. Kommunikation ist schließlich für den gesamten Prozess eine zwingende Voraussetzung. Dies lässt sich bereits in den oben beschriebenen Schritten zur Bestandsaufnahme und überhaupt zur Bildung einer CSR-Strategierunde erschließen. Nun sind Kleinstunternehmen und Ein-Personen-Unternehmen, abgesehen etwa von spezialisierten Dienstleistungsunternehmen wie Agenturen oder Beratungen, eher seltener mit ausgewiesener Kommunikationsexpertise ausgestattet. Dafür liegen aber auch klare Vorteile auf der Hand, was Kommunikation in Kleinstunternehmen betrifft: Die Wege sind oft kurz und direkt, die Beziehungen persönlich und bei erfolgreichen Kleinstunternehmen i. d. R. von einer hohen Verbindlichkeit und Loyalität geprägt. Dies kann von großem Nutzen sein, v. a. im Vergleich mit CSR-Aktivitäten, die aufgrund von „too much PR" selbst bei beachtlich hohen Kommunikationsbudgets vonseiten gestandener Unternehmen oder Markenartiklern unwiderruflich ins Licht von Greenwashing-Vorwürfen geraten können. Kleinstunternehmen müssen nicht unbedingt auf alles und auf allen Kanälen kommunizieren, um gehört zu werden und selbst hinhören zu können. Eine einfache Struktur für gezielte CSR-Kommunikation kann schon Entscheidendes bewirken. Die in Tab. 2 dargestellte Strategie verhilft Kleinstunternehmen und Ein-Personen-Unternehmen zu einem handhabbaren Konzept für die eigene Unternehmenskommunikation, indem sie das folgende Muster für die – beispielsweise drei – wichtigsten Nachhaltigkeitsbotschaften anwenden.

5 Erkenntnisse aus einer CSR-Befragung

Die Abb. 1 ist der rote Faden des Qualifizierungsprogramms *CSR unternehmen!*. Diese Seminarreihe wurde durch die GILDE-Wirtschaftsförderung der Stadt Detmold konzipiert und im Auftrag des Bundesministeriums für Arbeit und Soziales (BMAS) im Zeitraum

2012–2014 in zahlreichen Weiterbildungsveranstaltungen mit kleinen und mittleren Unternehmen, darunter häufig Kleinstunternehmen sowie Ein-Personen-Unternehmen durchgeführt.

Das Programm *CSR unternehmen!* wurde als mehrstufiges CSR-Qualifizierungsangebot konzipiert. Es bestand aus Intensivseminaren und Workshops wie folgt:

1. Phase: CSR-Impuls-Forum (allgemein und informativ, zwei Stunden)
2. Phase: CSR-Intensiv-Seminar (konzentriert und speziell, ganztags)
3. Phase: CSR-Praxisworkshop (betriebsübergreifend und vernetzt, halbtags)
4. Phase: CSR-Erfa-Kreis (individuell und praxisorientiert, zwei Stunden)

Nach dem Besuch eines eintägigen CSR-Intensiv-Seminars (2. Phase) stand den Teilnehmern ein anonymisierter Fragebogen zur Verfügung. Insgesamt machten 114 Teilnehmer Angaben zu ihrer CSR-Situation (Abb. 2).

Zum Zeitpunkt des Einstiegs in das Qualifizierungsprogramm *CSR unternehmen!* gab die Hälfte der Befragten an, CSR bereits teilweise im eigenen Unternehmen zu nutzen. Für ein weiteres Viertel unter den Befragten fand sich CSR bereits vielfach im eigenen Unternehmen vor. Nur 6 von 114 Teilnehmern gaben an, CSR generell umzusetzen. Weitere 20 Teilnehmer sahen zu diesem Zeitpunkt noch keine CSR im Unternehmen.

In diesem Zusammenhang gaben 106 Teilnehmer an, dass für sie die Bedeutung von CSR während des Intensiv-Seminars gestiegen ist (Abb. 3). Demgegenüber ist die Bedeutung von CSR für zwei Teilnehmer gesunken sowie für niemanden stark gesunken.

Fragebögen standen den Teilnehmern auch bei den Abschlussveranstaltungen der Programmreihe, den sogenannten CSR-Erfa-Kreisen zur Verfügung. Dort zeigte sich u. a. eine 100%ige Weiterempfehlungsquote durch die Befragten für das Qualifzierungsprogramm *CSR unternehmen!*.

Die Befragung zum Ende der Qualifizierung wurde kürzer gehalten und stärker auf offene Fragen ausgerichtet, die einem Ausblick in die Zukunft dienen sollten. So wurden CSR-Ziele und geplante CSR-Maßnahmen sowohl für die kommenden sechs Monate als auch die nächsten drei Jahre abgefragt, um ein kurzfristiges und mittelfristiges CSR-Management der CSR-Unternehmen zu erkunden.

Abb. 2 Relevanz von CSR im eigenen Unternehmen zum Startpunkt des Qualifizierungsprogramms

Wie hat sich die Bedeutung von CSR verändert?

Abb. 3 Mit dem im Seminar erarbeiteten Wissen um Corporate Social Responsibility (CSR) ist auch die Bedeutung von CSR gestiegen

Bemerkenswert ist in diesem Zusammenhang auch, dass wesentlich mehr und konkretere CSR-Ziele auf der mittelfristigen Zeitschiene durch die Teilnehmer benannt werden. Eine Auswahl an Antworten ist nachfolgend zu finden.

Ausblick zur kurzfristigen CSR-Strategie der Befragten
„Welche weiteren Schritte bzw. Projekte zu mehr CSR planen Sie in den nächsten sechs Monaten?"

- Mitarbeiterbindung, soziale Verpflichtung
- Ist-Analyse
- Kurze Information über CSR kommunizieren: internes Portal etc.
- Berichterstattung Medien; Veranstaltung Mitarbeiter
- Bewusst machen!
- Durchgängig nachhaltige Produkte (Büro)
- Im Kleinen anfangen: Team; Bewusstsein bei Kollegen stärken
- Bei Kundengesprächen auf CSR-Aktivitäten achten
- Vernetzung mit anderen Teilnehmern

Ausblick zur mittelfristigen CSR-Strategie der Befragten
„Was wollen Sie in drei Jahren durch CSR in Ihrem Unternehmen erreichen?"

- Erarbeitung einer Strategie und Umsetzung von drei Projekten
- Marketingeffekte, Sparpotenziale
- Gute Mitarbeiterbindung, geringe Fluktuation
- Aktiver Umweltschutz
- Soziale Verantwortung im Herstellungsprozess
- Personelle Umsetzung
- CSR insgesamt stärker verankern
- Kunden CSR-orientiert!
- Mitarbeiter haben, die sich mit diesem Thema identifizieren
- Einen Nachhaltigkeitsbericht, Unternehmensführung begeistern

- Mehr Status quo bzw. mehr Fragen an die Mitarbeiter und Kunden
- Maßnahmen kommunizieren!
- Begonnenes Projekt medial verarbeiten
- SWOT-Analyse; Themen im Gesundheits- und Arbeitsschutz aufgreifen
- Leitbild, Festlegung Maßnahmen
- Gemeinsamer Aktionstag mit Kollegen bzw. bekannten Unternehmen
- Größere Mitarbeiterzufriedenheit durch Mitarbeiterbeteiligung
- Attraktivität als Arbeitgeber erhalten und erhöhen
- CSR-Gedanken in zukünftigen Projekten immer mitberücksichtigen
- Höhere Zufriedenheit bei Mitarbeitern und dem Umfeld
- Sicherung des Fachkräftebestands und Neuakquise von Personal
- Mehr Akzeptanz
- Kontinuierlich verbessern

6 Zusammenfassung und Ausblick

Die Anregungen, Methoden und Erfahrungen in diesem Praxisbeitrag sollen v. a. für die im CSR-Diskurs oft noch außer Acht gelassenen Kleinstunternehmen und Ein-Personen-Unternehmen nützlich sein. Die Ausführungen beruhen auf der Annahme, dass CSR auch in Kleinstunternehmen erfolgreich und nutzbringend umgesetzt werden kann, sofern die dazu notwendigen Personen miteinander kooperieren. Eine eigene CSR-Entwicklung entlang dem aufgezeigten roten Faden Der Weg zum CSR-Unternehmen bzw. ein individueller Fahrplan aus der Unnachhaltigkeit kann somit in rund drei oder vier CSR-Strategierunden von einer Dauer von jeweils rund 2,5 Arbeitsstunden selbstständig erarbeitet werden. Empfehlenswert ist es, auch nach Anstoß des Prozesses die eigene CSR-Weiterentwicklung regelmäßig mit CSR-Strategierunden zu begleiten. Kleinstunternehmen und Ein-Personen-Unternehmen stehen häufig kaum Budgets für eine CSR-Entwicklung zur Verfügung. Das macht diese Unternehmensgröße auch für einige Dienstleister auf dem freien CSR-Markt eher uninteressant. Um hier eine Lücke zu schließen, sei zum Ende des Beitrags auf einige teils öffentlich geförderte Initiativen und Projekte hingewiesen, die sich einer Unterstützung gerade kleinerer Unternehmen im Bereich CSR und Nachhaltigkeit verschreiben. Die GILDE-Wirtschaftsförderung der Stadt Detmold hat in diesem Zusammenhang 2010 eine Wissensplattform veröffentlicht, um sich mit zahlreichen methodischen Ansätzen zur individuellen Zusammenstellung eines CSR-Selbstlernprogramms an interessierte kleine und mittlere Unternehmen zu wenden. Die Inhalte sind kostenfrei unter www.csr-training.eu verfügbar.

Weiterführende Literatur

Gewerbe- und Innovationszentrum Lippe-Detmold GILDE GmbH (2011) Wissensplattform CSR-Kompendium. http://www.csr-training.eu. Zugegriffen: 16. Okt. 2017

Gewerbe- und Innovationszentrum Lippe-Detmold GILDE GmbH (2014) Qualifizierungsprogramm „CSR unternehmen!". http://www.csr-unternehmen.de. Zugegriffen: 16. Okt. 2017

Keck W (2015) „CSR-Management in Ein-Personen-Unternehmen". In: Schmidpeter R, Schneider A (Hrsg) Corporate Social Responsibility – Verantwortungsvolle Unternehmensführung in Theorie und Praxis. Springer Gabler, Berlin, Heidelberg

Keck W (2016) 7 Tage CSR vom Kleinsten. Altop, München

Keck W (Hrsg) (2017) CSR und Kleinstunternehmen. CSR-Managementreihe. Springer Gabler, Berlin, Heidelberg

Lotter D, Braun J (2014) Der CSR-Manager – Unternehmensverantwortung in der Praxis, 3. Aufl. Altop, München

respACT – Austrian Business Council for Sustainable Development (2009) CSR Leitfaden für Ein-Personen-Unternehmen. http://www.respact.at/epu. Zugegriffen: 16. Okt. 2017

Wolfgang Keck, Jahrgang 1976, kam nach seiner kaufmännischen Ausbildung und Mitarbeit im Ulmer Familienbetrieb ab 2004 in Wien als Leiter eines EU-Pilotprojekts zum Thema CSR. Mit dem *CSR Trainingshandbuch* legte er 2006 eine Pionierarbeit in der Fachliteratur zur beruflichen Qualifizierung in CSR und Nachhaltigkeit vor. In der Folge entwickelte Keck als Projektleiter bei der GILDE-Wirtschaftsförderung der Stadt Detmold die Wissensplattform www.csr-training.eu mit und unterstützte als Trainer bundesweit kleine und mittlere Unternehmen bei der Erarbeitung eigener CSR-Strategien. Seit 2015 engagiert er sich mit der GILDE im regionalen CSR-Kompetenzzentrum OWL. Den Deutschen Industrie- und Handelskammertag begleitete Keck bei der Konzeption und bundesweiten Einführung des Lehrgangs CSR-Manager/in (IHK). Er ist Dozent und Prüfer für CSR bei verschiedenen Bildungsträgern und lebt freiberuflich als Berater in seiner Wahlheimat Berlin. Der Altop-Verlag veröffentlichte 2016 sein Tagebuch über Kleinstunternehmen mit dem Titel *7 Tage CSR vom Kleinsten*. Im Jahr 2017 erscheint im Verlag Springer Gabler sein Herausgeberband *CSR und Kleinstunternehmen. Die Basis bewegt sich!*.

MIX
Papier aus verantwortungsvollen Quellen
Paper from responsible sources
FSC® C105338

If you have any concerns about our products,
you can contact us on
ProductSafety@springernature.com

In case Publisher is established outside the EU,
the EU authorized representative is:
**Springer Nature Customer Service Center GmbH
Europaplatz 3, 69115 Heidelberg, Germany**

Printed by Libri Plureos GmbH
in Hamburg, Germany